瑞士债法典

Swiss Obligation Code

Code des obligations Suisse

瑞士债法典

（2017年1月1日瑞士联邦议会官方法文修订版）

Swiss Obligation Code

Code des Obligations Suisse

于海涌 [瑞士] 唐伟玲 译
赵希璇 校

Translated By
Yu haiyong
Tang weiling

法律出版社
LAW PRESS · CHINA

感谢：
胜雅律教授的热情支持！
瑞士比较法研究所的慷慨资助！

Remercie:
Le soutienenthousiaste du professeurHarro von Senger!
L' aidefinanci è reg é n é reuse de l' Institut Suisse de Droit Compar é !

译 者 说 明

一、《瑞士债法典》翻译自瑞士的法语正式官方文本。瑞士是个多语种的国家,法语、德语、意大利语和罗曼什语(Rumantsch)均为其官方语言,因此,瑞士也就相应地划分为法语区、德语区、意大利语区和罗曼什语区,其中法语区主要集中在瑞士西部地区,人口约占瑞士总人口的20%。瑞士法语与法国法语的写法有所不同,但口语大体相同。瑞士比较法研究所就位于法语区的洛桑市。

二、瑞士是个三权分立的民主国家,在行政区划上分为三级:联邦、州和市镇,全国由26个州组成(其中6个州为半州)。瑞士联邦委员会为最高行政机关,联邦委员会全体成员集体作为国家元首,联邦主席则由联邦委员会七名委员轮任,每位任期一年。瑞士联邦议会为最高立法机关,瑞士联邦法院为最高司法机关。

三、瑞士联邦议会对《瑞士债法典》的相关条文进行了多次修订、增补和废止,这部《瑞士债法典》的译本源自2017年1月1日的法文最新修订版。其官方文本中附加了注释,注明了相关条文修订、增补和废止的时间和法律文件。中文译本中的注释编号和瑞士法文官方文本的注释编号保持了严格的一一对应,便于读者查阅并对原文进行比照。

四、《瑞士债法典》译本所用的结构为:编(Livre)、分编(Partie)、章(Titre)和节(Chapitre)。《瑞士民法典》共有四编,瑞士联邦议会通过法律明确规定将《瑞士债法典》视为《瑞士民法典》的第五编,但仍保持法典的形式,具有相对独立性。

五、《瑞士债法典》的中文译文，其法律条文的相应号码依次按照一、（一）、1、（1）、a……表示。注释中使用了大量的缩略语，如 RO：法令集；RS：系统法律集；FF：联邦公报；LF：联邦法；Bis：之二；ter：之三；quatre：之四。

六、瑞士联邦议会根据社会变迁而不断修订债法典，译者也希望能够对中文译本进行相应地更新，这样既可以向中国的读者展现《瑞士债法典》的最新发展，又可以利用修正的机会改正以往译本中的错误和疏漏。

七、在翻译中，译者在不改变原文内涵的情况下，对某些术语进行了润色处理，这样既不会对其内涵产生歧义，又方便中国的读者理解。

八、本书的译者均与瑞士比较法研究所有不解之缘，于海涌教授曾经两度作为高级访问学者远赴瑞士比较法研究所进行中瑞民法的比较研究，而唐伟玲女士则长期在瑞士比较法研究所工作。早在 2005 年，译者就想把《瑞士民法典》和《瑞士债法典》这两部优秀的法典介绍给两岸四地的立法机关和学者，以便为中国民法典的编纂和学术研究提供参考。鉴于译者水平有限，虽然已经竭尽全力，但误解和误译之处仍在所难免，真诚地欢迎读者对译文中的错误予以批评和指正。

译者序：世界上第一部“民商合一”的优秀民法典

2016 年 6 月翻译出版《瑞士民法典》以后，经常会遇到一些学者好奇地追问：你们是否还继续翻译《瑞士债法典》？熟悉瑞士民法的学者都知道，完整意义上的瑞士民法典，其实是由《瑞士民法典》和《瑞士债法典》两部法典共同组成的。

大陆法系的国家中，法国、德国、日本均采用“民商分立”的立法制度，在民法典之外，另有专门规范商事交易关系的商法典；瑞士则首创了“民商合一”的立法体例，在《瑞士民法典》之外，不再另行制定商法典，有趣的是，《瑞士民法典》中并无单独的债法编，而是另有独立的《瑞士债法典》。

《瑞士民法典》于 1907 年 12 月 10 日在联邦议会审议通过，《瑞士债法典》则于 1911 年 3 月 30 日在联邦议会审议通过，两部法典同时于 1912 年 1 月 1 日生效，因此在瑞士出现了民法典和债法典并立的有趣现象。瑞士联邦议会通过关于增补瑞士民法典的联邦法，将《瑞士债法典》增补为《瑞士民法典》的第五编（债法），《瑞士债法典》遂成为《瑞士民法典》的有机组成部分，但《瑞士债法典》仍以法典的形式保持其相对独立性。因此，实质意义上的瑞士民法典只有一部，但在形式意义上，《瑞士民法典》和《瑞士债法典》同时存在，各自具有独立的条款序列，这就形成了两部法典独立并存之格局。

关于如何规范私法上的法律关系，立法例上通常采用两种制度——“民商分立”和“民商合一”。瑞士民法首开“民商合一”立法体例之先河，对世界其他国家影响深远，俄罗斯民法典、泰国民法典、我国台湾地区“民法”等纷纷效仿“民商合一”的立法体例。目前中国民法典的编纂也已经提上了议事日程，可以说，采纳“民商合一”的立法体例已经成为我国立法机关的选择，也已经成为中国民商法学界的主流观点。在现代市场经济条件下，“民商合一”的立法体例已经成为大势所趋。

1911 年，尽管当时世界著名的《法国民法典》《德国民法典》都已经制定完成，但《瑞士民法典》的出台仍引起了世界各国的普遍关注，其制度安排、语言风格、起草过程都独具特色，很多外国法学家对《瑞士民法典》倍加赞赏。《瑞士民法典》当之无愧地属于一部世界级的优秀法典！

瑞士民法第一次正式确立了立法者和法官之间的关系。《瑞士民法典》共计 977 条，最举世闻名的就是该法典“开门见山”的第一条。关于法律的适用，该法典第一条规定：“1. 法律问题，如依本法的文字或解释有相应的规定，一律适用本法。2. 如本法没有相应的规定，法官应依习惯法进行裁判；如无习惯法，法官依自己如作为立法者应提出的规则进行裁判。3. 法官在前情形下提出的规则，应以公认的法理和判例为依据。”瑞士立法者通过第一条表达了自己对这个问题的立场：对于立法者制定的法律，法官必须受其约束；同时立法者又赋予法官在具体适用法律中享有很大的自由裁量空间。立法者甚至明确要求法官“如作为立法者”那样去进行法律的漏洞补充。因为这一条第一次正式确立了立法者和法官之间的关系，所以这一条被外国的法学家称为“著名的第一条”！

瑞士民法典在大陆法系家族中的历史地位举足轻重。徐国栋教授在《民法基本原则解释——成文法局限性之克服》一书中对瑞士民法典多次使用了“第一次”：

第一次正式地、旗帜鲜明地承认了法官造法；

第一次公然地把人的因素引入司法过程中；

第一次在法典中确立了民法基本原则；

第一次采用了以民法基本原则处理法律局限性的模式。

“在近代立法史，只有《法国民法典》和《瑞士民法典》得到了范式创立者的地位，其他法典不过是它们之后笨拙的模仿者而已！”在《瑞士民法典》颁布以后,土耳其、意大利、奥地利、荷兰、泰国、列支敦士登在民法典的制定中都效仿《瑞士民法典》的体例,尤其是土耳其,对《瑞士民法典》的借鉴几乎达到了“克隆”的程度。

更令我感到惊讶的是:这部优秀的民法典在很大程度上并非集体智慧的结晶,而是属于瑞士著名法学家欧根·胡倍尔(Eugen Huber,1849 - 1923)的个人作品。1892 年瑞士联邦委员会委托胡倍尔教授起草民法典,胡倍尔教授不负众望,历时七年,终于在 1899 年完成了起草任务。同时,在瑞士民法典于瑞士联邦议会获得通过之前,胡倍尔就已经开始着手债法典的修订和起草。最终《瑞士民法典》和《瑞士债法典》于 1912 年 1 月 1 日起同时实施。正是因为《瑞士民法典》和《瑞士债法典》在很大意义上属于胡倍尔的个人杰作,所以这两部法典均带有很强的个人色彩。最为引人瞩目的是,所有条文通常不超过三款,每款通常只有一句,而针对每一个条文都提纲挈领地提炼出一个小标题,放在条文的左侧。这个小标题和条文一样产生法律效力,它对快速查询条文、判断立法意图以及准确解释条文均具有不可小觑的作用。

瑞士民法典是一部世界级的优秀民法典,而把这部优秀的民法典翻译给中国的读者,却绝非易事。2005 年我很幸运地获得 Van. Calker 奖学金,并接到瑞士比较法研究所的邀请,使我有机会远赴日内瓦湖边那座美丽的洛桑小城,在那里静心地从事中瑞民法典和债法典的比较研究,当时我就下定决心要把这两部伟大的法典翻译成中文。后来我又推荐我的博士研究生赵希璇去瑞士比较法研究所,其中一个重要的任务就是加紧瑞士民法典的翻译。翻译本身就是困难的,法典的翻译尤其困难。历经十年,几易其稿,在“信、达、雅”的原则下,我们三位校译者可谓历经艰辛,挥汗前行。随着社会的变迁,瑞士联邦议会对《瑞士民法典》和《瑞士债法典》不断进行修订完善,我们的译本也将随之不断更新,希望以后在修订版中能够不断修正错漏。

在阅读中,如果你惊叹于瑞士民法典的智慧和精彩,请把荣耀归于法学家胡倍尔,因为他才是这部伟大法典的创作者。在阅读中,如果你感慨于《瑞士民法典》和《瑞士债法典》的疏漏和缺憾,请把错误归于我们三位校译者,因为我们可能是不合格的“搬运工”。

《瑞士民法典》和《瑞士债法典》的译稿终于杀青,在出版之际,内心仍不免诚惶诚恐。读者的一切批评意见都将受到我们三位校译者的热烈欢迎,尤其是具有建设性的批评意见请发送到电子邮箱:lpsyhy@ mail. sysu. edu. cn。

于海涌

2016 年 8 月 1 日于瑞士比较法研究所

2018 年 1 月 18 日补记于广州中山大学

目　　录

关于增补《瑞士民法典》之联邦法

(第五编:债法)

1911 年 3 月 30 日

(2017 年 1 月 1 日修订)

瑞士联邦议会,经审阅瑞士联邦委员会 1905 年 3 月 3 日及 1909 年 6 月 1 日的咨文[1],制定瑞士债法典。

[1] RO 27 321;RS 2 189;FF 1905II 1,1909 III 747,1911I 695.

第一编　总　　则

第一章　债的发生

第一节　合同之债

一、合同的订立

（一）当事人意思表示一致

1. 一般规定　　**第1条**

1. 只有双方当事人意思表示一致，合同才能成立。

2. 意思表示可以是明示的或默示的。

2. 次要性条款的保留　　**第2条**

1. 当事人就所有实质性条款达成一致的，即使对次要性条款尚有保留，合同仍视为成立。

2. 就次要性条款未达成一致的，由法官根据交易性质予以确定。

3. 合同形式的条款除外。

（二）要约与承诺

1. 规定承诺期限的要约　　**第3条**

1. 向另一方提议订立合同并规定其承诺期限的要约人，在承诺期限届满前受其要约约束。

2. 在承诺期限届满时，未收到另一方承诺的，要约人不再受其要约约束。

2. 没有承诺期限的要约

(1) 在场当事人之间

第4条

1. 向另一方当面提出且未规定承诺期限的要约，未立即得到承诺的，要约人不再受其要约约束。

2. 订约人或者其代理人亲自通过电话通讯订立合同，应视为当事人当面订立合同。

(2) 不在场当事人之间

第5条

1. 向不在场的另一方提出要约且未规定承诺期限的，在可预见的及时、正常发送的承诺到达之前，则要约人受其要约之约束。

2. 要约人有权认定要约已被及时收到。

3. 及时发送的承诺，但延迟到达要约人的，如要约人不打算再受其要约之约束，则要约人应当立即通知受要约人。

3. 要约的默认

第6条

因交易的特性或具体情形，要约人无需等待明示承诺的，如要约未在合理期限内被拒绝，合同即视为成立。

3a. 未订购物品的寄送

第6a条〔2〕

1. 未订购物品的寄送，不视为要约。

2. 收到物品的人无需寄回或者保存该物品。

3. 未订购物品显然属于误送的，收货人应当通知寄送人。

4. 不受约束的要约和出价

第7条

1. 要约人在要约中明确声明其不受约束，或是要约人因具体情形或交易特性无意承担义务的，则不受其要约之约束。

---

〔2〕 根据1990年10月5日的联邦法第I节增补，自1991年7月1日起生效（RO 1991 846；FF 1986 II 360）。

2. 价目表、市场价格等的寄送,不构成要约。

3. 展销明码标价商品的行为,在原则上应视为要约。

5. 悬赏承诺

第8条

1. 悬赏人公开承诺对完成一定行为的人支付报酬的,应按照其承诺对完成行为的人支付报酬。

2. 在受领行为人的给付之前,悬赏人撤回悬赏的,对于行为人为获取悬赏而善意支出的花费,应当予以补偿,但最多不超过悬赏金额;然而悬赏人能证明所期待的成果是行为人不能完成的,则不在此限。

6. 要约和承诺的撤回

第9条

1. 要约撤回先于要约或者与要约同时到达受要约人的,或者要约撤回迟于要约到达受要约人,但向受要约人撤回要约的通知先于受要约人知晓要约的,则要约视为无效。

2. 承诺的撤回适用同样规则。

(三)非当面订立合同的生效时间

第10条

1. 当事人非当面订立的合同,自寄出承诺时合同生效。

2. 不需要明示承诺的合同,自收到要约时合同生效。

二、合同的形式

(一)一般规则和法定形式的范围

第11条

1. 法律对合同形式有特殊规定的,只有符合其特殊形式,合同才有效。

2. 对于合同的法定形式的范围和效力,除非法律另有不同之规定,只有遵守其法定形式,合同才有效。

(二)书面形式

1. 法律要求的形式

(1)范围

第 12 条

法律要求以书面形式订立合同的,该规则同样适用于对该合同所作的一切变更,但对于与合同不相冲突的补充和附属条款,不在此限。

(2)要件

第 13 条

1. 法律要求书面形式订立的合同,必须由受其约束的全体人员签署。

2. ……[3](废除)

(3)签名

第 14 条

1. 签名必须由受约人亲笔签署。

2. 采用机械方式的签名,尤其是大量发行的有价证券之签名,只有该方式的签名在交易中为惯例所接受,才为有效。

2.1 按照 2016 年 3 月 18 日的电子签名法[4],如时间戳和电子签名均为有效,则视同亲笔签名。法律或者合同另有规定的除外。[5]

3. 盲人的签名,只有被特别认证的,或者被确认在签名时知悉文件内容的,盲人才受其签名之约束。

(4)替代签名的标记

第 15 条

所有不能签名的人,可以被允许使用其经过法律认证的或者由公证证明的手印来替代其签名;但

---

〔3〕 根据 2003 年 12 月 19 日关于《电子签名》的联邦法附录废除,自 2005 年 1 月 1 日起生效(RO 2004 5085;FF 2001 5423)。

〔4〕 RS 943.03.

〔5〕 根据 2003 年 12 月 19 日关于《电子签名》的联邦法附录增补(RO 2004 5085;FF 2001 5423)。根据 2016 年 3 月 18 日关于《电子签名》的联邦法附录第 II 节第 4 条的新内容增补,自 2017 年 1 月 1 日起生效(RO 2016 4651;FF 2014 957)。

有关汇票的规定除外。

2. 合同约定的形式

第 16 条

1. 法律并不要求合同具备特殊形式,但当事人对合同约定了特殊形式的,那么只有遵守合同约定的形式时,合同对当事人才具有约束力。

2. 当事人约定采用书面形式,但对书面形式并没有更确切的说明,则应当适用法律有关书面形式的规定。

三、债务的原因

第 17 条

对债务的确认,即使没有陈述债务的原因,也仍然是有效的。

四、合同的解释;合同真实性的隐瞒

第 18 条

1. 对合同的形式及其条款内容的判断,应当探究当事人真实、共同之意思,而不应拘泥于因错误或者隐瞒合同的真实性而使用的不精确的表达和名称上。

2. 债务人不得以合同的真实性被隐瞒为理由,从而对因信赖债务的书面确认而成为债权人的第三人进行抗辩。

五、合同的内容

(一) 内容的确定

第 19 条

1. 当事人可以在法律规定的限度内自由约定合同的内容。

2. 只有当法律对合同内容制定了严格规定时,或者当事人违反法律条文的约定可能违背公序良俗或者人格权时,法律才能对当事人的约定予以排除。

(二) 合同无效

第 20 条

1. 合同中包含不可能履行、违反法律或者违反善良风俗内容的，则合同无效。

2. 只有部分合同条款具有上述瑕疵的，仅这部分条款无效，但欠缺该部分条款将导致整个合同不能订立的情形除外。

（三）损害

第 21 条

1. 当事人双方承诺的给付和对付显失公平，且属于利用受害人的危难、轻率或者缺乏经验而造成损害的，受害方可以在一年内宣告解除合同并取回其已履行的给付。

2. 一年的期限自合同订立时起算。

（四）订立预约合同

第 22 条

1. 通过协议可以承担订立未来合同之义务。

2. 为了当事人的利益，法律规定只有遵守特殊形式时合同才有效，该特殊形式同样适用于预约合同的订立。

六、同意的瑕疵

（一）错误

1. 错误的效力

第 23 条

当事人一方在订立合同时存在重大错误的，其不受合同之约束。

2. 错误情形

第 24 条

1. 重大错误特别指：

(1)错误订立合同的一方，意图订立的合同与其表示同意的合同不一致的；

(2)因对合同的标的物或合同另一方当事人存在严重误解而承诺订立合同的；

(3)错误订立合同的一方承诺的给付显著更多的，或实际对价给付明显低于他所期望的；

(4)错误订立合同的一方基于商业诚信，误认为某些事实是合同必需的要素。

2. 仅属于订立合同的动机错误，不作为重大错误。

3. 单纯的计算错误，不影响合同的有效性；错误应当予以纠正。

3. 违反诚信原则的行为

第 25 条

1. 因错误遭受不利影响的当事人一方，不得以有悖于诚信原则的方式利用该错误。

2. 只要对方表示同意按照受错误影响的一方当事人的真实意思履行合同的，则受错误影响的一方当事人仍应受合同之约束。

4. 过失导致的错误

第 26 条

1. 错误来自其本身的过失，以其错误导致合同无效的一方，应当对另一方因合同无效造成的损失予以赔偿，但另一方知道或者应当知道该错误的除外。

2. 根据公平原则，法官可以判给遭受损害的一方更高的损失赔偿。

5. 中间人的错误

第 27 条

当事人一方的意思，因为传信人或者其他中间人而没有准确传达的，类推适用有关错误的规则。

（二）故意欺诈

第 28 条

1. 因另一方的故意欺诈而误签合同的当事人一方，即使错误不重大，也不受合同之约束。

2. 合同当事人一方因第三人的故意欺诈，该当事人仍然受合同的约束，但在订立合同时另一方已经知道或者应当知道该欺诈的除外。

（三）被胁迫

1. 合同订立

第 29 条

1. 合同当事人一方在另一方或者第三人违法对其进行胁迫情形下订立的合同，该方当事人不受合同的任何约束。

2. 胁迫来自第三人，且合同另一方并不知道也不应当知道该胁迫之存在，根据公平原则，遭受胁迫影响并要求解除合同的一方，应当对另一方遭受的损失予以补偿。

2. 被胁迫的构成要件

第 30 条

1. 根据具体情形，被胁迫的一方可能相信严重紧迫的危险对其自身或者近亲属的生命、人身、名誉或者财产构成威胁而为此担心，则认定该方受到胁迫。

2. 只有当被胁迫一方的危难被用于对其勒索额外利益时，才认为该方受到胁迫。

（四）通过承认合同来弥补同意之瑕疵

第 31 条

1. 因错误或者故意欺诈而存在瑕疵的合同，或者受胁迫而订立的合同，不受合同约束的一方未在一年内向另一方宣告其不愿维持合同之决定，或者未取回其所履行之给付，则合同视为已经被承认。

2. 上述一年之期限，自发现错误、故意欺诈或者解除胁迫时开始起算。

3. 因故意欺诈而存在瑕疵的合同，或者受胁迫而订立的合同，对合同的承认，不得推定受害人放弃主张损害赔偿的权利。

七、代理

（一）代理权限

1. 一般情形

（1）代理的效力

第 32 条

1. 被授权的代理人，以他人名义订立的合同，该合同所产生的权利和义务由被代理人承受。

2. 如代理人在订立合同时并未明确自己是代理

人,则只有在与其订立合同的人应当推断出存在代理关系的情形下,或者对于与其订立合同的人而言订立合同的相对人对其并无影响的情形下,被代理人才直接成为债权人或者债务人。

3. 在其他情形下,对于债权的转让或者债务的承担,必须符合该类行为之有关规则。

(2)授权范围

第 33 条

1. 只要是基于公法关系而授权他人完成法律行为,均应适用联邦或者各州之公法。

2. 根据法律文书进行的授权,授权范围根据该文书予以确定。

3. 被代理人向第三人告知授权的,授权范围根据向第三人的告知内容确定。

2. 法律文书的授权

(1)限制和撤销

第 34 条

1. 被代理人有权随时限制或者撤销法律文书中的授权,但不影响代理人基于其他理由向被代理人主张权利,例如个人劳动合同、合伙合同或者委任合同。[6]

2. 被代理人对该权利的任何预先放弃,均为无效。

3. 被代理人以明确的条款或者文书声明其授权,只有当他以同样的方式声明撤销其全部或者部分之授权,才对善意第三人有效。

(2)死亡、丧失行为能力等的效力

第 35 条

1. 基于法律文书的授权,因被代理人或者代理人死亡、宣告失踪、民事行为能力的丧失和破产而终

---

[6] 根据 1971 年 6 月 25 日联邦法的第二章第一条修订,自 1972 年 1 月 1 日起生效。参阅本法典末的第十章最终和暂行规定。

止,但因约定或者交易性质而存在不同情形的除外。[7]

2. 法人终止或者经过商业登记的公司解散,同样导致授权之终止。

3. 当事人一方对于另一方的对人权不受影响。

(3)授权确认书的返还

第 36 条

1. 持有授权确认书的代理人,应在授权终结时返还文书或者依法提存授权确认书。

2. 被代理人或者其权利继受人因疏忽而没有要求代理人返还授权确认书,对于由此对善意第三人造成的损失,应当承担责任。

(4)授权终止生效的起算时间

第 37 条

1. 只要代理人不知其授权终止,被代理人或者其权利继受人因代理人的行为而成为债权人或者债务人,则应视为授权仍然存在。

2. 第三人已知道授权终止的,不在此限。

(二)无权代理

1. 合同的追认

第 38 条

1. 行为人未经授权而以第三人的名义订立合同的,只有当第三人追认合同时,第三人才成为债权人或者债务人。

2. 合同对方当事人有权要求被代理人在合理期限内声明是否追认合同;在此期限内未追认的,则合同对方当事人不再受合同约束。

2. 合同未被追认

第 39 条

1. 合同的追认被明示或者默示拒绝的,合同另一

---

〔7〕 根据2008年12月19日关于《成人保护,人权和亲子关系权》的联邦法附录修订,自2013年1月1日起生效(RO 2011 725;FF 2006 6635)。

方当事人可以对作为代理人的人提起因合同无效产生的损害赔偿之诉,除非代理人证明合同另一方当事人已经知道或者应当知道不存在授权。

2. 代理人有过错的,根据公平原则,法官可判决其承担更高的损害赔偿金。

3. 对于不当得利之诉,无论在何种情形下,均不受影响。

(三)特殊规定的保留

第 40 条

对于公司代表人、公司机构、授权代理人和其他商务代理人之代理权限的特殊规定,从其规定。

八、上门推销的合同或类似的合同之撤回权

(一)适用范围

第 40a 条〔8〕

1. 对于为客户个人或者家庭使用而提供商品或者服务的合同,在下列情形下,适用有关该类合同的撤回权之规定:

(1)商品或者服务的提供,属于提供商在职业上的或者在商业上的行为,且

(2)买受人的给付超过 100 瑞士法郎。

2. 这些规定不适用于保险合同。

3. 货币的购买力发生重大变化的,瑞士联邦委员会应适当调整第 1 款(2)规定的金额。

(二)原则

第 40b 条〔9〕

买受人在以下情形中被请求作出要约或承诺的,可以撤回其要约或者承诺:

---

〔8〕 根据 1990 年 10 月 5 日的联邦法第一章增补,自 1991 年 7 月 1 日起生效(RO 1991 846;FF 1986 II 360)。

〔9〕 根据 1990 年 10 月 5 日的联邦法第一章增补,自 1991 年 7 月 1 日起生效(RO 1991 846;FF 1986 II 360)。

1. 在工作场所、住所或其附近;[10]

2. 在公共交通工具或者公共道路上;

3. 在徒步旅行的广告活动中或类似场合;

4. 通过电话或以类似的即时口头交谈的通讯方式进行。[11]

(三)例外

第 40c 条[12]

在以下情形中,买受人不得行使其撤回权:

1. 明确要求磋商的;

2. 在市场或交易会的展位上所做的承诺。

(四)告知义务

第 40d 条[13]

1. 出卖人必须以书面或其他能以文字确定证据的方式,向买受人告知其撤回权、行使撤回权应当遵守的形式和期限,并留下通讯地址。[14]

2. 上述信息必须载明日期,以便对合同进行识别。

3. 上述信息必须提供给买受人,以便买受人获悉要约或承诺的时间。

---

[10] 根据 1993 年 6 月 18 日的联邦法第一章修订,自 1994 年 1 月 1 日起生效(RO 1993 3120;FF 1993 I 757)。

[11] 根据 2015 年 6 月 19 日关于《撤销权修改》的联邦法第 I 节修订,自 2016 年 1 月 1 日起生效(RO 2015 4107;FF 2014 893 2883)。

[12] 根据 1990 年 10 月 5 日(RO 1991 846;FF 1986 II 360)的联邦法第 I 节增补。根据 1993 年 6 月 18 日的联邦法第 I 节新内容修订,自 1994 年 1 月 1 日起生效(RO 1993 3120;FF 1993 I 757)。

[13] 根据 1990 年 10 月 5 日(RO 1991 846;FF 1986 II 360)的联邦法第 I 节增补。根据 1993 年 6 月 18 日的联邦法第 I 节新内容修订,自 1994 年 1 月 1 日起生效(RO 1993 3120;FF 1993 I 757)。

[14] 根据 2015 年 6 月 19 日关于《撤销权修改》的联邦法第 I 节新内容修订,自 2016 年 1 月 1 日起生效(RO 2015 4107;FF 2014 893 2883)。

（五）撤回

1. 形式和期限

第 40e 条[15]

1. 要约或者承诺的撤回不受任何形式的限制，但应由买受人提供在期限内撤回要约或者承诺的证据。[16]

2. 要约或者承诺的撤回期限为十四天，自买受人在下列情形开始起算：[17]

（1）买受人发出要约或者承诺，且

（2）知道第 40d 条规定的信息。

3. 应由出卖人证明买受人知道第 40d 条规定的具体时间。

4. 买受人在撤回期限的最后一天，向出卖人通知撤回要约或者承诺，或在邮局邮寄撤回通知的，视为符合撤回期限。[18]

2. 后果

第 40f 条[19]

1. 买受人撤回合同的，双方必须返还已经受领之给付。

2. 买受人已经使用物品的，必须向出卖人支付合理的使用费。

3. 出卖人已经向买受人提供服务的，买受人必须按照委任合同的规定（第 402 条）向出卖人补偿其

---

〔15〕 根据 1990 年 10 月 5 日的联邦法第 I 节增补。根据 1993 年 6 月 18 日的联邦法第 I 节新内容修订，自 1994 年 1 月 1 日起生效（RO 1991 846；FF 1986 II 360）。

〔16〕 根据 2015 年 6 月 19 日关于《撤销权修改》的联邦法第 I 节新内容修订，自 2016 年 1 月 1 日起生效（RO 2015 4107；FF 2014 893 2883）。

〔17〕 根据 2015 年 6 月 19 日关于《撤销权修改》的联邦法第 I 节新内容修订，自 2016 年 1 月 1 日起生效（RO 2015 4107；FF 2014 893 2883）。

〔18〕 根据 2015 年 6 月 19 日关于《撤销权修改》的联邦法第 I 节新内容修订，自 2016 年 1 月 1 日起生效（RO 2015 4107；FF 2014 893 2883）。

〔19〕 根据 1990 年 10 月 5 日的联邦法第 I 节增补，自 1991 年 7 月 1 日起生效（RO 1991 846；FF 1986 II 360）。

预先支出的款项和费用。

4. 买受人对出卖人不承担其他补偿义务。

第 40g 条[20]

（废除）

第二节　侵权行为之债

一、一般规定

（一）承担责任的条件

第 41 条

1. 以非法手段，因故意、轻率或疏忽而导致他人损害的人，应当承担赔偿责任。

2. 违反善良风俗，故意造成他人损害的人，同样应当承担赔偿责任。

（二）损害的确定

第 42 条

1. 损害，由主张赔偿请求的人承担举证责任。

2. 损害的准确金额无法确定的，法官考量事件的常规进程以及受损方所采取的措施而公正判定。

3. 家养动物，如不视其为财产或者不以营利为目的，即使对动物的治疗费用高于其本身的价格，仍应予以合理赔偿。[21]

（三）赔偿额的确定

第 43 条

1. 关于赔偿的方式和范围，由法官按照具体情形和过错严重性予以确定。

1.2 家养动物，不视其为财产或者不以营利为目

---

〔20〕 根据 1990 年 10 月 5 日的联邦法第 I 节增补，1991 年 7 月 1 日起生效。根据 2000 年 3 月 24 日关于管辖权的法律的附录废除。

〔21〕 根据 2002 年 10 月 4 日关于《动物》的联邦法第二章增补，自 2003 年 4 月 1 日起生效（RO 2003 463；FF 2002 3885 5418）。

的,如果其受伤或被害,法官可以适当考量动物对其主人或者主人近亲属的情感价值。[22]

2. 如以定期金的方式承担损害赔偿责任,义务人必须同时提供担保。

(四)赔偿额的减少

第44条

1. 损害经过受损方同意的,或者受损方对造成和加重损害的事实负有责任的,或者损害赔偿将恶化债务人状况的,法官可以减少赔偿额,甚至免除赔偿。

2. 损害的发生,既不是基于故意,也不是基于重大过失或者疏忽,且损害赔偿可能导致义务人陷入贫困,则法官可以适当减少损害赔偿之金额。

(五)特例

1. 致人死亡或身体伤害

(1)死亡的损害赔偿

第45条

1. 致人死亡的,损害赔偿应当特别包含丧葬费。

2. 死亡没有立即发生的,损害赔偿应特别包含治疗费和因丧失劳动能力所导致的损失。

3. 在被害人死亡后,其他人因此而无法获得来自死者抚养的,对于他们的损失同样应当给予赔偿。

(2)身体受伤害的损害赔偿

第46条

1. 身体受伤害的,受害人有权请求赔偿已发生的费用、因全部或部分丧失劳动能力导致的损失、对其未来经济收入造成的损失。

2. 在判决时,对身体伤害的后果尚不能相当准确认定的,自宣判之日起,在至多不超过两年的期间

〔22〕 根据1990年10月5日的联邦法增补,自1991年7月1日起生效。根据2000年3月24日关于管辖权的法律的附录废除。

内,法官保留对判决进行修正之权力。

(3)精神赔偿　**第47条**

考虑具体之情势,法官可以判决向伤者或死者之家属支付合理的精神损害赔偿金。

2.……　**第48条**〔23〕

(废除)

3.人格侵害　**第49条**〔24〕

1.人格遭受非法侵害的受害人,如果证明其遭受的侵害情节严重,且加害人并无其他赔偿方式,则受害人有权获得精神损害赔偿金。〔25〕

2.对于精神损害赔偿,法官可以用其他赔偿方式替代精神损害赔偿金,或者在精神损害赔偿金之外增加其他的赔偿方式。

(六)数人侵权行为

1.违法行为　**第50条**

1.数人共同造成损害的承担连带赔偿责任,不区分教唆者、主导者和帮助者。

2.一部分人是否有权对另一部分人进行追偿,由法官裁决;如有追偿之权利,法官应确定追偿之范围。

3.窝藏者,只有当其获得部分利益或者因其合作的事实造成损害时,才应承担损害赔偿责任。

2.多种致损原因之竞合　**第51条**

1.由于多种原因(违法行为、合同约定、法律规定)数人对同一损害结果承担赔偿责任的,类推适用

---

〔23〕 根据1943年9月30日关于《不正当竞争》的联邦法第21条第1款废除,自1945年3月1日起生效(RS 2 945)。

〔24〕 根据1983年12月16日联邦法第II节新内容修订,自1985年7月1日起生效。

〔25〕 德文版和意大利文版为“遭受的损害不能以其他方式赔偿”。

对共同致损人请求赔偿的法律规定。

2. 损害赔偿责任,原则上应当首先由侵权行为的责任人承担,之后再由无过失也无合同义务,但法律规定其应当承担赔偿责任的人承担。

(七)正当防卫、紧急避险和自助行为

第52条

1. 正当防卫,对加害人的人身或者财产损失,防卫者无需承担赔偿责任。

2. 为避免自己或者第三人遭受损害或者紧急危险,而对他人财产造成损害的,法官公正判定赔偿金额。

3. 根据具体情势,不可能及时获得公力救助,且不存在其他方式来阻止其权利之丧失的,或者将导致其权利行使陷于更加困难境地的,则利用实力保护其权利的人,不承担赔偿责任。

(八)民法与刑法的关系

第53条

1. 民事法官在判断行为人是否存在过失错误,或者是否具有判断能力时,不受刑法罪责归责规定的约束,也不受刑法上无罪判决的影响。

2. 对于过失错误的判断和损失的确定,民事法官也不受刑事判决的约束。

二、无判断能力人的责任

第54条

1. 对于无判断能力人造成的全部或者部分损害,法官可以根据公平原则判决其承担赔偿责任。

2. 间歇性无判断能力的人,如不能证明对暂时丧失判断能力状态之发生并无过错,则应当对其在该状态时造成的损害承担赔偿责任。

三、雇主责任

第55条

1. 对于雇员或其他辅助人员在工作中所造成的损害,如雇主不能证明为了避免发生损害其根据具体情况已经采取了所有必要措施,或者即使其谨慎也无法阻止损害之发生,则其应当承担赔偿责任。[26]

2. 如果致害人对损害后果应当承担责任,则雇主有权对其进行追偿。

四、动物持有人的责任

(一)损害赔偿

第 56 条

1. 动物持有人如不能证明其根据具体情况已经尽力看护和监管动物,或者即使其谨慎也无法阻止损害之发生,则应对动物造成的损害承担损害赔偿责任。

2. 动物被第三人或者他人的动物挑逗的,动物持有人保留追偿之权利。

3. ……[27](废除)

(二)动物捕捉权

第 57 条

1. 房主有权捕捉对其房屋造成损害的他人之动物,且有权对动物进行留置以保全其赔偿请求权;具体情况证明合适的,甚至有权采取杀死动物的措施。

2. 但他应当立即通知动物的所有权人,如不知道所有权人,则其应当采取必要措施以便找到所有权人。

五、房屋和其他建筑物所有权人的责任

(一)损害赔偿

第 58 条

1. 房屋或者其他建筑物的所有人,对于因建筑物的缺陷或者维修不善而造成的损害,应当承担赔

---

〔26〕 根据 1971 年 6 月 25 日联邦法第二章第一条的新内容修订,自 1972 年 1 月 1 日起生效。

〔27〕 根据 1986 年 6 月 20 日关于狩猎的法律的第 27 条废除。

偿责任。

2. 房屋或者其他建筑物的所有人,对造成上述损害负有责任的人,享有追偿之权利。

(二)安全措施

第 59 条

1. 因他人之房屋或者其他建筑物而遭受损害风险的人,有权要求房屋所有人采取必要措施以排除危险。

2. 关于警察发布的保护人身财产的命令除外。

六、加密签名密码持有人的责任

第 59a 条[28]

1. 对于认证服务提供商根据 2016 年 3 月 18 日有关电子签名法的规定所签发的有效认证证书,如第三人因信赖此证书而遭受损失,则由用加密签名密码制作电子签名或电子印章的密码持有人对第三人承担损害赔偿责任。[29]

2. 加密签名密码持有人,如能够以可信的方式证明,为了避免加密签名密码被滥用,其已经根据具体情况采取了必要的安全措施,则不承担赔偿责任。

3. 第 2 款所指的必要的安全措施由联邦委员会颁布。

七、诉讼时效

第 60 条[30]

1. 对于损害赔偿或者精神损害赔偿之请求,其诉讼时效自受害人知道损害和致害人之日起为一

---

〔28〕 根据 2003 年 12 月 19 日关于《电子签名》联邦法的附录增补,根据 2016 年 3 月 18 日联邦法附录第 II 节第 4 条新内容增补,自 2017 年 1 月 1 日起生效(RO 2016 4651;FF 2014 957)。

〔29〕 RS 943.03.

〔30〕 根据 2003 年 12 月 19 日关于《电子签名》联邦法的附录增补,自 2005 年 1 月 1 日起生效(RO 2004 5085;FF 20015423)。

年，且无论如何自损害事实发生之日起不得超过十年。

2. 但是对于犯罪行为引起的损害赔偿，如果刑法规定了更长的诉讼时效，则该时效适用于民事诉讼。

3. 对于因侵权行为而对受害人取得的债权，即使受害人的损害赔偿请求权因诉讼时效而消灭，受害人仍然有权拒绝对该债权予以清偿。

八、公务员和政府雇员的责任

第 61 条〔31〕

1. 对于公务员和政府雇员在执行公务中引发的损害赔偿责任或者精神损害赔偿责任，联邦或者各州可以通过立法对本节之规定不予适用。

2. 对于公务员或者政府雇员实施的行为，且其行为具有营业性，则各州法律不得规避本节规定之适用。

第三节 不当得利之债

一、构成要件

（一）一般规则

第 62 条

1. 没有合法原因，牺牲他人之利益而获得利益的人，应当返还其所获得之利益。

2. 对于没有任何有效依据而获得的利益，无论是基于无法实现之依据，还是基于不复存在之依据，尤其应当予以返还。

---

〔31〕 根据 2003 年 12 月 19 日关于《电子签名》的联邦法的附录增补，自 2005 年 1 月 1 日起生效（RO 2004 5085；FF 20015423）。

(二)不应给付之款

第 63 条

1. 对于不存在的债务,某人自愿进行了清偿,如其无法证明其认识错误,不得请求返还。

2. 为了清偿已过期的债务,或者为了履行道德义务,由此进行的支付,不得请求返还。

3. 1889 年 4 月 11 日关于《债务追偿和破产》的联邦法[32]中关于返还非债清偿款项之规定,保留其适用。

二、返还范围

(一)被告的义务

第 64 条

不应给付之款的受领人,能证明在被要求返还时其并没有获得利益,则不必返还该款项;但是,如受领人恶意放弃所收之款项,或者在放弃时应当知道可能被要求返还的,不在此限。

(二)费用补偿的权利

第 65 条

1. 被告有权要求对其支出的必要费用或者有益费用予以补偿;但是,如被告在收到不应给付之款时,已经属于恶意,则费用的补偿最多不得超过在返还时仍然存在的增值部分。

2. 被告无权主张对其他费用的任何补偿,但如原告未对被告进行费用补偿的,在返还标的物之前,在与费用补偿的相等价值范围内,被告有权取回他附加于标的物的且其分离不对标的物造成损害的部分。

三、不予返还

第 66 条

给付,如果是为了达到非法或者违反道德之目的,则不予返还。

---

〔32〕 RS 281.1.

四、诉讼时效

第 67 条

1. 不当得利返还请求权,自受损方知晓其请求权之日起计算诉讼时效为一年;但无论何种情形,自返还请求权产生之日起,不得超过十年。

2. 因不当得利而对受损方享有债权的,即使受损方的返还请求权因诉讼时效而消灭,受损方仍然有权拒绝对该债权予以清偿。

第二章 债的效力

第一节 债的履行

一、一般规定

(一)亲自履行

第 68 条

只有当债权人要求债务人亲自履行债务时,债务人才必须亲自履行。

(二)标的物

1. 部分支付

第 69 条

1. 债务是确定的,且已经全部到期,债权人可以拒绝部分支付。

2. 债权人接受部分支付的,则债务人对其确认的债务部分不得拒绝履行。

2. 不可分之债务

第 70 条

1. 债务是不可分且有数个债权人的,则任何一个债权人均有权主张履行全部债务,债务人有义务对全体债权人进行债务清偿。

2. 不可分之债有数个债务人的,任何一个债务人均有对债务进行全部清偿之义务。

3. 已清偿债务的债务人,对于其他连带债务人,有权按照他们各自应承担债务之比例进行追偿,并在已清偿之范围内行使债权人之权利,但根据具体情形可推断出相反结论的除外。

3. 不确定物之债

第 71 条

1. 债务的标的物只能按照其种类确定的,则债务人享有选择权,但根据交易具有不同要求的除外。

2. 债务人给付的物品,其质量不得低于中等水平。

4. 可选择之债

第 72 条

如债务中存在数个给付,而债权人只能请求债务人履行其中一个给付,则债务人享有选择权,但根据交易具有不同要求的除外。

5. 利息

第 73 条

1. 合同、法律或者惯例均未对债务利息的利率作出规定的,则债务人按照 5% 的年利率进行偿付。

2. 滥用合同约定利息的,由公法予以禁止。

二、履行地点

第 74 条

1. 债务的履行地点,根据当事人明示的或默示的意思予以确定。

2. 除非另有不同规定,适用以下规定:

(1)债务之标的为金钱,应在清偿时债权人之住所地履行;

(2)债务之标的为特定物,应在合同订立时特定物之所在地履行;

(3)对于其他债务,应在债务产生时债务人的住所地履行。

3. 对于应在债权人住所地履行之债务,在债务产生以后,如因债权人变更其住所,从而导致债务的履行明显困难,则债务人有权在债权人的原住所地履行,且其履行行为有效。

三、履行期间

(一)未定期限的债务

第 75 条

未确定履行之期限,或者根据交易性质无法确定履行之期限，则债务人可以立即履行，债权人也可以请求债务人立即履行。

（二）确定期限的债务

1. 以月为期限

第 76 条

1. 履行期限确定为一个月的月初或者月末，则该期限是指该月的第一天或者最后一天。

2. 履行期限确定为一个月的中间，则该期限是指该月的第十五天。

2. 其他期限

第 77 条

1. 自合同订立时起，债务或者特定法律行为必须在一定期限届满时履行，则期限之届满根据以下情形确定：

(1) 期限是以日计算的，则债务在期限的最后一日届满，合同订立之日不计算在内；期限是以八日或者十五日计算的，它并不是指一个星期或者两个星期，而是指八天整或十五天整；

(2) 期限是以星期计算的，则在最后的一个星期中，与合同订立日相对应之日，为债务履行期限届满之日；

(3) 期限是以月或数月（年、半年、季度）的时间期间来计算的，则在最后一个月中，与合同订立日相对应之日为债务履行期限届满之日；如在最后一月中没有相对应之日，则该月的最后一日为债务履行期限届满之日。

期限是以半个月计算的，则其等同于十五天之期限；如期限确定为以一个月或数月再加上半个月，则十五天应在最后计算。

2. 期限不以合同订立之日起算，前款之规则同样予以适用。

3. 债务必须在一定期间内履行，债务人应在期限届满之前履行。

3. 星期日和节假日

第 78 条

1. 如债务履行期限届满之日为星期日，或者在履行地为法定节假日，[33]则届满之日顺延到节假日后的第一天。

2. 另有不同约定的除外。

(三)营业时间

第 79 条

债务之履行和接受债务之履行，应在期限届满之日通常的营业时间内进行。

(四)期限延长

第 80 条

延长约定的债务履行期限，新的期限应当紧接着原来期限届满后的第一天起算，但另有不同约定的除外。

(五)提前履行

第 81 条

1. 对于提前履行，如合同条款、合同性质或者根据具体情势均未表示当事人具有不同之意思，则债务人可以在期限届满前履行。

2. 但债务人无权因提前还款而请求相应减少支付之款额，除非另有协议约定或惯例。

(六)双务合同

1. 履行方式

第 82 条

在双务合同中，请求履行的当事人，必须自己已经履行其义务，或者已经承诺履行其义务，但根据合同之条款或合同之性质，当事人享有后履行权利的除外。

---

〔33〕 对于联邦法的法定期限和按照联邦法当局规定的期限，星期六当前等同于法定节假日(根据 1963 年 6 月 21 日有关包含星期六的期限推算的联邦法第一条——RS 173.110.3)。

2. 无履行能力;单方解除合同

第 83 条

1. 如在双务合同中,一方当事人的权利因另一方当事人无履行能力而受到影响,特别是在另一方当事人破产或者无可供扣押财产之情形,遭受影响的一方当事人可以拒绝履行,直至对方当事人为履行义务而提供了担保。

2. 遭受影响的一方当事人请求提供担保,而对方未在合理期限内予以提供,则遭受影响的一方当事人有权解除合同。

四、清偿

(一)所在国货币

第 84 条〔34〕

1. 对于金钱债务,应以法定货币予以支付。

2. 债务所使用的货币,与支付地国家的货币不同,则可以按照债务到期日的市场价格,使用所在国的货币进行支付,但合同中有按"确切价格"支付之字样或者具有其他类似补充性规定的除外。

(二)清偿之抵充

1. 部分支付

第 85 条

1. 对于债务人部分支付之款项,只有当其未拖欠利息或费用时,债务人才可以主张抵充本金。

2. 如债权人的部分债权享有保证、抵押或其他担保,对于债务人的部分支付,债务人无权主张以其抵充享有担保或者享有更优担保之部分债权。

---

〔34〕 根据 1999 年 12 月 22 日关于《货币单位和支付方式》的联邦法附录的新内容修订,自 2000 年 5 月 1 日起生效(RO 2000 1144;FF 1999 6536)。

2. 数个债务

(1)债务人或债权人的宣称

第 86 条

1. 如债务人对同一债权人负有数个债务,则债务人在支付时有权宣称自己对某个债务进行清偿。

2. 如债务人未予以宣称,则债务人的清偿视为抵充债权人在收据上注明的债务。但债务人立即表示反对的,不在此限。

(2)根据法律的规定

第 87 条

1. 没有上述宣称,或者收据上也没有注明对某个债务进行清偿,则应抵充已到期之债务;如数个债务均到期的,应当抵充最先对债务人提起诉讼之债务;没有债务诉讼的,抵充最先到期之债务。

2. 数个债务同时到期的,则按比例抵充各个债务。

3. 没有任何债务到期的,则抵充对债权人担保最少的债务。

(三)收据和债务凭证的返还

1. 请求出具凭证的权利

第 88 条

1. 清偿债务的债务人,有权请求债权人出具收据,如债务已经全部清偿的,则其有权请求返还或者销毁债务凭证。

2. 债务未被全部清偿的,或者债务凭证上记载有债权人的其他权利,则债务人只能请求出具收据,并在债务凭证上载明其清偿之情况。

2. 效力

第 89 条

1. 对于利息或其他分期付款,如出具某一期付款之收据,且未作出任何保留,则推定债权人已经收取以前各期之付款。

2. 债权人为本金出具收据,则推定其已经收取了利息。

3. 向债务人返还债务凭证,则推定债务已经消灭。

3. 无法返还之凭证

第 90 条

1. 债权人宣称债务凭证已经丢失的,则清偿债务的债务人,有权请求债权人向他出具经公证或认证的确认债务凭证已经作废和债务已经消灭之声明。

2. 有关有价证券作废之规定,不在此限。

五、债权人的迟延

(一)条件

第 91 条

债权人无正当理由而拒绝接受债务人的及时清偿,或者拒绝完成由其负责的准备行为,且因为欠缺准备行为而导致债务人不能履行其债务,则应当认为债权人构成迟延。

(二)效力

1. 债的标的物为物品

(1)提存权

第 92 条

1. 债权人构成迟延的,则由债权人承担费用和风险,债务人有权对物品进行提存,并因此被解除债务。

2. 提存的地点,由法官决定;但是对于货物,即使法官没有决定提存地点,也可以在仓库进行提存。[35]

(2)出售权

第 93 条

1. 根据物品之特性或交易之类型,如物品寄存不便、容易毁损、维护费用昂贵或提存费用昂贵,经预先向债权人发出告知并征得法官之同意,债务人有权公开出售物品并提存出售之价款。

---

〔35〕 根据 2000 年 3 月 24 日关于管辖权的法律的附录的新内容修订,自 2001 年 1 月 1 日起生效(RO 2000 2355;FF 1999 2591)。

2. 对于上市交易之物,如有市场价格或者物品之价值相对低于出售之费用,则物品的出售无需公开;即使没有事先告知,法官也可以允许其出售。

(3)取回权

第 94 条

1. 只要债权人未宣称对提存之物品予以接受,或者只要担保之效力没有因为提存而终止,则债务人有权取回提存之物品。

2. 自取回提存物品时起,债权和全部从权利予以恢复。

2. 债的标的物并非物品

第 95 条

如债务之标的并非物品之交付,且债权人已经构成迟延,则债务人可以依据债务人迟延的规定解除合同。

六、其他原因导致的履行障碍

第 96 条

因可归责于债权人之原因,或者无法确定债权人之身份且债务人对此并无过错,从而导致债务人不能向债权人或其代理人履行债务,则与债权人迟延之情形相同,债务人可以提存标的物或者解除合同。

第二节　债务不履行的后果

一、不履行债务

(一)债务人的责任

1. 一般情形

第 97 条

1. 未向债权人履行债务,或者仅向债权人履行了部分债务,则债务人应对由此导致的损害承担赔偿责任,但债务人能够证明自己没有过错的除外。

2. 1889年4月11日关于《债务追偿和破产》〔36〕的联邦法以及2008年12月19日的《民事诉讼法典》〔37〕的相关规定,适用于债务之履行。〔38〕

2. 作为和不作为的债务

第98条

1. 对于作为之债务,债权人可以自己履行,由债务人承担费用;所有关于损害赔偿之请求权,不因此而受影响。

2. 对于不作为之债务,一旦违反,债务人必须承担损害赔偿责任。

3. 此外,对于债务人不履行债务所造成的影响,债权人还有权要求消除;债权人也可以自己消除该影响,并由债务人承担费用。

(二)赔偿范围

1. 一般情形

第99条

1. 通常情况下,债务人应对其全部过错承担责任。

2. 上述责任范围之大小,根据交易之特性予以确定;如交易不是以为债务人谋取利益为目的,则应减轻其责任。

3. 有关侵权行为责任之规定,类推适用于合同之过错。

2. 免责条款

第100条

1. 任何事先免除债务人因欺诈或重大过失所致责任之条款,一律无效。

2. 对于事先免除债务人轻微过失所致责任之条款,如债权人在放弃追究责任时正受雇于债务人,或者责任是因为主管机构的特许营业事务导致

---

〔36〕 RS 281.1.

〔37〕 RS 272.

〔38〕 根据2008年12月19日《民事诉讼法典》的附录第二节第5条的新内容修订,自2011年1月1日起生效(RO 2010 1739;FF 2006 6841)。

的,则法官可以根据其自由裁量权判定该条款为无效。

3. 有关保险合同的特殊规则,从其规定。

3. 辅助人员造成的损害

第 101 条

1. 即使委托人以合法的方式将履行债务或者行使债权的任务托付给予其共同生活或者雇佣的辅助人员,对于受托方在完成任务过程中给他方造成的损害,委托人仍要承担责任。[39]

2. 因辅助人员的行为而应承担的责任可以事先约定,全部或者部分免除。

3. 如在放弃追究责任时债权人正受雇于债务人,或者责任是因为主管机构的特许营业事务所导致,则债务人只能根据合同主张免除其轻微过失之责任。

二、债务人的迟延

(一)构成要件

第 102 条

1. 债务履行期限届满的,经债权人催告,构成债务人之迟延。

2. 债务履行日期由双方协议确定,或者由一方当事人按照其保留的权利确定履行日期并通过常规方式发出债务通知的,债务人即因该确定日期的届满而构成迟延。

(二)效力

1. 意外事件的责任

第 103 条

1. 陷于迟延的债务人,对于因迟延履行而导致的损害应当承担赔偿责任;对于因意外事件而导致的损害,陷于迟延的债务人同样应当承担赔偿

---

〔39〕 根据 1971 年 6 月 25 日的联邦法第二章第一条的新内容修订,自 1972 年 1 月 1 日起生效。同时参照本法典末的第十章最终和暂行规定。

责任。

2. 债务人能够证明其对于迟延并没有任何过错，或者能够证明即使自己及时履行了债务，意外事件依然会有损于标的物，从而有损于债权人，则债务人可以被免除责任。

2. 逾期利息

(1) 一般情形

第 104 条

1. 对于陷于迟延支付金钱的债务人，即使合同约定的利率较低，其仍然应当按照 5% 的年利率支付逾期之利息。

2. 如合同直接规定了高于 5% 的利息，或者合同根据银行的定期利率规定了高于 5% 的利息，则对于陷于迟延的债务人，债权人有权请求支付该较高之利息。

3. 在商人之间，只要支付地的贴现率高于 5%，逾期利息即可按该贴现率计算。

(2) 利息、尾款和捐款的迟延支付

第 105 条

1. 债务人迟延支付利息、尾款或者捐款的支付，仅自债务被追讨或提起诉讼之日开始计算其所欠的逾期利息。

2. 如违约赔偿条款另有不同之规定，则应适用违约赔偿条款之规定。

3. 对于迟延利息，不再支付利息。

3. 额外的损失

第 106 条

1. 如债权人遭受的损失高于逾期利息，而债务人不能证明其无过错，则债务人同样应当承担损害赔偿责任。

2. 对于这种额外的损失，能够被预先估计的，法官可以在主债务的判决中确定损害赔偿之金额。

4. 合同解除权

(1) 限定期限

第 107 条

1. 在双务合同中,如一方当事人陷于迟延,则另一方当事人有权亲自或者通过主管部门给予对方限期履行的合理期限。

2. 期限届满而债务仍未履行,则债权人依然可以请求履行债务,并请求对迟延履行进行损害赔偿;但是,如债权人立即作出声明,则债权人可以放弃其请求履行债务之权利,并请求债务人对不履行债务予以损害赔偿,或者解除合同。

(2) 立即解除

第 108 条

在以下情形中,无需给予限期履行债务之期限:

1. 根据债务人的态度,这种措施不会有效果;

2. 债务人陷于迟延以后,债务的履行对债权人已无必要;

3. 根据合同条款,债务必须准确地按照确定的时间或者在规定的期间内履行。

(3) 合同解除的效力

第 109 条

1. 解除合同的债权人,有权拒绝其承诺之给付,并请求返还其已履行之给付。

2. 此外,如债务人不能证明自己没有过错,债权人因解除合同而遭受的损失,还可以请求债务人予以赔偿。

第三节 债对第三人的效力

一、代位权

第 110 条

在以下情形中,已经向债权人进行了清偿的第三人,在其清偿之范围内,依法代位行使债权人之权利：

1. 第三人，用其拥有所有权或其他物权的物，作为他人债务之抵押物，为了解除抵押而代为清偿；

2. 第三人代为清偿后，债务人通知债权人该第三人已经取代债权人的地位。

二、保证人

第 111 条

向他人提供保证由第三人清偿的人，对于因第三人不履行债务而导致的损失，保证人应当承担赔偿责任。

三、为他人利益而设定的债

（一）一般规定

第 112 条

1. 以自己的名义，为第三人之利益而设定债务的债权人，有权为第三人之利益而请求履行债务。

2. 根据当事人的约定或习惯，第三人或其权利继受人也可以直接请求履行债务。

3. 在前款情形中，自第三人向债务人宣称打算行使权利时起，债权人不得免除债务人之债务。

（二）民事责任保险

第 113 条

雇主已对民事责任进行了投保，且雇员缴纳的保险费至少占二分之一，则因保险而产生的权利由雇员专属享有。

第三章 债的消灭

一、从权利的消灭

第114条

1. 因清偿或者其他方式使主债务消灭的，保证、抵押和其他从权利随之消灭。

2. 对于先前已经产生之利息，只有当合同对此权利有约定，或者根据具体情势应予许可时，才可以在主债务消灭后请求支付。

3. 有关不动产抵押、有价证券和破产清偿协议的特殊规定除外。

二、协议减免债权

第115条

债务的产生，即使法律规定或当事人约定必须采用特殊形式，但对于债权的协议解除或者减免，则不需要任何特殊形式。

三、债务更新

（一）一般情形

第116条

1. 债务之更新，不得进行任何推定。

2. 尤其是对于既存债务，签署汇票或者签署新的债权文书，或者签署新的担保文书，不导致债务更新，但另有约定的除外。

（二）往来账户

第117条

1. 在往来账户中对多种项目的单纯登记，不产生债务更新。

2. 但是,账户上的余额被结算和确认的,则产生债务更新。

3. 某个项目享有特殊担保的,即使账户上的余额被结算和确认,债权人仍享有担保;但另有约定的除外。

四、混同

第 118 条

1. 债权人和债务人为同一人的,则债务因混同而消灭。

2. 混同终止的,债务则重新恢复。

3. 有关不动产抵押和有价证券的特殊规定除外。

五、履行不能

第 119 条

1. 根据具体之情势,债务人并无过错,而债务之履行已经成为不可能,则债务消灭。

2. 在双务合同中,因前款之原因而被解除债务的债务人,对于其已经取得的利益,应当按照不当得利予以返还;对于尚未履行的部分,不得再请求履行。

3. 如法律或者合同规定,风险在履行债务之前转移给债权人的,不适用前款之规定。

六、债务的抵销

(一)条件

1. 一般情形

第 120 条

1. 两人互为金钱或者同类其他给付的债务人,双方的债务均已到期的,则任何一方当事人均可以主张以其债权抵销其债务。

2. 即使债务人债权存在争议,债务人仍然有权主张抵销。

3. 债权在其可以抵销时未因时效消灭的,尽管现在该债权已被时效灭失,但还是可以被要求抵销。

2. 担保

第 121 条

只要主债务人有权主张抵销,担保人就有权拒绝向债权人进行清偿。

3. 为他人利益设定的债

第 122 条

为第三人利益而设定债务的合同一方当事人,不得以其债务与另一方合同当事人的债务进行抵销。

4. 债务人破产

第 123 条

1. 如债务人破产,即使债权人对破产人的债权尚未到期,债权人仍有权以该债权与破产人所享有的债权进行抵销。

2. 在债务人破产之情形下,有关债务抵销之禁止或者撤销,适用 1889 年 4 月 11 日关于《债务追讨和破产》的联邦法。[40]

(二)效力

第 124 条

1. 只有当债务人向债权人告知了债务抵销之意思时,才可以产生抵销之效力。

2. 自双方之债务可以抵销时起,双方的债务金额中在较少一方的债务额度内,双方的债务视为消灭。

3. 有关往来账户的商事特殊惯例,保留其适用。

(三)禁止抵销的债权

第 125 条

在下列情形中,如违背债权人之意思,不得进行抵销:

1. 以寄存物、非法侵占物或者欺诈所得物之返还或者作价赔偿为标的之债权;

2. 要求向债权人实际履行的特殊性质之债权,例如为维持债权人[41]及其家庭所绝对必需的食物和工资;

---

〔40〕 RS 281.1.

〔41〕 德文 des Gläubigers,意大利文 del creditore,法文 du créancier。

3. 根据公法,由各州和乡镇享有的债权。

（四）抵销的放弃

第 126 条

债务人可以事先放弃抵销。

七、诉讼时效

（一）期间

1. 十年

第 127 条

如联邦民法没有另行之规定,所有诉讼时效之期间均为十年。

2. 五年

第 128 条

下列情形,诉讼时效之期间为五年:

1. 房屋租金、土地租金、资金利息以及其他所有定期之给付;

2. 基于食物供给、赡养费和住宿费而发生的诉讼;

3. 基于手工业者之劳务,零售商之供给,医生和其他医务人员之治疗,律师、代理人、受托人和公证员之专业服务,劳务者之服务而发生的诉讼。[42]

3. 不得变更之期间

第 129 条

本章中规定的诉讼时效期间,不得通过约定予以变更。

4. 时效的起算

（1）一般情形

第 130 条

1. 诉讼时效,自债权到期时开始起算。

2. 如该期限需要通过通知予以确定,则时效自可发出通知之日开始起算。

（2）定期给付

第 131 条

1. 有关终身定期金和其他类似的定期给付,全部偿付请求权之时效,自第一期未支付的定期金到

〔42〕 根据 1971 年 6 月 25 日的联邦法第二章第一条数字 4 的新内容修订,自 1972 年 1 月 1 日起生效。参见本法典末第十章的最终和暂行规定。

期之日开始起算。

2. 债权之诉讼时效开始起算，则利息之诉讼时效同时开始起算。

5. 期限的计算

第 132 条

1. 在计算期限时，不计入时效开始起算之日，且只有当期限的最后一天截止但并未被使用时，才获得时效。

2. 对于其他方面，则适用有关债务履行期限的计算规则。

（二）从债权的时效

第 133 条

利息和其他从债权的时效，依照主债权之时效。

（三）时效阻隔和中止

第 134 条

1. 在下列情形中，诉讼时效不起算，已经起算的，时效中止：

(1) 在子女成年之前，在父母亲权存续期间，子女对父母的债权；[43]

(2) 在委任监护的有效期间，无判断能力的人对监护人因监护不力而产生的债权；[44]

(3) 在婚姻关系存续期间，夫妻一方对另一方的债权；

(3.2) 在合法登记的同性伴侣关系存续期间，伴侣一方对另一方的债权；[45]

(4) 在劳动关系存续期间，与雇主共同生活之雇员

---

〔43〕 根据 2015 年 3 月 20 日关于《子女抚养》的联邦法附录第 1 条的新内容修订，自 2017 年 1 月 1 日起生效（RO 2015 4299；FF 2014 511）。

〔44〕 根据 2008 年 12 月 19 日关于《成人保护，人身权利和亲子关系法》的联邦法附录第 10 条的新内容修订，自 2013 年 1 月 1 日起生效（RO 2011 725；FF 2006 6635）。

〔45〕 根据 2004 年 6 月 18 日关于《合法登记的同性伴侣》的联邦法附录第 11 条增补，自 2007 年 1 月 1 日起生效（RO 2005 5685；FF 2003 1192）。

对雇主的债权;[46]

(5)债务人为债权之用益权人;

(6)债权人在瑞士法院不可能主张其债权。

2. 自时效中止的原因消失时起,诉讼时效开始起算或恢复计算。

3. 关于债务追偿和破产的法律有特殊规定的,保留其适用。

(四)时效中断

1. 中断事由

第 135 条

在下列情形下,诉讼时效中断:

1. 债务人对其债务予以承认的,尤其是支付利息、分期付款、设立抵押或提供保证;

2. 债权人通过追讨债务、申请调解、提起诉讼、申请仲裁、在法院或者仲裁庭上进行抗辩、参加破产程序主张其债权的。[47]

2. 时效中断对共同债务人的效力

第 136 条

1. 对于连带债务中的一个债务人,或对于不可分债务中的一个共同债务人,如诉讼时效中断,则对所有其他人的诉讼时效均产生中断之效力。

2. 对主债务人的诉讼时效中断,对担保人的诉讼时效发生中断之效力。

3. 对担保人的诉讼时效中断,对主债务人的诉讼时效不发生中断之效力。

---

〔46〕 根据 1971 年 6 月 25 日联邦法第二节第一条的新内容修订,自 1972 年 1 月 1 日起生效(RO 1971 1461;FF 1967 II 249)。参见本文末的最终规定和暂行规定第十章。

〔47〕 根据 2008 年 12 月 19 日《民事诉讼法典》附录第二章第 5 条的新内容修订,自 2011 年 1 月 1 日起生效。

3. 新时效期间的起算

(1)承认或者判决

第137条

1. 时效中断的,则新的时效期间开始起算。

2. 债务通过证书予以承认的,或者通过判决予以确认的,新的时效期间一律为十年。

(2)债权人的行为

第138条

1. 诉讼时效因申请调解、提起诉讼、申请仲裁、在法院或者仲裁庭上进行抗辩而中断的,自受理上述程序的裁判机关终止其程序时,诉讼时效重新起算。[48]

2. 诉讼时效因追讨债务而中断的,自每次进行追讨时,诉讼时效重新起算。

3. 诉讼时效因参加破产程序而中断的,自债权人依据相关法律可以重新主张其债权时,诉讼时效重新起算。

(五)……

第139条[49]

(废除)

(六)动产担保之债权

第140条

为债权设定有动产担保的,该动产担保之存在不影响债权之诉讼时效,但债权人有权行使动产担保之权利。

(七)诉讼时效的放弃

第141条

1. 对诉讼时效的预先放弃,一律无效。

2. 如连带债务人中的一个债务人放弃诉讼时效,不得以此为理由向其他连带债务人提起抗辩。

3. 由不可分债务中的一个共同债务人放弃诉讼时

---

[48] 根据2008年12月19日《民事诉讼法典》附录第二章新内容修订,自2011年1月1日起生效(RO 2010 1739;FF 2006 6841)。

[49] 根据2008年12月19日《民事诉讼法典》附录第二章废止,自2011年1月1日起生效(RO 2010 1739;FF 2006 6841)。

效,也不得以此为理由向其他共同债务人提起抗辩;同样,由主债务人所作的放弃,也不得以此为理由向保证人提起抗辩。

(八)诉讼时效的适用

第 142 条

法官不得依职权适用诉讼时效。

第四章 债的类型

第一节 连带之债

一、连带债务

(一)条件

第 143 条

1. 如数个债务人声明,他们每个债务人均对债权人承担全部清偿义务,则数个债务人之间构成连带债务。

2. 如没有类似之声明,则只有在法定情形下才可以成立连带债务。

(二)债权人和债务人之间的关系

1. 效力

(1)连带债务人的义务

第 144 条

1. 债权人,可以任意选择全体连带债务人或者其中一个连带债务人,请求其清偿全部或部分之债务。

2. 在债务全部消灭之前,全体债务人均负有清偿之义务。

(2)共同债务人的抗辩

第 145 条

1. 连带债务人只能就他与债权人之间的个人关系、连带债务的原因或者标的这些抗辩事由,向债权人提出抗辩。

2. 对于全体连带债务人可以共同主张的抗辩事由，如连带债务人没有提出抗辩，则其应对其他共同债务人承担责任。

(3)共同债务人的个人行为

第 146 条

连带债务人中的任何一位债务人，不得以其个人之行为，恶化其他连带债务人之地位，但另有规定的除外。

2. 连带债务的消灭

第 147 条

1. 连带债务人之一人，以付款或抵销之方式，清偿了全部或者部分债务，则在已清偿债务之范围内，免除了其他连带债务人之义务。

2. 如连带债务人之一人，没有进行清偿却被免除其义务，则仅在根据具体情形或者债务性质认为合理之限度内，其他连带债务人才可因免除而享受其利益。

(三)连带债务人之间的关系

1. 连带债务之份额

第 148 条

1. 每个连带债务人应当平均承担对债权人之清偿义务，但根据其债务应作相反推论的除外。

2. 连带债务人，如其清偿超过了其应承担之份额，则对于该超过部分，有权向其他连带债务人进行追偿。

3. 对于无法从某个连带债务人追偿的部分，由其他连带债务人平均分担。

2. 代位权

第 149 条

1. 享有追偿权的连带债务人，在其向债权人进行清偿之金额范围内，代位行使债权人的权利。

2. 如债权人为改善某个连带债务人之地位，却损害其他连带债务人之利益，则对其行为之后果，应由债权人本人承担。

二、连带债权

第 150 条

1. 如债务人声明数个债权人中的每个债权人均享有请求对全部债权进行清偿之权利,或者法律规定债权具有连带性,则在数个债权人之间构成连带债权。

2. 对连带债权人之一人进行清偿,则免除对全体连带债权人之义务。

3. 债务人可以任意选择向某一个债权人或其他债权人进行清偿,但债务人明知某个连带债权人已经进行追讨的除外。

第二节 附条件之债

一、延缓条件

(一)一般情形

第 151 条

1. 合同,其债务之效力,取决于不确定事件是否发生,则该合同为附条件合同。

2. 自条件成就时起,附延缓条件的合同才产生效力,但当事人明确表示了相反意思的除外。

(二)条件未成就

第 152 条

1. 只要条件未成就,债务人必须避免一切可能有碍于债务履行之行为。

2. 附条件之债的债权人,在其附条件之债权遭受危害时,有权采取与单纯不附条件之债同样的保全措施。

3. 在条件成就前实施的任何处分行为,只要其有损于附条件之债的效力,一律无效。

(三)在条件成就前获取的利益

第 153 条

1. 债权人在条件成就前已经取得承诺物品之占有,如条件成就,则其可以保留在条件成就前所取得之利益。

2. 如条件没有成就,则债权人应当返还所取得的利益。

二、解除条件

第 154 条

1. 如合同之解除,取决于不确定事件之发生,则自条件成就时起,合同终止其效力。

2. 按照规定解除合同的,无溯及之效力。

三、共同规定

(一)条件的成就

第 155 条

以一方当事人完成特定行为为条件,如没有约定必须由其本人亲自实施,则其继承人可以代替他实施。

(二)不诚信地阻碍

第 156 条

如当事人一方违背诚实信用原则,阻碍所附条件之成就,则条件视为成就。

(三)禁止之条件

第 157 条

所附之条件,如果其目的是促成违反法律或道德的作为或不作为,则附有这些条件的债务一律无效。

第三节　证约定金、解约定金、扣减工资和违约金条款

一、证约定金和解约定金

第 158 条

1. 某人为订立合同而支付的证约定金,该定金视

为订立合同之标志,而非解约定金。

2. 收取证约定金的人,有权保有该定金,且不把该定金计入其债权,但当地习惯或者合同另有不同规定的除外。

3. 如合同约定了解约定金,则任何一方当事人均有权解除合同。支付解约定金的一方应放弃其解约定金,收取解约定金的一方则应当双倍返还解约定金。

二、……

第 159 条〔50〕

(废除)

三、违约金条款

(一)债权人的权利

1. 违约金与履行的关系

第 160 条

1. 对于不履行合同,或者不适当履行合同,如合同约定了违约金,则债权人只能请求债务人要么履行合同,要么支付违约金,但另有约定的除外。

2. 对于未及时履行合同,或者未在约定地点履行合同,如合同约定了违约金,则债权人有权请求履行合同,同时有权请求支付违约金,但债权人明确放弃该权利或者无条件接受合同履行的除外。

3. 债务人可以证明,在其支付违约金后,其享有解除合同之权利。

2. 违约金与损失的关系

第 161 条

1. 即使债权人未遭受任何损失,其依然有权请求支付违约金。

2. 对于债权人遭受的损失,如超过了违约金之金额,则对于超过部分之损失,仅在债务人确有过错

---

〔50〕 根据 1971 年 6 月 25 日的联邦法第二章第 6 条废止。参见本法典末第十章的最终规定和暂行规定。

的情形下，债权人才能享有损害赔偿请求权。

3. 解除合同时债权人取得部分给付之权利

第162条

1. 如当事人约定，在合同解除时，已经履行的部分给付应由债权人取得，则对于此类约定，适用有关违约金条款之规定。

2.〔51〕（废除）

（二）违约金的金额、无效和降低

第163条

1. 违约金的金额，由当事人自由约定。

2. 如在违背法律或道德的债务中约定了违约金，或者债务人并无过错却因具体情势导致履行成为不可能，则不得请求支付违约金；对于后一种情形，另有约定的除外。

3. 如法官认为约定的违约金过高，应当予以降低。

〔51〕 根据2001年3月23日有关《消费信用》联邦法附录2第二章第1条废止。

第五章 债权转让和债务承担

一、债权转让

(一)条件

1. 任意转让

(1)接受

第 164 条

1. 债权人可以不经债务人同意而向第三人转让其债权,但根据法律、约定或者交易之性质禁止转让的除外。

2. 对债务的书面承认中并没有载明债权不得转让,而第三人基于信赖而受让了债权,则债务人不得以禁止转让债权之约定而对第三人提出抗辩。

(2)合同形式

第 165 条

1. 债权的转让合同,应当采用书面形式,否则不具有效力。

2. 关于转让债权之承诺,不要求其采用任何特殊形式。

2. 依法律或判决转让

第 166 条

如债权之转让是基于法律或者判决,则债权转让可以不受任何形式之约束,也不受债权人意思表示之约束,且对第三人具有对抗之效力。

（二）转让的效力

1. 债务人的地位

（1）善意清偿

第 167 条

在转让人或者受让人将债权之转让向债务人进行通知之前，如债务人已向前任债权人进行了善意清偿，或者在对债权进行多次转让的情形下，如某个债权人相对于其他人享有更优先的受偿权，则债务人向该债权人进行的清偿为有效，债务随之解除。

（2）拒绝清偿和提存

第 168 条

1. 如对债权的归属存在争议，则债务人可以拒绝进行清偿，并对债务之款项向法院进行提存，以解除其债务。

2. 债务人明知债权存在争议，而仍然进行清偿，则由债务人承担风险和损失。

3. 债权之争议正在诉讼程序中，且债权已经到期，则任何一方诉讼当事人均可以请求对债务款项进行强制提存。

（3）债务人的抗辩

第 169 条

1. 债务人在知道债权转让时，对于其有权针对转让人提出的抗辩事由，同样有权以之向受让人提出抗辩。

2. 在债权转让时，如债务人对债权人享有未到期债权，只要该未到期债权之清偿期限并不晚于被转让之债权，则债务人有权主张抵销。

2. 从权利、债权证书和证据材料的转移

第 170 条

1. 债权的转让，包括优先权和其他从权利的转让，但与转让人的人身不可分离的权利除外。

2. 转让人应当向受让人转交债权证书，并向受让人提供现有的证据材料，以及为主张债权所必要的信息。

3. 尚未支付的利息，推定其与主债权一并转让。

3. 担保

(1) 一般情形

第 171 条

1. 如债权之转让为有偿转让，则转让人应当对转让时债权之存在承担担保责任。

2. 仅在转让人对债务人的清偿能力予以担保之情况下，转让人才承担担保责任。

3. 如债权转让为无偿转让，则转让人并不对转让时债权之存在承担担保责任。

(2) 为抵债而转让债权

第 172 条

为了抵充债务而进行债权转让，但没有明确抵充之金额，则受让人仅在其自债务人处实际取得之金额，或者在尽到必要谨慎义务的情况下能够自债务人处取得之金额，抵充其债权。

(3) 担保的范围

第 173 条

1. 承担担保义务的转让人，对受让人的担保范围限于其应收之本金及利息；此外，还应当包括转让费用，以及向债务人请求履行却未获得清偿而产生的费用。

2. 对于根据法律进行的债权转让，原债权人无需对债权之存在和债务人之清偿能力承担担保责任。

(三) 特殊规则之除外

第 174 条

对某些权利的转让，如依法设定有特殊之规则，则保留其适用。

二、债务承担

(一) 债务人和承担人

第 175 条

1. 承担人向债务人作出承担其债务之承诺，通过向债权人进行清偿或者经债权人同意由承担人承担债务，以此解除债务人之债务。

2. 如债务人尚未按照债务承担合同向承担人履行义务，则债务人无权请求承担人履行义务。

3. 原债务人，如其未因债务承担而被解除债务，则其有权请求承担人提供担保。

（二）承担人和债权人之间的债务承担合同

1. 要约和承诺

第 176 条

1. 承担人通过和债权人之间的债务承担合同，取代原债务人之地位，并解除原债务人之债务。

2. 对于承担人和债务人之间的债务承担，可以由承担人向债权人发出通知，或者经承担人同意后，也可以由原债务人向债权人发出通知，据此构成债务承担合同之要约。

3. 债权人可以明确作出同意之表示，或者根据具体情势推知其同意之表示；如债权人无保留地接受承担人以债务人名义进行的清偿或者其他履行行为，则推定其对债务承担表示同意。

2. 要约的撤回

第 177 条

1. 债权人可以随时对要约进行承诺，承担人或者原债务人也有权规定承诺之期限；如承诺之期限届满，而债权人保持沉默，则视为拒绝要约。

2. 在债权人作出承诺之前，如债务人又订立了新的债务承担合同，且新的承担人已向债权人发出要约，则原要约人不再受其要约之约束。

（三）债务人变更的效力

1. 债务的从权利

第 178 条

1. 如债务人发生变更，债务的从权利不受影响，但以与债务人本身能够分离之权利为限度。

2. 但是，如有第三人为债务提供担保和保证金，只有经第三人同意，第三人才继续对债权人承担责任。

2. 抗辩权

第 179 条

1. 在债务承担之情形下，债务之抗辩权由原债务人移转给新债务人。

2. 新债务人不得行使原债务人针对债权人享有的专属抗辩权，但与债权人订立的合同另有不同约定的除外。

3. 对于债务承担中的事实，即使基于该事实新债务人对原债务人享有抗辩权，但新债务人不得基于该事实对债权人提出抗辩。

（四）债务承担合同的撤销

第 180 条

1. 债务承担合同被撤销的，原债务连同其从权利一并恢复，但属于善意第三人的权利除外。

2. 对于债务承担合同的撤销及其对债权人造成的损害，如承担人不能证明自己无过错，则债权人有权请求承担人对自己因丧失之前设立的担保或者以其他方式遭受的损失承担损害赔偿责任。

（五）财产的概括转让；营业转让

第 181 条

1. 对于资产和负债一并进行的财产转让或营业转让，受让人自通知债权人时起，或在报纸上发布公告时起，受让人即应向债权人承担清偿之义务。

2. 原债务人在三年期间内仍然应与新债务人对债务之清偿承担连带责任；对于已到期之债权，该期限自发出通知或者公告时起算；对于其他债权，自其到期日起算。〔52〕

---

〔52〕 根据 2003 年 10 月 3 日关于合并的联邦法律附录第二章新内容修订，自 2004 年 7 月 1 日起生效。

3. 对于类似的负债转让，其效力与纯粹的债务承担合同相同。

4. 对于已在商业登记簿中登记的商事公司、合作社、协会、基金会或者个体企业，其财产的概括转让或者营业转让，适用2003 年10 月3 日关于合并之法律规定。[53][54]

（六）……

第 182 条[55]

（废除）

（七）遗产分割和不动产买卖

第 183 条

对于遗产分割和设有抵押的不动产之转让，其债务承担有特殊之规定，保留其适用。

---

〔53〕 RS 221.301.

〔54〕 RS 281.1.

〔55〕 根据2003 年10 月3 日关于合并的联邦法律附录第二章废止，自2004 年7 月1 日起生效。

第二编　各种合同

第六章　买卖合同与互易合同

第一节　一 般 规 定

一、当事人的权利和义务；一般规定

第 184 条

1. 买卖合同，是出卖人向买受人交付买卖的标的物并向买受人转移所有权，而买受人向出卖人支付价款的合同。

2. 出卖人和买受人应当同时履行其义务，但依照惯例或者合同另有约定的除外。

3. 根据具体情势，如能确定买卖之价格，则应认为买卖之价格已经完全确定。

二、收益和风险

第 185 条

1. 自合同订立时起，买卖合同标的物的收益和风险移转给买受人；但基于特殊情势或者合同另有特殊约定的除外。

2. 如标的物只能按照其种类确定，则对标的物必须予以特定化；如标的物必须运送到另一地点，出卖人必须办理运送。

3. 对于附延缓条件的合同，只有当条件成就时，买卖标的物的收益和风险才移转给买受人。

三、州立法的保留

第186条

因零售酒类饮料而产生的债权，包括客栈内的消费，对于因为此类债权而提起诉讼之权利，各州有权通过立法予以限制或禁止。

第二节 动产买卖合同

一、标的物

第187条

1. 动产买卖是指，除了不动产以及按照不动产在不动产登记簿中登记的权利之外，所有物品之买卖。

2. 买卖的标的物如为不动产的组成部分，例如果实、拆除建筑物后的材料或者采石场的产品，属于动产买卖；它们在与不动产分离后，应当作为动产移转给买受人。

二、出卖人的义务

（一）交付

1. 交付费用

第188条

除非依照惯例或合同另有约定，交付标的物的费用，特别是测量和称重费用，应当由出卖人承担；合同文本和提货费用则应当由买受人承担。

2. 运输费用

第189条

1. 除非依照惯例或合同另有约定，如买卖标的物必须运送到合同履行地之外的地点，则运输费用由买受人承担。

2. 如合同约定免费交货，则推定由出卖人承担运输费用。

3. 如约定在交货时免收运费和关税，则推定由出卖人承担运输过程中的出口税、中转税和进口税，但不包括在受领货物时应缴纳的消费税。

3. 出卖人的迟延

(1)商事交易中的迟延

第 190 条

1. 在商事交易中,合同已约定了交付期限,而出卖人迟延交付,则可以推定买受人放弃了对标的物的交付请求权,并因不履行交付而请求予以损害赔偿。

2. 如买受人仍有请求交付之意愿,则其必须在交付期限届满后立即通知出卖人。

(2)损害赔偿及其计算

第 191 条

1. 出卖人未履行其义务,对买受人因此遭受的损失,应当予以赔偿。

2. 在商事交易中,未交付标的物,对于购买该标的物的价金与替代该标的物而善意支付的价金之间的差价损失,买受人有权请求予以赔偿。

3. 对于具有交易所牌价或者市场价格的商品,买受人无需购买其他替代商品,对于标的物之价金与交付日期的市场价格之间的差价损失,其有权请求予以赔偿。

(二)权利瑕疵担保

1. 担保义务

第 192 条

1. 如在合同订立时标的物之权利已经属于第三人,则出卖人应当就其出售物品所遭受的全部或者部分之追夺,向买受人承担担保责任。

2. 买受人在订立合同时知道所有权遭受追夺之风险,出卖人只应当承担他明确许诺的担保责任。

3. 如出卖人故意隐瞒第三人的权利,则所有取消或者限制担保责任的条款,一律无效。

2. 诉讼程序

(1) 诉讼通知

第 193 条[56]

1. 如因所有权被追夺而引起诉讼,买受人应向出卖人发出诉讼之通知。诉讼通知的条件和效力,适用《民事诉讼法典》[57]之规定。

2. 如没有向出卖人发出诉讼通知,而出卖人并无过错,如出卖人能够证明,在及时向其发出诉讼通知的情况下,诉讼将更为有利,则在此限度内应免除出卖人的担保义务。

(2) 未经司法判决;放弃标的物

第 194 条

1. 如买受人在司法判决作出之前即善意确认了第三人的权利,或者买受人接受了和解,只要买受人及时通知了出卖人,且请求出卖人为其说明事实和理由却遭到拒绝,则出卖人仍然应当承担担保责任。

2. 如买受人证明他必须放弃标的物,则出卖人也应当承担担保责任。

3. 买受人的权利

(1) 全部所有权被追夺

第 195 条

1. 标的物之全部所有权被追夺的,买卖视为解除,买受人有权向出卖人请求:

(1) 返还已支付价款和利息,但应扣除买受人已收取的或者疏于收取的孳息和其他利益;

(2) 赔偿其无法向追夺权利的第三人主张的费用;

(3) 赔偿所有诉讼中和诉讼外的诉讼费用,但向出

---

〔56〕 根据 2008 年 12 月 19 日《民事诉讼法典》附录第二节数字 5 修订,自 2011 年 1 月 1 日起生效(RO 2010 1739;FF 2006 6841)。

〔57〕 RS 272.

卖人通知诉讼就可以避免的费用除外；

(4)赔偿因所有权追夺而直接产生的其他损失。

2. 如出卖人不能证明自己没有过错，其还应当承担买受人遭受的其他所有损失。

(2)部分所有权被追夺

第 196 条

1. 如标的物的部分所有权被追夺或者标的物承担着出卖人担保的实际费用，则买受人不得要求解除合同；他只能要求对其因所有权被追夺而遭受的损失予以赔偿。

2. 根据具体情形能够推知，如买受人预知标的物所有权将被追夺，其根本就不会购买该标的物，则买受人仍然可以通过诉讼解除合同。

3. 上述情况下，买受人必须向出卖人返还没有被追夺所有权的部分标的物，以及在此期间买受人所获取的利益。

(3)文化财产

第 196a 条〔58〕

对于 2003 年 6 月 20 日关于《文化财产移转》的法律第 2 条第 1 款意义上的文化财产〔59〕，其所有权被追夺的担保之诉，自买受人发现瑕疵时起，其诉讼时效为一年；但无论何种情形，自合同订立时起，其诉讼时效不得超过 30 年。

(三)标的物的瑕疵担保

1. 担保内容

(1)一般情形

第 197 条

1. 对于许诺的标的物之质量，无论是事实上或法律上导致标的物之价值或约定用途丧失的瑕疵，

---

〔58〕 根据 2003 年 6 月 20 日关于《文化财产转让》的法律的第 32 条增补，自 2005 年 6 月 1 日起生效。

〔59〕 RS 444.1.

还是导致标的物之价值或约定用途有很大程度减损的瑕疵，出卖人应当向买受人承担担保责任。

2. 即使出卖人不知道这些瑕疵，其仍然应当对此承担责任。

(2)牲畜的买卖

第 198 条

仅在出卖人以书面形式向买受人承担担保责任或者其故意误导买受人之情形，出卖人才应当为牲畜(马、驴、骡、牛、绵羊、山羊和猪)买卖承担标的物的瑕疵担保责任。

2. 担保排除

第 199 条

如出卖人为欺骗买受人而隐瞒标的物之瑕疵，则所有取消或者限制担保责任的条款，一律无效。

3. 买受人明知瑕疵

第 200 条

1. 对于买受人在买卖时知悉的瑕疵，出卖人不承担担保责任。

2. 对于买受人只要足够审慎地查验标的物就应当发现的瑕疵，只有当出卖人向买受人肯定瑕疵不存在时，出卖人才向买受人承担担保责任。

4. 标的物的查验和向出卖人通知瑕疵

(1)一般情形

第 201 条

1. 按照交易的通常做法，买受人有义务尽可能早地对标的物的状态进行验收；买受人如发现出卖人所作担保之瑕疵，应当及时通知出卖人。

2. 买受人怠于查验的，视为接受标的物，但通过通常的查验手段不可能发现的瑕疵除外。

3. 前款所述瑕疵在查验过后的时间里才显现的，买受人必须在发现后立即通知出卖人；否则，即使标的物存在瑕疵，买受人也应当予以接受。

(2)牲畜的买卖

第 202 条

1. 在牲畜买卖中，如未以书面形式约定担保之期限，且担保不涉及出售牲畜的身体状况，则只有当瑕疵的发现和告知是在自交付或者催告接受交付之日起9天内进行，且在相同期限内请求主管部门指定专家对牲畜进行检验，出卖人才对买受人承担担保责任。

2. 对于专家的检验报告，法官有权进行自由裁量。

3. 关于牲畜买卖的诉讼程序，由联邦委员会的法令予以规定。

5. 出卖人欺诈的效力

第 203 条

如出卖人故意误导买受人，即使买受人没有及时将瑕疵通知出卖人，出卖人也不得因此免除瑕疵担保责任。

6. 远程买卖

第 204 条

1. 如出卖人在收货地没有代理人，而买受人认为从另一地方发送来的货物存在瑕疵，则买受人必须采取临时措施以保存货物；他不得未经任何其他手续即把货物退还给出卖人。

2. 买受人应当经常、及时地查看货物之状况，否则，如买受人主张瑕疵在货物接受时就已存在，则买受人应承担举证责任。

3. 担心货物迅速变质的，买受人有权出卖货物，在符合出卖人的利益时，买受人甚至有义务在货物所在地主管部门的协助下出卖货物；但是，买受人应当尽早通知出卖人，否则买受人应承担损害赔偿责任。

7. 担保责任之诉

(1) 解除买卖或者降低价格

第 205 条

1. 在货物瑕疵担保情形中，买受人可以选择通过诉讼解除买卖合同从而解除买卖，也可以通过诉讼降低价格从而主张对减损的价值予以赔偿。

2. 如买受人提出解除买卖合同之诉，而法官认为解除买卖合同根据具体情势并不具有合理性，则法官可以裁判降低价格。

3. 如减少的价值相当于卖价，则买受人只能要求解除买卖合同。

(2)买卖标的物的替代

第 206 条

1. 如买卖标的物是一定数量的可替代物品，则买受人可以选择请求解除合同、降低价格或者请求交付同类可接受的其他物品。

2. 如买卖的标的物并不是从其他地点发送的货物，出卖人通过向买受人就地交付同类可接受的货物，并赔偿买受人所遭受的损失，出卖人即可以拒绝买受人的其他请求。

(3)标的物毁损的合同之解除

第 207 条

1. 即使买卖标的物因自身瑕疵或者意外事件而毁损，合同仍然可以被请求予以解除。

2. 买受人对标的物返还，以剩余部分为限。

3. 如果标的物的毁损是因为买受人的过错、转让或者改变标的物而造成的，则买受人只能根据减损价值的情形而请求降低价格。

8. 解除买卖合同的效力

(1)一般情形

第 208 条

1. 解除买卖合同的，买受人应向出卖人返还标的物及已经取得的收益。

2. 出卖人必须向买受人归还已支付的价款、利息以及如同全部所有权被追夺情形下支出的诉讼费用和其他费用；出卖人还必须对瑕疵货物直接造成的损失向买受人承担赔偿责任。

3. 对于其他损失，如出卖人不能证明自己没有过错，也应当向买受人承担赔偿责任。

(2)数个标的物买卖合同的解除

第 209 条

1. 同时买卖数个标的物，或者对所有部件进行整体买卖的，如仅其中一部分具有瑕疵，则买卖合同的解除只能针对有瑕疵的部分。

2. 但是，如标的物或者部件不能与没有瑕疵的部分相分离，对买卖双方没有明显的损害，则买卖合同的解除扩展到全部标的物。

3. 即使标的物是按照各自的价格进行分别出售，对主物买卖合同的解除扩展到从物；反之，对从物买卖合同的解除不得扩展到主物。

9. 诉讼时效

第 210 条〔60〕

1. 所有对物品瑕疵的担保诉讼，其诉讼时效自向买受人交付货物时起两年，即使是买受人在交付货物以后才发现瑕疵的，亦同。出卖人承诺更长担保期限的情形除外。

2. 货物按照常规用途用于不动产工程，对于因货物的瑕疵造成的工程瑕疵，诉讼时效为五年。

3. 对于 2003 年 6 月 20 日关于《文化财产转移》的法律第 2 条第 1 款意义上的文化财产〔61〕，其所有权被追夺的担保之诉，自买受人发现瑕疵时起，其诉讼时效为一年；但无论何种情形，自合同订立时起，其诉讼时效不得超过 31 年。

4. 符合以下条件的，任何约定缩短诉讼时效的条

〔60〕 根据 2012 年 3 月 16 日联邦法第 1 节(瑕疵担保诉讼时效扩展和适用)修订，自 2013 年 1 月 1 日起生效(RO 2012 5415；FF 2011 2699 3655)。

〔61〕 RS 444.1.

款,一律无效:

(1)约定低于两年的诉讼时效期间。对于销售旧货物的,约定低于一年的诉讼时效期间;

(2)为买受人个人或家庭用途的货物;

(3)卖方在职业或商业范围内的活动。

5. 在诉讼时效期限内给予卖方法律规定的通知的,关于货物瑕疵的特殊规定不受影响。

6. 如证明出卖人属于故意欺诈买受人,则出卖人不得援引诉讼时效。但对于第3款规定的三十年期限除外。

三、买受人义务

(一)支付价款和受领货物

第211条

1. 只要货物是按照合同约定之条件进行交付,买受人就应当按照合同约定支付价款并受领货物。

2. 买受人必须立即受领货物,但有不同的惯例或者约定的除外。

(二)价格的确定

第212条

1. 如买受人订购物品但并没有说明价格,则推定按照订购当天和当地的平均市场价格达成交易。

2. 价格按照货物的重量计算的,应当扣除包装的重量。

3. 但根据商业特殊惯例,对于某些货物的价格以毛重、固定扣减或者以百分比计算的,不在此限。

(三)销售价格的支付和利息

第213条

1. 买受人自受领货物时起,应当支付价款,但另有约定的除外。

2. 除了法律规定的因期限届满立即发出催告的情形以外,如有销售价格产生利息的惯例或买受人可以从销售的货物获取孳息或者其他利益的,无需征询其意见,销售价格即产生利息。

（四）买受人的催告

1. 出卖人解除合同的权利 **第 214 条**

1. 如支付价款后或者以支付价款为条件才交付标的物，且已经催告买受人付款的，出卖人无需任何手续即有权解除买卖合同。

2. 出卖人要行使前款权利的，应当立即通知买受人。

3. 如买受人在支付价款前已占有买卖标的物，则只有在明确保留了解除合同权的情形下，出卖人才能解除合同并收回货物。

2. 损害赔偿及其计算 **第 215 条**

1. 在商业交易中，出卖人有权要求被催告的买受人支付买卖的价款，并对买卖的价款与他善意转卖标的物的价款之间的差价予以赔偿。

2. 如买卖的标的物属于上市或者具有市价的货物，出卖人无需转卖，即可以损害赔偿之名义请求支付买卖价款与合同约定履行日市价之间的差价。

第三节 不动产买卖合同

一、合同形式 **第 216 条**

1. 不动产的买卖合同，必须采用公证书的形式，才为有效。

2. 对于不动产的销售承诺和优先购买权、有条件的优先购买权、优先买回权的协定，必须采用公证书的形式，才为有效。[62]

3. 未预先确定价格的优先购买权协议，必须采用

〔62〕 根据 1991 年 10 月 4 日联邦法第二章新内容修订，自 1994 年 1 月 1 日起生效。

书面形式,才为有效。[63]

一之二、期限和备注

第 216a 条[64]

对于优先购买权和优先买回权,最多可以约定二十五年的期限;对于有条件的优先购买权,最多可以约定十年的期限,并应在不动产登记簿中办理备注。

一之三、继承和转让

第 216b 条[65]

1. 除非另有约定,合同约定的优先购买权、有条件的优先购买权和优先买回权可以因继承而变更,但不能让与。

2. 如约定允许让与,则让与应当以与设立权利相同的形式进行。

一之四、优先购买权

(一)优先购买的情形

第 216c 条[66]

1. 在不动产买卖以及所有其他等同于买卖(优先购买情形)的法律行为之情形,可以主张优先购买权。

2. 在遗产分割中对继承人进行的分配以及在执行公务中进行的强制出售和购买,不得主张优先购买权。

(二)优先购买情形的效力和条件

第 216d 条[67]

1. 关于买卖合同的订立及其内容,出卖人应当向优先购买权人发出通知。

---

〔63〕 根据 1991 年 10 月 4 日联邦法第二章新内容修订,自 1994 年 1 月 1 日起生效。

〔64〕 根据 1991 年 10 月 4 日联邦法第二章增补,自 1994 年 1 月 1 日起生效。

〔65〕 根据 1991 年 10 月 4 日联邦法第二章增补,自 1994 年 1 月 1 日起生效。

〔66〕 根据 1991 年 10 月 4 日联邦法第二章增补,自 1994 年 1 月 1 日起生效。

〔67〕 根据 1991 年 10 月 4 日联邦法第二章增补,自 1994 年 1 月 1 日起生效。

2. 优先购买权已得到行使,但买卖合同被撤销,或者买卖合同必须获得许可,但因为买受人本人的原因而被拒绝,则合同之撤销或者许可之拒绝,对优先购买权人不生效力。

3. 除非优先购买协议另有约定,优先购买权人可以按照出卖人与第三人约定的条件购买不动产。

(三)优先购买权的行使〔68〕

第 216e 条〔69〕

优先购买权人打算行使其权利的,必须在三个月内对出卖人主张优先购买权;如优先购买权在不动产登记簿中办理了备注,优先购买权人必须在三个月内对不动产所有权人主张优先购买权。该期限自优先购买权人知道合同订立及其内容之日起计算。

二、附条件买卖和所有权保留

第 217 条

1. 附条件的不动产买卖,只有在条件成就后,才能在不动产登记簿中办理登记。

2. 所有权保留的协议,不得办理登记。

三、农用不动产

第 218 条〔70〕

关于农用不动产的转让,还应当适用 1991 年 10 月 4 日关于《农村土地法》的联邦法。〔71〕

四、担保

第 219 条

1. 不动产没有达到买卖文书中载明的面积,出卖人应当对买受人进行赔偿,但另有约定的除外。

---

〔68〕 参见《有条件的优先购买权》(德文版“Verwirkung”和意大利文版“Perenzione”)。

〔69〕 根据 1991 年 10 月 4 日的联邦法第二章增补,自 1994 年 1 月 1 日起生效。

〔70〕 根据 1991 年 10 月 4 日关于《农村土地法》的联邦法第 92 条的新内容修订,自 994 年 1 月 1 日起生效。

〔71〕 RS 211.412.11.

2. 根据官方测量而出售的不动产，如果没有达到不动产登记簿中注明的面积，只有在出卖人明确承担责任的情形下，他才对买受人承担赔偿责任。

3. 对建筑物瑕疵担保之诉讼，自建筑物所有权移转之日起计算，其诉讼时效为五年。

五、收益和风险

第 220 条

合同对买卖的不动产规定了交付期限的，只有在期限届满时，标的物的收益和风险才被视为移转给买受人。

六、参照动产买卖规则

第 221 条

有关动产买卖的规则，类推适用于不动产的买卖。

第四节 特种买卖合同

一、样品买卖

第 222 条

1. 在样品买卖中，接收样品的一方当事人没有义务证明他所展示的样品和所收到的样品具有同一性；如样品经过检验，而检验必然导致样品外形发生改变，即使样品的外形是在交付时发生改变的，如接收样品的一方当事人本人对样品的一致性进行了确认，则法院对其确认予以采信。

2. 无论何种情形，另一方当事人有权证明样品不具有同一性。

3. 即使买受人没有过错，只要样品在买受人处发生变质或者灭失的，出卖人就不再需要证明标的物与样品具有同一性；而应由买受人来证明不具有同一性。

二、试用买卖或者检验买卖

(一)性质

第223条

1. 在试用买卖或者检验买卖中,买受人可以自由地接受或者拒绝货物。

2. 只要货物还没有被接受,即使买受人实际占有货物,出卖人仍是所有权人。

(二)在出卖人处检验

第224条

1. 检验必须在出卖人处进行的,如买受人未在合同约定的或者惯例确定的期限内接受货物,则出卖人不再受合同约束。

2. 合同未约定期限的,出卖人可以在一段合理时间后催告买受人表示是否接受货物,如买受人没有立即答复,则出卖人不再受合同约束。

(三)在买受人处检验

第225条

1. 如货物在检验之前就已交付买受人,买受人未表示拒绝货物,或者未在合同约定的或者惯例确定的期限内交还货物的,或者合同没有约定期限,而买受人未在出卖人催告后立即交还货物,则买卖视为完成。

2. 如买受人无任何保留支付全部或者部分价款,或者买受人采用与检验所需的不同方式占有货物,则买卖同样视为完成。

三、分期买卖

第226条〔72〕(废除)

第226a条至第226d条〔73〕(废除)

〔72〕 根据1962年3月23日联邦法第一章废止。

〔73〕 根据1962年3月23日联邦法第一章增补。根据2001年3月23日关于《消费信用》的联邦法附录2的第二章第1款废除。

第 226e 条〔74〕(废除)

第 226f 条 ~ 第 226k 条〔75〕(废除)

第 226l 条〔76〕(废除)

第 226m 条〔77〕(废除)

第 227 条〔78〕(废除)

第 227a 条 ~ 第 227i 条〔79〕(废除)

第 228 条〔80〕(废除)

四、拍卖

(一)买卖合同的订立

第 229 条

1. 强制拍卖情形下的买卖合同,因拍卖师将买卖标的物拍定而订立。

2. 在自愿且公开的拍卖之情形,允许所有的人参与竞价,在出卖人将买卖的标的物拍定时买卖合同订立。

3. 出卖人未表示异议的,推定主持拍卖的人享有将标的物拍卖给出价最高的竞买人之权利。

(二)拍卖无效

第 230 条

1. 拍卖,如因违法或者违背道德的操作,导致拍卖

---

〔74〕 根据 1962 年 3 月 23 日的联邦法第一章增补。根据 1990 年 12 月 14 日的联邦法的第一章废除。

〔75〕 根据 1991 年 10 月 4 日的联邦法第二章增补,自 1994 年 1 月 1 日起生效。

〔76〕 根据 1962 年 3 月 23 日的联邦法第一章增补,自 1963 年 1 月 1 日起生效。根据 2000 年 3 月 24 日关于《管辖权》的法律的附录第 5 章废除。

〔77〕 根据 1962 年 3 月 23 日的联邦法第一章增补,自 1963 年 1 月 1 日起生效。根据 2001 年 3 月 23 日关于《消费信用》的联邦法附录 2 的第二章第 1 款废除。

〔78〕 根据 1962 年 3 月 23 日的联邦法第一章废除。

〔79〕 根据 1962 年 3 月 23 日的联邦法第一章修订(RO 1962 1082;FF 1960 I 537)。根据 2013 年 12 月 13 日关于《预付买卖规定的废除》的联邦法第一章废除,自 2014 年 7 月 1 日起生效(RO 2014 869;FF 2013 4139 5221)。

〔80〕 根据 2013 年 12 月 13 日关于《预付买卖规定的废除》的联邦法第一章废除,自 2014 年 7 月 1 日起生效(RO 2014 869;FF 2013 4139 5221)。

结果受到损害，则所有利害关系人可以在十天内提起控告。

2. 对于强制拍卖，向债务执行和破产监管机构提出投诉；对于其他拍卖，向法院提起诉讼。

（三）竞买人所受约束

1. 一般情形

第 231 条

1. 根据买卖条件的约定，竞买人受其竞价约束。

2. 如无另行约定，如有比竞买人更高之竞价，或者竞买人进行通常竞价以后未被立即接受的，则竞买人不再受其竞价之约束。

2. 不动产的拍卖

第 232 条

1. 对不动产的拍卖或者拒绝拍卖，必须在拍卖期间作出。

2. 如通过约定强迫竞买人将其竞价保持到拍卖期间之外，该约定一律无效；但对于强制性拍卖，以及必须经由有关主管部门批准的买卖，不在此限。

（四）现金支付

第 233 条

1. 如买卖条件中没有另行约定，拍卖应当以现金支付。

2. 如未支付现金或者未按照买卖条件支付，则出卖人有权立即解除合同。

（五）担保责任

第 234 条

1. 对于强制性拍卖，除非有正式的承诺或者对竞买人有欺诈行为，不予担保。

2. 竞买人按照物品之原状购得物品，且一并取得基于公共登记、买卖条件或者基于法律本身所产生的权利和义务。

3. 在公开和自愿的拍卖中，出卖人应当承担与在一般买卖中相同的担保责任；但是，出卖人可以通过正式公布的买卖条件，免除全部瑕疵担保责任，但因欺诈产生的担保责任不在此限。

（六）所有权的移转

第 235 条

1. 动产，竞买人自拍卖成交时起即获得所有权；不动产，所有权的移转只能通过在不动产登记簿中的登记进行。

2. 拍卖人立即通知不动产登记员，办理登记，拍卖结果根据买卖的记录予以确认。

3. 在强制性拍卖中有关确定所有权转移的规则，保留其适用。

（七）各州立法

第 236 条

对于公开拍卖，只要不与联邦法相抵触，各州有权制定另外的规则。

第五节　互易合同

一、参考买卖规则

第 237 条

互易合同适用买卖合同的规则，因此互易合同的双方，承诺给予标的物的一方视为出卖人，被承诺给予标的物的一方视为买受人。

二、担保责任

第 238 条

一方当事人，其收到的标的物遭到追夺，或者因存在瑕疵而予以返还，则其有权选择主张损害赔偿或者返还其已交付的标的物。

第七章 赠与合同

一、赠与内容

第 239 条

1. 赠与是指在生者之间，一方向另一方无偿地转让其全部或者部分财产的处分行为。

2. 在取得权利之前放弃权利的行为或者放弃继承的行为，不构成赠与。

3. 道德义务的履行，同样也不构成赠与。

二、赠与人的处分能力

（一）财产的处分

第 240 条

1. 所有具备民事行为能力的人均可以通过赠与来处分其财产，但基于夫妻财产法和继承法而予以限制的除外。

2. 无民事行为能力人，其财产只能通过日常馈赠的方式才能被赠与。法定代理人对赠与承担责任的，不在此限。[81]

3. ……[82]（废除）

（二）赠与的接受

第 241 条

1. 失去民事行为能力但具有判断能力的人，可以

---

〔81〕 根据 2008 年 12 月 19 日关于《成人保护，人身权利和亲子关系法》的联邦法附录第 10 条的新内容修订，自 2013 年 1 月 1 日起生效（RO 2011 725；FF 2006 6635）。

〔82〕 根据 2008 年 12 月 19 日关于《成人保护，人身权利和亲子关系法》的联邦法附录第 10 条废除，自 2013 年 1 月 1 日起生效（RO 2011 725；FF 2006 6635）。

接受并获得赠与。

2. 但是自其法定代理人禁止其接受赠与或者命令其返还赠与时起,赠与无效或者被撤销。

三、形式

(一)赠与

第 242 条

1. 亲自赠与是指,赠与人将标的物交付给被赠与人。

2. 不动产或者不动产物权之赠与,只有在不动产登记簿中办理登记的,才算完成。

3. 只有当赠与之承诺被有效履行的,才能办理登记。

(二)赠与之承诺

第 243 条

1. 赠与之承诺,只有采用书面形式,才为有效。

2. 不动产或者不动产物权的赠与承诺,只有采用公证书形式,才为有效。

3. 承诺,自实现时起视为亲自赠与。

(三)接受的效力

第 244 条

具有为第三人利益进行赠与之意愿而处分标的物的人,即使将标的物与其他财产进行了分离,只要赠与尚未被被赠与人接受,则其有权撤回其赠与之决定。

四、赠与的条件和费用

(一)一般情形

第 245 条

1. 赠与,可以附条件和费用。

2. 在赠与人死亡时履行赠与的,适用死因处分之规定。

(二)赠与的履行

第 246 条

1. 赠与人可以在赠与合同中要求被赠与人承担其同意的费用。

2. 因公共利益而应强制支付的费用,主管部门可以在赠与人死亡后追夺。

3. 只要赠与物的价值不足以抵偿费用,且费用的超出部分受赠人未获得补偿的,则受赠人有权拒绝支付费用。

（三）收回的权利

第 247 条

1. 赠与人可以为自己的利益而约定,如被赠与人先于其死亡,其有权收回赠与物。

2. 赠与包含不动产或者不动产物权的,该收回赠与物之权利可以在不动产登记簿中办理备注。

五、赠与人的责任

第 248 条

1. 只有存在故意欺诈或者重大过失之情形,赠与人才向被赠与人承担因赠与产生的损害赔偿责任。

2. 对于赠与物或者转让的债权,赠与人仅按照其承诺的担保承担责任。

六、赠与的撤销

（一）赠与财产的返还

第 249 条

对于赠与人已经实际履行之赠与和赠与之承诺,在下列情形下,赠与人可以撤销其赠与,并可以请求被赠与人在其当前获利的限度内返还赠与物:

1. 被赠与人对赠与人或者其近亲属存在严重的刑事犯罪行为;[83]

2. 被赠与人依照法律规定向赠与人或者其家庭应当承担义务,但被赠与人严重违反其义务;

3. 被赠与人无任何正当理由,不履行赠与所附之费用。

（二）赠与承诺的撤销和拒绝履行

第 250 条

1. 在以下情形中,承诺赠与的人可以撤销其承诺

---

〔83〕 根据 1998 年 6 月 26 日的附录第二节新内容修订,自 2000 年 1 月 1 日起生效。

并拒绝履行赠与：

(1)在亲自赠与之情形，存在允许要求返还赠与财产之理由；

(2)自赠与人承诺赠与时起，其经济状况的变更使得赠与对其显得难以负担；

(3)自赠与人承诺赠与时起，其需要承担新的或者显著更重要的家庭义务。

2. 若赠与人签发了债务证书或者赠与人被宣告破产，可以撤销赠与之承诺。

(三)诉讼时效和诉讼权利移转给继承人

第 251 条

1. 赠与之撤销，可以自赠与人知道撤销原因之日起，一年内予以行使。

2. 赠与人在一年期限届满前死亡的，其诉讼权利移转给其继承人，则其继承人可以在该期限届满前提起诉讼。

3. 被赠与人有预谋的或者以违法的手段导致赠与人死亡，或者阻碍赠与人行使其撤销赠与之权利，则赠与人之继承人有权撤销赠与。

(四)赠与人的死亡

第 252 条

以定期支付为标的之赠与，因赠与人的死亡而灭失，但另有规定的除外。

第八章　租　　约[84]

第一节　一般规定

一、定义和适用范围

(一)定义

第253条

租约,是指承租人支付租金而出租人保证向承租人转让租赁标的物之使用权的合同。

(二)适用范围

1. 住房或营业场所租约的规定

第253a条

1. 关于住房或营业场所的租约之规定,同样适用于与住房或者营业场所一起转让的物品之使用权。

2. 但是,住房和营业场所的租约之规定,不适用于租期为三个月或者更短期限的度假公寓。

3. 由联邦委员会颁布实施之细则。

2. 防止租金畸高的规定

第253b条

1. 防止租金畸高的规定(第269条、第269a～第269d条),类推适用于非农用的土地租约和其他主

---

[84]　根据1989年12月15日联邦法的第一章新内容修订,自1990年7月1日起生效。参见本法典的最终规定(第八章和第八章第5条)。

要针对住房或者营业场所使用权的有偿转让合同。

2. 对于具有六居室或者更多房间(厨房不算在内)的豪华家庭公寓和住宅的租约,不予适用。

3. 防止租金畸高的规定,对于那些由公权机构予以鼓励,且由主管部门对其租金予以监管的住房,不予适用。

二、连带交易

第 254 条

如租约的订立或者租约的延续取决于连带交易,且连带交易使承租人向出租人或者第三人承担了与所租赁标的物的使用并无直接关系之债务,则与住房或者营业场所租约连带的交易,无效。

三、租约期限

第 255 条

1. 租约可以是有固定期限的,也可以是无固定期限的。

2. 租约,在约定的期限届满时,无需解除即可终止,则其属于有固定期限之租约。

3. 其他租约,视为无固定期限之租约。

四、出租人的义务

(一)一般情形

第 256 条

1. 出租人应在约定之日期交付标的物,应保证租赁物处于符合约定用途之状态,且还应维持其状态。

2. 有损于承租人的减轻责任条款,在下列情形下这些条款一律无效:

(1)存在于事先印制的一般条件中;

(2)存在于住房或者营业场所的租约中。

(二)告知义务

第 256a 条

1. 前一个租约终止,如在返还租赁物时制作了记录,根据新承租人要求,出租人必须在交付租赁物时提供该记录。

2. 而且，承租人还可请求向其告知前一个租约中规定的租金款额。

(三)公共税收和费用

第256b条

出租人必须承担由租赁物产生的公共税收和公共费用。

五、承租人的义务

(一)租金和相关费用的支付

1. 租金

第257条

租金，是因转让标的物的使用权，而应当由承租人支付给出租人的酬金。

2. 附加费用

(1)一般情形

第257a条

1. 附加费用，是指出租人或者第三人提供了与使用租赁物相关的服务，为此承租人向出租人或第三人支付的费用。

2. 只有在特别约定的情形下，承租人才承担附加费用。

(2)住房和营业场所

第257b条

1. 对于住房和营业场所，附加费用是出租人为提供与使用标的物相关的服务所支出的实际费用，例如暖气费、热水费和其他经营费用以及为标的物的使用而产生的公共税收。

2. 根据承租人的请求，出租人应当允许承租人查阅所有的证明文件。

3. 租金和附加费用的支付期

第257c条

在每个月的月末，最迟在租约届满时，承租人应当支付租金；如有需要支付的附加费用，还应支付附加费用。但另有约定或者地方惯例的除外。

4. 承租人迟延支付

第257d条

1. 在受领租赁物后，如承租人迟延支付到期的一期租金或者附加费用,出租人可以书面规定支付之期限,并声明如未在该期限支付的,将解除租约。该支付期限至少是10天;对于住房或者营业场所的租约,该支付期限至少是30天。

2. 在规定的期限内未支付的,出租人可以解除租约并立即生效;对于住房或者营业场所的租约,出租人可以在某个月的月底解除租约,但至少应提前30天通知解除。

(二)承租人提供的担保

第257e条

1. 住房或者营业场所的承租人,如以现金或者有价证券提供担保,出租人必须以承租人的名义将担保存入承租人在银行的储蓄账号或者提存账号。

2. 对于住房租约,出租人要求的担保额,不得超过三个月的租金。

3. 银行,只有经当事人双方同意,根据无异议的支付催告,或者可执行的判决,才可以返还担保。在租约终止后的一年内,出租人在司法程序、债务追偿或者破产程序内,未向承租人提出任何请求的,承租人可以请求银行返还担保。

4. 各州可以制定补充规定。

(三)对标的物的谨慎使用和对邻居的尊重

第257f条

1. 承租人应当谨慎使用标的物。

2. 对于住宅楼,承租人应当对住房内的人和住宅楼的邻居给予应有的尊重。

3. 因承租人不顾出租人的书面抗议,固执违背其审慎的义务,或者对邻居缺乏尊重,使得租约的维持对于出租人或者住房内的人变得不可容忍的,出租人可以解除租约并立即生效;对于住房或者营业场所的租约，在某个月的月底，且至少应提前30天通知解除。

4. 但是，如承租人故意严重损害标的物，住房和营业场所的租约可以被解除并立即生效。

（四）通知出租人的义务

第257g条

1. 对于标的物之瑕疵不应由承租人承担改善义务的，承租人应当通知出租人。

2. 承租人应当承担因为疏于通知出租人而产生的损害赔偿责任。

（五）容忍标的物修缮和查验的义务

第257h条

1. 为了补救标的物的瑕疵、修缮或者预防损害而进行的工程，承租人应当承担容忍之义务。

2. 对租赁物进行维修、出售或者未来出租，在必须的查验限度内，承租人应当允许出租人查验标的物。

3. 出租人应当及时向承租人通知维修和查验之事宜，并在进行过程中考虑承租人之利益；承租人保留请求减少租金（第259d条）和损害赔偿的权利。

六、标的物交付义务的不履行和不完全履行

第258条

1. 出租人未在约定日期交付标的物，或者交付的标的物不能按照约定之用途予以使用，或者具有严重影响约定用途之瑕疵，承租人有权援引本法第107条至第109条关于不履行租约之规定。

2. 尽管存在上述瑕疵，如果承租人仍然接受标的物并要求完全履行租约，则承租人只能针对在租约存续期间出现的瑕疵，主张其享有的权利（第259a条至第259i条）。

3. 承租人可以根据第259a条至第259i条之规定

主张其权利，即使在交付时标的物存在如下瑕疵：

(1)按约定之用途使用标的物虽然受到制约，但并不至于不能使用或严重影响使用；

(2)该瑕疵，在租约期间须由承租人承担费用予以补救(第259条)。

七、租约期间的瑕疵

(一)承租人承担小规模清洗和修缮工作的义务

第259条

补救租赁物的瑕疵，必须进行小规模的清洗或修缮，以便对租赁物进行通常的维护，则承租人按照地方惯例，自行承担对标的物进行清洗或者修缮的费用。

(二)承租人的权利

1. 一般原则

第259a条

1. 对于承租人没有过错且不应由承租人承担费用对标的物之瑕疵予以补救，或者承租人按租约约定用途使用标的物受到影响，承租人可以请求出租人：

(1)恢复标的物的正常使用状态；

(2)按比例降低租金；

(3)损害赔偿；

(4)对第三人提起诉讼。

2. 不动产的承租人还可以提存租金。

2. 恢复标的物正常使用状态

(1)原则

第259b条

如出租人明知瑕疵且未在合理期限内对瑕疵予以补救：

1. 如瑕疵完全排除或者严重影响租赁不动产之使用，或者瑕疵制约了租赁动产之使用，承租人有权立即解除合同；

2. 如瑕疵制约了租赁物之使用但并无严重影响，则承租人可以对瑕疵予以补救并由出租人承担费用。

(2) 抗辩

第 259c 条

如果出租人在合理期限内以无瑕疵之物品替代租赁物，则承租人无权请求出租人恢复租赁物之状态。

3. 降低租金

第 259d 条

如瑕疵影响或者制约按约定用途使用租赁物，自出租人知道瑕疵时起至瑕疵消失时止，承租人可以请求出租人按比例降低租金。

4. 损害赔偿

第 259e 条

对于承租人因瑕疵遭受的损害，如出租人不能证明自己无过错，则应当对承租人承担损害赔偿责任。

5. 提起诉讼

第 259f 条

第三人对租赁物提出权利主张，与承租人的权利发生冲突，基于承租人发出的通知，出租人应当负责对第三人提起诉讼。

6. 租金的提存

(1) 原则

第 259g 条

1. 请求补救瑕疵的不动产承租人，必须以书面形式为出租人确定一个合理的期限以便其予以补救。承租人有权通知出租人，如出租人未在规定期限内进行补救，则承租人将在由州指定的机构提存到期之租金。承租人应当以书面形式通知出租人其将要提存租金之意愿。

2. 提存租金，视为租金已支付。

(2) 提存租金的解除

第 259h 条

1. 在第一笔提存之租金到期后三十日内，如承租人未向主管机构针对出租人提出任何权利之请求,则提存的租金归出租人所有。

2. 自承租人通知出租人将提存到期之租金时起,出租人有权请求调解机构将不应当提存的租金支付给出租人。

(3)诉讼程序

第259i条[85]

租金提存的诉讼程序,适用《民事诉讼法典》[86]。

八、翻新和改造

(一)由出租人实施

第260条

1. 只有当施工在承租人可以合理承受且没有解除租约的情况下,出租人才有权对租赁物进行翻新或改造。

2. 实施上述工程时,出租人必须考虑承租人的利益;承租人保留请求降低租金(第259d条)和损害赔偿(第259e条)之权利。

(二)由承租人实施的

第260a条

1. 只有经出租人书面同意,承租人才有权对租赁物进行翻新或改造。

2. 出租人同意翻新或改造的,仅在有书面约定的情形下,出租人才有权请求恢复租赁物之原状。

3. 在租约终止时,因出租人同意而实施的翻新或改造,从而使租赁物大幅增值的,承租人可以基于增值而向出租人请求补偿;但书面约定了更高补偿的除外。

九、所有权人的变更

(一)租赁物的转让

第261条

1. 在租赁合同订立后,如出租人将租赁物转让,或

---

〔85〕 根据2008年12月19日《民事诉讼法典》附录1第二节第5条新内容修订,自2011年1月1日起生效(RO 2010 1739;FF 2006 6841)。

〔86〕 RS 272.

者出租人在债务追偿中或者破产程序中被剥夺了租赁物所有权，则租约连同租赁物所有权一并移转给买受人。

2. 但是，租赁物的新所有权人，在下列情形中可以解除租约：

(1) 对于住房或者营业场所，如他自己或者其近亲属或者姻亲确有紧急需求的，在遵守法定的租约解除期限之前提下，可以在下一个合法解除日解除租约；

(2) 对于其他租赁物，在遵守法定的租约解除期限之前提下，在下一个合法解除日，他可以解除租约，除非租约约定不得提前解除合同。

3. 新所有权人比租约允许的时间提前解除租约的，前任出租人对于因此给承租人造成的一切损害应承担赔偿责任。

4. 关于征收的规定，保留其适用。

(二) 限制物权

第 261a 条

如出租人为第三人设定限制物权，且该行为相当于所有权之变更，则参照适用有关租赁物转让之规定。

(三) 不动产登记簿中的备注

第 261b 条

1. 当事人可以约定在不动产登记簿中对住房租约办理备注。

2. 如办理了备注，则新所有权人必须允许承租人按照租约继续使用住房。

十、转租

第 262 条

1. 经出租人同意，承租人可以全部或者部分地转租租赁物。

2. 仅在以下情形中，出租人才有权拒绝同意转租：

(1)承租人拒绝向出租人告知转租之条件;

(2)相对于原租约,承租人滥用转租之条件;

(3)转租将给出租人带来重大不便。

3. 承租人应当向出租人担保,转承租人只能按照原租约允许的用途使用租赁物;为了确保转承租人遵照执行,出租人可以直接向转承租人发出指示。

十一、将租约转让给第三人

第 263 条

1. 营业场所的承租人,经出租人书面同意,可以向第三人转让其租约。

2. 出租人仅在有正当理由的情况下,才能拒绝同意租约之转让。

3. 出租人同意租约之转让的,则第三人代位承租人。

4. 承租人对于出租人的义务被解除。承租人与第三人承担连带责任,直至租约到期,或者第三人根据租约或者法律之规定解除租约;但无论何种情形,承租人的连带责任至多不超过两年。

十二、租赁物的提前返还

第 264 条

1. 承租人没有遵守租约期限或者解除日的规定而返还租赁物的,仅在其向出租人推荐有偿付能力且出租人不能合理予以拒绝的新承租人的情形下,承租人才被解除对出租人的义务。此外,新承租人必须同意以相同的条件承接租约。

2. 否则,承租人应当支付租金,直至租约期限届满,或者直至下一个约定的或者法定的租约解除日。

3. 在计算租金时,出租人应当同意对下列费用予以折算:

(1)节省的修缮费用,以及

(2)因租赁物其他用途而取得的收益或者出租人故意放弃的收益。

十三、赔偿

第 265 条

出租人和承租人不得预先放弃因租约产生的赔偿请求权。

十四、租约的终止

(一)约定期限的届满

第 266 条

1. 当事人明示或者默示地约定了租约期限的,租约无须解除,在约定期限届满时自行终止。

2. 租约被默示延续的,则转为无固定期限的租约。

(二)租约的解除期和解除日

1. 一般情形

第 266a 条

1. 租约是无固定期限的,如符合租约的法定解除期和解除日,则当事人可以单方解除租约。但约定了更长解除期和其他解除日的,不在此限。

2. 如租约的解除期或者解除日未得到遵守,则租约之解除在下一个符合规定的解除日生效。

2. 不动产和移动构筑物

第 266b 条

对于不动产和移动构筑物的租约,在遵守了三个月的租约解除期的情形下,在根据地方惯例确定的解除日,当事人可以解除租约;如无地方惯例,在租约的半年期届满时,可以解除租约。

3. 住房

第 266c 条

对于住房的租约,在遵守了三个月的租约解除期的情形下,在根据地方惯例确定的解除日,当事人可以解除租约;如无地方惯例,在租约的一季度届满时,可以解除租约。

4. 营业场所

第 266d 条

对于营业场所的租约,在遵守了三个月的租约解除期的情形下，在根据地方惯例确定的解除日，当事人可以解除租约；如无地方惯例，在租约的一季度届满时，可以解除租约。

5. 配备有家具的房间和停车位

第 266e 条

对于配有家具的房间、停车位或者其他分开出租的类似设备之租约，租约截至某个月的月底，如有两个星期的解除期，则当事人可以解除租约。

6. 动产租赁

第 266f 条

动产租赁的租约，如符合三天的解除期，则当事人可以随时解除租约。

（三）租约的特别解除

1. 正当理由

第 266g 条

1. 如有正当理由，租约的履行对一方当事人变得不可容忍，如遵守了法定的租约解除期，则其可以随时解除租约。

2. 对于因提前解除租约引起的财产后果，由法官考量所有情势后进行裁决。

2. 承租人的破产

第 266h 条

1. 租赁物交付后而承租人破产的，出租人可以请求承租人针对到期租金提供担保。为此，出租人可以书面向承租人和破产管理机构提出，规定其合理期限内提供担保。

2. 如未在规定期限内向出租人提供担保，则出租人可以立即有效地解除租约。

3. 承租人的死亡

第 266i 条

承租人死亡的，如符合法定的租约解除期限，在租约的下一个法定解除日，承租人的继承人可以解除租约。

4. 动产租赁

第 266k 条

在业务活动之情形中，出租人出租给承租人个人使用的动产，如符合至少30天的租约解除期，则在租约的一个季度届满时，承租人可以解除租约。出租人对此无权请求任何赔偿。

(四)住房和营业场所租约的解除形式

1.一般情形

第266l条

1.住房和营业场所的租约之解除，必须采用书面形式。

2.出租人解除租约必须使用由州认证的表格，并载明承租人对租约解除如何提出异议或者要求延续租约的方法。

2.家庭住房

(1)承租人解除租约

第266m条

1.租赁物用作家庭住房的，如配偶中的一方未明确同意，则配偶的另一方不得解除租约。

2.无法获得同意，或者配偶中他方无正当理由却拒绝同意的，则承租人可以提请法官裁决。

3.本法条类推适用于合法登记的同性伴侣。[87]

(2)出租人解除租约

第266n条[88]

出租人解除租约、指定支付租金的期限、规定如不限期支付将有可能解除租约之预警(第257d条)，出租人应当分别通知承租人以及承租人的配偶或者其合法登记之同性伴侣。

3.租约解除的无效

第266o条

如不符合第266l条至第266n条之规定条件，则租约的解除为无效。

---

〔87〕 根据2004年6月18日关于伴侣的法律的附录增补，自2007年1月1日起生效。

〔88〕 根据2004年6月18日关于伴侣的法律的附录的新内容修订，自2007年1月1日起生效。

十五、租赁物的返还

(一)一般规定

第 267 条

1. 在租约终止时,承租人应当以符合合同约定用途之状态返还租赁物。

2. 在租约终止之前,如约定承租人必须在最终损害之外另行承担赔偿责任,则该约定一律无效。

(二)租赁物状态的查验和对承租人的通知

第 267a 条

1. 在返还租赁物时,出租人必须查验租赁物状态,并立即通知承租人对瑕疵应当承担的责任。

2. 出租人怠于查验的,承租人则被免除全部责任,但通过常规查验方法不能发现的瑕疵除外。

3. 出租人在事后发现此类瑕疵的,应当立即通知承租人。

十六、出租人的留置权

(一)物品

第 268 条

1. 营业场所的出租人,为了担保过去一年和当前半年的租金,对于出租场所内用于布置场所的动产或者出租场所使用的动产,享有留置权。

2. 在转承租人没有向承租人支付租金的范围内,出租人的留置权同样适用于转承租人带来的动产。

3. 对于承租人的债权人不得扣留的财物,出租人不得享有留置权。

(二)第三人的物品

第 268a 条

1. 对于第三人的物品,出租人明知或者应当知道其不属于承租人,第三人对物品的所有权优先于留置权;对于占有人遗失的,或者被以违背其意愿的任何方式脱离占有的物品,亦同。

2. 出租人在租约持续期间才得知,由承租人带来的动产不归承租人所有,如出租人在下一个解除日不解除租约,则出租人对这些动产的留置权消灭。

(三)权利的行使

第 268b 条

1. 承租人要搬家或者试图带走租赁场所的动产时,为担保出租人之债权,出租人可以在主管机构的协助下,对于与债权相当价值的物品,行使留置权。

2. 对于以秘密地或者以暴力方式带走的物品,在物品被取走后的 10 天内,在警察的协助下,出租人有权重新取回物品。

第二节 预防住房和营业场所的租金畸高或者出租人的其他不合理要价

一、畸高的租金

(一)规则

第 269 条

如租金使出租人从租赁物获得畸高之收益,或者以明显夸大的购买价格为依据收取租金,则该租金为畸高。

(二)例外

第 269a 条

以下的租金,通常不被认定为畸高,特别是:

1. 在地方或区域通常的租金限度之内;

2. 因出租人的费用增加或提供了额外服务而证明具有合理性;

3. 对于新建筑物,在允许抵偿费用后的毛利润限度之内;

4. 仅用于补偿以前因融资常规费用的部分延期而给予的减租,并在承租人知悉的支付计划中事先制定的；
5. 风险资本遭受通货膨胀，租金仅用于补偿通货膨胀的；
6. 出租人协会和承租人协会之间，或者和保护相似利益的组织之间，其订立的合同框架中规定了租金的限度但没有超出该限度的。

二、按指数计算的租金

第269b条

租约期限至少为5年，且参照的是瑞士的消费价格指数，仅在此情形下，租约约定其租金按指数予以调整，该租约才有效。

三、分段计算的租金

第269c条

只有在以下情形中，约定租金定期按确定的金额予以提高的租约才为有效：
1. 租约期限至少为3年的；
2. 租金的增长每年不超过一次；且
3. 增长的金额以瑞士法郎确定。

四、出租人提高租金和单方面对租约的其他变更

第269d条

1. 自下一个租约解除日起出租人可以随时提高租金。租金增长的通知以及理由之说明，必须在解除期开始之前至少10天抵达承租人，且必须采用由州认证之表格。
2. 在以下情形中，租金的提高为无效：
(1)通知未使用正式的表格；
(2)未说明提高租金之理由；
(3)在通知提高租金的同时解除租约，或者以解除租约予以威胁。
3. 出租人试图单方面对租约进行其他变更，导致承租人遭受损失的，例如减少其提供的服务或者增加新的附加费用，则第1、2款的规定同样适用。

五、对租金的异议

(一)要求减低租金

1. 初始租金

第 270 条

1. 根据第 269 条至第 269a 条的规定,承租人认为初始租金的款额为畸高的,在以下情形下,承租人在接受租赁物后 30 天内,可以向调解机构提出异议,并要求降低租金:

(1)因个人或者家庭之需要,或者因当地住房和营业场所之市场情况,被迫订立租约;或

(2)同一租赁物,与前期租金相比,出租人显著提高初始租金的。

2. 在住房匮乏之情形下,各州在其全部或者部分区域内,对于所有新订立的租约,可以强制使用第 269d 条中提及的正式表格。

2. 租约存续期间

第 270a 条

1. 如承租人有理由认为,因为租金计算基础的显著变更,特别是费用的降低,根据第 269 条至第 269a 条的规定,租赁物为出租人带来的收益畸高,则承租人有权对租金款额提出异议,并请求自下一个租约解除日起降低租金。

2. 承租人必须以书面形式向出租人提出降低租金之请求,出租人应在 30 天的期限内做出决定。如出租人未对承租人的请求给予答复,或者只部分接受承租人的请求,或者未在规定期限内予以答复,承租人可以在 30 天期限内,向调解机构投诉。

3. 承租人对提高租金有异议,同时又请求减低租金的,不适用第 2 款之规定。

(二)对提高租金和单方面对租约的其他变更之异议

第 270b 条

1. 根据第 269 条至第 269a 条之规定,如承租人认

为租金的提升畸高，则承租人可以自收到提高租金之通知之日起30天内向调解机构投诉。

2. 出租人单方面对租约做其他变更，如有损于承租人，例如减少其提供的服务或者增加新的附加费用，则第1款同样适用。

（三）对按指数计算的租金之异议

第270c条

如一方请求租金之增减，未被指数变化所证明，或者不符合指数变化之幅度，则另一方有权向调解机构提出异议，但对初始租金的异议除外。

（四）对分段计算的租金之异议

第270d条

承租人不得在租约存续期间对该类租金提出异议，但对初始租金的异议除外。

六、异议程序期间租约的有效性

第270e条

在以下期间，租约不发生变化，继续保持其效力：

1. 在调解程序期间，如当事人未达成一致意见；

2. 在诉讼程序期间，但法官有权命令采取临时措施。

第三节　预防住房和营业场所租约的解除

一、租约解除的可撤销性

（一）一般情形

第271条

1. 租约之解除，如违背诚实信用原则，可以被撤销。

2. 根据当事人一方之请求，另一方对于租约之解除必须说明理由。

(二)出租人提出的租约解除

第 271a 条

1. 对于出租人提出的租约之解除,特别在以下之情形,可以被撤销:

(1)因承租人善意主张基于租约享有的请求权;

(2)出租人为单方面实施的不利于承租人的租约变更或租金调整;

(3)只是为了促使承租人购买所租之公寓;

(4)在有关租约的调解程序或者诉讼程序期间解除租约,但是承租人无视诚实信用原则的除外;

(5)自租约的调解程序或者诉讼程序终止时起不满 3 年,且出租人:

a. 在很大程度上屈服的;

b. 放弃或者很大程度上地减低其请求或者理由的;

c. 放弃提起诉讼的;

d. 与承租人达成和解或者以其他方式达成协议的。

(6)因承租人家庭状况之改变,除非其对出租人造成重大不利之影响。

2. 如承租人可以书面证明,在调解程序或者诉讼程序之外,对于租约的某个要求,其已与出租人达成协议,则第 1 款(5)同样适用。

3. 租约解除的提出,如果是基于以下原因,则第 1 款(4)和(5)不予适用:

(1)因出租人或者其近亲属或者姻亲对用房有紧急需求的;

(2)因对承租人的催告(第 257d 条);

(3)因承租人严重违背其注意义务,或者对邻居极端不尊重(第 257f 条第 3 和 4 款);

(4)因租赁物的转让(第261条第2款);
(5)因正当理由(第266g条);
(6)因承租人的破产(第266h条)。

二、租约的延续

(一)承租人权利

第272条

1. 租约的终止,对承租人或者其家庭将带来困难之局面,承租人可以要求延续固定期限的或者无固定期限的租约,除非出租人的利益遭受不合理的影响。

2. 在利益衡量时,主管机构主要根据以下情形予以判断:
(1)租约订立的具体情形和租约内容;
(2)租约的期限;
(3)双方当事人个人的、家庭的、财政的状况及其行为表现;
(4)出租人和其近亲属或者姻亲用房的可能性需求以及需求的紧急性;
(5)当地住房和营业场所的市场状况。

3. 承租人要求第二次租约延续的,主管机构还应当审查承租人是否已采取所有可能的合理措施,以改善租约解除引发的困难局面。

(二)租约不得延续

第272a条

1. 因以下情形导致的租约解除,不得再对租约进行延续:
(1)承租人因拖欠租金而被催告(第257d条);
(2)承租人严重违反其注意义务,或者对邻居极端不尊重(第257f条第3和4款);
(3)承租人破产(第266h条);
(4)为准备改造或者拆除,明确规定租约之期限将在工程开始时或者工程获得所需的批准时届满。

2. 如出租人向承租人提供同等的住房或者营业场所，一般不应允许对租约进行延续。

(三)延续的期间

第272b条

1. 住房租约每次至多可以延续四年，营业场所租约每次至多可以延续六年。在此限度内，可以给予一次或者两次延续。

2. 如当事人对租约延续进行了约定，则他们不受最长期限之限制，且承租人有权放弃第二次延续。

(四)租约的效力

第272c条

1. 当事人一方可以请求在租约延续的决定中根据新情况对租约进行适当的变更。

2. 租约延续之决定未对租约进行变更的，租约在延续期间维持不变，继续有效；但依法可以进行调整的情形除外。

(五)租约在延续期间的解除

第272d条

除非另有判决或者协议，承租人在下列情形下有权解除租约：

1. 如租约延续期限不超过一年，租约截至某个月的月底，距离该月之月底的期限尚有一个月；

2. 如租约延续限期超过一年，租约截至法定解除日，距离该解除日的期限尚有三个月。

三、期限和诉讼程序〔89〕

第273条

1. 对租约解除提出异议的一方，必须在收到租约解除通知后的三十天内将异议提交调解机构；

2. 请求延续租约的承租人，必须在下列期限内将异议提交调解机构：

〔89〕 根据2008年12月19日《民事诉讼法典》附录第二章第5条的新内容修订，自2011年1月1日起生效。

(1)对于无固定期限的租约,在收到租约解除通知后三十天内;

(2)对于有固定期限的租约,最迟在租约届满前六十天。

3. 请求第二次延续租约的承租人,必须最迟在第一次延续租约届满前六十天将异议提交调解机构。

4. 调解机构的有关程序,适用《民事诉讼法典》。[90][91]

5. 如果主管机构驳回了承租人对解除租约提出的撤销之请求,则其应当对租约是否可以延续予以主动审查。[92]

四、家庭住房

第 273a 条

1. 如租赁物用于家庭住房,对于租约之解除,承租人的配偶同样有权对租约解除提出异议、请求延续、并行使承租人的其他权利。

2. 对租约进行延续的合同,只有在与配偶双方订立之情形,才为有效。

3. 本条之规定,类推适用于合法登记的同性伴侣。[93]

五、转租

第 273b 条

1. 本节的规定适用于转租,直至主租约消灭。转租之延长,只能在主租约的期限内进行。

---

〔90〕 系统法律集 272。

〔91〕 根据 2008 年 12 月 19 日《民事诉讼法典》附录第二章第 5 条的新内容修订,自 2011 年 1 月 1 日起生效。

〔92〕 根据 2008 年 12 月 19 日《民事诉讼法典》附录第二章第 5 条的新内容修订,自 2011 年 1 月 1 日起生效。

〔93〕 根据 2004 年 6 月 18 日关于伴侣的法律的附录增补,自 2007 年 1 月 1 日起生效。

2. 如转租主要是为规避关于预防租约解除的保护性规定，那么转承租人有权获得保护，对主租约不予考虑。如果主租约被解除，在与转承租人的租约中，主出租人替代转出租人之地位。

六、强制性规定

第 273c 条

1. 本节赋予承租人的权利只有当本节有明确规定可以放弃时，承租人才可以放弃。

2. 另有相反之约定，无效。

第四节　……〔94〕

第 274～274g

（废除）

〔94〕 根据 2008 年 12 月 19 日《民事诉讼法典》附录的第二章第 5 条废除，自 2011 年 1 月 1 日生效。

第八章之二[95] 土地租约

一、定义和适用范围

(一)定义

第 275 条

土地租约,是出租人收取地租,向农业经营人转让租赁物的使用权或者生产权,并让其获取孳息或者产品的合同。

(二)适用范围

1. 住房和营业场所

第 276 条

对于涉及住房或者营业场所的土地租约,也适用于与这些住房或者营业场所一并交付的物品之使用权和收益权。

2. 农业租约

第 276a 条

1. 对于涉及农业经营的土地租约或者农用不动产的土地租约,适用 1985 年 10 月 4 日关于《农业土地租约》[96]的联邦法中的相关特殊规定。

2. 对于土地租约的其他事项,适用《瑞士债法典》

---

〔95〕 根据 1989 年 12 月 15 日联邦法的第一章增补,自 1990 年 7 月 1 日起生效。参阅本法典末第八章和第八章 bis 的最终规定第 5 条。

〔96〕 RS 221.213.2。

之规定，[97]但不适用住房或者营业场所的土地租约。

二、清单

第277条

如租约中包含工具、牲畜或者储备物品的，当事人的一方应向另一方呈交详细的经过签署的清单，并共同进行估价。

三、出租人的义务

(一)租赁物的交付

第278条

1. 出租人应在约定的日期交付租赁物，并维持其适合约定的使用和经营用途之状态。

2. 前租约在到期返还租赁物时有记录的，根据新农业经营者的请求，出租人必须在交付租赁物时，把记录文件提交给新的农业经营者。

3. 同样地，农业经营者有权请求出租人向自己告知在前一个租约中规定的地租金额。

(二)重大修缮

第279条

只要农业经营者向出租人告知有重大修缮之必要，出租人就应当在租约持续期间自行承担进行必需的重大修缮的费用。

(三)公共税收和费用

第280条

租赁物产生的公共税收和费用，由出租人承担。

四、农业经营者的义务

(一)地租和附加费用的支付

1. 一般情形

第281条

1. 农业经营者应当在每个租赁年度结束时，最迟在租约届满时，支付地租，如有必要，还应支付附加费用。但另有约定或地方惯例的除外。

---

[97] 根据2008年12月19日《民事诉讼法典》附录第二章第5条的新内容修订，自2011年1月1日起生效。

2. 关于附加费用，适用第 257a 条之规定。

2. 对农业经营者的催告

第 282 条

1. 在受领租赁物后，如农业经营者迟延支付到期的租金或者附加费用，出租人可以书面形式规定至少 60 天的支付期限，并向农业经营者声明，如未在该期限内支付，出租人将解除租约。

2. 在规定期限内未支付的，出租人可以立即解除租约；对于涉及住房或者营业场所的土地租约，如出租人可在某个月的月底解除租约，但至少应当提前 30 天通知解除。

（二）谨慎、对邻居的尊重和对租赁物的维护

1. 谨慎、对邻居的尊重

第 283 条

1. 农业经营者应当按照指定的用途，谨慎地使用租赁物；尤其应当维护租赁物的长期生产力。

2. 对于不动产，农业经营者应对居住在其中的居民和邻居给予应有的尊重。

2. 对租赁物的维护

第 284 条

1. 农业经营者应当对租赁物进行良好的维护。

2. 农业经营者应当根据地方惯例，对破旧的或者因使用而损坏的，且并不昂贵的用具和工具，进行小规模的维修和替换。

3. 农业经营者违背其义务

第 285 条

1. 农业经营者不顾出租人的书面抗议，继续违反其注意义务，不尊重邻居，或者忽视其维护租赁物的义务，如租约的维持使得出租人或者房中居民无法容忍，则出租人可以立即解除租约；对于涉及住房或者营业场所的土地租约，如出租人可在某个月的月底解除租约，但至少应当提前 30 天通知解除。

2. 但是，对于涉及住房或者营业场所的土地租约，

如承租人故意严重损害租赁物，则该土地租约仍然可以立即解除。

(三) 告知出租人的义务

第 286 条

1. 如有必要对租赁物进行重大修缮或者第三人对租赁物提出权利之主张，农业经营者应当立即通知出租人。

2. 因疏于通知出租人而产生的损害，农业经营者应当承担赔偿责任。

(四) 容忍对租赁物的修缮和查验的义务

第 287 条

1. 为了补救租赁物之瑕疵，或者为了维修或者预防损害而进行重大修缮，农业经营者应当容忍。

2. 农业经营者应当允许出租人在维修、出售或者重新出租所必需范围内，对租赁物进行查验。

3. 对于施工和查验，出租人必须及时向农业经营者发出通知，并在进行施工和查验时考虑到农业经营者的利益；关于租约的规定(第 259d 条和第 259e 条)，类推适用关于农业经营者有关租金降低和损害赔偿之最终请求。

五、不履行或者瑕疵履行时农业经营者的权利

第 288 条

1. 对于以下之情形，类推适用有关租约(第 258 条、第 259a 条至第 259i 条)之规定：

(1) 出租人未在约定日期交付租赁物，或者交付的租赁物存在瑕疵的；

(2) 租赁物瑕疵的产生，农业经营者没有过错且不应由其承担费用对瑕疵予以补救，或者农业经营者无法按照租约对租赁物进行使用。

2. 有损于农业经营者的减轻责任条款，在下列情况下这些条款一律无效：

(1)存在于事先印制的一般条件中;
(2)存在于涉及住房或者营业场所的土地租约中。

六、翻新和改造

(一)由出租人实施

第 289 条

1. 只有当施工在农业经营者可以合理地承受,且没有解除租约的情况下,出租人才有权翻新或者改造租赁物。

2. 在进行上述施工时,出租人必须考虑农业经营者的利益;有关租约之规定(第 259d 条和第 259e 条),类推适用农业经营者关于租金降低和损害赔偿之最终要求。

(二)由农业经营者实施

第 289a 条

1. 如无出租人的书面同意,农业经营者不得:
(1)对租赁物的经营管理模式进行重大改变,导致此改变之效果延续到租期届满之后;
(2)超越对租赁物进行良好维护之限度而实施翻新或者改造工程。

2. 出租人表示同意的,只有存在书面约定的情形下,才能要求恢复租赁物之原状。

3. 根据第 1 款(1)的规定,未经出租人书面同意,且农业经营者未在合理期限内恢复租赁物的原状,出租人可以立即解除租约;对于涉及住房或者营业场所的土地租约,出租人可在某个月的月底解除租约,但至少应当提前 30 天通知解除。

七、所有权人的变更

第 290 条

对于下列情形,类推适用关于租约之规定(第 261 条至第 261b 条):
1. 租赁物的转让;
2. 限制物权的取得;
3. 在不动产登记簿中对租约办理备注。

八、土地转租

第 291 条

1. 农业经营者在出租人的同意下，可以全部或者部分对土地或者租赁物进行转租。

2. 对于土地租赁物之构成部分所进行的转租，出租人只有在下列情形中，才能拒绝同意：

(1)农业经营者拒绝向出租人告知转租之条件；

(2)相对于原租约的条件，承租人滥用转租之条件；

(3)转租将给出租人带来重大不便。

3. 农业经营者对出租人担保，转承租的农业经营者或者转承租人将按照原租约之规定使用或者经营租赁物。为了确保他们遵守该规定，出租人可以直接向转承租农业经营者或者转承租人发出指示。

九、向第三人转让租约

第 292 条

如向第三人转让有关营业场所的土地租约，类推适用第 263 条之规定。

十、提前返还租赁物

第 293 条

1. 农业经营者未遵守租约之解除期或者解除日而返还租赁物的，只有向出租人推荐有偿付能力的且出租人不能合理拒绝的新农业经营者时，对出租人的义务才能被解除。此外，新的农业经营者还应当同意以同样的条件承接租约。

2. 否则，农业经营者必须支付租金，直至租约期限届满，或者直至约定的或者法定的下一个租约解除日。

3. 下列费用可以与租金进行抵销，出租人必须接受：

(1)出租人得以节省的费用，以及

(2)出租人因租赁物其他用途获取的利益或者其

故意放弃的利益。

十一、赔偿

第 294 条

基于土地租约而引起的赔偿请求权,类推适用第 265 条之规定。

十二、租约终止

(一)约定期限的届满

第 295 条

1. 当事人明示或者默示地约定了租约期限的,则租约在约定的期限届满时,无需解除即自行终止。

2. 如默示对租约进行延续,则应以同样之条件,逐年延续,但另有约定的除外。

3. 任何一方当事人,截至租约年度结束,如符合法定的租约解除期限,可以解除延续的租约。

(二)租约的解除期和解除日

第 296 条

1. 租约是无固定期限的,如无另行约定和地方惯例,且根据租赁物的性质不能推断出当事人具有任何其他意愿的,截至任何一个解除日,如符合 6 个月的解除期,则任何一方当事人均可以解除租约。

2. 截至地方惯例确定的解除日,则在尚有至少 6 个月的期限时,如无惯例,则截至一个季度终止时,任何一方当事人可以解除有关住房或者营业场所的无固定期限之土地租约。当事人可以约定更长的租约解除期限或者其他的租约解除日。

3. 如租约的解除期限或者解除日未被遵守,则租约之解除在下一个恰当的解除日生效。

(三)租约的特别解除

1. 正当理由

第 297 条

1. 基于正当理由,如租约的履行将导致一方当事人不可容忍,则该方可以在符合法定的租约解除期限的情况下,随时解除租约。

2. 对租约提前解除导致的经济后果,由法官考虑所有具体情形,进行裁决。

2. 农业经营者的破产

第 297a 条

1. 在租赁物交付后,如农业经营者破产,则租约在破产开始时终止。

2. 但是,对于租期内的地租和清单上所列的物品,如农业经营者向出租人提供了充分担保,则出租人应当允许维持租约,直至租约期限届满。

3. 农业经营者的死亡

第 297b 条

农业经营者死亡的,其继承人与出租人一样,如符合法定的租约解除期限,在下一个租约的解除日,有权解除租约。

(四)住房和营业场所租约解除的形式

第 298 条

1. 关于住房或者营业场所的土地租约之解除,必须以书面形式进行。

2. 解除租约,出租人必须使用由州认证的表格,该表格应载有农业经营者对租约解除提出异议或者要求租约延续应当采用的方法。

3. 如没有使用该表格,则租约的解除为无效。

十三、租赁物的返还

(一)一般情形

第 299 条

1. 在租约终止时,农业经营者必须返还租赁物以及所有列入清单的物品,并须保持其应有之状态。

2. 在以下情形中,对租赁物进行的改善,农业经营者有权请求补偿:

(1)超越对租赁物进行谨慎管理的维护之限度;

(2)由出租人书面同意的翻新或者改造。

3. 农业经营者,如其对租赁物进行谨慎的管理就能够预防之损坏，则农业经营者应当对出租人予以赔偿。

4. 在租约终止前达成的协议，如其约定农业经营者必须对最终损害之外的事项承担赔偿责任，则该约定一律无效。

（二）租赁物状态的检查和对农业经营者的通知

第 299a 条

1. 在返还租赁物时，出租人必须检查租赁物的状态，如农业经营者应当对瑕疵承担责任，则应当立即向其发出通知。

2. 出租人疏于进行前款之作为，则农业经营者被解除所有责任，但对于采用通常的查验方法无法发现的瑕疵除外。

3. 出租人在事后发现该类瑕疵的，应当立即将之通知农业经营者。

（三）列入清单的物品替换

第 299b 条

1. 如在交付租赁物时对列入清单的物品进行了估价，在租约终止时农业经营者必须返还同类等价值的物品，或者对贬损的价值予以补偿。

2. 如农业经营者证明某些租赁物的灭失，是因为出租人的过错或者因为不可抗力造成的，则农业经营者不必承担任何赔偿责任。

3. 因农业经营者的修缮和劳动而使租赁物增值的，对于增值部分，农业经营者有权请求补偿。

十四、留置权

第 299c 条

为了担保前一年和当年之地租，出租人享有本法第 268 条和第 268b 条所规定的有关租约中的相同的留置权。

十五、预防有关住房或者营业场所之租约的解除

第 300 条

1. 租约中关于预防住房或者营业场所之租约解除的规定(第 271 条至第 273c 条),类推适用土地租约中有关预防住房或者营业场所租约的解除。

2. 关于家庭住房(第 273a 条)的相关规定,则不予适用。

十六、诉讼程序

第 301 条〔98〕

关于土地租约的诉讼程序,适用《民事诉讼法典》〔99〕之规定。

十七、牲畜的租养

(一)农业经营者的权利和义务

第 302 条

1. 对于非附属于农业租约的牲畜租养契约,所有租养牲畜的收益均归属于农业经营者,但另有约定或者地方惯例的除外。

2. 农业经营者应当饲养和照顾牲畜;他应当向出租人支付地租,地租可以是现金,也可以是部分收益。

(二)责任

第 303 条

1. 若不能证明尽管自己谨慎照料和看管牲畜,仍然不能避免损害的发生,农业经营者应当承担因牲畜租养而遭受的损害,但另有约定或者地方惯例的除外。

2. 对于非因农业经营者的过错所造成的特别维护费用,由出租人承担。

---

〔98〕 根据 2008 年 12 月 19 日《民事诉讼法典》附录第二章第 5 条的新内容修订,自 2011 年 1 月 1 日起生效。

〔99〕 RS 272.

3. 关于牲畜比较严重的事故或者病情，农业经营者应当尽早地通知出租人。

（三）租约解除

第 304 条

1. 租约是无固定期限的，任何一方当事人可以在任何一个解除日解除契约，但另有约定或者地方惯例的除外。

2. 租约解除，必须善意地进行，且不得在不合时宜的时候进行。

第九章　借 贷 合 同

第一节　使用借贷合同

一、定义

第 305 条

使用借贷合同，是出借人无偿地将物品之使用权转让给借贷人，而借贷人在使用完毕后将物品返还给出借人的合同。

二、效力

（一）借贷人的权利

第 306 条

1. 借贷人只能按合同约定的用途使用借贷物，如合同未约定的，则应根据物品的性质或者用途使用借贷物。

2. 借贷人无权允许第三人使用借贷物。

3. 违背上述规则的借贷人，对于损害，即使是意外造成的损害，均应承担损害赔偿责任，除非他能证明即使其遵守了规则，借贷物仍然会遭受损害。

（二）保养费

第 307 条

1. 保养借贷物的通常费用由借贷人承担；特别是出借的动物，应当由借贷人饲养。

2. 为维护出借人利益而不得不支出的特别费用，借贷人可以请求偿还。

(三)连带责任

第 308 条

共同借贷同一物品的人,对借贷物承担连带责任。

三、终止

(一)约定用途的借贷

第 309 条

1. 没有以协议的形式约定合同期限的,在借贷人按约定用途使用物品后,或者在合理的使用时间届满时,使用借贷终止。

2. 如借贷人违反合同约定之用途使用借贷物,或者损坏借贷物,或者允许第三人使用借贷物,或者最终出借人本人对借贷物有紧急的未能预料之需要,则出借人可以请求提前返还借贷物。

(二)不确定用途的借贷

第 310 条

使用借贷,如果没有确定其目的、期限,则出借人在认为合适时,可以随时请求返还借贷物。

(三)借贷人的死亡

第 311 条

使用借贷,因借贷人的死亡而终止。

第二节　消费借贷合同

一、定义

第 312 条

消费借贷合同,是出借人向借贷人移转现金或者其他可替代物品之所有权,由借贷人向出借人返还与借贷物同类、同质物品的合同。

二、效力

(一)利息

1. 支付利息的情形

第 313 条

1. 在民事关系中,只有约定了利息,出借人才能请求支付利息。

2. 在商事关系中,即使未约定利息,仍然应当支付利息。

2. 有关利息的规则

第 314 条

1. 合同未约定利率的，则借贷之利率应该按照借贷物交付的时期和地区，按照同性质借贷的通常利率来计算。

2. 合同约定的利息，应当按年度支付，但另有约定的除外。

3. 当事人不得事先约定将利息计入本金并计算复利，否则无效；对于计算银行往来账户利息的商事规则以及其他类似惯例，特别是储蓄银行中的计算，保留其适用。

（二）交付和受领之请求权时效

第 315 条

借贷人请求交付所承诺物品之权利，以及出借人请求受领物品之权利，自另一方陷于迟延之日起算，其时效为六个月。

（三）借贷人无偿付能力

第 316 条

1. 借贷人自合同订立后陷于无偿付能力的，出借人可以拒绝交付承诺之物品。

2. 即使借贷人在合同订立前已陷于无偿付能力，但出借人在合同订立后才知道的，出借人仍然享有拒绝交付承诺物品之权利。

三、以有价证券或者货物替现金之交付

第 317 条

1. 如借贷确定金额的现金，而借贷人收到的却是替代现金的有价证券或者货物，则应当按交付时期和地点的市价或者通常价格来估算出借之金额。

2. 所有不同的约定，一律无效。

四、返还之时间

第318条

如合同未约定返还之期限和通知返还之期限，且合同并未约定借贷人在第一次被索要时必须立即返还借贷物，则借贷人自出借人第一次索要借贷物时起，应在6个星期的时间内返还借贷物。

第十章 劳动合同[100]

第一节 个人劳动合同

一、个人劳动合同的定义和订立

(一)定义

第 319 条

1. 通过个人劳动合同,雇员在固定或者不固定期限内为雇主工作,雇主按照工作时间或者提供的工作(计件或者包工工资)向雇员支付工资。

2. 雇员通常按小时、半天或者天(兼职工作)为雇主工作的合同,同样视为个人劳动合同。

(二)合同的订立

第 320 条

1. 个人劳动合同不受任何特殊形式的约束,但法律另有规定的除外。

2. 如雇主接受在给定时间内提供的工作,根据具体情形可以合理认为该劳动之提供只是为了获得工资,则视为劳动合同已经订立。

3. 虽然事后合同被认定为无效,但雇员已经为雇主善意提供了工作的,那么就如同有效合同那样,双方都应当承担基于劳务关系产生的义务,直至

---

[100] 根据 1971 年 6 月 25 日的联邦法第一章修订,自 1972 年 1 月 1 日起生效(RO 1971 1461;FF 1967 II 249)。参阅本法典第十章的最终规定和暂行规定中的第 7 条。

一方或者另一方因合同无效而终止劳务合同关系。

二、雇员的义务

(一)亲自工作

第321条

雇员应当亲自完成其承担的工作，但是协议另有约定或者依具体情形可作出相反推论的除外。

(二)勤勉和忠实义务

第321a条

1. 雇员应勤勉地完成托付给他的工作，并忠实维护雇主的合法利益。

2. 雇员应当按照相关规则使用雇主的机器、工作器具、仪器、技术设备以及车辆，并对之谨慎维护；对于为雇员工作提供的材料，亦同。

3. 在合同存续期间，雇员不得为与雇主存在竞争关系的第三人提供有报酬的劳务，否则视为违反对雇主的忠实义务。

4. 在合同存续期间，雇员不得使用和泄露应为保密之事项，例如在其为雇主工作期间获知的生产秘密和商业秘密；即使在劳务关系终止后，只要在维护雇主合法利益之必要限度内，其仍然应当保守秘密。

(三)报告和移交的义务

第321b条

1. 雇员应当向雇主报告其在履行合同的过程中为雇主收取的任何东西，特别是金钱的数额；对于他收到的东西应立即向雇主移交。

2. 雇员还应当向雇主立即移交其在履行合同的过程中所产生的一切成果。

(四)加班时间

第321c条

1. 如根据具体情形需要雇员超过合同、惯例、标准劳动合同或者集体劳动合同规定的工作时间进行工作，则在雇员能够承担且诚实信用原则允许的限度内，雇员应当完成加班的工作。

2. 经雇员同意，雇主可以在适当的时期给予雇员至少相等期间的休假来弥补加班时间。

3. 对未通过休假来补偿的加班时间应当支付报酬，至少在正常工资的基础上加上四分之一，但书面协议、标准劳动合同或者集体劳动合同另有不同约定的除外。

（五）遵守一般准则和指示

第 321d 条

1. 雇主有权在其经营场所或者家庭中，对雇员应完成的工作和行为制定一般准则并给出具体指示。

2. 根据诚实信用原则，雇员应当遵守雇主作出的一般准则和具体指示。

（六）雇员的责任

第 321e 条

1. 雇员对于因其故意或者过失给雇主造成的损害应当承担赔偿责任。

2. 雇员应当承担的注意义务之限度根据合同予以确定，注意义务之限度应当考虑职业风险、具体指示、为完成承诺工作必需的技术知识，以及雇主已知或者应当知道的雇员的能力和素质之情况。

三、雇主的义务

（一）工资

1. 种类和金额的一般规定

第 322 条

1. 雇主应当向雇员支付工资，工资根据约定、惯例、标准劳动合同或者集体劳动合同的规定予以确定；

2. 如雇员生活在雇主家中，其生活费和住宿费应构成工资之一部分。

2. 经营收益的分享

第 322a 条

1. 根据合同，如雇员有权分享利润或营业额，或以其他方式分享经营之效益，其份额，应当以年度经营效益为计算依据，根据法律规定和普遍公认的商业规则予以确定。

2. 雇主应当向雇员，或向共同指定的代表雇员的专家，或向法官任命的代表雇员的专家，提供必要的信息；雇主应当允许雇员或专家在进行核查所必要的范围内查阅会计账簿。

3. 约定分享企业利润的，如雇员提出请求，还应当向雇员提交年度收益报表之副本。[101]

3. 津贴

(1) 津贴权的产生

第 322b 条

1. 如果约定雇员有权获得某些交易之津贴，则在与第三人有效完成交易后，雇员即有权获得津贴。

2. 以分期给付来履行的保险合同或者商业合同，可以通过书面协议约定，在每一期可以请求给付时或者每一期给付期限届满时，有权获得津贴。

3. 非因雇主的过错而没有完成交易的，或者因第三人不履行义务而没有完成交易的，则雇员的津贴权因此而丧失；如交易只是部分完成的，则津贴按比例减少。

(2) 清单

第 322c 条

1. 合同没有要求由雇员制作津贴清单的，则在每期津贴到期时，应由雇主向雇员提供交易的明细账目，对给予的津贴予以说明。

2. 雇主应当向雇员，或者向共同指定的代表雇员的专家，或者向法官任命的代表雇员的专家，提供必需的信息；在进行核查所必要的范围内，雇主应

---

[101] 根据 2011 年 12 月 23 日关于《会计法》的联邦法第 I 节的新内容修订，自 2013 年 1 月 1 日起生效（RO 2012 6679；FF 2008 1407）。

当允许雇员或者专家查阅会计账簿和会计凭证。

4. 额外报酬

第 322d 条

1. 如约定在诸如圣诞节或者财政年度终止时的某些时节,雇主在工资之外另行发放额外之报酬,则雇员有权获得该报酬。

2. 如有前款所述之约定,但在发放特别报酬时节之前终止劳务关系的,则雇员有权按比例获得部分报酬。

(二)工资的支付

1. 支付期限和支付日期

第 323 条

1. 除非合同约定了更短的支付期限或者其他的支付日,或者根据惯例存在更短的支付期限或者其他的支付日,工资应当在月底支付给雇员,但标准劳动合同或者集体劳动合同另有规定的除外。

2. 津贴应当在月底支付,但约定了更短的支付期限或者根据惯例存在更短期限的除外;但是,某些交易的进行要求超过半年时间的,可以通过书面协议对这些交易之津贴的到期日进行变更。

3. 经营效益被确认后,即应当按照经营成果的分享安排支付,但最迟应在经营结束后六个月内支付。

4. 在已完成的工作范围内,对于有需要的雇员,对于雇主应当合理支付的工资,雇主可以预支。

2. 工资的留置

第 323a 条

1. 基于协议、惯例、标准劳动合同或者集体劳动合同之规定,雇主可以对部分工资进行留置。

2. 留置,不得超过发放工资日应付工资的十分之一,其总额也不得超过一星期的劳动工资;但是,标准劳动合同或者集体劳动合同可以规定更多的留置额度。

3. 工资的留置,视为对劳务关系中雇主债权之担保,并不具有约定惩罚之性质。但协议、惯例、标准劳动合同或者集体劳动合同另有特别规定的除外。

3. 工资的保障

第 323b 条

1. 以现金支付的工资,应当以工作期间的法定货币进行支付,但另有约定或者惯例的除外。工资明细表应提交给雇员。

2. 雇主只有在工资可被留置的限度内,才能用其对雇员的债权来抵偿工资;但是,对于因雇员故意造成的损害而产生的债权,可以无限制地用工资来抵偿。

3. 为了雇主之利益而订立的关于使用雇员工资的协议,一律无效。

(三)雇员在工作受阻时的工资

1. 雇主的迟延

第 324 条

1. 因雇主自己的过错导致工作受阻而停工,或者由于其他原因导致雇主接受劳务陷于迟延,则雇主应当支付工资,而雇员则不必再提供劳务。

2. 雇员因被停止工作而节省之费用,或者因从事其他工作所获取之收入,或者因其故意放弃之收入,应折算进雇员的工资。

2. 雇员的工作受阻

(1)原则

第 324a 条

1. 雇员并无过错,因雇员本人自身的原因,诸如生病、事故、履行法定义务或者执行公务,从而导致停止工作的,如劳务关系已持续三个月以上,或者合同的订立期限为三个月以上,则雇主应向雇员支付一定期间的工资,其中包括因丧失实物工资而给予的合理补偿。

2. 除非协议、标准劳动合同或者集体劳动合同规定了更长期限，在第一年工作期间，雇主支付三个星期的工资；一年之后，应考虑劳务关系的持续期间和具体情形，支付合理确定的更长期间的工资。

3. 雇员怀孕，雇主应当以和前两款相同的方式，向其支付工资。[102]

4. 在向雇员支付的工资至少达到上述标准的条件下，可以通过书面协议、标准劳动合同或者集体劳动合同对上述规定予以变更。

(2) 例外

第 324b 条

1. 根据法律规定，非因雇员之过错而因雇主自身的原因导致工作受阻，对于因此引起的经济后果，若雇主已为雇员办理了强制投保且该限定期间内的保险给付至少抵偿该段期间工资的五分之四，则雇主不必向雇员支付工资。

2. 如保险给付低于工资之五分之四，则雇主必须支付保险给付和五分之四工资之间的差额。

3. 如保险给付须在等待一定期间后才予以支付的，则雇主在此期间必须至少支付五分之四的工资。[103]

(四) 债权的转让和质押

第 325 条[104]

1. 以可以留置的工资为限，雇员为了担保家庭法上的供养义务，对于其未来之工资可以予以转让或者质押；根据当事人的请求，雇员住所地的债务

---

[102] 根据 2003 年 10 月 3 日联邦法附录第一章新内容修订，自 2005 年 7 月 1 日起生效。

[103] 根据 1981 年 3 月 20 日关于《保险事故》联邦法的附录增补，自 1984 年 1 月 1 日起生效。

[104] 根据 1990 年 12 月 14 日联邦法第　章的新内容修订，自 1991 年 7 月 1 日起生效。

追偿机构,根据1889年4月11日关于《债务追偿和破产》的联邦法[105]第93条,设定不可留置的工资之最低数额。

2. 为担保其他义务而对未来之工资予以转让和质押的,一律无效。

(五)计件或者包工工作

1. 工作的提供

第326条

1. 雇员按照合同专一地为一个雇主以计件或者包工的形式工作的,雇主必须给雇员提供足够数量的工作。

2. 根据经营条件暂时无法提供合同规定的计件或包工工作的或者非因雇主过错而导致无法提供合同规定的计件或者包工工作的,雇主可以让雇员承担计时工作。

3. 如协议、标准劳动合同或者集体劳动合同未规定计时工作之工资,则雇主必须向雇员支付等同于已工作时间内雇员按照计件或者包工工作可获得的平均工资。

4. 不能提供足够的计件、包工或者计时工作的雇主,按照有关迟延的规定,应当支付不少于在计时工作情形下应当支付的工资。

2. 工资

第326a条

1. 雇员根据合同进行计件工作或者包工工作,雇主必须在每次工作开始之前,向雇员说明工资标准。

2. 雇主疏于向雇员作出说明的,则雇主应当按照从事相同或者类似工作而设定的工资标准支付

---

〔105〕 根据1990年12月14日联邦法的第一章新内容修订,自1991年7月1日起生效。

工资。

（六）工作用具、材料和费用

1. 工具和材料

第 327 条

1. 雇主应向雇员提供所需的工具和材料，但另有约定或者惯例的除外。

2. 与雇主商定由雇员自己提供工具或者材料的，雇员应当得到合理的补偿，但另有约定或者惯例的除外。

2. 费用

（1）一般情形

第 327a 条

1. 所有完成工作所需之费用，雇主应向雇员补偿；如雇员在其工作地之外的地点工作，还应补偿其生活所需之费用。

2. 通过书面协议、标准劳动合同或者集体劳动合同，可以为雇员支出的费用确定固定的补偿形式，诸如定额的日津贴、周津贴或者月津贴，只要其能抵偿雇员全部必需之费用。

3. 关于雇员必须自己承担全部或者部分所需费用的协议，一律无效。

（2）机动车辆

第 327b 条

1. 与雇主约定，在工作中由雇员使用自己的机动车辆或者雇主为其提供机动车辆，则在机动车辆用于工作的范围内，雇员有权获得使用费用和维修费用之补偿。

2. 与雇主约定由雇员自己提供机动车辆的，在车辆用于工作的范围内，雇员还有权请求支付车辆的税费、对民事责任的保险费以及合理的损耗补偿费。

3. ……(废除)[106]

(3)期限

第 327c 条

1. 对于根据雇员制作的明细账目而进行的费用之补偿,应当与工资同时支付,但另有约定或者惯例确定更短期限的除外。

2. 为了履行合同义务,雇员需要定期支付费用的,雇主应当以确定的时间间隔,将所需之费用的及时预支给雇员,但至少应当按月预支。

(七)雇员的人格保护

1. 一般情形

第 328 条

1. 在劳务关系中,雇主应保护和尊重雇员的人格;雇主应当关心雇员之健康,并注意遵守道德。特别是,雇主应保证雇员不会受到性骚扰,如发生性骚扰,雇员不会因此而处于弱势地位。[107]

2. 在劳务关系和工作性质许可的合理范围内,为保护雇员生命、健康和人格之完整,雇主应当根据经验采取与技术状况、经营条件或者家庭条件相适应的措施。[108]

2. 共同居住

第 328a 条

1. 雇员生活在雇主家庭的,雇主应当提供足够的食物和适当的住所。

2. 对并无过错而因生病或者意外事故被迫停止工作的雇员,雇主应当给予一定期限的照顾和医疗救治,在第一年劳务关系中,期限为三个星期;劳务关系在一年以上的,应当考虑劳务关系的存续

---

〔106〕 根据 1981 年 3 月 20 日关于《保险事故》的联邦法的附录废除。

〔107〕 根据 1995 年 3 月 24 日关于平等的法律的附录第 3 章增补,自 1996 年 7 月 1 日起生效。

〔108〕 根据 1995 年 3 月 24 日关于平等的法律的附录第 3 章新内容修订,自 1996 年 7 月 1 日起生效。

期间和特殊情形,合理确定更长的期限。

3. 雇员怀孕和分娩的,雇主具有同样的义务。

3. 个人信息的处理

第 328b 条〔109〕

关于雇员的信息,只有在涉及雇员的工作能力或者在履行劳动合同必需的范围内,雇主才能对有关雇员的信息进行处理。此外,1992 年 6 月 19 日关于《信息保护》的联邦法〔110〕适用于雇员个人信息的处理。

(八)每周休息日、休假和青年活动假、产假

1. 每周休息日

第 329 条〔111〕

1. 雇主安排雇员每周休息一天,通常应在星期日;如具体情形不允许的,则安排一个完整的工作日作为休息日。

2. 因特殊条件表明具有合理性且经雇员同意,雇主可以例外地将雇员可以休息的休息日进行累计,或者给予雇员两个半天来替代一个整天。

3. 此外,雇主应给予雇员日常的休息时间和休息天数;解除合同的,还应给予雇员必要的寻找工作的时间。

4. 确定休息时间和休息天数时,当事人应当对雇主和雇员的利益均进行权衡。

2. 休假

(1)期限

第 329a 条

1. 雇主应给予雇员每年至少 4 个星期的休假;对

---

〔109〕 根据 1992 年 6 月 19 日关于《信息保护》联邦法的附录第 2 章增补,自 1993 年 7 月 1 日起生效。

〔110〕 RS 235. 1.

〔111〕 根据 2003 年 10 月 3 日联邦法的附录修订,自 2005 年 7 月 1 日起生效(RO 2005 1429;FF 2002 6998,2003 1032 2595)。

于20周岁以下的雇员，应给予至少5个星期的休假。[112]

2. ……[113]（废除）

3. 雇员的服务期限不到一年的，则根据劳务关系存续期间之长短，按比例确定休假之期限。

（2）假期的减少

第329b条

1. 在一年的劳务期内，雇员因其过错受到影响而停止工作的时间累计超过1个月的，则对每停工一个整月，雇主可以减少其十二分之一的假期。[114]

2. 在一年的劳务期内，工作受阻期间不超过1个月，且雇员没有过错，而是由于雇员本身原因，诸如生病、事故、完成法定义务、履行公务或者休青年活动假的，则雇主无权减少假期。[115]

3. 因为女性雇员怀孕而停止工作的期间没有超过两个月的，或者根据1952年9月25日关于《失去收入之补助》的规定雇员享有产假补助的，雇主也不得减少雇员之假期。[116][117]

4. 只要从整体上给予雇员的待遇至少不低于上述之标准，[118]则标准劳动合同或者集体劳动合同的规定可以与以上第2款和第3款不一致。

---

〔112〕 根据1983年12月16日联邦法的第1章新内容修订，自1984年7月1日起生效。

〔113〕 根据1983年12月16日联邦法第1章废除。

〔114〕 根据1982年6月25日关于《失业保险》的法律的第117条新内容修订，自1984年1月1日起生效。

〔115〕 根据1989年10月6日关于《青年活动》的法律的第13条的新内容修订，自1991年1月1日起生效。

〔116〕 系统法律集834.1。

〔117〕 根据2003年10月3日联邦法的附录的第1章新内容修订，自2005年7月1日起生效。

〔118〕 根据1983年12月16日联邦法的第1章增补，自1984年7月1日起生效。

(3)假期的连续性和日期

第 329c 条

1. 假期通常应当在当年的服务年度内予以安排;假期中至少有两周[119]应是连续的。

2. 在考量企业利益或家庭利益的情况下,在确定休假日期时,雇主也应当考量雇员的意愿。

(4)工资

第 329d 条

1. 雇主应向雇员支付假期应得的全部工资,并对实物工资的损失给予合理的补偿。

2. 只要在劳务关系存续期间内,雇主不得以给付金钱或者其他优惠替代假期。

3. 在休假期间,如雇员不顾雇主的合法利益而为第三人进行有偿工作,则雇主可以拒绝支付假期内应得的工资,如工资已经支付给雇员,则雇主可以请求雇员返还已经支付的工资。

3. 校外青年活动假

第 329e 条[120]

1. 对于 30 周岁以下的雇员,为文化或者社会组织志愿从事校外青年活动并在组织里担任领导、负责人和策划职务,或者为从事上述活动参加必需的培训课和进修班,雇主应在每个服务年度中给予其至多合计为一周的青年假。[121]

2. 在青年假期间,雇员无权得到工资。但协议、标准劳动合同或者集体劳动合同另行约定有利于雇员之规定,从其规定。

3. 雇主和雇员在约定青年假的日期和期间时,应

---

[119] 根据 1983 年 12 月 16 日联邦法的第 1 章新内容增补,自 1984 年 7 月 1 日起生效。

[120] 根据 1989 年 10 月 6 日关于《青年活动》的法律的第 13 条增补,自 1991 年 1 月 1 日起生效(RO 1990 2007;FF 1988 I 777)。

[121] 根据 2014 年 6 月 20 日关于《进修》的联邦法附录第 9 条新内容修订,自 2017 年 1 月 1 日起生效(RO 2016 689;FF 2013 3265)。

当考虑双方的利益。双方不能达成一致的，只要雇员在假期开始前2个月向雇主通知其主张权利之意愿，则雇主应当准予其青年假。在民事年度末，未能休掉的青年假，不得顺延到下一年度。

4. 根据雇主之请求，雇员应向雇主提供其在校外青年活动中承担的任务和职务等有关证据。

4. 产假

第329f条〔122〕

休产假的，雇员在分娩后有权享有至少14周的产假。

(九)其他义务

1. 担保

第330条

1. 雇员为保障履行义务而交给雇主的保证金，雇主必须将其与雇主自己的财产分开；雇主对于保证金之保存应当向雇员提供担保。

2. 雇主应最迟在合同终止时返还保证金，但书面协议另行约定返还日期的除外。

3. 雇主基于劳动合同主张的债权，尽管具有争议，雇主仍有权留置保证金，直至其债权获得确认；依雇员之请求，雇主必须向法院对所扣留款额予以提存。

4. 在雇主的破产程序中，雇员对于与雇主财产分别保管的保证金有权主张返还请求权，但雇主基于劳动合同而享有的债权不受影响。

2. 证明

第330a条

1. 雇员可以随时请求雇主出具对劳务关系的性质、持续时间、工作质量和行为加以说明的证明书。

---

〔122〕 根据2003年10月3日联邦法附录的第一节增补，自2005年7月1日起生效（RO 2005 1429；FF 2002 6998，2003 1032 2595）。

2. 依雇员之明确请求，证明书可以仅载明劳务关系的性质和持续的时间。

3. 通知的义务

第 330b 条〔123〕

1. 劳务关系被约定为无固定期限的，或者超过 1 个月的，雇主应当最迟在劳务关系开始后的一个月内，以书面形式向雇员通知以下要点：

(1) 当事人的姓名；

(2) 劳务关系开始的日期；

(3) 雇员的职务；

(4) 工资和可能的额外工资；

(5) 每周的工作时间。

2. 在劳务关系存续期间，根据以上第 1 款之规定，如书面通知的内容发生变更的，则雇主应当最迟在发生变更后的一个月内，向雇员发出书面通知。

四、雇员的养老保险金

(一) 雇主的义务

第 331 条

1. 雇主为雇员交付养老保险的，或者雇员为此支付部分金额的，雇主必须将这些给付和份额转存在一个基金会、合作社或者一个公法机构。

2. 雇主的给付和雇员承租的份额，用于向受监督的保险公司或者公认的医疗保险公司投保，涉及雇员生病、发生事故、残疾或者死亡之情形的，如在投保的风险出现时，雇员对保险公司享有直接债权，雇主被解除前款所规定的转存义务。

3. 由雇员向养老保险机构缴纳保险金的，雇主应当同时支付至少等同于雇员缴纳的全部款额的保

---

〔123〕 根据 2004 年 12 月 17 日关于《在瑞典联邦与欧盟及其成员国的人员自由出入的扩展条约的批准和执行》和关于《人员自由流动的附随措施修订的批准》的联邦协议第二条内容增补，自 2006 年 4 月 1 日起生效（RO 2006 979；FF 2004 5523 6187）。

险金;雇主可以自行缴纳的,或者用养老保险机构的储备金,来支付他给雇员的保险金份额;这些保险储备金必须是雇主为此事先积累的且具有独立账户。雇主必须最迟在继应付保险金份额的民事年度或者保险年度终止后的第一个月月底,将他给予雇员的保险金份额和他从雇员工资中扣除的保险金份额,一并向养老保险机构转交。[124]

4. 雇主应向雇员提供后者对职业养老保险机构具有的权利的必要信息,或者为雇员或者保险公司提供必需的信息。[125]

5. 如果雇主拥有的信息有可能找到遗忘财产的权利人或者管理这部分财产的机构,那么雇主应职业养老保险机构中心的要求,应向其提供他所拥有的信息。[126]

(二)养老保险的始末

第331a条[127]

1. 养老保险自劳务关系建立之日开始;自雇员退出养老保险机构之日终止。

2. 但是,在建立新的养老保险关系之前,雇员仍可享受防止死亡或者残疾风险的养老金,但至多不超过一个月。

3. 如在养老保险关系终止后维持养老保险,养老保险机构可以要求投保人支付风险保险金。

---

[124] 根据2003年10月3日联邦法附录第二章新内容修订,自2005年1月1日起生效。

[125] 根据1993年12月17日关于《自由流动》的法律的附录第二章新内容修订,自1995年1月1日起生效。

[126] 根据1998年12月18日联邦法第二章第2条增补,自1999年5月1日起生效。

[127] 根据2003年10月3日联邦法的附录的第1章新内容修订,自2005年7月1日起生效。

(三)转让和抵押

第331b条[128]

对于未来养老保险金所享有的债权,在其到期之前,不得进行转让或者质押。

(四)健康原因的保留条款

第331c条[129]

养老保险机构可以对与残疾和死亡风险有关的健康原因作出保留规定,这些保留规定的期限最长为五年。

(五)促进取得住房所有权

1. 质押

第331d条[130]

1. 雇员最迟在养老保险金之权利产生之前三年,为自己所需住房的所有权,可以对养老保险金之权利进行质押,或者在其可以自由转出之额度内进行质押。

2. 为购入建设和住房合作社的股份,或者以相似形式参加合作社的,前款所述的养老保险金质押同样可以得到准许,但以雇员本人使用该共同出资之住房为限。

3. 雇员必须以书面形式向养老保险机构通知质押,质押才能生效。

4. 年龄超过50岁的雇员,至多可以质押在他50岁时有权取得的自由转出养老保险金的金额,或者在其质押时已确定的自由转出养老保险金一半之金额。

5. 雇员已婚的,只有取得其配偶书面之同意的,质

---

[128] 根据2003年10月3日联邦法的附录的第1章新内容修订,自2005年7月1日起生效。

[129] 根据2003年10月3日联邦法的附录的第1章新内容修订,自2005年7月1日起生效。

[130] 根据1993年12月17日关于《以职业养老保险金支付形式,鼓励获得住房所有权》联邦法律第二章增补,自1995年1月1日起生效。

押才被准许。不可能获得此书面同意的,或者同意被拒绝的,雇员可以诉诸民事法庭。[131] 该规定适用于合法登记的同性伴侣。[132]

6. 质押在养老保险情形发生之前,或者在现款支付之前就实现的,适用1982年6月25日关于《职业养老、幸存和残疾》[133] 的联邦法第30d条、第30e条、第30g条,以及第83a条[134] 的规定。

7. 联邦委员会决定:

(1)允许质押的目的以及对"为自己所需住房所有权"的界定。

(2)建设和住房合作社的股份或者相似参与形式的质押需满足的条件。

2. 预付

第331e条[135]

1. 雇员最迟在养老保险金之权利产生之前三年,有权向其养老保险机构请求支付一笔款项以便取得自己所需住房之所有权。

2. 年龄低于50岁的雇员,有权取得一笔不超过其养老保险金的可自由转出之金额。年龄超过50岁的雇员,最多可以取得在其50岁时有权获得的养老保险金中可自由转出之金额,或者在支付时他有权取得的养老保险金中可自由转出金额之一半。

---

[131] 根据2015年6月19日关于《离婚时职业养老金的分配》的联邦法附录第1条新内容修订,自2017年1月1日起生效(RO 2016 2313;FF 2013 4341)。

[132] 根据2004年6月18日关于伴侣的联邦法的附录第11条新内容修订,自2007年1月1日起生效。

[133] 系统法律集831.40。

[134] 根据2015年6月19日关于《离婚时职业养老金的分配》的联邦法附录第1条新内容修订,自2017年1月1日起生效(RO 2016 2313;FF 2013 4341)。

[135] 根据1993年12月17日关于《以职业退休金支付形式,鼓励获得住房所有权》的联邦法律第二章增补,自1995年1月1日起生效。

3. 为购入建设和住房合作社的股份，或者以相似形式参加合作社的，雇员同样可以使用这笔款额进行支付，但以雇员本人使用该共同出资之住房为限。

4. 如果支付上述保险金，那么按照养老保险金规则和相关养老保险机构的技术依据所计算的保险金，则相应地减少。为了避免在死亡或者残疾之情形下，养老保险的赔偿受到养老金减少的限制，养老保险机构可以自己提供增补保险，或者作为中介以促进增补保险的订立。

5. 雇员已婚的，只有当配偶给予书面同意的，才准许付养老保险金。不可能获得同意的，或者同意被拒绝的，雇员可以诉诸民事法庭。该规定适用于合法登记的同性伴侣。[136]

6. 配偶在养老保险情形发生之前离婚的，预先的支付视为可以自由转出的养老金，并按照《瑞士民法典》[137]第123条、《民事诉讼法典》[138]第280条和第281条，以及1993年12月17日关于《养老保险金自由转出》的联邦法[139]第22条至第22b条，在配偶之间进行分配。此规定适用于合法登记的同性伴侣的司法离异情形。[140]

7. 预付或者抵押时，保险机构的现金支付有问题的，保险机构可以推迟预付和抵押请求之执行。

---

〔136〕 根据2015年6月19日关于《离婚时职业养老金的分配》的联邦法附录第1条新内容修订，自2017年1月1日起生效(RO 2016 2313;FF 2013 4341)。

〔137〕 RS 210.

〔138〕 RS 272.

〔139〕 RS 831.42.

〔140〕 根据2015年6月19日关于《离婚时职业养老金的分配》的联邦法附录第1条新内容修订，自2017年1月1日起生效(RO 2016 2313;FF 2013 4341)。

保险机构在其规章制度中,对预付和抵押之推迟执行,可以设定优先顺位。具体方法由联邦委员会规定。

8. 此外,1982 年 6 月 25 日关于《职业养老保险、遗属和伤残保险》的联邦法第 30d 条、第 30e 条、第 30g 条和第 83a 条的规定,也应予以适用。[141][142]

3. 养老保险机构亏空的限制

第 331f 条[143]

1. 养老保险机构可以在其规章制度中规定,在机构亏空状态持续期间,质押、预付和补偿可能会因时间限制被减少或者被拒绝。

2. 第 1 款规定采用的限制条件和限制范围,由联邦委员会规定。

五、发明和设计权

第 332 条[144]

1. 雇员在为雇主工作时,根据合同义务进行发明和设计,或者雇员参与这些工作进行的发明和设计,无论这些制作是否可以得到发明和设计权保护,都属于雇主。

2. 对雇员在为其工作期间,但在履行合同义务之外所作的发明和设计,雇主可以通过书面协议让雇员保留发明和设计权。

3. 雇员进行第 2 款所述的发明或者设计,必须以书面形式通知雇主,雇主必须在 6 个月内以书面形式告诉雇员,他是否打算获得发明或者设计的

---

〔141〕 RS 831.40.

〔142〕 根据 2015 年 6 月 19 日关于《离婚时职业养老金的分配》的联邦法附录第 1 条新内容修订,自 2017 年 1 月 1 日起生效(RO 2016 2313;FF 2013 4341)。

〔143〕 根据 2004 年 6 月 18 日联邦法附录第二章增补,自 2005 年 1 月 1 日起生效。

〔144〕 根据 2001 年 10 月 5 日关于设计的法律的附录第二章第 1 条新内容修订,自 2002 年 7 月 1 日起生效。

权利,或者将此权利让给雇员。

4. 发明或者设计权利未让给雇员的,雇主应考虑所有情形,特别是发明和设计的经济价值、雇主和其助手们的合作、雇主的设备装置的使用以及雇员的花费和其在企业中的职位,向雇员支付一笔合理的特殊报酬。

第 332a 条〔145〕

(废除)

六、劳务关系的移转

1. 效力

第 333 条〔146〕

1. 雇主将企业全部或者部分转让给第三人的,在转让之日,劳务关系连同由此产生的权利和义务移转给购买者,但雇员反对的除外。〔147〕

1.2 劳务关系的移转受集体劳动合同管束的,只要劳务关系未因合同约定的期限届满被解除,购买人应当在一年内遵守集体劳动合同。〔148〕

2. 意见不一致的,劳务关系在法定期限届满时终止;在此之前,购买人和雇员应当履行合同。

3. 自转让之前直至劳务关系可能正常终止或者因雇员的反对已经终止时,雇员的到期债权,由原雇主和购买人承担连带责任。

4. 此外,雇主不得向第三人转让由劳务关系产生的权利,但协议或者具体情形导致不同做法的除外。

---

〔145〕 根据 2001 年 10 月 5 日关于设计的法律的附录的第二章第 1 条废除。

〔146〕 根据 1993 年 12 月 17 日联邦法的第一章新内容修订,自 1994 年 5 月 1 日起生效的。

〔147〕 根据 1993 年 12 月 17 日联邦法的第一章新内容修订,自 1994 年 5 月 1 日起生效的。

〔148〕 根据 1993 年 12 月 17 日联邦法的第一章增补,自 1994 年 5 月 1 日起生效。

2. 征求雇员代表之意见

第 333a 条[149]

1. 雇主向第三人转让企业或者部分企业的,应当在实现企业转让之前及时向雇员代表通知以下内容,或者没有雇员代表的,向雇员们通知以下内容:

(1)转让理由;

(2)转让对雇员产生的法律、经济和社会后果。

2. 考虑企业转让后有关雇员的安置措施,向雇员代表征求意见,或者没有雇员代表的,向雇员们征求意见,且征求意见必须在这些安置措施决定前及时进行。

3. 无偿付能力企业的转让

第 333b 条[150]

在破产程序的债务重组中,或在放弃资产的债务抵偿协议中,企业或企业的部分转让给第三人的,只要该移转是与购买人约定的且雇员不反对的,劳务关系连带所产生的所有权利和义务移转给购买人。对于其他情形,类推适用第 333 条(第 3 款除外)、第 333a 条。

七、劳务关系的终止

(一)固定期限合同

第 334 条[151]

1. 固定期限的劳动合同自行终止,无需解除。

2. 在约定期限届满后,固定期限合同默示延续的,则视为无固定期限的劳动合同。

3. 订立的合同期限为十年以上的,当事人任何一方可以在十年之后的某个月月底解除合同,但应当提前 16 个月通知解除。

---

[149] 根据 1993 年 12 月 17 日联邦法的第一章增补,自 1994 年 5 月 1 日起生效。

[150] 根据 2013 年 6 月 21 日联邦法附录增补,自 2014 年 1 月 1 日生效(RO 2013 4111;FF 2010 5871)。

[151] 根据 1988 年 3 月 18 日联邦法第一章新内容修订,自 1989 年 1 月 1 日起生效。

(二)无固定期限合同

1. 一般解除情形

第 335 条〔152〕

1. 无固定期限合同可以由当事人的任何一方解除。

2. 另一方要求的,解除合同的一方必须以书面形式给出该方解除合同的理由。

2. 合同解除的期限

(1)一般情形

第 335a 条〔153〕

1. 双方的合同解除期限必须是一致的;协议约定不同期限的,适用更长的期限。

2. 雇主表示解除劳动合同的意愿的,或者因经济原因解除劳动合同的,可以通过协议、标准合同或者集体劳动合同规定有利于雇员的更短合同解除期限以解除合同。

(2)试用期间

第 335b 条〔154〕

1. 试用期间,遵守 7 天的合同解除期限,当事人任何一方可以随时解除合同。第一个月视为试用期。

2. 可以通过协议、标准合同或者集体劳动合同另行约定;但试用期不得超过 3 个月。

3. 试用期间,因生病、事故,或者雇员为了履行本人并未被要求的法定义务而中断工作的,试用期延续与中断相等的时间。

---

〔152〕 根据 1988 年 3 月 18 日联邦法第一章新内容修订,自 1989 年 1 月 1 日起生效。

〔153〕 根据 1988 年 3 月 18 日联邦法第一章新内容增补,自 1989 年 1 月 1 日起生效。

〔154〕 根据 1988 年 3 月 18 日联邦法第一章新内容增补,自 1989 年 1 月 1 日起生效。

(3)试用期终结后

第335c条[155]

1. 在第一年服务期间,遵守一个月的合同解除期限,月底劳动合同可以予以解除;在第二年至第九年服务期间,遵守两个月的合同解除期限;九年以上的,遵守三个月的合同解除期限。

2. 这些期限可以通过协议、标准合同或者集体劳动合同的规定改变;但是,在第一年服务期间少于一个月的合同解除期限,只能由集体劳动合同规定。

3. 集体解雇

(1)定义

第335d条[156]

所谓集体解雇,是指在一个企业中,非因雇员本人原因,雇主在30天的期限内解除合同,且解雇人数至少:

1. 如雇佣的雇员人数介于20人至100人的企业中,解雇人数达到10人;

2. 如雇佣的雇员人数介于100人至300人的企业中,解雇总人数的10%;

3. 如雇佣的雇员人数至少是300人的企业中,解雇人数达到30人。

(2)适用范围

第335e条[157]

1. 劳务关系在约定期限届满前终止的,关于集体解雇的规定同样适用于固定期限的合同。

2. 集体解雇规定不适用于法官命令的终止业务的情形、因破产的集体解雇情形、放弃资产的债务抵

---

[155] 根据1988年3月18日联邦法第一章新内容增补,自1989年1月1日起生效。

[156] 根据1993年12月17日联邦法第一章增补,自1994年5月1日起生效。

[157] 根据1993年12月17日联邦法第I节增补,自1994年5月1日生效(RO 1994 804;FF 1993 I 757)。

偿协议之情形。[158]

(3)雇员代表的意见征求

第335f条[159]

1. 准备进行集体解雇的雇主应当向雇员代表,或者如没有雇员代表的,则应向雇员们征求意见。

2. 对于避免解雇、限制解雇人数以及减轻解雇后果的方式,雇主至少应当给予雇员提出建议的可能性。

3. 雇主应当向雇员代表,或者如没有雇员代表的,则应向雇员们,提供所有前款所述内容有价值的信息,且无论如何以书面形式向雇员通告以下内容:

(1)集体解雇的理由;

(2)被通知解雇的雇员人数;

(3)通常雇佣的雇员人数;

(4)准备解雇雇员的期间。

4. 雇主应向州劳动局呈交在第3款中规定的通告副本。

(4)程序

第335g条[160]

1. 雇主应当以书面形式向州劳动局通告所有关于集体解雇的方案,并向雇员代表,或者如没有雇员代表的,则应向雇员们,呈交正式通告的副本。

2. 正式通告必须包含和雇员代表(第335f条)磋商的结果以及所有关于集体解雇方案的有用信息。

---

[158] 根据2013年6月21日联邦法附录的新内容修订,自2014年1月1日生效(RO 2013 4111;FF 2010 5871)。

[159] 根据1993年12月17日联邦法的第一章新内容修订,自1994年5月1日起生效。

[160] 根据1993年12月17日联邦法的第一章新内容修订,自1994年5月1日起生效。

3. 州劳动局应当争取找到计划中的集体解雇引起问题的解决方案。雇员代表,或者如没有雇员代表的雇员们,可以向劳动局交流其意见。

4. 劳务关系是在集体解雇范围内解除的,劳务关系在向州劳动局就关于集体解雇方案正式通告后30天终止,但根据合同约定或者法定规定劳务关系的解除在更迟的解除期生效的除外。

(5)就业保障计划

①定义和原则

第335h条〔161〕

1. 就业保障计划,是雇主和雇员通过它来约定避免解雇、限制解雇人数或缓解解雇后果的措施的协议。

2. 就业保障计划不得威胁企业的生存。

②协商义务

第335i条〔162〕

1. 为制订就业保障计划,满足以下条件的雇主应当与雇员协商:

(1)他通常雇用至少250个雇员;且

(2)因与雇员本身无关的管理理由,在30天期间内,他打算至少解雇30个雇员。

2. 时间分散但解雇的理由相同的,应当累计。

3. 雇主与下列人员协商:

(1)雇主是集体劳动合同的参与者,与受集体合同约束的工会;

(2)与雇员代表;

(3)没有雇员代表的,直接与雇员。

4. 工会、雇员代表或雇员可以通过专家协助协商。

---

〔161〕 根据2013年6月23日联邦法附录增补,自2014年1月1日生效(RO 2013 4111;FF 2010 5871)。

〔162〕 根据2013年6月23日联邦法附录增补,自2014年1月1日生效(RO 2013 4111;FF 2010 5871)。

专家应当对企业以外的人员保守秘密。

③由仲裁裁决制订的就业保障计划

第335j条〔163〕

1. 当事人就业保障计划未能达成协议的，可以请求仲裁法庭裁决。

2. 仲裁法庭制订强制性的就业保障计划。

④在破产诉讼或延缓执行期间的集体解雇

第335k条〔164〕

关于就业保障计划的规定（第335h条至第335j条）不适用于在破产诉讼或延缓执行期间达成了协议的情形。

（三）预防合同解除之保护

1. 解除权的滥用

（1）原则

第336条〔165〕

1. 因以下原因，一方提出的合同解除属于解除权的滥用：

（1）因另一方本身固有的原因，除非该原因与劳务关系有关联，或者对企业工作的重要环节带来严重损害；

（2）因另一方行使宪法权利，除非该权利的行使违背劳动合同产生的义务，或者对企业工作的重要环节带来严重损害；

（3）仅为阻止另一方提出根据劳动合同产生的法定请求权；

---

〔163〕 根据2013年6月23日联邦法附录增补，自2014年1月1日起生效（RO 2013 4111；FF 2010 5871）。

〔164〕 根据2013年6月23日联邦法附录增补，自2014年1月1日起生效（RO 2013 4111；FF 2010 5871）。

〔165〕 根据1988年3月18日联邦法第一章新内容修订，自1989年1月1日起生效。

(4)因另一方善意根据劳动合同产生的请求权；

(5)因另一方按照联邦立法履行法定义务、在军队或者民防服役或者执行公务；或者因另一方履行本人未被要求承担的法定义务。[166]

2. 因以下原因，雇主提出的合同解除同样属于解除权的滥用：

(1)因雇员属于或者不属于某个工会，或者因按照工会活动权利行使权利的；

(2)在雇员、雇员选举的代表担任企业或者与企业关联机构的委员会成员期间，且雇主不能证明他具有解除合同的正当理由；

(3)未遵守集体解雇规定的磋商程序(第335f条)。[167]

3. 在第2款之(2)规定的情形下，对于因劳务关系移转(第333条)而终止任职的雇员代表，视同劳务关系未移转，其任期仍然受保护，直至原定任期届满。[168]

(2)处罚

第336a条[169]

1. 滥用合同解除权的一方，应当向另一方支付一笔赔偿费。

2. 法官应综合考量所有因素，确定赔偿费；但是，赔偿费不得超过等同于雇员6个月工资的款额。由于其他原因造成的损害赔偿不受影响。

3. 依据第336条第2款之(3)规定的滥用合同解

---

[166] 根据1995年10月6日关于民事服务的联邦法附录第3条新内容修订，自1996年10月1日生效。

[167] 根据1993年12月17日联邦法第一章增补，自1994年5月1日起生效。

[168] 根据1993年12月17日联邦法第一章增补，自1994年5月1日起生效。

[169] 根据1988年3月18日联邦法第一章新内容修订，自1989年1月1日起生效。

除权,最多赔偿款额不得超过等同于雇员 2 个月工资的款额。[170]

(3)诉讼程序

第 336b 条[171]

1. 依据第 336 条和第 336a 条,打算要求赔偿的一方,必须最迟在合同解除期届满之前,以书面形式向另一方提出对合同解除的异议。

2. 提出的异议有效且当事人对维持劳务关系意见不一致的,收到合同解除的一方可以提出损害赔偿的请求。该方必须自合同终止起 180 天内提起诉讼,否则诉讼时效消灭。

2. 在不适当时期解除合同

(1)由雇主提出

第 336c 条[172]

1. 在试用期届满后,在下列情形中,雇主不得解除合同:

(1)在雇员按照联邦立法履行法定义务、在军队或者民防服役或者民事服务期间;或者如这些服务持续 11 天[173]以上的,在履行这些服务之前或者之后的 4 个星期内;[174]

(2)因雇员不具有过错的生病、事故等原因使得雇员全部或者部分失去劳动能力期间,在第一年的服务期,此期间为 30 天;在第二年至第五年服务期内,为 90 天,自第六年的服务期起,为 180 天;

---

[170] 根据 1993 年 12 月 17 日联邦法的第一章增补,自 1994 年 5 月 1 日起生效。

[171] 根据 1988 年 3 月 18 日联邦法的第一章新内容修订,自 1989 年 1 月 1 日起生效。

[172] 根据 1988 年 3 月 18 日联邦法的第一章新内容修订,自 1989 年 1 月 1 日起生效。

[173] 由联邦议会的起草委员会更正。

[174] 根据 1995 年 10 月 6 日关于民事服务的联邦法附录第三章新内容修订,自 1996 年 10 月 1 日起生效。

(3)在怀孕期以及在分娩后16个星期内；

(4)经雇主同意，雇员参加由联邦机构命令的国外协助服务期内。

2. 在前款规定的任意一个期间给予的合同解除均无效；合同解除在前款规定的禁止合同解除期间给予，但合同解除的期限未在禁止解除的期间开始[175]前届满的，则合同解除期限中止；当前款规定的禁止合同解除期间终止，该合同解除期限才继续起算。

3. 劳务关系必须在某期限终结的，例如，在一个月或者一个星期的工作结束时，且该终结期限与重新起算的合同解除期限终止之日不一致的，则该合同解除期限延至最近的终结期限。

(2)由雇员提出

第336d条[176]

1. 在试用期届满后，如雇员能够承担更高的职务，或雇主本人因无法胜任该工作的第336c条第1款(1)所规定原因被阻止工作的，且应该由雇员来替代时，雇员不得解除合同。

2. 第336c条第2款和第3款的规定，类推适用。

(四)立即解除合同

1. 条件

(1)正当理由

第337条

1. 因正当理由，雇主和雇员可以随时立即解除合同；如另一方要求说明理由的，解除合同的一方必须以书面形式说明其决定的理由。[177]

2. 根据诚信原则，对于要求解除合同的一方，如果

---

[175] 由联邦议会的起草委员会于1988年11月10日更正。

[176] 根据1988年3月18日联邦法第一章新内容修订，自1989年1月1日起生效。

[177] 根据1988年3月18日联邦法第一章新内容修订，自1989年1月1日起生效。

情况已不允许其继续劳动关系，这种情况特别地被视为正当理由的情形。

3. 法官自由判断是否存在正当理由，但无论在哪种情形，都不能将无过错雇员被阻止工作的事实视为正当理由。

(2) 雇主无支付能力

第 337a 条

雇主无支付能力，而且雇主未在合理期限内给雇员提供其合同主张的担保的，雇员可以立即解除合同。

2. 后果

(1) 合理解除

第 337b 条

1. 立即解除合同的，如果其正当理由为当事人一方不遵守合同义务的，考虑到基于劳动关系产生的所有请求，不遵守合同义务的一方必须对造成的所有损失进行赔偿。

2. 在其他情形下，考虑到所有具体情形，法官根据自由裁量权判定立即解除合同造成的经济后果。

(2) 不合理解除

第 337c 条〔178〕

1. 雇主无正当理由立即解除合同的，雇员有权主张在合同解除期限届满时或固定期限合同正常终止时〔179〕基于劳动合同可能获得的款额。

2. 在该款额中扣除雇员因劳动合同终止而节省的支出、雇员从其他工作中获得的收入或者雇员故意放弃的收入。

3. 考虑到所有具体情形，法官可以判定雇主向雇员支付赔偿，款额由法官自由决定；但是不得超过

---

〔178〕 根据 1988 年 3 月 18 日联邦法第一章新内容修订，自 1989 年 1 月 1 日起生效。

〔179〕 应为《终止》。

等同于雇员6个月的款额。

(3)不上任或者无理由放弃工作

第337d条

1.雇员没有上任或者无正当理由擅自放弃工作的,雇主有权得到等同于其月工资四分之一的赔偿,且有权得到额外损失的赔偿。

2.雇主未遭受任何损失的或者损失低于前款规定的赔偿的,法官可以自由裁量减少赔偿数额。

3 雇主的补偿权利没有通过赔偿而终止的,该权利必须在雇员没有上任或者放弃工作时起30天内,以司法行为或者债务追偿来主张,否则因时效而灭失。[180]

4.(废除)[181]

(五)雇员或者雇主的死亡

1.雇员的死亡

第338条

1.雇员死亡,劳动合同终止。

2.但是,雇员有健在之配偶、合法登记之同性伴侣或者未成年之子女,或者如没有前述亲属,但雇员对其他亲属有供养之义务的,则雇主自雇员死亡之日起,仍须支付一个月的工资;如果劳务关系已持续五年以上的,仍须支付2个月的工资。[182]

2.雇主的死亡

第338a条

1.雇主死亡之情形,劳动合同移转给其继承人;企业转让之情形,劳务关系移转的规定予以类推适用。

2.基于雇主本人的因素而订立的劳动合同,劳动

---

〔180〕 根据1993年12月17日关于《以职业养老保险金支付形式,鼓励获得住房所有权》的联邦法第二章增补,自1995年1月1日起生效。

〔181〕 根据1988年3月18日的联邦法第1章废除。

〔182〕 根据2004年6月18日关于《伴侣关系》的联邦法附录第11章的新内容修订,自2007年1月1日起生效。

合同因雇主死亡而终止；但是，雇员可以请求因合同提前终止所造成损失的合理赔偿。

（六）劳动合同终止的后果

1. 债权到期

第 339 条

1. 劳动合同终止时，合同产生的所有债权均到期。

2. 交易在劳动合同终止后才全部或者部分履行，且雇员有权对该交易享有津贴的，可以书面形式推迟到期债权的偿付，但一般不超过 6 个月；涉及分期给付的交易的，到期推迟不得超过 1 年；涉及履行期超过半年的保险合同或者交易合同的，不得超过 2 年。

3. 分享经营绩效的权利的到期，适用第 323 条第 3 款规定。

2. 返还

第 339a 条

1. 合同终止时，当事人互相返还在合同在续期间相互交付的财物；对其中一方为另一方从第三人处收取的财物，亦同。

2. 尤其是，雇员应当返还交通车辆和行车证，以及工资和费用预付中超出其债权的部分。

3. 当事人享有留置权的除外。

3. 长期劳务关系的津贴

（1）条件

第 339b 条

1. 年龄至少 50 岁的雇员，在 20 年或者以上的劳务关系终止时，鉴于长期劳务关系，雇主应当向雇员支付一笔津贴。

2. 在劳务关系存续期间雇员死亡的，津贴支付给其健在的配偶、合法登记的同性伴侣、未成年子女，如没有，则支付给雇员有供养义务的其他亲属。[183]

(2)款额和期限

第339c条

1. 津贴款额可以由书面协议、标准劳动合同或者集体劳动合同规定，但不得低于2个月工资的款额。

2. 对津贴款额未规定的，考虑到所有情形，法官可以自由裁量；但是，津贴不得超过8个月工资的款额。

3. 雇员没有正当理由解除合同的，或者雇主以正当理由即时生效解除合同的，或者该津贴的支付可能使雇主陷于经济窘迫的，可以减少或者取消津贴。

4. 津贴在劳务关系终止时到期，但其支付期限可以书面协议、标准劳动合同、集体劳动合同约定或者由法官予以延迟。

(3)替代给付

第339d条

1. 雇员从养老保险机构收到给付的，其保险金在由雇主直接出资或者由养老保险机构以雇主分摊形式出资的范围内，这些给付可以在长期劳务关系的津贴中扣除。[184]

2. 在雇主保证将来为雇员支付养老保险金或者让第三人为雇员保证养老保险金的范围内，雇主同样被解除支付雇员离职津贴的义务。

---

[183] 根据2004年6月18日关于《伴侣关系》的联邦法附录第11章的新内容修订，自2007年1月1日起生效。

[184] 根据1982年6月25日关于《养老、幸存和残疾职业互助金(养老金)》的联邦法的附录第2章的新内容修订，自1985年1月1日起生效。

（七）禁止竞业

1. 条件

第 340 条

1. 有民事行为能力的雇员，可以书面形式向雇主保证，在劳动合同终止后，不以任何方式与雇主竞争，特别是不得自己开业经营与雇主有竞争的企业，不得参与到与雇主有竞争的企业中或者在其中工作。

2. 只有当劳务关系允许雇员知晓客户源、雇主的制造秘密或者商业秘密的，且这些信息的使用本质上会给雇主造成重大损失时，竞业禁止才生效。

2. 限制

第 340a 条

1. 对于竞业禁止的地点、时间和生意种类必须合理限制，不至于违背公平原则而影响雇员的经济前途；只有在特殊情形下，竞业禁止才能超过 3 年。

2. 考虑到所有具体情形，法官可以自由裁量以减少过度的竞业禁止；法官可以公平考量雇主应当给予雇员的对价。

3. 违反竞业禁止的后果

第 340b 条

1. 违反竞业禁止的雇员，应当向雇主赔偿因此造成的损失。

2. 约定通过支付违约金处罚的，雇员可以在支付约定的款额后，免受竞业禁止的约束，另有约定的除外；但是，如果给雇主造成的损失超过约定的违约金的，雇员仍应赔偿额外损失。

3. 除约定的违约金和最终的额外损失赔偿外，如果雇主利益遭受的损失或者威胁的严重性和雇员的行为，能够证明停止违约行为是合理的，那么雇主还可以要求雇员停止违约行为，雇主应当以书面的形式明确保留该权利。

4. 竞业禁止的终止

第 340c 条

1. 如能证明竞业禁止的持续对雇主已不具有任何实际意义的,竞业禁止应当终止。

2. 当雇主没有给予雇员正当理由而解除合同时,或雇员因为可归责于雇主之正当理由而解除合同时,竞业禁止同样终止。

八、债权不得放弃和其时效性

第 341 条

1. 在合同存续期间和在合同终止后 1 个月内,雇员不得放弃法律强制性规定的或者集体劳动合同产生的债权。

2. 关于时效的一般规定适用于劳动合同产生的债权。

九、公法的保留;民法的效力

第 342 条

1. 下列条款保留:

(1)联邦、各州、市镇有关公法劳务关系的规定,但关于第 331 条第 5 款和第 331a 条至第 331e 条规定除外;[185]

(2)联邦和各州关于劳动和职业培训的公法规定。

2. 联邦或者各州对于劳动和职业培训而规定的公法义务,将成为个人劳动合同之内容,雇主或者雇员应当承担该义务的,另一方为了该义务的履行可以提起民事诉讼。

第 343 条[186]

(废除)

---

〔185〕 根据 1998 年 12 月 18 日联邦法第 2 章第 2 条的新内容修订,自 1999 年 5 月 1 日起生效。

〔186〕 根据 2008 年 12 月 19 日《民事诉讼法典》的附录第二章第 5 条废除,自 2011 年 1 月 1 日起生效。

第二节　特殊性质的个人劳动合同

一、学徒合同[187]

(一)定义和构成

1. 定义

第 344 条

学徒合同,即雇主按照行业规则对学徒进行规定的职业工作培训,而学徒为了获得培训而为雇主工作的合同。

2. 订立与计划

第 344a 条

1. 学徒合同,只有采用书面形式才有效。

2. 合同规定职业培训的性质和期限、工资、试用期、工作时刻表和假期。

3. 试用期不得低于 1 个月,也不得超过 3 个月。未在合同中约定的,视为 3 个月。

4. 在试用期期满之前,由当事人协定,并由州主管机构批准,试用期可例外延长至 6 个月。

5. 合同可以包含其他条款,特别是有关工具的提供、食宿费用的负担、保险费的支付或者当事人的其他给付。

6. 如果合同中约定的条款干涉学徒培训终结后对职业活动的自由选择,该约定无效。

(二)效力

1. 学徒和其法定代理人的特殊义务

第 345 条

1. 学徒应当努力达到培训目标。

---

〔187〕 根据 2002 年 12 月 13 日关于《职业培训》的联邦法的附录第 2 章第 3 条的新内容修订,自 2004 年 1 月 1 日起生效。

2. 学徒的法定代理人应尽力支持雇主完成任务，并促进雇主和学徒之间的良好关系。

2. 雇主的特殊义务

第 345a 条

1. 雇主应当保证安排由具有必需的职业能力和个人品质的专业人员负责对学员进行培训。

2. 雇主应当支付工资且给予学徒必需的时间参加职业学校课程、行业培训以及培训终结时的考核。

3. 对于 20 周岁以下的学徒，在每个学徒年，雇主应当给予至少 5 星期的假期。

4. 雇主只能在与学徒的职业训练有关系的范围内，且保证后者的培训不受影响时，才能要求他从事一些与预定的职业活动不同的工作，例如，计件工作或者包工工作。

(三) 合同终止

1. 提前解除

第 346 条

1. 试用期间，在遵守 7 天的合同解除期限时，学徒合同可以随时解除。

2. 根据第 337 条规定的正当理由，学徒合同可以立即解除，特别是在以下情形：

(1)学徒的培训负责人不具备必需的职业能力和个人品质的；

(2)学徒不具备受培训必需的体能或者智能的，或者其健康或者精神因受训而受影响的；应当事先听取学徒本人意见，如有必要，还应听取其法定代理人的意见；

(3)培训不能完成，或者只能在与预定的条件显著不同的条件下才能完成的。

2. 学徒证书

第 346a 条

1. 雇主在培训期满时，向学徒颁发注明所学职业活动和培训期间的证书。

2. 按照学徒或者其法定代理人的要求,证书还可记载学徒的能力、工作和品行。

二、商务推销合同

(一)定义和订立

1. 定义

第347条

1. 商务推销员的雇佣合同,是以工资支付为交换,为商家或者以商业形式经营的营业主,在其企业外进行各种性质的商务洽谈或者交易的合同。

2. 如主要活动不是从事商务推销或者仅是偶尔为雇主工作的,均不视为商务推销员。对于为自己的利益而进行交易的情形,同样不视为商务推销员。

2. 订立和内容

第347a条

1. 合同应以书面形式订立,特别要规定以下内容:

(1)合同的期限和终止;

(2)推销员的权限;

(3)报酬和费用偿付;

(4)当事人一方的住所在国外的,适用的法律和管辖法院。

2. 无书面合同的,前款针对的内容由法律规定确定,另外还可由通常的劳动条件确定。

3. 口头协议只能涉及工作的起始、具体安排和推销区域以及其他不违背法律规定或者书面规定的条款。

(二)推销员的义务和权利

1. 特殊义务

第348条

1. 推销员按照给其规定的方式拜访顾客,但正当理由迫使他违背规定的除外;没有雇主的书面授权,他不得为自己或者第三人进行交易。

2. 推销员被允许进行交易的,应当遵守给其规定的价格和其他规定，且其对规定的任何违背，应当取得雇主的批准。

3. 推销员定期向雇主汇报其推销活动，及时提交其收到的所有订单，并向雇主通告顾客群的全部重要情况。

2. 支付能力的保证

第 348a 条

1. 就顾客的付款义务和其他义务的履行约定由商务推销员负责，或者就债权的收取约定由商务推销员承担全部或者部分义务的，此类约定一律无效。

2. 推销员负责与特定顾客进行交易的，如果对于支付能力的保证事宜约定了合理的佣金，则推销员可以书面形式约定，对每笔交易至多承担因顾客未履行义务给雇主造成的损害的四分之一。

3. 保险合同中若保险费或者部分保险费未被支付，且要求通过司法诉讼或者强制执行来收取的，推销员可以书面形式保证承担至多一半的追偿债权的费用。

3. 权利

第 348b 条

1. 推销员只拥有洽谈生意的权利，但书面协议另有约定的除外。

2. 推销员被授权进行交易的，其权利扩展到交易通常所包含的全部司法行为；但是，无特殊授权，推销员不得收取顾客的付款或者给予顾客付款的期限。

3. 1908 年 4 月 2 日关于《保险合同》[188] 的联邦法的第 34 条规定不受影响。

---

〔188〕 RS 221.229.1.

(三)雇主的特殊义务

1. 推销区域

第 349 条

1. 若推销员被分配特定的推销区域或顾客群,则他拥有专营权,但书面协议另有不同约定的除外;但是,雇主有权在该分配的区域或者顾客群里亲自交易。

2. 在合同解除期之前,因正当需求,雇主可以单方面变更有关推销区域或者顾客群的合同约定;然而,在此情形下,推销员有权请求赔偿并享有因正当理由解除合同的权利。

2. 工资

(1)一般情形

第 349a 条

1. 雇主向商务推销员支付的工资,包含固定的薪金和提成,也可以不包含提成。

2. 规定工资只包含或者主要包含提成的书面协议,只有当提成能够成为商务推销员之服务的合理酬金时,才有效。

3. 在至多 2 个月的试用期间,以书面形式自由设定工资。

(2)提成

第 349b 条

1. 规定的推销区域或者客户群被专一地分配给推销员的,该推销员有权对他或者雇主在该区域或者顾客群里做成的所有交易,拥有合理或者惯常的提成。

2. 规定的推销区域或者客户群没有被专一分配给推销员的,该推销员只对他洽谈或者完成的交易拥有提成的权利。

3. 提成到期时,交易价值不能被准确确定的,提成首先按雇主做出的最低估价支付,剩余部分最迟在交易完成时支付。

(3) 推销员推销工作受阻

第 349c 条

1. 推销员无过错而推销工作受阻的，根据法律或者合同仍应支付其工资的，该工资按照固定酬金和丧失提成后的合理补偿计算。

2. 提成如少于工资五分之一的，则可以书面形式约定，如推销员无过错而推销工作受阻的，雇主不必因其丧失提成而给予赔偿。

3. 推销员无过错而推销工作受阻的，且被支付全部工资的，按照雇主要求，雇员可以受雇于企业内从事力所能及的、合理的任何工作。

3. 费用

第 349d 条

1. 推销员同时为数个雇主工作，费用的分摊无书面规定的，每个雇主平均分摊费用。

2. 如合同中约定全部或者部分费用补偿包含在固定酬金或者提成中的，则此类约定一律无效。

4. 留置权

第 349e 条

1. 为保全合同产生的到期债权，以及雇主无支付能力情形下的未到期的债权，推销员可以留置动产、有价证券以及按其收款权利向顾客收取的款项。

2. 不得对运输凭证、价目表、顾客名单和其他文书行使留置权。

(四) 合同终止

1. 解除特例

第 350 条

1. 提成至少构成五分之一工资的，且受季节波动重大影响的，自季节终止时起被雇佣的商务推销员，只有在下一个季节期间，在发出合同解除通知后的第二个月届满时，才能被辞退。

2. 在相同的情形中，被雇佣到季节终止的商务推销员，可以在下一个季节初解除合同，但只能在发出解除合同通知后的第二个月届满时才能生效。

2. 特殊后果

第 350a 条

1. 在劳务关系终止时,对自己交易或者洽谈的所有生意以及直至劳动关系终止时向雇主转交的所有订单,不考虑承诺和履行日期,推销员有权获得提成。

2. 在劳务关系终止时,推销员向雇主返还所有为其推销活动提供的样品、模型、价目表、顾客名单和其他文书;但行使留置权的情形除外。

三、家庭劳务合同

(一)定义和订立

1. 定义

第 351 条

根据家庭劳务合同,雇员独自或者在其家庭成员的帮助下,以工资为对价,在雇主住处或者由雇主指定的其他场所为雇主工作。

2. 工作条件的通知

第 351a 条

1. 在每次向雇员交付工作之前,雇主向其说明履行工作的重要方式,特别是工作总则中未说明的特殊要求;雇主向雇员指明应由雇员提供的材料,并以书面形式说明对此材料的费用补偿及工资。

2. 在交付工作之前,未对工资和应由雇员提供的材料的费用补偿作书面说明的,则适用关于工作的惯常规定。

(二)雇员的特殊义务

1. 工作履行

第 352 条

1. 雇员应及时开展他接受的工作,按照约定的期限完成工作,并向雇主交付工作成果。

2. 因雇员过错导致履行的工作有瑕疵的,雇员在瑕疵可能被弥补的范围内自行承担费用弥补瑕疵。

2. 工作材料和工具

第 352a 条

1. 雇员应当悉心使用雇主提供给他的材料和工具,向雇主汇报使用情况,并向雇主返还未使用的材料和工具。

2. 在工作过程中,雇员发现交付给他的材料或者工具有瑕疵的,应当及时通知雇主并在继续工作之前等待雇主的指示。

3. 雇员因自己的过失而损坏交付给他的材料或者工具的,雇员对雇主承担至多替换材料或者工具的款额。

(三)雇主的特殊义务

1. 工作成果的接受

第 353 条

1. 雇主最迟应在一周内验收交付的工作,并向雇员指明工作中存在的瑕疵。

2. 雇主未及时向雇员指明瑕疵的,则视为接受雇员的工作。

2. 工资

(1)支付

第 353a 条

1. 雇员被雇主连续雇佣的,对于雇员的工作,按照半个月的期间支付工资或者经雇员同意在月底支付工资;在其他情形中,工资在交付工作时支付。

2. 每次支付工资时,雇主向雇员提交明细表,对任何扣除工资的事宜说明理由。

(2)雇员工作受阻

第 353b 条

1. 雇主被催告接受雇员工作的,或者雇员无过错却因其本人自身的原因工作受阻的,那么连续雇佣雇员的雇主,根据第 324 条和第 324a 条的规定向雇员支付工资。

2. 在其他情形中,根据第 324 条和第 324a 条的规定,雇主不必支付工资。

(四)终止

第 354 条

1. 试工工作交付给雇员的,合同视为固定期限的试工合同,但另有约定的除外。

2. 雇员被雇主连续雇佣的,合同视为无固定期限合同,但另有约定的除外;在其他情形中,合同视为固定期限合同。

四、一般规定的适用

第 355 条

个人劳动合同的一般规定补充适用于学徒合同、商务推销合同和家庭劳务合同。

第三节 集体劳动合同和标准劳动合同

一、集体劳动合同

(一)定义、内容、形式和期间

1. 定义和内容

第 356 条

1. 通过集体劳动合同,雇主或者雇主协会作为一方,雇员协会作为另一方,共同制定关于雇主和雇员之间个人劳动合同的订立、内容和终止的条款。

2. 集体劳动合同还可以包含其他条款,只要这些条款涉及雇主和雇员之间的劳务关系;集体合同也可以仅限于这些涉及劳务关系的条款。

3. 集体劳动合同还可以规定订约双方相互的权利和义务,以及对前述各款中规定的条款的监督和履行。

4. 数个雇主协会或者雇员协会,或者是参与其订立,或者是订立后经当事人同意加入的,受集体劳动合同约束,他们相互之间具有同样的权利和义务;任何不同的约定,一律无效。

2. 加入组织和从事职业的自由

第 356a 条

1. 在当事人之间,试图强迫雇主或者雇员加入某个订约协会,该条款和协议一律无效。

2. 在当事人之间,试图禁止或者限制雇员从事某个确定的职业或者活动,或者试图禁止或限制其接受必需的职业进修,该条款和协议一律无效。

3. 前款所述的约定和协议,只有为了保护更重要的利益,诸如雇员的安全和健康或者工作质量,这类约定才例外有效;但是,如该约定或协议的目的是排挤新手从事该职业的,不予以保护。

3. 加入集体合同

第 356b 条

1. 经当事人同意,雇主以及为受集体合同约束的雇主工作的雇员,可以各自加入集体合同;因此,他们被视为受集体合同约束。

2. 集体合同可以规定适用的加入规则。如集体合同预先规定不合理的条件,特别是不合理的给付,法官可以予以撤销或者将之调整到合适限度;但是,意图为当事人一方的利益提供给付的条款和协议,一律无效。

3. 如这些协会不可能成为合同的当事人,或者不可能订立类似的合同时,则意图强迫雇主协会的成员或雇员协会的成员加入这些合同的合同条款和协议,一律无效。

4. 形式和期间

第 356c 条

1. 经当事人同意的集体合同的订立、修改和解除,新成员加入和退出集体合同,只有当它们采用书面形式时才有效;雇主或者雇员根据第 356b 条第 1 款之当事人的同意各自加入集体合同以及退出合同之声明,同样应当遵守书面形式。

2. 订立的集体合同是无固定期限的,当事人每一方均可在一年后,至退出集体合同之前至少提前六个月发出通知,这对所有其他当事人均生效;该规定类推适用于当事人双方各自加入的集体合同。

(二)效力

1. 对于受集体合同约束的雇主和雇员

第357条

1. 除非集体合同另有规定,在集体合同存续期间,有关个人劳动合同的订立、内容和终止的条款,对受集体合同约束的雇主和雇员,具有直接和强制性的效力。

2. 如违背强制性的条款,则受集体合同约束的雇主和雇员之间的协议一律无效,且被集体合同的强制性条款取代;但是,有利于雇员的违背集体合同的条款则有效。

2. 对于当事人

第357a条

1. 为了确保当事人遵守集体合同,协会可以对其成员进行干预,必要时采用章程和法律所规定的措施。

2. 当事人各方有义务维护和谐的工作关系,尤其应当在集体合同中规定避免冲突的方法;只有在当事人明确约定时,维护和谐工作关系的义务才可以无限制地适用。

3. 共同履行

第357b条

1. 集体合同是由协会订立的,如果涉及以下内容,协会有权要求受其约束的雇主和雇员共同遵守集体合同:

(1)关于个人劳动合同的订立、内容和终止,已作出判决的确认之诉;

(2)关于向赔偿基金会或者其他劳务关系机构的

缴费,企业中雇员的代表,维护和谐工作关系;

(3)与(1)和(2)所述规定相关集体合同的检查、担保和违约处罚。

2. 未得到其章程授权或者其上级机关明确批准的,当事人不得在集体合同中加入上款中所述条款。

3. 关于简易合伙合同的规定类推适用于当事人内部关系,但集体合同另有规定的除外。

(三)与强制性法律的关系

第 358 条

联邦和各州的强制性法律优于集体合同;但是,集体合同有利于雇员的规定仍然有效,除非强制性法律明确予以反对。

二、标准劳动合同

(一)定义和内容

第 359 条

1. 标准劳动合同,就是对不同类型劳动关系的订立、内容、终止等条款进行规定的合同。

2. 各州应为农业劳动者和家庭服务劳动者制定标准劳动合同;这些标准劳动合同,特别应为女雇员和年轻雇员规定工作期间、休息和工作条件。

3. 第 358 条类推适用于标准劳动合同。

(二)管辖机构和程序

第 359a 条

1. 联邦委员会颁布对多个州适用的标准劳动合同;在其他情形下,由各州颁布在本州内适用的标准劳动合同。

2. 在颁布之前,标准劳动合同应得到充分公开,在规定的期限中,任何证明其有相关利益的人均可以书面形式陈述其评论。此外,主管机构还应当征询相关职业协会和公益社团的意见。

3. 按照官方文件公布的规定,标准合同在公布后即生效。

4. 标准劳动合同的废除和变更适用同样的程序。

(三)效力

第 360 条

1. 标准劳动合同直接适用于其管理的劳务关系，但另有约定的除外。

2. 标准劳动合同可以规定，与其条款相抵触的协议必须以书面形式订立。

(四)最低工资

1. 规定

第 360a 条[189]

1. 在特定经济领域或者行业，如其区域性、经济领域性、行业性的常规工资被反复不合理地降低，且没有集体劳动合同对最低工资进行规定，根据第 360b 条所述的三方代表委员会的建议，主管机构可以颁布固定期限的标准劳动合同，按地区来规定最低工资，必要时按区域来规定最低工资，以达到抵制或者防止滥定工资之目的。

2. 最低工资不得违背大众利益，也不得损害其他经济领域或者其他群体的合法利益。规定最低工资时应当考量地区和企业情况的多样性，以此公平考虑到在相关经济领域或者行业中的少数人的利益。

2. 三方代表委员会

第 360b 条[190]

1. 联邦和各州设立由人数相等的雇主代表和雇员代表以及国家代表组成的三方代表委员会。

2. 雇主协会和雇员协会可以为前款所述的三方代表委员会推荐代表。

3. 三方代表委员会考察劳务市场。通常，如发现第

---

〔189〕 根据 1999 年 10 月 8 日关于《独立劳动者》的法律的附录第 2 章增补，自 2004 年 6 月 1 日起生效。

〔190〕 根据 1988 年 3 月 18 日联邦法第一章新内容修订，自 1989 年 1 月 1 日起生效。

360a 条第 1 款所述之滥定工资现象的,三方代表委员会应努力尝试与相关雇主达成协议。如在两个月内未达成协议,可以建议主管机关为相关经济领域或者行业颁布规定最低工资的标准劳动合同。

4. 相关领域的状况发生改变,如认为合理,三方代表委员会可建议主管机关变更或者废除标准劳动合同。

5. 为履行其职责,三方代表委员会有权从企业获得信息并查阅调查所需的所有文件。如有争议,由联邦或者各州特别委任的机构裁决。

6. 如调查必需,三方代表委员会可以向联邦统计局提出申请,以获得包含在企业集体劳动合同中的个人资料。[191]

3. 职务秘密

第 360c 条[192]

1. 三方代表委员会成员有保守职务秘密之义务;以委员会成员的身份,他们特别有义务对第三人保守获知的全部商业秘密或者私人秘密。

2. 保密义务在相关三方代表委员会活动终止后持续有效。

4. 效力

第 360d 条[193]

1. 第 360a 条所述的标准劳动合同,在其适用的地域范围内,同样适用于只在一定期限内临时工作的雇员以及服务出租的雇员。

---

〔191〕 根据 2004 年 12 月 17 日关于《在瑞士联邦与欧盟及其成员国之间,欧盟新成员国人员自由出入的扩展条约的批准和执行》,以及关于《人员自由出入的伴随措施修正的批准的》联邦议会的第 2 章第 2 条增补,自 2006 年 4 月 1 日起生效。

〔192〕 根据 2004 年 12 月 17 日关于《在瑞士联邦与欧盟及其成员国之间,欧盟新成员国人员自由出入的扩展条约的批准和执行》,以及关于《人员自由出入的伴随措施修正的批准的》联邦议会的第 2 章第 2 条增补,自 2006 年 4 月 1 日起生效。

〔193〕 由联邦议会的起草委员会更正。

2. 禁止违反第 360a 条所规定的标准劳动合同而作出不利于雇员的规定。

5. 协会的诉讼资格

第 360e 条[194]

根据第 360a 条的规定，代表雇主或者雇员的协会，可以提起诉讼以确认雇主是否遵守标准劳动合同。

6. 通知

第 360f 条[195]

根据第 360a 条的规定，颁布标准劳动合同的各州，应当向联邦主管机构[196]呈交标准劳动合同的副本。

第四节　强制性规定

一、不得以规避规定的方式损害雇主和雇员利益

第 361 条

1. 以下规定不得通过协议、标准劳动合同或集体劳动合同来规避，也不得损害雇主或雇员的利益：

第 321c 条第 1 款（加班时间）；

第 323 条第 4 款（预付）；

第 323b 条第 2 款（用债权补偿当事人另一方）；

第 325 条第 2 款（工资债权的转让和抵押）；

第 326 条第 2 款（工作提供）；

---

[194] 根据 2004 年 12 月 17 日关于《在瑞士联邦与欧盟及其成员国之间，欧盟新成员国人员自由出入的扩展条约的批准和执行》，以及关于《人员自由出入的伴随措施修正的批准的》联邦议会的第 2 章第 2 条增补，自 2006 年 4 月 1 日起生效。

[195] 根据 2004 年 12 月 17 日关于《在瑞士联邦与欧盟及其成员国之间，欧盟新成员国人员自由出入的扩展条约的批准和执行》，以及关于《人员自由出入的伴随措施修正的批准的》联邦议会的第 2 章第 2 条增补，自 2006 年 4 月 1 日起生效。

[196] 当前是国家经济秘书处（SECO）。

第 329d 条第 2 款和第 3 款(假期工资);
第 331 条第 1 款和第 2 款(雇主为雇员支付养老保险金);
第 331b 条(养老保险金的转让和质押);[197]
……[198]废除
第 334 条第 3 款(长期合同的解除);
第 335 条(合同的解除);
第 335k 条(在破产诉讼或延缓执行期间的就业保障计划和集体解雇);[199]
第 336 条第 1 款(合同的不合理解除);
第 336a 条(合同不合理解除的补偿);
第 336b 条(补偿,诉讼);
第 336d 条(由雇员不适时宜的合同解除);
第 337 条第 1 款和第 2 款(因正当理由的即时解除合同);
第 337b 条第 1 款(因正当理由解除合同的后果);
第 337d 条(对无正当理由而不上任或抛弃工作的后果);
第 339 条第 1 款(债权到期);
第 339a 条(财产返还);
第 340b 条,第 1 款和第 2 款(违反竞业禁止的后果);
第 342 条第 2 款(公法的民法效力);[200](废除)

---

[197] 根据 1993 年 12 月 17 日关于《自由出入》的联邦法附录增补,自 1995 年 1 月 1 日起生效(RO 1994 2386;FF 1992 III 529)。

[198] 根据 1993 年 12 月 17 日关于《自由出入》的联邦法附录废除,自 1995 年 1 月 1 日起生效(RO 1994 2386;FF 1992 III 529)。

[199] 根据 2013 年 6 月 21 日的联邦法附录增补,自 2014 年 1 月 1 日起生效(RO 2013 4111;FF 2010 5871)。

[200] 根据 2000 年 3 月 24 日关于管辖权的联邦法附录废除,自 2001 年 1 月 1 日起生效(RO 2000 2355;FF 1999 2591)。

第 346 条(学徒合同的提前解除);

第 349c 条第 3 款(商务推销员的推销阻碍);

第 350 条(合同解除的特例);

第 350a 条第 2 款(返还);[201]

2. 规避以上所述之规定,有损于雇主或雇员的协议、标准劳动合同和集体劳动合同,一律无效。

二、不得规避以下规定以损害受雇人的利益

第 362 条

1. 不得通过协议、标准劳动合同或集体劳动合同规避以下规定而损害雇员或女雇员的利益:[202]

第 321e 条(雇员的责任);

第 322a 条第 2 款和第 3 款(经营成果的分享);

第 322b 条第 1 款和第 2 款(津贴请求权的成立);

第 322c 条(津贴的明细表);

第 323b 条,第 1 款第 2 句(工资的明细表);

第 324 条(雇主迟延支付的工资);

第 324a 条第 1 款和第 3 款(雇员工作受阻时的工资);

第 324b 条(强制性保险的工资);

第 326 条第 1 款、第 3 款和第 4 款(计件工作或包工工作);

第 326a 条(计件工作或包工工作的工资);

第 327a 条第 1 款(一般费用的偿还);

第 327b 条第 1 款(机动车辆使用费用的偿还);

第 327c 条第 2 款(费用的预付);

第 328 条(雇员人格的一般保护);

---

[201] 根据 1988 年 3 月 18 日联邦法第 I 节新内容修订,自 1989 年 1 月 1 日起生效(RO 1988 1472;FF 1984 II 574)。

[202] 根据 2003 年 10 月 3 日的联邦法附录新内容修订,自 2005 年 7 月 1 日起生效(RO 2005 1429;FF 2002 6998,2003 1032 2595)。

第328a条(家庭雇员的人身保护);
第328b条(在处理个人信息时,对雇员人格的保护);[203]
第329条第1款、第2款和第3款(休假);
第329a条第1款和第3款(休假期);
第329b条第2款和第3款(休假期的减少);
第329c条(休假期的连续性和日期);
第329d条第1款(休假期的工资支付);
第329e条第1款和第3款(青年休假);[204]
第329f条(产假);[205]
第330条第1款、第3款和第4款(担保金);
第330a条(证书);
第331第3款和第4款(雇员养老保险金的缴纳和问询);
第331a条(养老金的起始);[206]
……[207]废除
第332条第4款(发明创造的报酬);
第333条第3款(劳务关系移转的责任);
第335i条(协商义务);[208]

---

〔203〕 根据1992年6月19日的联邦法附录增补,自1993年7月1日起生效(RO 1993 1945;FF 1988 II 421)。

〔204〕 根据1989年10月6日关于青年活动的联邦法第13条增补,自1991年1月1日起生效(RO 1990 2007;FF 1988 I 777)。

〔205〕 根据2003年10月3日联邦法附录增补,自2005年7月1日起生效(RO 2005 1429;FF 2002 6998,2003 1032 2595)。

〔206〕 根据1993年12月17日关于《自由出入》的联邦法附录的新内容修订,自1995年1月1日起生效(RO 1994 2386;FF 1992 III 529)。

〔207〕 根据1993年12月17日关于《自由出入》的联邦法附录废除,自1995年1月1日起生效(RO 1994 2386;FF 1992 III 529)。

〔208〕 根据2013年6月21日的联邦法附录增补,自2014年1月1日起生效(RO 2013 4111;FF 2010 5871)。

第 335j 条(由仲裁法庭制订的就业保障计划);[209]
第 336 条第 2 款(雇主不合理的合同解除);
第 336c 条(雇主不合时宜的合同解除);
第 337a 条(因雇主无支付能力,合同的立即解除);
第 337c 条第 1 款(无正当理由合同解除的后果);
第 338 条(雇员的死亡);
第 338a 条(雇主的死亡);
第 339b 条(离职补偿条件);
第 339d 条(替代给付);
第 340 条第 1 款(竞业禁止的条件);
第 340a 条第 1 款(竞业禁止的限制);
第 340c 条(竞业禁止的终止);
第 341 条第 1 款(债权不能放弃);
第 345a 条(学徒师傅的义务);[210]
第 346a 条(学徒证书);
第 349a 条第 1 款(商务推销员的工资);
第 349b 条第 3 款(提成的支付);
第 349c 条第 1 款(推销员被阻止推销的工资);
第 349e 条第 1 款(推销员的留置权);
第 350a 条第 1 款(劳务关系终止时的津贴);
第 352a 条第 3 款(家庭雇员的责任);
第 353 条(劳动成果的接受);
第 353a 条(工资的支付);

---

[209] 根据 2013 年 6 月 21 日的联邦法附录增补,自 2014 年 1 月 1 日起生效(RO 2013 4111;FF 2010 5871)。

[210] 当前是雇主的义务。

第353b条第1款(雇员被阻止工作的工资支付)。[211]

2. 通过协议、标准劳动合同或集体劳动合同规避以上规定,损害雇员或女雇员的利益的,一律无效。

---

[211] 根据1988年3月18日的联邦法第I节的新内容修订,自1989年1月1日起生效(RO 1988 1472;FF 1984 II 574)。

第十一章　承揽合同

一、定义

第363条

承揽合同,是当事人一方(承揽人)完成工作,当事人另一方(定作人)给付报酬的合同。

二、合同的效力

(一)承揽人的义务

1. 一般情形

第364条

1. 承揽人的义务,一般地适用劳务关系中雇员责任同样的规则。[212]

2. 承揽人应亲自完成承揽工作,或者在他亲自指导下进行,但根据承揽工作的性质,承揽人本身的能力对该工作的完成并不重要的情形除外。

3. 承揽人应自费取得完成工作所需的设施、机器和工具,但有不同的惯例或者约定的除外。

2. 提供的材料

第365条

1. 承揽人就其所提供材料的质量对定作人负责,因此承揽人对定作人负有与出卖人同样的瑕疵担保义务。

2. 定作人提供材料的,承揽人应当审慎使用材料、

---

[212] 根据1971年6月25日联邦法第2章第1条的新内容修订,自1972年1月1日起生效,在本法典最终和暂行规定,第X条。

汇报材料使用状况并返还所剩材料。

3. 在工作过程中，定作人提供的材料或者由其指定的用地，被发现有缺陷的或者出现其他影响工作正常进行或者按时进行的情形的，承揽人应及时通知定作人，否则承担因此造成的后果。

3. 按照合同开展和完成工作

第 366 条

1. 承揽人未及时开展工作、违背合同条款迟延完成工作，或者非因定作人的过错而不可能期待承揽人在规定的日期完成工作的，无需等到规定的工作交付期，定作人即有权解除合同。

2. 如明显可以预见，在履行工作期间，承揽人因过错而导致承揽工作的履行有瑕疵的或者违反合同，则定作人可以规定或者让承揽人规定一个合理的期限，以改善其工作，并提醒承揽人，如其未在规定的期限内改善的，定作人将委托第三人继续工作或改善工作，并由承揽人承担相关费用和风险。

4. 对工作成果瑕疵的担保

(1) 查验

第 367 条

1. 在工作成果交付后，定作人必须尽早按照交易的惯常步骤查验交付的工作，有瑕疵的，向承揽人通知瑕疵。

2. 当事人每一方都有权自费要求专家查验交付的工作成果，并就查验结果制作证书。

(2) 工作成果有瑕疵时定作人的权利

第 368 条

1. 承揽人交付的工作成果具有严重瑕疵或者承揽人对合同严重违背，使得定作人无法使用或者无法合理地接受定作物的，定作人有权拒绝交付的工作，且承揽人有过错的，可以请求其赔偿损失。

2. 承揽人交付的工作成果的瑕疵或者对合同的违背并不很严重的，定作人可以按照价值减少的比例降低工作报酬；或者无须过分花费就能修复的，要求承揽人自费修复；承揽人有过错的，定作人还有权要求赔偿损失。

3. 如承揽工作是建立在定作人的土地上，因工作性质，承揽工作的撤除非常不适宜的，定作人只能采取前款中所述措施。

(3)定作人的责任

第 369 条

如承揽工作的执行存在瑕疵是定作人的过错所致，或者是定作人的命令与承揽人正式意见相左所致，或者是因定作人一方的任何其他原因导致的，定作人不得因工作瑕疵而主张其权利。

(4)工作成果的接受

第 370 条

1. 定作人明示或者默示接受工作成果的，承揽人被免去所有责任，但是一些在常规查验和接受工作成果时不可能被察觉的瑕疵或者是承揽人故意隐瞒瑕疵的情形除外。

2. 定作人疏于进行法定的查验和通知的，则默认为接受工作成果。

3. 瑕疵后来才显现的，定作人应当在知道后立即通知承揽人；否则，有瑕疵的工作成果视为被接受。

(5)诉讼时效

第 371 条〔213〕

1. 定作人基于承揽工作的瑕疵所产生的诉讼权利，自接受工作成果时起两年内有效。但是，按照

〔213〕 根据 2012 年 3 月 16 日关于《瑕疵担保的诉讼时效；扩展和适用》的联邦法第 I 节修订，自 2013 年 1 月 1 日起生效（RO 2012 5415；FF 2011 2699 3655）。

正常规定的用途,动产工程的瑕疵融入不动产的工程,造成了不动产上的瑕疵,则定作人对承揽人的诉讼时效为五年。

2. 因不动产工程的瑕疵,定作人对参与工程建造的承揽人、设计师或是工程师的诉讼权利,自接受工程时起五年内有效。

3. 对于其他情形,类推适用关于买受人的诉讼时效之规定。

(二)定作人的义务

1. 工作报酬的到期

第 372 条

1. 承揽工作的工作报酬在交付工作成果时支付。

2. 约定部分交付和支付的,在每部分工作成果交付时,支付该部分工作报酬。

2. 工作报酬

(1)承包工作报酬

第 373 条

1. 工作报酬规定为承包价的,承揽人应按规定的款额进行工作,且即使承揽工作要求比预定的更多工作或者花费的,承揽人也不得要求工作报酬的增加。

2. 但是承揽工作的执行,被不可预测的或者被当事人承认的不可预测的特殊情形阻碍或者变得更为困难,则法官可以自由裁量,允许提高规定的工作报酬或者解除合同。

3. 即使工作所要求的承揽人给付比定作人预计的少,定作人仍应支付全额工作报酬。

(2)按照工作价值确定

第 374 条

如未预先规定工作报酬,或者工作报酬是大致规定的,则应根据承揽人的工作价值和其花费来确定工作报酬。

三、合同的终止

(一)超过估价

第 375 条

1. 定作人与承揽人制定的大致估价,并非由于定作人的责任而被过分超出的,定作人有权在承揽工作进行中或者在承揽工作执行后解除合同。

2. 对于在定作人土地上的建筑,定作人可以要求合理降低工作报酬,或者建筑还未完成的,定作人可以禁止承揽人继续进行工作,在对完成的工作支付合理补偿后,解除合同。

(二)承揽工作的毁损

第 376 条

1. 在交付前工作成果因意外事件而灭失的,承揽人不得主张其工作报酬以及其费用的补偿,但定作人被催告接受交付的情形除外。

2. 对于前款所述情形,材料的损失由提供的一方承担。

3. 工作成果因定作人提供的材料之瑕疵,或者其指定的土地之瑕疵,或者其指定的工作执行方式而毁损的,如承揽人及时向定作人告知风险,则承揽人可以主张所完成工作的工作报酬和未包含在工作报酬中的费用之偿付;定作人具有过错的,承揽人还有权要求赔偿损失。

(三)在支付补偿后,定作人解除合同

第 377 条

只要承揽工作还未终结,定作人在支付已完成工作的报酬和完全补偿承揽人后,可以随时解除合同。

(四)因定作人之过错,无法进行工作

第 378 条

1. 因定作人的意外事件,承揽人不可能完成承揽工作的,承揽人有权要求已完成工作的报酬和未包含在报酬中的费用补偿。

2. 因定作人的过错,承揽人不可能完成承揽工作,承揽人有权要求赔偿损失。

(五)承揽人的死亡或者丧失工作能力

第 379 条

1. 如承揽人死亡或者非因自己的过错而变得无能力完成承揽工作,而合同的订立是基于承揽人的个人能力的,则合同终止。

2. 如完成的工作能够使用,定作人应接受承揽工作已完成的部分,并对此支付工作报酬。

第十二章　出版合同

一、定义

第380条

出版合同,是文学或者艺术作品的作者或者其权利人,将其作品转让给出版方,出版方制作相当数目的复本并向公众发行的合同。

二、合同效力

(一)移转和担保

第381条

1. 根据合同的履行要求,出版合同将作者的权利移转给出版方。

2. 在订立合同时,出版作品转让者必须有权处分将出版的作品;他应为此做出担保,而且如果作品是受保护的,他还应当为版权的存在作出担保。

3. 作品的全部或者部分已被转让给另一个出版方的,或者转让方知道作品已出版的,他必须在订立合同前通知对方。

(二)作者对作品的处分权

第382条

1. 只要出版方有权出版的版本尚未全部出售,作者或者其权利人不得对作品进行损害出版方的全部或者部分的处分。

2. 报纸中的文章和杂志中传播范围不大的零星文章,可以随时由作者或者其权利人复制。

3. 集体作品的部分或者广为传播杂志的文章,在自出版物发行时起三个月的期限届满前，作者或者其权利人不得复制。

（三）版次

第 383 条

1. 出版合同未明确出版次数的，出版方只有权出版一个版次。

2. 出版方可以自由制定每个版次出版的数目，但另一方要求的，出版方应当至少为作品印出足够的复本数目，对作品进行合理的广告宣传，但另有规定的除外；第一次印刷终结后，出版方不得再印刷。

3. 合同允许出版方出版作品的数个版次或者所有版次的，在上一版售完后，出版方忽视新版的准备的，作者或者其权利人可以请求法官为其规定一个新版出版的限期；出版方未在限期内履行的，则被取消出版权。

（四）复制和销售

第 384 条

1. 出版方应当以合理的形式复制作品，不得有任何缩减、添加或者修改；他还应当进行必需的广告，并采取惯常的措施以保证销售成功。

2. 出版方确定销售价格，但是不得提价过高以至于影响作品的销售。

（五）改进和修改

第 385 条

1. 作者保留对其作品进行修改和改进的权利，只要所作修改和改进不损害出版方的利益或者不增加出版方的责任；因此给出版方增加了未预见的费用的，作者应补偿出版方。

2. 出版方在未预先让作者改进其作品前，不得出版新的版次或者重印。

（六）全集出版和单独出版

第 386 条

1. 单独出版同一作者不同作品的权利，并不给予出版方出版全集的权利。

2. 同样地,出版作者全集或者其同类作品的权利,并未给予出版方单独出版它们所包含的各种作品的权利。

(七) 翻译权

第 387 条

翻译权专属于作者或者其权利人,但另有规定的除外。

(八) 作者的报酬

1. 报酬之款额

第 388 条

1. 根据具体情形不能推定作者具有放弃报酬的意思,则他有权得到报酬。

2. 法官根据专家意见,确定报酬的金额。

3. 如出版方有权出版数个版次的,原则上,第一版规定的报酬条件被推定适用于此后的每个版次。

2. 到期支付报酬和免费复本

第 389 条

1. 作品整体出版的,或者以分离方式(卷、小册子、活页)出版的,只要在整体或者每个部分印刷完毕且等待发行时,即到向作者支付报酬之期限。

2. 订约双方约定全部或部分报酬取决于销售结果的,出版方应当建立销售账目,并按照惯例提供销售证明。

3. 作者或者其权利人有权得到惯例规定的若干免费复本,但另有约定的除外。

三、合同终止

(一) 作品灭失

第 390 条

1. 作品在向出版方交付后,因意外事件导致作品灭失的,出版方仍应支付报酬。

2. 作者拥有灭失作品的第二存本的,则必须提供给出版方;如没有,该作品相对容易制作的,作者应重新制作。

3. 在前款所述的两种情形中,作者有权得到合理的补偿。

（二）版本灭失

第 391 条

1. 在销售之前,出版方准备完毕的版本,因意外事件全部或者部分灭失的,出版方有权自费重新印刷出版灭失的册数,作者或者其权利人不得要求新的报酬。

2. 无需过分花费就能制作的,出版方应当替换毁坏的册数。

（三）有关出版方或者作者本人的事由

第 392 条

1. 在作品完成之前,作者死亡、丧失行为能力或者非因自己的过错而不能完成作品的,合同终止。

2. 如合同可以全部或部分继续履行,且是公平的,则法官可以例外地允许合同继续履行,并规定必要的措施。

3. 出版方破产的,作者或者其权利人可以将作品交付给其他出版方,但在破产宣告时作者或其权利人收到出版方对未到期义务履行之担保的情形,不在此限。

四、按照出版方的计划创作的作品

第 393 条

1. 一个或者数个作者按照出版方提供的计划进行作品创作的,他们只能主张约定的报酬。

2. 版权属于出版方。

第十三章　委 任 合 同

第一节　一 般 委 任

一、定义

第 394 条

1. 委任合同,是受任人按照约定处理其负责的事务或者提供其承诺的服务之合同。

2. 对于不能适用其他劳务合同规定的工作,适用委任合同之规定。

3. 根据合同或者惯例,受任人享有报酬的,委任人应当给受任人支付报酬。

二、合同的订立

第 395 条

如委任没有当即被拒绝,对于受任人具有合法资格管理的事务、与受任人从事的专业相符的事务或者受任人为之公开提供其服务的事务的,视为接受委任。

三、效力

(一)委任范围

第 396 条

1. 合同未明确约定的,委任范围根据所涉及事务的性质决定。

2. 一般而言,委任应被认为是授权受任人执行的必需的法律行为。

3. 如无特殊授权,受任人不得进行和解、提起仲裁、签署汇票、转让或者抵押不动产以及进行赠与。[214]

(二)受任人的义务

1. 根据合同执行委任

第 397 条

1. 受任人,如收到明确之指示,则只有在具体情形难以获得委任人的许可,且可推定委任人在知情后应予允许的情况下,才可以对收到的明确指示予以变更。

2. 除此之外,受任人违反收到的指示造成委任人损害的,只有当受任人承担损害的情形下,委任才视为完成。

1.2 通知义务

第 397a 条[215]

如果受任人发现委任人可能长期无行为能力,只要符合对当事人利益的保护,则受任人应当将该事实通知委任人住所地的成人保护机构。

2. 善意和忠实执行委任的义务

(1)一般情形

第 398 条

1. 受任人的义务,原则上同样适用劳务关系中雇员义务之规定。[216]

2. 受任人对委任人负有善意和忠实执行委任的义务。

3. 受任人对委任之事务应亲自执行,但因具体情形之限制,无法亲自执行的,或者根据惯例允许转委任的,经委任人同意可以向第三人转委任。

---

[214] 根据 2008 年 12 月 19 日《民事诉讼法典》的附录第二章第 5 条的新内容修订,自 2011 年 1 月 1 日起生效。

[215] 根据 2008 年 12 月 19 日《成人保护、人身权利和亲子关系法》的联邦法附录第 10 条增补,自 2013 年 1 月 1 日起生效(RO 2011 725;FF 2006 6635)。

[216] 根据 1971 年 6 月 25 日联邦法的第二章第一条修订,自 1972 年 1 月 1 日起生效(RO 1971 1461;FF 1967 II 249)。参见本法典第十章的最终和暂行规定。

(2)转委任

第399条

1. 违反规定向第三人转委任的，对于第三人的行为，受任人应当如同自己的行为来承担责任。

2. 如受任人取得了转委任之授权，受任人只负责选任转委任的第三人并向其传达指示。

3. 在前两款规定的以上两种情形中，委任人可以对转委任的第三人直接主张受任人可以对第三人主张的权利。

3. 账目上交

第400条

1. 应委任人的要求，受任人应随时向委任人汇报管理情况，并向委任人交付无论以何种名义而收取的全部收益。

2. 受任人对其逾期支付的款额支付利息。

4. 受任人已获权利的移转

第401条

1. 受任人为委任人的利益，以自己的名义获得对第三人的债权的，自委任人自己履行对受任人的一切义务时起，这些债权即为委任人所有。

2. 受任人破产的，委任人可以对受任人的破产财产行使同样的权利。

3. 对于受任人以自己的名义但为了委任人的利益而取得的动产，在受任人的破产程序中，委任人仍可以主张其权利；但属于受任人行使留置权的财产除外。

(三)委任人的义务

第402条

1. 受任人为正常执行委任而进行的预付和支付的费用，委任人应当偿还，包括本金和利息，并清偿受任人缔结的债务。

2. 委任人不能证明自己没有过错的，还必须向受任人赔偿因执行委任所造成的损失。

（四）共同接受委任的责任

第403条

1. 受任人是由数人共同担任的，他们应当对委任人承担连带责任。

2. 数人共同接受委任的，他们应当共同执行委任，且其共同的行为才能对委任人有约束力；但他们被允许将其权利移转给第三人的情形除外。

四、合同终止

（一）原因

1. 撤销和放弃合同

第404条

1. 委任可以随时被撤销或者放弃。

2. 一方当事人在不适当的时候撤销或者放弃合同的，对于由此产生的损害，必须向另一方当事人赔偿。

2. 死亡、无行为能力、破产

第405条

1. 委任因委任人或受任人丧失民事行为能力、破产、死亡或宣告失踪而终止，但另有约定或因委任事务本身的性质不予终止的除外。[217]

2. 但是，如委任的终止使委任人利益受损害的，则受任人、其继承人或其代理人应当继续维持委任直至委任人、其继承人或其代理人能接受委任事务。

（二）委任终止的效力

第406条

对于受任人知道委任终止前所进行的工作，如同委任关系仍然存在，委任人或者其继承人应当承担责任。

---

〔217〕 根据2008年12月19日关于《成人保护、人身权利和亲子关系法》的联邦法附录第10条的新内容修订，自2013年1月1日生效（RO 2011 725；FF 2006 6635）。

第一节之二　为婚姻或者伴侣关系的建立而进行的委任[218]

一、定义和适用法则

第406a条

1. 缔结婚姻关系或者建立伴侣关系的委任合同，是指委任人支付报酬，受任人向委任人推荐缔结婚姻关系或者建立稳定伴侣关系人选的合同。

2. 关于委任的规定，补充适用于为缔结婚姻关系或者建立伴侣关系而进行的委任。

二、介绍来自国外的人员或者介绍人员赴国外

(一)返程旅费

第406b条

1. 介绍来自国外的人员或者介绍人员赴国外，在到达后6个月之内返回的，受任人应当支付返程之旅费。

2. 公共机构承担返程旅费的，公共机构代替被介绍人请求受任人偿付费用。

3. 委任人只要给受任人偿付到达合同规定的最高款额的返程旅费。

(二)许可

第406c条

1. 以介绍来自国外的人员缔结婚姻关系或建立同性伴侣关系为职业的受任人，须取得由州法指定的机构的许可并接受该机构的监督。

2. 联邦委员会颁布执行规定，尤其是关于以下事项的规定：

(1)许可的条件和期间；

(2)受任人违规时的处罚；

(3)受任人对被介绍人返程旅费之担保义务。

---

[218] 根据1998年6月26日联邦法附录第2节增补，自2000年1月1日起生效。

三、合同的形式和内容

第 406d 条

只有以书面形式订立并包含以下内容的说明时,合同才有效:

1. 当事人的姓名和住址;

2. 受任人保证提供服务的数量和性质,以及报酬的额度和每次服务的相应费用,特别是登记费用;

3. 介绍来自国外的人员或者介绍人员赴国外(第406b 条)的,受任人承担返回旅费的,委任人给受任人偿付的最高款额;

4. 支付方式;

5. 在合同订立后 14 日内,委任人可以书面撤销合同,且无需支付违约金;[219]

6. 在 14 日期限届满前,受任人不得接受支付;[220]

7. 委任人可以书面形式随时解除合同;如解除合同不适时的,委任人应当承担费用并赔偿因此给受任人造成的损失,但不得有任何其他赔偿。

四、合同的生效、撤销、通知终止

第 406e 条[221]

1. 只有在当事人签署的合同副本交付给委任人 14 日以后,合同才对委任人生效。受任人在 14 日期限届满前,不得接受委任人的任何支付。

2. 在此期间,委任人可以书面形式向受任人声明撤销其要约或承诺;预先放弃该权利的,无效。此外,有关撤回(第 40f 条)后果之规定,予以参照

[219] 根据 2015 年 6 月 19 日关于《合同撤销权利的审核》的联邦法第一章新内容修订,自 2016 年 1 月 1 日起生效(RO 2015 4107;FF 2014 893 2883)。

[220] 根据 2015 年 6 月 19 日关于《合同撤销权利的审核》的联邦法第一章新内容修订,自 2016 年 1 月 1 日起生效(RO 2015 4107;FF 2014 893 2883)。

[221] 根据 2015 年 6 月 19 日关于《合同撤销权利的审核》的联邦法第一章新内容修订,自 2016 年 1 月 1 日起生效(RO 2015 4107;FF 2014 893 2883)。

适用。

3. 委任合同的通知终止，必须采用书面形式。

五、……

第 406f 条[222]

（废除）

六、通知和信息保护

第 406g 条

1. 受任人在合同签署之前和合同履行期间，对于在执行委任期间因其本人的原因可能出现的特殊困难，应向委任人发出通知。

2. 处理有关委任人的个人信息时，受任人应承担保密义务；1992 年 6 月 19 日关于《信息保护》[223]的联邦法之规定，不受影响。

七、过高的报酬和费用

第 406h 条

规定过高的报酬或者费用的，委任人可以请求法官合理地减少该报酬或者费用。

第二节　信用证和信用委托

一、信用证

第 407 条

1. 委托人通过信用证，指定受托人向特定的人支付其所请求的金额，信用证可以限定或者不限定最高之金额；信用证，适用有关委任和指示证券之规定。

2. 未限定最高之金额的，且被请求支付的款额与当事人情况明显不符的，则指定的受托人必须通知委托人，并暂缓支付，直至其收到委托人的

---

[222] 根据 2015 年 6 月 19 日关于《合同撤销权利的审核》的联邦法第一章废除，自 2016 年 1 月 1 日起生效。

[223] RS 235.1.

指示。

3. 只有当承兑按照指定款额进行时，以信用证方式进行的委托才视为接受。

二、信用委托

(一) 定义和形式

第 408 条

1. 受托人收到并接受委托，以自己的名义及自己的账户，但由委托人承担责任，为第三人设立或者变更借贷的，只要受托人未超越委托范围，委托人对借贷之金钱承担担保人之责任。

2. 但是，只有当委托以书面形式设立时，委托人才承担责任。

(二) 借方无履行能力

第 409 条

委托人不得因借方本身无履行债务之能力而对受托人进行抗辩。

(三) 任意给予的期限

第 410 条

受托人自行给借方延长清偿之期限，或者未按委托人的指示向借方行使请求权，则委托人不再承担责任。

(四) 当事人的权利和义务

第 411 条

委托人和借方的权利和义务，适用关于担保人和主债务人的规定。

第三节　居间合同

一、定义和形式

第 412 条

1. 居间合同，是以酬金为交换，居间人负责向另一方提供订立合同的机会，或者作为另一方的中间人进行协商的合同。

2. 通常情况下，委任的规则适用于居间合同。

二、居间人的酬金

(一)酬金到期时间

第 413 条

1. 因居间人提供的机会或者进行的协商,从而使得合同成功订立的,则居间人有权得到其酬金。

2. 合同的订立附条件的,只有当条件成就之后,酬金才到期。

3. 约定对居间人支出的费用给予补偿的,即使合同未能订立,也应当给予其补偿。

(二)酬金的确定

第 414 条

没有约定酬金的金额,如存在关于酬金的支付标准,则按照支付标准进行支付;如果没有支付标准,则应按照通常的酬金进行支付。

(三)酬金的丧失

第 415 条

居间人违反其义务为合同第三人的利益行事,或者违背诚实信用原则使第三人承诺给他支付报酬的,居间人丧失领取酬金和补偿费用的权利。

(四)……

第 416 条[224]

(废除)

(五)过高的酬金

第 417 条[225]

为订立个人劳动合同或者为不动产买卖而提供机会或者进行协商时规定了过高酬金的,根据债务人的请求,法官可以合理地降低酬金。

三、州法律的保留

第 418 条

各州可以规定证券交易居间人、经纪人和劳务介绍所适用特殊的规则。

---

〔224〕 根据 1998 年 6 月 26 日联邦法附录第 2 章废除。

〔225〕 根据 1971 年 6 月 25 日联邦法第 2 节第 7 条的新内容修订,自 1972 年 1 月 1 日起生效。

第四节 代理合同[226]

一、一般规则

（一）定义

第418a条

1. 代理人，是承诺长期为一个或者数个委任人的商务交易而协商的人，或者以委任人的名义并为其利益而订立合同的人；代理人与委任人的关系，不适用劳务合同的规定。

2. 本节的规定，同样适用于兼职代理人，但另有书面约定的除外。关于支付能力的保证、竞业禁止、因正当理由而解除合同之规定，不得通过约定规避其适用而损害代理人的利益。

（二）适用的法律

第418b条

1. 关于居间合同的规定，补充适用于协商代理人；关于行纪合同的规定，适用于缔约代理人。

2.（废除）[227]

二、代理人的义务

（一）一般规则和支付能力保证

第418c条

1. 代理人应当以优良商人必需之勤勉维护委任人之利益。

2. 代理人还可以为其他委任人工作，但另有书面约定的除外。

3. 仅在有书面约定的情形下，代理人才承担本应由其顾客履行的支付义务或其他义务，或者为了

---

[226] 根据1949年2月4日联邦法第一章增补。

[227] 根据1987年12月18日关于国际私法的附录废除。

追回全部或部分债权而承担费用。代理人为此有权获得合理的特别酬金，该项权利不得通过约定予以剥夺。

(二)保守秘密和竞业禁止义务

第418d条

1. 对于委任人向其披露的商业秘密，或者因代理合同而知晓的商业秘密，即使在代理合同终结后，代理人也不得利用或泄露。

2. 禁止竞业的合同义务，类推适用关于劳动合同之规定。约定竞业禁止的，在合同终结后，代理人有权得到公平的特殊补偿，该权利不得通过约定予以剥夺。

三、代理权限

第418e条

1. 代理人被推定认为仅具有下列权利：协商业务；接受顾客对物品瑕疵做出的通知；接受顾客因委任人瑕疵给付而作出的行使权利或者保留权利的声明；行使委任人的保全证据之权利。

2. 相反地，代理人没有下列权利：接受付款；决定顾客的付款期限；与顾客约定对合同进行其他变更。

3. 1908年4月2日关于《保险合同》[228]的联邦法第34条和第44条第3款保留适用。

四、委任人的义务

(一)一般情形

第418f条

1. 委任人必须尽力为代理人顺利开展业务提供便利，特别是向代理人提供必需的文书资料。

2. 委任人预见只能够或者只应该在比原先约定的更小范围内开展业务的，或者具体情形允许推迟

[228] RS 221.229.1.

业务进行的,他必须及时通知代理人。

3. 代理人对于其获得授权的特殊顾客群或者确定区域,享有独家代理权,但另有书面约定的除外。

(二)佣金

1. 磋商、缔约业务之佣金

(1)佣金的取得和范围

第418g条

1. 对在合同存续期间所磋商或缔约的业务,代理人有权得到约定的或者通常的佣金。在合同存续期间,对于代理人未参与缔约而由委任人缔约之业务,如与委任人缔约之人属于代理人所获得之顾客,则代理人仍有权主张佣金,但另有书面约定的除外。

2. 在合同存续期间,被授予特殊顾客群或者确定区域的代理人,对与授权区域内所有的人产生的全部交易,有权得到合同约定的佣金;如合同未约定佣金的,则其有权取得通常的佣金。

3. 与顾客有效地达成交易之时,代理人取得佣金的权利随即产生,但另有书面约定的除外。

(2)佣金的丧失

第418h条

1. 达成的交易,非因委任人的过错而无法履行的,代理人丧失取得佣金的权利。

2. 如委任人已经履行给付,而代理人未完成对价之给付,或者相对于委任人已经履行的给付,代理人所完成的对价之给付过于微小,以致不能向委任人请求给付,则代理人丧失其取得佣金的权利。

(3)佣金的清偿期限

第418i条

对于达成的交易,在民事年度的半年终止时,应当支付佣金,但另有约定或者不同惯例的除外;但保险之代理,只有在投保人已支付第一年保险费时,才能请求支付佣金。

(4)佣金细目

第 418k 条

1. 如未书面约定要求代理人提交佣金细目，则委任人必须在每个佣金到期日，向代理人提供其享有取得佣金权利之业务的佣金细目。

2. 代理人有权查阅相关的账簿和证明文件，他不得预先放弃查阅的权利。

2. 收款的佣金

第 418l 条

1. 对于按照委任人指令受领并交付给委任人的钱款，代理人有权取得收款佣金，但另有不同约定或不同惯例的除外。

2. 在代理合同终止时，代理人失去受领钱款之权利，并随之丧失收取佣金之权利。

(三)代理人的工作受阻

第 418m 条

1. 委任人违背其法定或约定义务，因其过错而导致代理人不能取得约定的佣金或者可期待的合理佣金，则委任人应对代理人给予公平的补偿。任何相反之约定，一律无效。

2. 仅为一个委任人从事代理业务的代理人，如非因自己的过错，而是因为生病，或者因为按照联邦法履行兵役之义务，或者类似原因，从而导致其无法从事代理业务的，且代理合同已持续一年以上的，则对于其不能从事代理业务的短期收入损失，代理人有权获得合理之补偿。对于该权利，代理人不得预先放弃。

(四)费用和支出

第 418n 条

1. 除非另有约定或不同惯例，对于代理业务的通常费用和支出，代理人无权请求补偿，但对于根据委任人的特殊指令，或以委任人之无因管理人之身份所承担的费用，例如，运输费用、海关税费，代理人则有权请求补偿。

2. 即使未达成交易，对于代理人所承担的上述特殊费用和支出，委任人仍有义务给予补偿。

（五）留置权

第 418o 条

1. 为保全代理合同产生的到期债权，对于根据合同所持有的动产和有价证券，以及依据其收款权向客户受领的钱款，代理人享有留置权，代理人不得预先放弃该权利。如委任人没有支付能力，对于未到期的债权，代理人也可以行使留置权。

2. 不得对价目表和客户名单行使留置权。

五、合同终止

（一）期限届满

第 418p 条

1. 代理合同有确定之期限，或者根据代理合同之目的可以确定其期限，无需发出通知，代理合同在期限届满时终止。

2. 有确定期限之代理合同，如双方默示延期，则推定延长与原期限相同之期限，但最长延期一年。

3. 如果代理合同的终止应当预先发出通知，而当事人任何一方均未发出通知，则推定代理合同予以延期。

（二）解除

1. 一般情形

第 418q 条

1. 代理合同没有约定确定之期限，且根据合同之目的也无法确定其期限，则在第一年内解除合同的，应提前一个月发出通知，在某月月末解除合同结束时，合同可由任何一方当事人予以解除。如果通知的期限不足一个月，则必须以书面形式约定。

2. 代理合同的存续期间为一年以上的，则应提前两个月发出解除合同之通知，在某季度末解除合同。当事人可以约定更长的通知解除合同之期限或者其他合同解除之期限。

3. 代理合同中关于解除合同之提前通知期限，对于委任人和代理人不得有不同之约定。

2. 正当理由

第418r条

1. 如有正当理由，委任人和代理人无须预先发出通知，即可立即解除合同。

2. 类推适用关于劳动合同之规定。

(三)死亡、丧失行为能力、破产

第418s条

1. 如代理人死亡或者丧失行为能力，或委任人破产，则代理合同终止。

2. 代理合同之订立，主要是基于委任人本身之考量，如委任人死亡，则代理合同终止。

(四)代理人的权利

1. 佣金

第418t条

1. 对于代理人在代理合同存续期间所获得的顾客，而在代理合同终止后有后续之订单，如这些后续订单在代理合同终止之前已经发出，则代理人在此范围内有权请求支付佣金，但另有约定或不同惯例的除外。

2. 在代理合同终止时，对于全部佣金或者垫付之费用，代理人有权请求支付。

3. 在代理合同终止后，对于因全部或部分交易而尚未支付的佣金，可以通过书面合同约定最终的支付日期。

2. 顾客量增加的补偿

第418u条

1. 代理人通过其业务活动，显著增加了委任人的顾客量，且即使在合同终止后，委任人或其继任人仍然从这些顾客的业务中获得实际利益的，代理人或其继承人有权要求合理的补偿,不得通过合同剥夺该权利,但显失公平的情形除外。

2. 该补偿不得高于代理合同约定的年度纯收入,该收入按照最后五年的平均年收入计算;如代理合同的存续期间不足五年,则按照合同整个存续期间的平均年收入计算。

3. 因代理人的过错而解除代理合同的,则代理人无权取得任何补偿。

(五)返还义务

第 418v 条

在代理合同存续期间,任何一方当事人交付给对方的全部物品,或者由第三人为任何一方当事人利益而交付给对方的全部物品,在代理合同终止时,对方当事人均应当返还,但对方当事人享有留置权的除外。

第十四章　无因管理合同

一、管理人的权利和义务

(一)事务的管理

第 419 条

没有受到委托而为他人管理事务的人,应当按照他人之可推定意图和利益,进行事务之管理。

(二)责任

第 420 条

1. 管理人应对其全部过失或不谨慎承担责任。

2. 但是,如管理人为本人管理事务,其目的是预防本人遭受损害之风险,则对管理人的责任进行衡量时不能过于严苛。

3. 如管理人违背本人明示或可推知之意思而管理事务,即使管理人以不违反法律和道德提出抗辩,管理人仍然应当为意外情形下的损失承担责任,除非管理人能证明即使自己不进行管理,意外之情形依然会发生。

(三)管理人无能力

第 421 条

1. 若管理人没有订立合同之能力,则管理人仅在其获得利益或恶意放弃利益之限度内承担责任。

2. 但如因侵权行为而应承担更大责任的,不受影响。

二、本人的权利和义务

(一)为本人利益而管理

第 422 条

1. 为本人利益之需要而进行管理,本人应当连本带利地补偿管理人所有必需的费用和根据具体情形证明有益之费用;对于管理人因管理事务所承担的所有义务,本人在相同的范围内应当予以免除;对于管理人遭受的其他损失,经法官自由裁量,本人应当予以赔偿。

2. 为本人进行了必需之管理,即使未取得预期之效果,管理人仍可以援引前款之规定。

3. 对于管理人请求支付的开支,如不被允许,如同不当得利之情形,本人有权从补偿费用中扣除。

(二)为管理人利益进行的交易

第 423 条

1. 非为本人的利益而进行的管理,本人同样对管理事务产生的利益享有权利。

2. 对管理人进行的补偿或者免除管理人之义务,只应以本人获利之范围为限。

(三)管理行为之追认

第 424 条

管理人的行为得到本人追认的,则适用关于委任合同的规定。

第十五章 行纪合同

一、行纪

(一)定义

第 425 条

1. 买卖的行纪人,是以自己的名义,但为委任人的利益,负责进行动产或者有价证券的买卖从而获得佣金的人。

2. 行纪合同适用委任合同的规定,但本章另有规定的除外。

(二)行纪人的义务

1. 通知义务和保险

第 426 条

1. 行纪人必须向委任人告知他所有的行为,特别是应及时向委任人告知委任执行情况。

2. 只有当委任人要求时,行纪人才有义务对合同标的物进行投保。

2. 对货物的关注义务

第 427 条

1. 在行纪活动中,为了销售而发送的货物明显处于有瑕疵状态的,行纪人必须注意保留对承运人的诉讼权利,请人确定损失,尽力保存货物并立即通知委任人。

2. 否则,行纪人承担因其疏忽所造成的损失。

3. 在行纪活动中,如有理由认为因出售而交送行纪人的货物存在快速变质的风险,行纪人有权销售货物;如因维护委任人的利益确有必要的,行纪人甚至有义务在货物所在地主管机构的帮助下出卖货物。

3. 委任人的定价

第 428 条

1. 行纪人以低于委任人规定的最低价格出卖货物,如其不能证明是为了使委任人免遭损失且具体情形不允许其请示委任人的,则行纪人对委任人补偿差额。

2. 行纪人有过错的,还应当赔偿因不遵守合同而造成的全部损失。

3. 以低于委任人规定的价格买入,或者以高于委任人规定的价格卖出的行纪人,不得享受该差价的收益,且必须向委任人说明。

4. 预付与贷款

第 429 条

1. 未经委任人的同意,行纪人向第三人贷款或者预付的,行纪人承担一切风险和损失。

2. 如出售地有相关商业惯例,且委任人未向行纪人发出不同指令的,则行纪人可以对买卖进行赊账。

5. 支付能力的担保

第 430 条

1. 除非未经同意而进行贷款,对于交易人应当承担的支付义务或者其他义务,行纪人不承担担保责任,但是行纪人同意担保或者行纪人居住地另有商业惯例的除外。

2. 行纪人,如为与之交易的人提供担保,则有权取得特殊之佣金(支付能力的担保)。

(三)行纪人的权利

1. 预付和费用的补偿

第 431 条

1. 对为委任人利益而支出的全部预付和费用,行纪人有权连本带利得到补偿。

2. 行纪人还可以将货物的仓储费和运输费计入应获补偿之账目,但不包括其雇员的工资。

2. 佣金

(1) 索要权利

第 432 条

1. 行纪人负责的交易已经完成的,或者因委任人的过错导致交易无法完成的,佣金必须支付给行纪人。

2. 因其他原因未完成交易的,行纪人只能按照所在地的惯例对其采取的措施要求补偿。

(2) 佣金权利的丧失;行纪人作为购买人或者出卖人

第 433 条

1. 行纪人对委任人存在恶意行为,特别是行纪人将高于买入价或低于卖出价的价格计入账目的,则行纪人失去全部请求佣金的权利。

2. 在前款所述两种情形中,委任人还有权将行纪人本人视为购买人或者出卖人。

3. 留置权

第 434 条

对于作为合同标的物的货物或者已获得的价款,行纪人具有留置权。

4. 货物的拍卖

第 435 条

1. 货物没能卖出的,或者出卖货物的指令被委任人撤销,如果委任人过度迟延收回或者处置货物,那么在货物所在地的主管机构在场的情况下,行纪人可以拍卖货物。

2. 委任人没到场也没派人到场的,无需委任人的同意,即可命令拍卖。

3. 行纪人必须向委任人预先发出正式通知,但涉及迅速变质的货物的情形除外。

5. 行纪人本人作为买受人或者出卖人

(1) 价格和佣金

第 436 条

1. 如果行纪人负责货物、票据和其他上市的或者在市场上标价的有价证券的交易,他本人可以作为他负责买入货物的卖主,或者作为他负责出卖货物的买主,但委任人另有指令的除外。

2. 在上述情形中,行纪人必须按照行纪执行时证券交易市场的牌价或者市场的标价来计算价格,且行纪人有权得到正常的佣金和行纪的常规费用。

3. 对于其余的规则,参照买卖合同。

(2)行纪人被推定接受订约之义务

第 437 条

行纪人有权推荐自己为买主或者卖主的,如其向委任人发出行纪执行之通知,但并未向委任人说明订约人的,则行纪人被视为其自己履行了应由订约人履行的义务。

(3)自荐权利的丧失

第 438 条

委任人已撤销其委托指令的,且撤销委托之指令在行纪人发送行纪执行的通知之前到达行纪人的,则行纪人自荐为买主或者卖主不再被接受。

二、行纪托运人

第 439 条

行纪托运人或者运输代理人,为委任人的利益,以自己的名义负责托运或者转运货物并享有报酬的,类似于行纪人。但对于货物运输,适用关于承运人的规定。

第十六章　运输合同

一、定义

第440条

1. 承运人,是指享有报酬并负责运输货物的人。

2. 运输合同适用委任合同的规则,但本章另有规定的除外。

二、合同的效力

(一)托运人的义务

1. 必要的说明

第441条

1. 托运人必须向承运人准确指明收货人的地址、货物的交付地点、数量、包装方式、发送物的重量和内容、交付限期和运输经由之路以及贵重物品的价值。

2. 如由于缺乏这些说明或者说明不准确而造成的损失,则由托运人承担责任。

2. 包装

第442条

1. 托运人负责对货物进行适当的包装。

2. 对于不明显的包装瑕疵所造成的运输损失,由托运人承担责任。

3. 承运人无任何保留接受货物的,则承运人承担因显著包装瑕疵造成的运输损失。

3. 对承运货物的处置权

第443条

1. 只要货物还在承运人的占有中,托运人有权撤回货物，向承运人赔偿已经支出的费用和对其造成的损失；但是在以下情形中，托运人不得撤回货物：

(1)运货单已由托运人填写，且已由承运人交给收货人的；

(2)承运人已向托运人交付收据，且托运人不能将此交还给承运人的；

(3)承运人已向收货人发出货物到达的书面通知，以便其提起货物的；

(4)货物到达目的地后，收货人已要求交付的。

2. 在前款所述的情形中，承运人只应当遵循收货人的指示；但是，收据交给托运人的，在货物到达目的地前，只有在收货人被交付承运收据时，承运人才遵照收货人的指示。[229]

(二)承运人的义务

1. 对承运货物的照管

(1)交付受阻的程序

第 444 条

1. 货物被拒收、货物产生的费用或者其他要求未得到支付或者联系不上收货人的，承运人必须通知托运人，并暂时将货物保管在仓库或者将货物寄放在第三人处，由托运人承担费用和风险。

2. 托运人或者收货人未在合理期限内处置货物的，承运人可以按照行纪人同样的方式，在货物所在地主管机构的协助下，为货物所有权的利益出售货物。

(2)必要的出售

第 445 条

1. 货物可能迅速变质，或者货物的推定价值不能

---

[229] 该款内容符合德文版和意大利文版的法律原文。法律汇集(RO)的法文版则包含明显的翻译错误。

抵偿所产生的费用的，承运人可以及时对货物进行正式查验，且可以如同交付受阻的情形，出售货物。

2. 应当尽可能通知当事人有关货物的出售情况。

(3)担保

第 446 条

基于行使照管货物的权利，承运人必须尽力维护货主的利益；承运人有过错的，应当承担损害赔偿之责任。

2. 承运人的责任

(1)货物的灭失

第 447 条

1. 货物毁坏或者灭失的，承运人负责赔偿全部的价值，除非承运人证明货物的毁坏或者灭失是因货物本身的性质，或因为托运人或者收货人的过错，或因两者之一发出的指示，或审慎的承运人所采取的预防措施未能防止的情形而导致的。

2. 托运人疏于告知承运人货物具有特别贵重的价值的，则视作托运人的过错。

3. 可以约定以高于或者低于货物全部价值的价格进行损害赔偿。

(2)交付延误、损坏、部分灭失

第 448 条

1. 对因货物的迟延交付、损坏或者部分灭失导致的所有损害，承运人应当比照货物灭失之情形承担责任。

2. 无特殊约定的，赔偿不得超过因货物全部灭失可能给予的价款。

(3)中间人的责任

第 449 条

不论是由其自己运输至目的地，还是指派另外的承运人承运，承运人承担在运输途中发生的所有事故和全部过错；在后一情形中，承运人对其交付货物的另外的承运人享有追偿的权利。

3. 通知义务

第 450 条

货物运输到目的地后，承运人应立即通知收货人。

4. 留置权

第 451 条

1. 收货人对货物产生的请求支付的费用有异议的，只有依法对有争议的价款提存，才能要求交付货物。

2. 如承运人对货物有留置权，依法提存的价款可以替代货物。

5. 对承运人责任诉讼的终止

第 452 条

1. 没有异议地接收货物和支付运输费，则对承运人的所有起诉权利因此而消灭，但承运人存在欺诈和重大过失的情形除外。

2. 此外，根据具体情形，在可能或者应当进行查验的期限内，收货人发现不明显的承运损失并立即通知承运人的，承运人仍应承担这些损害赔偿责任。

3. 该通知必须最迟在交货后八日内发出。

6. 诉讼程序

第 453 条

1. 如有争议，应当事人一方的请求，货物所在地的主管机构命令将货物寄存于第三方；如有必要，命令在查验货物状态后出售货物。

2. 通过清偿货物产生的所有债权或者依法提存货物的价款，可以免除货物的出售。

7. 损害赔偿的诉讼时效

第 454 条

1. 对承运人的损害赔偿的诉讼时效为一年，因货物损毁、灭失或者迟延交付的，自货物应该交付之日起算；因货物运输损失的，自货物交付给收货人之日起算。

2. 通过提起抗辩，托运人和收货人始终可以对承运人行使其权利，只要诉讼请求在一年内提出且诉讼权利未因接收货物而灭失的。

3. 但是，承运人具有欺诈或者严重过失的情形除外。

三、国有运输企业或者由国家批准的运输企业

第 455 条

1. 必须经州的许可才能够经营的运输企业，不得预先通过特殊规定或特殊协议，全部或部分地规避关于承运人责任的法律规定。

2. 但是，当事人可以在本章允许的范围内作出与本章不同的规定。

3. 关于邮局、铁路和蒸汽船服务者提供的运输，另有特殊规定的不在此限。[230]

四、国有运输企业的运用

第 456 条

1. 使用国有运输企业来进行其所负责的运输的，或者与国有运输企业协同运输的承运人或者行纪托运人，适用国有运输企业的特殊规定。

2. 但承运人或者行纪托运人和委任人之间另有不同约定的除外。

3. 本条文不适用于卡车司机。

五、行纪托运人的责任

第 457 条

使用国有运输企业来履行其合同的行纪托运人，因其过错而败诉的，不得以对国有运输企业没有追偿权为由而拒绝承担自己应负的责任。

---

〔230〕 根据 2010 年 12 月 17 日关于邮局的联邦法附录第 II 节的新内容修订，自 2012 年 10 月 1 日起生效（RO 2012 4993；FF 2009 4649）。

第十七章　授权代理人和其他商务代理人合同

一、授权代理人

(一)定义;权限构成

第458条

1. 授权代理人,是基于贸易、制造业或者以商业形式经营的其他营业主明示或默示的授权,有权为其管理商业事务并有权使用企业签章进行签字的人。

2. 营业主必须在商业登记簿中登记其授权;对于代理人在授权登记之前的行为,营业主仍然应当承担责任。

3. 对于其他种类的企业或者商业事务,只有在商业登记簿中办理登记后才能成为授权代理人。

(二)授权范围

第459条

1. 对于善意第三人,可以认为授权代理人被授予为营业主签署汇票之权利,并有权以营业主的名义实施为实现商业或者企业目的而可以实施的所有行为。

2. 如未获得明确之授权,授权代理人不得转让或抵押不动产。

(三)授权限制

第460条

1. 授权可被限制在一个分支机构的商务范围内。

2. 对于同时授权多人之情形，其中之一人的签名，只有当其他人以规定的方式（集体授权）予以协助时，才对授权人有约束力。

3. 对于其他的授权之限制，不得对抗善意第三人。

（四）授权撤回

第 461 条

1. 设定授权代理人，即使未办理登记，授权撤回也必须在商业登记簿中登记。

2. 只要授权撤回还未在商业登记簿中登记和公告，授权对善意第三人继续有效。

二、其他商务代理人

第 462 条

1. 商务代理人，不具有授权代理人之资格，在企业所有的交易或者某些确定事务中，负责代表贸易、制造业或者以商业形式经营的营业主；商务代理人的权利包含该企业或事务通常涉及的所有行为。

2. 但是，未经明确授权的，商务代理人则不得签署汇票、借款或者进行法律诉讼。

三、……

第 463 条〔231〕

（废除）

四、竞业禁止

第 464 条

1. 授权代理人，以及管理整个企业或者为营业主提供服务的商务代理人，非经营业主的允许，不得为其个人利益或者第三人利益，从事属于企业营业范围内的交易行为。

2. 违反该规定的，营业主可以对这些代理人提起损害赔偿诉讼，并为自己的利益承接已经进行的交易。

---

〔231〕 根据 1971 年 6 月 25 日联邦法第二节第 6 条废除。参见本法典的最终规定和过渡规定第十章。

五、授权代理和其他商务代理的终止

第 465 条

1. 如不损害由个人劳动合同、合伙合同、委任合同或者其他在当事人之间存在的法律关系可能产生的权利[232]，授权代理或商务代理可随时被撤销。

2. 营业主的死亡或者其民事行为能力的丧失，并不当然导致授权代理和商务代理的终止。

---

[232] 根据1971年6月25日联邦法第二节第1条的新内容修订，自1972年1月1日起生效。参见本法典的最终规定和过渡规定第十章。

第十八章　指 示 合 同

一、定义

第 466 条

指示合同，是指被指示人，按照指示人之指示，向领受人交付一定数额的金钱、有价证券或者其他可代替物，而领受人以自己名义领受的合同。

二、合同效力

(一)指示人和领受人之间的关系

第 467 条

1. 指示合同的目的是终止指示人对领受人所欠的债务，该债务只能通过被指示人的支付而灭失。

2. 但是，接受指示的债权人(领受人)，只有当其已向被指示人要求支付，但在指示合同规定的期限届满时仍未得到支付时，才能重新向指示人主张其债权。

3. 从其债务人(指示人)那里收到指示合同的债权人(领受人)，不打算接受指示合同的，必须及时通知债务人(指示人)，否则承担损害赔偿责任。

(二)被指示人的义务

第 468 条

1. 已被领受人通知无条件接受指示的被指示人，应当向领受人支付，被指示人只能基于与领受人之间的个人关系或者基于指示内容，对领受人进行抗辩,但不能基于与指示人的关系,对领受人进行抗辩。

2. 如被指示人是指示人的债务人,如向领受人支付的金额不超过指示支付之金额,则被指示人在不超过其债务金额之范围内有义务向领受人进行支付。

3. 即使属于前款所述情形,被指示人不必在支付之前宣告接受指示,但被指示人与指示人之间,另有约定的除外。

(三)不支付的通知

第 469 条

被指示人拒绝领受人的支付要求或者预先声明不支付的,必须及时通知指示人,否则被指示人应当承担损害赔偿责任。

三、指示的撤销

第 470 条

1. 指示人可以随时撤销针对领受人的指示,除非指示人是为领受人的利益而交付指示物,尤其是对领受人清偿债务。

2. 只要被指示人还未向领受人通知接受指示,指示人就可以对被指示人撤销指示。

2.2 如支付系统的操作规则没有不同规定,一旦款额从指示人的账户转出,在非货币支付流程中的指示就不可撤销。[233]

3. 指示人破产的,尚未被接受的指示视为被撤销。

四、有关有价证券的转让

第 471 条

1. 注明为无记名的指示证券,适用本章的规定,任何证券持有人对于被指示人具有领受人的资格,

〔233〕 根据 2008 年 10 月 3 日关于《中介持有证券》的联邦法附录第 3 章增补,自 2009 年 10 月 1 日起生效。

在指示人和领受人之间产生的权利，只能在每个转让人和其领受人之间产生。

2.关于支票和具有汇票效力的类似指示证券的特殊规定除外。

第十九章　保 管 合 同

一、一般保管合同

（一）定义

第 472 条

1. 保管合同，是保管人接受寄存人托付给他的动产，并将之保存于安全处所的合同。

2. 只有当已经明确约定或者根据具体情形应当获得报酬时，保管人才能要求报酬。

（二）寄存人的义务

第 473 条

1. 寄存人必须向保管人偿付履行合同必需的费用。

2. 寄存人应向保管人赔偿因寄存造成的损失，但寄存人证明自己对产生的损失没有过错的除外。

（三）保管人的义务

1. 禁止使用保管物

第 474 条

1. 未经寄存人同意，保管人不得使用保管物。

2. 违反前款规定的，保管人必须合理赔偿寄存人并承担意外的损失，但保管人证明即使自己未使用保管物，该物品还是会受到损坏的除外。

2. 返还

（1）寄存人的权利

第 475 条

1. 即使规定了保存的期限，寄存人也可以随时要求返还保管物及其孳息。

2. 但是,寄存人应当向保管人偿付依据约定的保存期限所应当支出的费用。

(2)保管人的权利

第 476 条

1. 保管人不得在规定的保存期限前返还保管物,但意外情形使之不能对物品更长久地安全保存或者不得不损害自己利益而保存的除外。

2. 未规定保存期限的,保管人可以随时返还保管物。

(3)返还地点

第 477 条

物品返还在保存地进行,由寄存人承担费用和风险。

3. 多人保管的连带责任

第 478 条

共同接收保管物的人为连带责任人。

4. 第三人主张的财产权

第 479 条

1. 第三人对保管物主张财产权的,只要保管物未被司法扣押,或者第三人未对保管人提出返还物品的请求的,保管人还是应当将保管物返还给寄存人。

2. 保管物被扣押或者被要求返还的,保管人必须立即通知寄存人。

(四)有争议财产的保管

第 480 条

两人或者数人,为了保全其权利,将法律状况有争议的或者状况不确定的物品寄存于第三人的,保管人或者争议财产的保管人,只有在所有当事人的同意下或者在法官的命令下,才能归还保管物。

二、特殊保管合同

第 481 条

1. 根据明示或者默示之约定,金钱的保管人可以返还相等额度,但可以非原物返还的,则保管人承受该笔金钱的收益和风险。

2. 交付的钱款无封条且未密封的,视为前款所述之默示约定。

3. 保管包含其他可替代的物品或者有价证券的，保管人只有在寄存人明确的允许下，才对保存物具有处分权。

三、仓储合同

（一）发行有价证券的权利

第 482 条

1. 公开提供仓储保管货物的仓储保管人，可以从主管部门取得发行代表仓储货物的证券的权利。

2. 这些证券是许可请求交付仓储货物的有价证券。

3. 它们可以是记名证券、指示证券或者不记名证券。

（二）仓储保管人的保管义务

第 483 条

1. 仓储保管人，如同行纪人一样，应当对货物的保管履行注意的义务。

2. 遭受变化的货物显示出需要其他的保管措施的，如有可能，仓储保管人应通知寄存人。

3. 仓储保管人必须允许寄存人在业务期间查看货物状态并进行检验，以及随时采取必需的保存措施。

（三）仓储货物的混合

第 484 条

1. 只有被明确授权时，仓储保管人才能将同种类和质量的可替代的物品混合保存。

2. 对于因此混合的物品，任何寄存人都可以提出与其权利相当的部分货物之请求。

3. 仓储保管人因此可以在无其他人参与的情况下，将该寄存人的部分货物分离给该寄存人。

（四）仓储保管人的权利

第 485 条

1. 仓储保管人有权得到约定的或者惯常的仓储保

管费,以及所有其他非货物仓储保管产生的费用(运输费、关税和维护费)的补偿。

2. 这些费用必须及时给予补偿;仓储保管费在每个季度终止时支付,且无论如何,在货物全部或者部分取回时支付。

3. 只要仓储保管人拥有仓储物,或者通过代表货物的证券的方式可以处分仓储物的,仓储保管人的债权可以通过对货物的留置权予以担保。

(五)货物的返还

第 486 条

1. 仓储保管人应按通常的保存情形返还货物;然而,仓储保管人不得在约定的货物保管期限届满前返还货物,即使在因突发事件一般保管人可能被允许提前返还货物的情形中。

2. 发行代表货物的证券的,仓储保管人只能且只应当将该证券返还给合法的债权人。

四、旅馆保管

(一)旅馆主人的责任

1. 条件和范围

第 487 条

1. 客栈主人或者旅馆主人对住宿在其店里的旅客携带的物品的损坏、毁坏或者盗窃负有责任,但如能证明损失是旅客本人、拜访他的人、陪伴他的人或者为他服务的人的过错导致的除外,或者能证明损失因不可抗力或者寄存的物品本身的性质所导致的除外。

2. 如旅馆主人或者其雇员没有任何过错的,对每个旅客所携带的物品的赔偿责任限于 1000 瑞士法郎。

2. 贵重物品

第 488 条

1. 贵重物品、巨额现金或者有价证券未被托付给旅馆主人的,只有当旅馆主人或者其雇员有过错时,旅馆主人才承担损失。

2. 旅馆主人无论接收或者拒绝贵重物品、巨额现金或者有价证券之寄存,均应当对其全部价值承担责任。

3. 对于旅客可以随身携带的物品或者贵重物品,旅店主人应当如同旅客的其他物品一样承担责任。

3. 责任的免除

第 489 条

1. 旅客未在发现损失后尽快通报旅馆主人的,则其赔偿请求的权利灭失。

2. 旅馆主人不得通过在其旅馆中张贴通告的方式来声明免除责任,或者附加法律未规定的条件来免除责任。

(二) 拥有公共马厩的人的责任

第 490 条

1. 拥有公共马厩的人,只要寄存人、拜访他的人、陪伴他的人或者为他服务的人没有过错,或者不能证明损失是因不可抗力或者因寄存物品本身的性质导致的,则他们对交付给自己的或者由他们自己或者由其雇员接收的动物和车辆,以及马具和其他附件的损坏、毁坏或者盗窃承担责任。

2. 但是,如拥有公共马厩的人或者其雇员没有任何过错的,对接收的动物和车辆以及其他附件的赔偿责任限于 1000 瑞士法郎。

(三) 留置权

第 491 条

1. 客栈主人、旅馆主人和公共马厩主人,对旅客携带的物品或者交付给他们的物品享有留置权,以担保其旅馆费用和保管费用的债权。

2. 关于出租人的留置权的规定类推适用。

第二十章　保证合同[234]

一、条件

(一)定义

第492条

1. 保证合同,是保证人为清偿债务人所欠之债务而向债权人提供保证的合同。

2. 保证只能针对有效的债务而设立。可以为将来的或者附条件的债务提供保证,但以债务将来有效为前提。

3. 对因错误或者无能力而对债务人没有约束力的合同而产生的债务,保证人在提供保证时知道该合同带有瑕疵的,则按照有关保证之条件和适用于保证之规则承担对债务的责任。同样的规则适用于对已经失去时效的债务承担保证责任的情形。

4. 保证人不得预先放弃本章赋予的权利,但法律另有规定的除外。

(二)形式

第493条

1. 保证合同的效力取决于保证人的书面声明以及在保证合同中注明的提供保证总额。

---

[234] 根据1941年12月10日联邦法第一章新内容修订,自1942年7月1日起生效。参见本法典后本章的暂行规定。

2. 保证人是自然人的，保证声明还必须采用公证形式，并符合保证合同签署地的规定。如保证的金额不超过2000瑞士法郎的，只需要保证人亲自在保证合同上写明他应该保证的金额，即为有效；如有必要，保证人也可以连带保证人的身份进行保证。

3. 为联邦、联邦之公法人团体、州的公法债务提供的保证，例如关税、国税、其他类似税务，以及为运输提供的保证，在上述所有情形中，只需要保证人作出书面声明，并在该声明中写明他应该提供保证之总数额即可。

4. 如果为了规避公证形式，而将保证金额划分成几个部分，则必须遵守对全部金额所规定的形式，保证才为有效。

5. 对于合同的变更，除保证金额的增加和从一般保证到连带保证的变更外，只要采用书面形式即可。债务被第三人承担且债务人因此被解除债务的，保证灭失，但保证人以书面形式同意该债务的承担的除外。

6. 对代理人进行订立保证的特殊授权，以及向另一方或第三人提供保证的承诺，应当符合与保证相同的形式。当事人可以书面形式约定将保证责任限制在应当最先偿还的债务部分。

7. 联邦委员会可以限制公证费的额度。

（三）配偶的同意

第494条

1. 对于保证人已婚的情形，则只有在其配偶预先给予的或者最迟于保证订立同时给予书面同意的情况下，保证才能有效地成立，但配偶被判决分居的除外。

2. ……[235]（废除）

3. 对于保证订立后的变更，只有当担保款额必须增加时，或者从一般保证转变为连带保证时，或者变更是为显著减轻担保时，才需要配偶的同意。

4. 本条规定类推适用于合法登记的同性伴侣。[236]

二、内容

（一）各种保证的特性

1. 一般保证

第 495 条

1. 一般保证成立后，只有在债务人被宣告破产，或者已经订立债务延期履行和解协议，或者尽管债权人尽到必要的注意义务，该债务的追偿仍被签发资不抵债证书，或者债务人将其住所迁往国外且在瑞士无法找到他的，或者因债务人住所从一个国家迁移到另一个国家使得债权人的权利行使受到严重阻碍的，债权人才能要求一般保证人进行债务清偿。

2. 债务是由抵押作为担保的，一般保证人可以要求债权人首先用抵押来进行清偿，但债务人破产或者获得债务延期履行和解协议的除外。

3. 保证人仅对债务人清偿不足部分承担保证责任的，只有在债务人最终被签发资不抵债证书，或者当债务人将其住所迁往国外，或者因债务人住所从一个国家迁移到另一个国家使得债权人的权利行使受到严重阻碍的，保证人才能被要求执行保证。订立了债务延期履行和解协议的，在协议生效后，可以要求保证人清偿未履行和解清偿的部

---

[235] 根据 2005 年 6 月 17 日关于担保，配偶的同意的联邦法第一章废除，自 2005 年 12 月 1 日起生效。

[236] 根据更改民法典的 1984 年 10 月 5 日联邦法第二章第 2 条废除。

分债务。

4. 另有不同约定的除外。

2. 连带保证

第 496 条

1. 以连带保证人的名义或者其他相当形式，保证人与债务人一起承担保证的，只要债务人在其债务偿付中有迟延且被催告支付债务后仍未履行的情况，或者是债务人公认的无偿付能力，则债权人在追偿债务人之前和在实现其不动产抵押之前，即可以诉请向保证人追偿。

2. 只有在法官裁量这些抵押可能不足以清偿债务的范围内，或者债权人和连带保证人有约定的，或者债务人破产、订立债务延期清偿和解协议的，债权人才能在实现他对动产和债权的抵押之前，向保证人追偿。

3. 共同保证

第 497 条

1. 数人共同对同一可分割的债务进行保证的，每个共同保证人对自己负责的部分作一般保证，对其他人的负责部分只作为第二保证人。

2. 数保证人与债务人一起进行连带保证或者在数保证人之间相互进行连带保证的，每个保证人承担全部的债务。然而在瑞士可以对连带保证人提起诉讼的情况下，未先向其他连带保证人提起诉讼或者没有同时对所有连带保证人提起诉讼的，则共同保证人可以拒绝支付超过自己所应承担部分的保证债务。如其他保证人支付其保证份额或者提供实物担保的，共同保证人也可以行使同样的权利。已支付的共同保证人有权对其他任何还未支付其保证债务部分的保证人进行追偿，但另有约定的除外。该追偿权利可以在对债务人起诉之前得以行使。

3. 债权人知道或者应当知道,保证人因推断同一债务可能由其他人保证时才承诺保证的,其推断落空的,或者在之后保证人之一被债权人解除义务的或者其保证被宣布无效的,保证人被解除保证义务。在保证被宣布无效的情形中,根据公平原则,法官可以判决保证人承担合理减轻后的保证责任。

4. 数人分别保证同一债务的,他们中的每个人承担全部的债务金额。已支付的保证人有权对其他保证人就其各自的保证部分和份额进行起诉,但另有约定的除外。

4. 第二保证人和求偿保证人

第 498 条

1. 向债权人承担保证义务的第二保证人,和保证人一起承担保证责任;第二保证人和保证人承担保证责任的方式,与一般保证人和债务人承担保证责任的方式相同。

2. 已经清偿债务的保证人,其对于债务人的追偿权,由求偿保证人给予担保。

(二)共同规定

1. 保证人与债权人之间的关系

(1)责任范围

第 499 条

1. 无论何种情形,保证人只在保证合同指明的保证全额的限度内承担保证责任。

2. 保证人承担以下限度内的保证责任,但另有约定的除外:

(1)债务金额以及因债务人的过失或者对债务人催告而产生的法律后果。但是,只有明确约定,保证人才承担因合同失效产生的损失和违约金。

(2)保证人如能及时向债权人清偿即可避免的诉

讼和债务执行的费用,以及如有必要,交付担保物或转移担保权所产生的费用。

(3)合同约定的,本年度和前一年度已经到期的利息,如有必要,本年度和前一年度已到期的还款额。

3. 保证人只承担在保证设立之后债务人的债务保证责任,但根据合同或者具体情形可以推断出不同情形的除外。

(2)保证的法定减低

第 500 条

1. 保证人是自然人的,其保证的总金额,每年减低3%;如债务是由不动产抵押来保证的,每年减低1%。无论哪种情形,自然人承担的金额至少根据债务减少而按照相同的比例予以减少,但预先或者之后约定了不同做法的除外。

2. 对联邦、其公法企业或者州的公法债务的保证,如关税、国税和其他相似税务,以及对运输费用的保证、对公职人员和雇员的保证,对数额变化的债务的保证,如往来账号、连续交付的买卖合同和定期给付,均不在此限。

(3)对保证人的追偿

第 501 条

1. 即使债务因债务人的破产提前到期的,但在规定的债务支付期限到期前不得强制保证人支付。

2. 无论何种保证,保证人在提供实物担保后,可以请求法官暂停对他进行追偿,直至所有的抵押得到实现和对债务人发放最终的资不抵债证书,或者直至破产人与债权人之间订立债务清偿协议。

3. 债务的到期取决于债权人或者债务人的预先通知的,则保证期限从保证人收到通知开始起算。

4. 债务人居住在国外,因为该国的法律,例如,关于贸易结算或者禁止汇兑的规定,而不能全部或者部分偿付债务的,那么居住在瑞士的保证人同样可以援引该法律进行抗辩,但其放弃引用该法的除外。

(4)抗辩

第502条

1.保证人有权且有义务对债权人提出属于债务人或者其继承人的、并非因债务人的无偿付能力所产生的所有抗辩。但因错误或者无能力签约而债务对债务人不产生约束力的情形下或者债务具有时效的情形下,已经承担保证责任的除外。

2.债务人放弃其抗辩的,保证人还是可以对债权人提出该抗辩。

3.不能证明并非由于自己的过错而疏于抗辩的,则疏于提出属于债务人的抗辩的保证人,失去因这些抗辩可能免除其支付义务的诉权。

4.由赌博或者博彩所产生的债务,保证人尽管知道债务的性质,但予以保证的,那么保证人可以与债务人提出相同的抗辩。

(5)债权人的审慎义务;交付担保和文书的义务

第503条

1.债权人损害保证人的利益,缩小抵押权、降低保证金,或者缩小在设立担保时已存在的或者设立担保后债务人给予的对债务特别担保的优先权的,则担保人的担保责任减少相同的款额,但能证明担保人损失更小的,则不在此限。对于超额支付的金额,保证人的返还请求权,不受影响。

2.债权人因疏于对公务人员和雇员的监督或者其他可期待之注意,且因此产生债务或者增加债务的,债权人还对该公务人员和雇员的保证人承担责任。[237]

3. 保证人已经清偿债务的，债权人应当向其交付可以帮助保证人行使其权利的文书，并为其提供必需的信息。债权人还必须向保证人交付在设立保证时已存在的，或者之后债务人为债务特别设立的抵押和其他保证，或者完成这些担保的移转手续。债权人拥有的其他债权的抵押权和留置权不受影响，如债权人的权利相对于保证人的权利处于优先顺位的，则不在此限。

4. 债权人无正当理由拒绝实施相关行为的，或者恶意或者因重大过失放弃其所负责的现存证据、抵押和其他保证的，保证人被解除义务；保证人可以要求返还他所支付的款项并请求赔偿其额外损失。

(6) 强制支付的权利

第 504 条

1. 债务到期的，即使在债务人破产之后，保证人也可以随时要求债权人接受债务的清偿。债务是由数人保证的，债权人也应当接受部分支付，只要该部分的支付至少属于支付人承诺的保证份额。

2. 债权人执意拒绝接受支付的，保证人被解除义务。连带保证人对该保证人份额的金额的责任因此被减除。

3. 债权人同意的，保证人甚至可以在债务到期前向债权人清偿。但是，在债务到期之前，保证人不得行使对债务人的追偿权。

---

[237] 根据 1971 年 6 月 25 日联邦法第二章第 1 条修订，自 1972 年 1 月 1 日起生效（RO 1971 1461；FF 1967 II 249）。参见本法典第十章的最终规定和暂行规定。

(7)债权人的通知,债务人的破产和债务清偿协议之介入

第505条

1.债务人迟延六个月支付本金、半年利息或者年度债款的,债权人应当通知保证人。按照要求,债权人必须随时向保证人提供有关债务状况的信息。

2.债务人被宣告破产的或者要求执行债务清偿协议的,债权人应当申报债权并进行所有对债务人的请求以维护权利。债权人接到债务人的破产和债务清偿延迟执行通知的,他必须将之通知保证人。

3.如果债权人在上述程序中存在疏忽,对于因其疏忽而对保证人造成的损失,在相同之限度内丧失对保证人的请求权。

2.在保证人和债务人之间的关系

(1)对债务人要求保证和清偿的权利

第506条

在以下情形中,保证人可以要求债务人提供保证,如债务到期的,保证人可以要求债务人进行清偿:

1.债务人违背对保证人承担的义务,特别是违背他在规定的期限内解除保证人义务的承诺的;

2.债务人被催告的,或者因其住所向另外一个国家的迁移,债务人只能在明显更加困难的条件下被追偿的;

3.因债务人遭受损失,或者保证价值减少的,或者因债务人有过失,保证人承担的风险比他在作保证时明显增加的。

(2)保证人的追偿权利

①一般情形

第507条

1.在向债权人清偿之金额限度内,保证人可以代

位行使债权人的权利。债务到期的,保证人即可行使其代位权。

2. 只有在设立保证时已存在的或此后债务人为了保全债权而特别设立的抵押和其他担保的,保证人才获得抵押权和其他担保权利,但另有约定的除外。只进行部分清偿的保证人,只能代位行使部分抵押权利。剩余部分的抵押权,相对于保证人,债权人处于优先受偿的顺位。

3. 但保证人和债务人之间因法律关系产生的诉权和抗辩除外。

4. 保证债权的抵押被实现的,或者抵押财产的所有权人自愿进行支付的,只有在保证人和所有权人之间进行了约定,或者抵押在保证设立后由第三人设立的,所有权人才能行使对保证人的追偿权利。

5. 保证人的追偿权,其时效自偿付债权人之日开始起算。

6. 保证人对于不赋予任何司法诉讼权利之债务的支付,或者对因错误或者无能力而订立且对债务人无约束力的合同债务进行偿付的,则保证人对债务人无任何追偿权利。但是,保证人受债务人的委托对失效债务提供保证的,则债务人根据委托规则对保证人承担责任。

②由保证人进行支付的通知

第 508 条

1. 保证人全部或者部分支付债务的,他必须将之通知债务人。

2. 保证人疏于向债务人通知的,且因债务人不知道和不可能知道债务的偿付而第二次支付的,保证人失去其追偿权利。

3. 保证人对债权人基于不当得利而享有的返还请求权，不受影响。

三、保证的终止

（一）根据法律

第 509 条

1. 无论什么原因，主债务灭失的，保证人即被解除保证义务。

2. 债务人和保证人同为一人的，债权人保留享有因保证而产生的特别优先权。

3. 所有由自然人设立的保证，自保证设立时起，在二十年期限届满时终止。对于联邦、其公法企业或者对州的公权债务，诸如关税、国税和其他相似的税务的保证，对运输费用的保证，以及对公职人员和雇员的保证和定期给付的保证，一律不在此限。

4. 即使保证人为一个更长的期限作保证，也应当在前款所述期限的最后一年间对保证人诉请清偿债务，但保证人预先延长了保证期限，或者以新的保证取代旧的保证的情形除外。

5. 保证的延长可以由保证人以书面声明进行，新的期限至多为十年。该保证延长的声明应当最早在保证终止前一年内发出。

6. 债务在保证期届满前两年内到期的，且债权人在该限期前未能解除债务的，无论何种保证，在对债务人行使权利或者实现抵押权之前，即可对保证人追偿。相应地，保证人在债务到期前，可以行使对债务人的追偿权。

（二）有期限之保证；保证的撤销

第 510 条

1. 自保证人作出保证之日起债务人的财务状况明显恶化的，或者保证设立后显露出债务人的财产状况比之保证人善意接受时的情况更为恶劣的，为将来的债务做保证的保证人，只要债务还未产生，他可以随时向债权人以书面声明撤销其保证。关于公职人员和雇员的保证，如果任命或者雇佣已发生的，则对公职人员或者雇员的保证不得再被撤销。

2. 对于债权人因信赖保证而产生的损害，保证人应当予以赔偿。

3. 对于有限定期限的保证，如债权人在限定期间届满后的四星期内没有通过法律途径行使其权利并及时提起诉讼的，那么只在限定期间作保证的保证人被解除义务。

4. 债务在此时还未到期的，保证人只有在提供实物担保时，才能解除其义务。

5. 保证人未提供实物担保的，应当按照最长保证期限的规定继续承担保证责任，视为其约定的保证期限为直至债务到期。

（三）不限期的担保

第 511 条

1. 保证不限期的，在债务期限届满时，保证人已经具备对债务人的诉请条件的，保证人可以要求债权人在四星期的限期内行使债权，实现担保物权，并尽快提起诉讼。

2. 如果债务的到期可以由债权人的通知来确定，保证人在对债权人作出保证一年后，有权要求债权人发出债务到期偿付通知，且因债务到期，要求债权人行使前款所述的权利。

3. 债权人未按照保证人的要求发出债务到期偿付通知的，保证人被解除义务。

（四）公职人员和雇员的保证

第 512 条

1. 公职人员的保证是不限期的，它可以提前一年发出通知,在每一任期终止时予以撤销。

2. 对于未被授予固定任期的公职人员,保证可以提前一年发出通知,自其任职开始时起算每四年为一期,终止时予以撤销。

3. 对雇员不限期的保证,保证人行使和公职人员一样的撤销权。

4. 有不同约定的,从其约定。

第二十一章　赌博和博彩

一、不予承认

第 513 条

1. 赌博和博彩，不享有任何债权的权利。

2. 有意对赌博或者博彩进行的预支或者借贷，以及对具有赌博或者博彩性质的货物或者交易所证券的差别交易和其他期货交易，同样不享有债权的权利。

二、债务确认和自愿支付

第 514 条

1. 即使赌博人或者博彩人已向第三人移交债务借据，任何人均不得主张由赌博人或者博彩人签署的债务借据或者汇票的权利；但有价证券授予善意第三人的权利不受影响。

2. 自愿支付不得请求返还，除非当赌博或者博彩的正常进行受到意外事件的阻碍，或受到当事人另一方行为的阻挠，或者另一方当事人的做法不道德，才能要求返还自愿进行的支付。

三、彩票和抽奖

第 515 条

1. 只有得到主管部门的许可，彩票和抽奖才享有债权的权利。

2. 没有许可的彩票和抽奖，适用有关赌博债务的规定。

3. 在国外允许的彩票或者抽奖，在瑞士不受法律保护,但对主管部门允许出卖的彩票和奖券除外。

四、在赌场中的赌博和借贷

第515a条[238]

如在主管部门许可的范围内进行赌博,在赌场中的赌博享有债权的权利。

[238] 根据1998年12月18日关于赌场的法律的附录第5章增补,自2000年4月1日起生效。

第二十二章　终身定期金和终身扶养合同

一、终身定期金

（一）内容

第 516 条

1. 终身定期金可以债权人、债务人或者第三人的生存期限为期限而设立。

2. 如无明确规定，终身定期金推定以债权人的生存期限为期限而设立。

3. 以债务人或者第三人的生存期限为期限而设立的终身定期金，可移转给债权人的继承人，但另有规定的除外。

（二）书面形式

第 517 条

终身定期金合同，只有以书面形式订立，才具有效力。

（三）债权人的权利

1. 权利行使

第 518 条

1. 终身定期金每半年预付一次，但另有约定的除外。

2. 设立终身定期金的人，在终身定期金预付期终止前死亡的，债务人必须支付整个预付期的年金。

3. 债务人破产的，债权人可以主张其权利，即可以请求支付一笔钱款，其金额等同于在债务人破产开始时，债权人为了获得等额的定期金而与可靠的定期金机构签订定期金合同而需要支付的金额。

2. 可转让性[239]

第 519 条

1. 债权人可以转让其权利，但另有约定的除外。

2. ……[240]（废除）

（四）受保险合同法律约束的终身定期金

第 520 条

1908 年 4 月 2 日关于《保险合同》的联邦法规定的终身定期金合同[241]不适用以上规定；但关于不得扣押的定期金之规定不受影响。

二、终身扶养合同

（一）定义

第 521 条

1. 终身扶养合同，是当事人一方保证向另一方移转资产或者某些财产，以换取承诺对其生命存续期间的供养和照顾的合同。

2. 扶养人是被扶养人遗嘱指定的继承人的，合同使用关于继承协议的规定。

（二）规定

1. 形式

第 522 条

1. 终身扶养合同，应当采用与继承协议相同的形式订立，即使该合同并不意味着指定继承人。

2. 如合同是与国家认证的收容所订立的，且符合有关管理部门规定的条件，私人协议的形式即满足要求。

---

[239] 根据 1994 年 12 月 16 日联邦法附录第 6 章的新内容修订，自 1997 年 1 月 1 日起生效。

[240] 根据 1994 年 12 月 16 日联邦法附录第 6 章废除。

[241] RS 221.229.1.

2. 担保

第 523 条

被扶养人向扶养人移交不动产的，为担保被扶养人的权利，应以出卖人相同的名义保留其法定抵押权。

(三)合同的内容

第 524 条

1. 被扶养人在扶养人的家庭中生活，扶养人应当按照被抚养人转移的财产的价值和被抚养人此前的生活条件，给被抚养人提供合理的供养。

2. 扶养人尤其应当向被扶养人提供足够的给养和合适的住房；被扶养人生病的，扶养人应当给予其必需的照顾和医治。

3. 收容所为能够向寄宿者提供终身扶养，可以按照有关管理部门批准的规则，确定具有一般拘束力的给付。

(四)无效和减额

第 525 条

1. 被抚养人因终身扶养合同而不能履行扶养义务的，则被扶养人有义务供养的人，有权针对终身扶养合同提起诉讼。

2. 法官可以命令扶养人向被扶养人有义务供养的人履行扶养义务，并相应地减少扶养人根据扶养合同应当向被扶养人履行的义务，而不用取消扶养合同。

3. 此外，保留继承人请求遗产扣减的诉讼和被扶养人请求撤销合同之诉。

(五)灭失

1. 解除

第 526 条

1. 约定的给付在价值上明显不对等，且收到更多给付的当事人一方不能证明另一方有意赠与的，终身扶养合同可以由当事人的任何一方，提前六个月提出，随时予以解除。

2. 对此，财产价值和终身定期金之间的比例，根据可靠的定期金机构的规则确定。

3. 在合同解除时已完成的给付，抵销其对付的财产价值和利息后，应当予以返还。

2. 单方解除合同

第 527 条

1. 因违反合同的强制性义务使得合同不能再继续，或者其他正当理由使得合同的继续变得不可能或者代价太高的，当事人任何一方被允许单方面解除合同。

2. 如合同的解除是因前款所述原因之一，有过错的一方除了返还其所收到的给付，还必须合理补偿无任何过错的一方。

3. 法官可以根据当事人一方的请求或者依职权宣判双方共同生活的终止，并以补偿的名义给予被扶养人终身定期金，如此可以不解除合同。

3. 扶养人死亡的合同解除

第 528 条

1. 扶养人死亡的，被扶养人可以在一年期限内请求解除终身扶养合同。

2. 在此情形中，被扶养人有权向扶养人的继承人主张等同于在扶养人破产中被扶养人可以主张的债权。

(六)不可转让性；破产或者扣押时债权的实现

第 529 条

1. 被扶养人的权利，不得转让。

2. 扶养人破产的，被扶养人可以主张其权利，即可以请求支付一笔钱款，其金额等同于在扶养人破产开始时，被扶养人为了获得等额的定期金而与可靠的定期金机构签订定期金合同而需要支付的金额。

3. 为保全前款所述债权，被扶养人无需对扶养人预先进行追偿，即可参与对扶养人被扣押财产的分配。

第二十三章　简易合伙合同

一、定义

第530条

1. 合伙,是指两人或数人约定共同努力或共用资源以便实现共同目标之合同。

2. 不具备本法中任何其他组织特性的组织,属于本章所指的简易合伙。

二、合伙人之间的关系

(一)出资

第531条

1. 每个合伙人均有出资之义务,出资可以是货币、技艺、债权或者其他财产。

2. 出资应当是等额的,且其种类和金额应当符合合伙之目的,但另有约定的除外。

3. 如出资为对物之用益权,每个合伙人承担的风险和担保,应当类推适用有关租赁合同之规则;如出资为对物本身之所有权,则应当类推适用有关买卖合同之规则。

(二)盈利和亏损

1. 盈利的分配

第532条

按照性质属于合伙之盈利,应当在合伙人之间进行分配。

2. 盈利和亏损的份额

第533条

1. 每个合伙人,无论其出资之种类和金额,对盈利和亏损均承受同等之份额，但另有约定的除外。

2. 如仅约定了盈利之份额，或者仅约定了亏损之份额，则其约定视为对盈利和亏损两种情形均具有效力。

3. 对于以技艺出资的合伙人，可以约定其拥有盈利之份额，并免除其对亏损之分摊。

（三）合伙的决议

第 534 条

1. 合伙的决议，应当经全体合伙人同意后，才可以作出。

2. 如合同约定，经多数人同意可以作出决策，则应根据人数计算是否构成多数。

（四）管理

第 535 条

1. 全体合伙人均享有管理权，但合伙合同或者合伙决议将管理权专门授予其中一人、数人或者第三人的除外。

2. 如管理权属于全体合伙人或者其中几个合伙人，无需其他合伙人予以协作，则其中任何一个具有管理权的合伙人均可以独立进行交易；但是，其他任何一个具有管理权的合伙人有权在交易完成之前予以否决。

3. 任命全权代理人，或者实施合伙通常交易之外的法律行为，必须取得全体合伙人的一致同意，但紧急情形除外。

（五）合伙人之间的责任

1. 竞业禁止

第 536 条

任何合伙人，不得为了其个人利益，实施可能妨碍或者损害合伙目的之交易。

2. 合伙人的付款和劳动

第 537 条

1. 某个合伙人，因合伙事务而支付款项或者承担义务，则其他合伙人应当予以分担；对于因经营合伙事务或因与合伙事务相关的风险所导致的直接后果,如某个合伙人遭受了损失,则其他合伙人同样应当予以分担。

2. 合伙人如为合伙而预付了资金,则其可以请求支付自付款之日起的利息。

3. 合伙人对其个人之劳动,无权请求任何补偿。

3. 勤勉义务

第 538 条

1. 对于合伙事务,每个合伙人应当如同处理自己之事务,履行通常的勤勉和注意之义务。

2. 在合伙事务中,合伙人因其过错而给其他合伙人造成的损失,该合伙人应当承担责任,且不得以其在其他经营事务中为合伙带来的盈利而主张对该损失予以抵销。

3. 执行事务的合伙人,如依其对合伙事务之管理取得酬金,则其承担与受任人相同之责任。

(六)管理权的撤销与限制

第 539 条

1. 根据合伙合同授予某个合伙人的管理权,如无正当理由,其他合伙人不得予以撤销或限制。

2. 如有正当理由,即使合伙合同中有不同之约定,任何一个合伙人仍有权予以撤销。

3. 执行事务的合伙人,如果存在严重违背其义务或者丧失管理能力之事实,尤其应当视为正当理由。

(七)执行事务的合伙人和其他合伙人的关系

1. 一般情形

第 540 条

1. 执行事务的合伙人和其他合伙人的关系,应适用委任合同之规定,但本章或合伙合同中另有约定的除外。

2. 无管理权的合伙人为合伙利益而实施之行为,或者执行事务的合伙人存在越权之行为,应当适用有关无因管理之规定。

2. 对合伙事务的知情权

第 541 条

1. 即使没有管理权,为了其个人了解信息之目的,所有合伙人均有权亲自了解合伙事务的进展、查阅合伙之账簿和文件、要求提供合伙财务状况之简要说明。

2. 所有相反之约定,无效。

(八)新合伙人的接纳;试图入伙的第三人

第 542 条

1. 未征得其他合伙人之同意,任何合伙人不得介绍第三人加入合伙。

2. 如某个合伙人擅自让第三人参与其出资,或者向第三人转让其出资,则第三人没有合伙人之资格,尤其不得享有对合伙事务的知情权。

三、合伙人与第三人的关系

(一)代表

第 543 条

1. 合伙人,为了合伙之利益,但以其个人之名义与第三人进行交易,则对于第三人,该合伙人为唯一的债权人或者债务人。

2. 合伙人,以合伙之名义或者以全体合伙人的名义与第三人进行交易,其他合伙人只有在符合有关代表规则的范围内,才成为第三人的债权人或者债务人。

3. 合伙人,自其负责管理合伙事务之时起,对于第三人,该合伙人视为享有代表合伙或者全体合伙人之权利。

(二)代表的效力

第 544 条

1. 根据合伙合同之约定,移转给合伙的或者合伙取得的实物、债权和物权,属于合伙人共有。

2. 某个合伙人的债权人,只能对该合伙人之清算份额主张权利,但合伙合同另有约定的除外。

3. 合伙人共同执行合伙事务,或者通过合伙代表执行合伙事务,则合伙人应对第三人承担连带责任,但另有约定的除外。

四、合伙的解散

(一)解散的原因

1. 一般情形

第 545 条

1. 在下列情形下,合伙予以解散:

(1)合伙之目的已经达到或者无法实现;

(2)某个合伙人死亡,但预先约定与其继承人继续合伙的除外;

(3)[242] 某个合伙人的清算份额成为强制执行之标的,或某个合伙人破产,或某个合伙人受到禁权性监护;

(4)全体合伙人一致同意;

(5)合伙设立的期限已经届满;

(6)合伙合同中规定了解除权,或合伙没有设定固定期限,或设立合伙以某个合伙人的生命期限为期限,据此某个合伙人发出终止合伙之通知;

(7)如有解散合伙之正当理由,法官作出解散之判决。

2. 如有正当理由,在合同约定的期限届满之前,即可要求解散合伙;如合伙的设立没有约定固定之期限,则无需预先发出通知即可要求解散合伙。

2. 无固定期限的合伙

第 546 条

1. 合伙没有设定固定之期限,或者以某个合伙人的生命期限为期限,则在符合提前六个月发出通

---

〔242〕 根据 2008 年 12 月 19 日关于《成人保护、人身权利和亲子关系法》的联邦法附录第 10 条的新内容修订,自 2013 年 1 月 1 日起生效(RO 2011 725;FF 2006 6635)。

知的条件下，任何一个合伙人均可以提出解散合伙。

2. 合伙的解散，必须符合善意原则，且不能在不合时宜的时间提出；如账务是按照年度结算的，则合伙的解散只能在营业年度终止时提出。

3. 在合伙设立之期限届满后，如默示其继续存在，则推定其变更为无固定期限。

（二）合伙解散后的继续经营

第 547 条

1. 基于解除合同之外的原因而解散合伙的，则管理合伙事务的合伙人继续享有管理权，直到他知道或根据具体情势应当知道时为止。

2. 合伙因某一合伙人的死亡而解散的，该合伙人的继承人应当立即通知其他合伙人；根据善意之原则，该继承人应当继续管理原本应由死者管理之事务，直至合伙采取必要之措施。

3. 其他合伙人，则以同样的方式暂时管理合伙之事务。

（三）清算

1. 出资

第 548 条

1. 合伙解散后，在合伙人进行的清算中，以财产出资的合伙人并不取回其出资之实物。

2. 对于该合伙人的实物出资已经被接受的，他有权取得同等之金额。

3. 未确定其金额的，则实物出资之返还，应当按照在出资时实物之价格进行计算。

2. 盈利和亏损

第 549 条

1. 在清偿合伙之债务、偿还合伙人之费用和预付之款项、返还合伙人之出资以后，仍有结余的，则盈利在合伙人之间进行分配。

2. 在清偿合伙之债务、偿还合伙人之费用和预付之款项以后，合伙的资产不足以返还出资的，则亏损由合伙人予以分担。

3. 清算方式

第 550 条

1. 合伙解散后，应由全体合伙人共同进行清算，包括无管理权的合伙人。

2. 但是，如合伙合同的订立，仅是为了由某个合伙人以其个人之名义，为合伙之利益从事特定之交易，则该合伙人在合伙解散以后，仍应独自完成交易，并向其他合伙人报告。

（四）对第三人的责任

第 551 条

对第三人之合同义务，不因合伙之解散而发生变更。

第三编　商事公司与合作社[243]

〔243〕 根据 1936 年 12 月 18 日联邦法新内容修订，自 1937 年 7 月 1 日起生效。参见债法典末尾最终规定和暂行规定第 24 章至第 33 章。

第二十四章　无 限 公 司

第一节　定义和形式

一、商事公司

第 552 条

1. 无限公司,是由两个或者两个以上自然人组成的,以公司名义对债权人承担无限责任的,从事贸易、制造业或者其他商业经营活动的公司。

2. 无限公司的成员应当在商事登记簿中为公司办理登记。

二、非商事公司

第 553 条

非从事商业经营活动的,只有在商事登记簿中办理登记,才能设立无限公司。

三、商事登记簿的登记

(一)地点

第 554 条〔244〕

无限公司,必须在公司总部所在地办理登记。

(二)代表

第 555 条

关于代表公司的权利之规定,如授予由某个股东代表,或授予由某些股东代表,或者注明将由某个

---

〔244〕 根据 2005 年 12 月 16 日关于《有限责任公司法以及关于股份有限公司法、合作社法、商业登记法和公司名称法适用》的联邦法的第一章第 3 条的新内容修订,自 2008 年 1 月 1 日起生效(RO 2007 4791;FF 2002 2949,2004 3745)。

股东与其他股东或者某个股东和授权代理人共同代表,则这些规定应当登记于商事登记簿。

(三)形式要求

第556条

1登记或者变更登记公司事项,应当根据全体股东在登记处登记员面前亲自签名之申请,或者以书面形式向登记员呈交具有合法签名之申请。

2.负责代表公司的股东,应当在登记处登记员面前亲自签署公司名称和他们个人的签名,或者以书面形式向登记员呈交合法之签名。

第二节 股东之间的关系

一、合同自由;简易合伙规定的适用

第557条

1.股东之间的关系,优先依据无限公司设立之合同予以确定。

2.如合同没有另行约定,则应适用简易合伙之规定,但以下条文有不同规定的除外。

二、账目记载[245]

第558条

1.在营业年度终止时,盈利、亏损以及每个股东的份额,均应在年度账目上载明。[246]

2.根据合同约定之条件,可以按照出资份额向股东分配利息;即使在财政年度中,股东之出资份额因亏损而减少,亦同。如合同没有另行约定,利率

〔245〕 根据2011年12月23日关于《会计法》的联邦法第I节第3条的新内容修订,自2013年1月1日起生效(RO 2012 6679;FF 2008 1407)。

〔246〕 根据2011年12月23日关于《会计法》的联邦法第I节第3条的新内容修订,自2013年1月1日起生效(RO 2012 6679;FF 2008 1407)。

应按4%计算。

3. 根据合同约定,应当支付给股东的劳务报酬,在计算盈利和亏损时,应视为公司之债务。

三、对盈利、利息和酬金的权利

第559条

1. 股东有权从公司的账户中提取在上一个财政年度中他应得的盈利、利息和酬金。

2. 如合同有约定,利息和酬金可以在营业年度期间支付;盈利则只能在经营报告获得批准后才能支付。[247]

3. 在经营报告获得批准以后,对于股东没有提取之盈利、利息和酬金,如其他股东没有异议,可以计入其出资份额。[248]

四、亏损

第560条

1. 如因亏损而减少了出资份额,对于酬金和减少后的出资份额利息,股东仍享有请求权;但对于盈利,在出资份额重新恢复之前,不得提取。

2. 股东没有义务超过合同约定的份额进行出资,也没有义务对亏损导致的资本减少进行补充出资。

五、竞业禁止

第561条

在公司经营的业务范围内,任何股东未经其他股东同意,不得为自己之利益或为第三人之利益而从事交易,也不得作为其他无限责任公司的股东、两合公司的有限责任股东,以及有限责任公司的股东。

---

[247] 根据2011年12月23日关于《会计法》的联邦法第I节第3条的新内容修订,自2013年1月1日起生效(RO 2012 6679;FF 2008 1407)。

[248] 根据2011年12月23日关于《会计法》的联邦法第I节第3条的新内容修订,自2013年1月1日起生效(RO 2012 6679;FF 2008 1407)。

第三节　公司与第三人的关系

一、一般情形

第 562 条

公司有权以公司名义取得权利和承担义务，依法起诉和应诉。

二、代表

（一）代表公司的权利

第 563 条

善意第三人可以认为每个股东均有代表公司之权利，但商事登记簿上另有不同登记的除外。

（二）权利范围

第 564 条

1. 被授权代表公司的股东，有权以公司的名义从事符合公司目的的一切法律行为。

2. 所有限制授权范围之条款，对于善意第三人一律无效。

（三）权利的撤销

第 565 条

1. 如有正当理由，股东代表公司之权利可以被撤销。

2. 根据提出正当理由的股东之请求，如果延迟作出决定将会带来风险，则法官可以决定临时撤销代表公司之权利。对于该权利之撤销，应当在商事登记簿中办理登记。

（四）授权代理人和商务代理人

第 566 条

只有经所有股东经营者的同意，才能为公司的全部交易任命授权代理人和商务代理人，但任何一个股东经营者都有资格有效地撤销代理权并能对抗第三人。

（五）以公司名义完成的行为和违法行为

第 567 条

1. 股东经营者以公司名义所作的行为，公司因此获得权利和承担义务。

2. 只要具体情形所需，即可为公司采取行动。

3. 公司应当对其股东在公司经营管理中违法行为导致的损害承担责任。

三、公司债权人的地位

（一）股东的责任

第 568 条

1. 股东应当以其全部财产为公司承担连带责任。

2. 股东之间的任何不同的约定对第三人一律无效。

3. 但是，只有当股东破产、公司解散或者对公司的诉讼无效时，股东个人才能因公司的债务而被起诉，即使在该股东退出公司后也能被起诉。为公司设立连带担保的股东的责任不受影响。

（二）新入股东的责任

第 569 条

1. 加入无限公司的新股东以其全部财产与其他股东连带承担现存的债务。

2. 股东之间的任何不同的约定对第三人一律无效。

（三）公司破产

第 570 条

1. 对于公司债权人，以公司的资产予以清偿，但股东个人的债权人除外。

2. 在公司破产中，股东无权申报其出资的本金和未到期利息，但可以主张已到期的利息、酬金和为公司利益所支出的费用。

（四）公司破产和股东破产

第 571 条

1. 公司的破产，不引起股东的破产。

2. 同样地，股东的破产，也不引起公司的破产。

3. 在股东破产中,公司债权人的权利,适用1889年4月11日关于《债务追偿和破产》的联邦法[249]。

四、股东个人的债权人之地位

第572条

1. 股东个人的债权人不得为了获得清偿或者得到担保而对公司资产主张任何权利。

2. 在强制执行程序中,股东个人的债权人只对其债务人的利息、酬金、利润和作为股东身份的清算份额享有权利。

五、抵销

第573条

1. 公司的债务人不得以公司股东个人所欠其之债务主张抵销公司之债权。

2. 同样地,股东也不得以其债权人对公司欠债为由,主张个人债务与公司债权相抵销。

3. 但是,公司的债权人同时又是股东个人的债务人的,自该股东个人因公司的债务而被提起诉讼之时起,公司的债权人和该股东个人之间的债务抵销可以作为抗辩事由。

第四节　公司解散和股东退伙

一、一般情形

第574条

1. 公司因破产程序的开始而被解散。对于其他情形引起的终止,简易合伙的规定适用于公司解散,但本章另有规定的除外。

2. 除破产情形外,股东负责在商事登记簿中登记

[249] RS 281.1.

公司解散。

3. 如提起解散公司之诉，根据当事人一方的要求，法官可以命令采取临时措施。

二、根据股东的债权人要求的公司解散

第 575 条

1. 股东破产的，即使公司的设立是有固定期限的，破产管理机构在至少提前六个月发出通告后，可以要求公司解散。

2. 如一个股东的债权人扣押其债务人的清算份额的，每个股东的债权人都可以行使同样的权利。

3. 只要公司解散未在商事登记簿登记，公司或者其他股东就可通过偿还全部资产负债或者清偿起诉的债权人，以避免上述解散通告之效力。

三、一个或者数个股东的退股

（一）合约

第 576 条

在公司解散之前，如约定在一个或者数个股东退股的情形下公司继续存在的，则公司只对退出的股东而言终止；公司以同样的权利和义务继续存在。

（二）被法官除名

第 577 条

因一个或者数个股东的正当理由，公司被要求解散的，根据其他所有股东的要求，法官可以宣告对一个或者数个股东予以除名，命令向被除名的股东返还公司中属于他或者他们的资产。

（三）被其他股东除名

第 578 条

股东被宣告破产的，或者股东的债权人在扣押其债务人的清算份额后要求解散公司的，其他股东在返还公司中属于该股东的资产后，可以将该股东除名。

(四)由两个股东组成的公司

第579条

1. 公司是由两个股东组成的,在返还公司中属于另一个股东的资产后,未引起公司解散的股东,可以在同样条件下继续公司的业务。

2. 要求公司解散的正当理由只涉及其中一个股东的,法官也可以进行同样的处理。

(五)对退伙人的款额支付

第580条

1. 返还属于退伙人的款额之事宜,应当由合伙人共同协商决定。

2. 公司合同没有约定的,且当事人未能达成一致的,应考虑退伙时公司资产状况以及退伙人之过错,由法官决定该退款之款额。

(六)在商事登记簿中登记

第581条

股东退股,以及一名股东继续公司的业务的,必须在商事登记簿中予以登记。

第五节 清　　算

一、条件

第582条

公司解散的清算按照下述规定进行,但股东另有约定或者公司破产之情形除外。

二、清算人

第583条

1. 清算由负责经营的股东进行,但因股东经营者本身的原因无法进行清算或股东约定任命其他的清算人的除外。

2. 根据股东的请求,法官可以因正当理由撤销清算人,如有必要,可以任命其他清算人。

3. 即使公司的代表没有变更,仍应在商事登记簿中对清算人予以登记。

三、继承人的代表　**第 584 条**

股东的继承人必须指定一个共同的代理人，以代表其进行清算。

四、清算人的权利和义务　**第 585 条**

1. 清算人负责完成公司的日常事务、履行公司之义务、收回公司的债权，并在财产分配需要的范围内变价公司的财产。

2. 清算人在因清算引起的诉讼活动中代表公司；他们可以进行诉讼、达成和解、提交仲裁，甚至在必要时进行新的交易。

3. 对于清算人作出的全部出卖之决定，如股东提出异议或者拒绝，或者反对为转让不动产而采取的措施，法官可以根据其请求进行裁决。

4. 因清算人在公司业务管理中的过错行为所导致的损失，由公司承担。

五、临时分配　**第 586 条**

1. 在清算过程中未使用的资金，可以在股东之间进行临时分配，且计入其最终的清算份额。

2. 为清偿有争议的债务或者尚未到期的债务，应当保留必需的资金。

六、清算资金

（一）资产负债表　**第 587 条**

1. 清算人在清算开始时，制作公司的资产负债表。

2. 清算期间延长的，清算人每年制作资产负债中期报表。

（二）本金偿还和盈余分配　**第 588 条**

1. 在清算债务后，公司的资产首先用于偿还股东的本金，然后支付清算期间的利息。

2. 根据适用于利润分配的规定，将盈余分配给股东。

七、在商事登记簿中注销 **第 589 条**

在清算终结后，清算人应当在商事登记簿中注销公司之名称。

八、账簿和其他文件的保存

第 590 条

1. 被解散公司的账簿和其他文件，应在自公司名称被注销时起十年内，在股东指定的地点予以保存，如果股东未能达成一致的，在商事登记处登记员指定的地点予以保存。

2. 股东和其继承人有权查阅这些账簿和文件。

第六节 诉讼时效

一、内容和期限

第 591 条

1. 公司的债权人因公司债务对股东的诉讼，其时效自股东之退伙或者公司之解散在瑞士商事公报上公布之日起五年内有效，但债权因其本身的性质应适用更短诉讼时效的除外。

2. 债权在公布之后才到期的，期限自到期时起算。

3. 诉讼时效不适用于股东之间的相互诉讼。

二、特例

第 592 条

1. 五年的诉讼时效，对于仅对公司还未分配的资产行使权利的债权人，不具有对抗效力。

2. 公司业务连同资产和负债由股东承接的，该股东不得对债权人以五年的诉讼时效行使抗辩。但是对于其他已经退股的股东，根据债务承接之规定，适用两年的诉讼时效，而不是五年的诉讼时效；该规则同样适用于由第三人承接债务的情形。

三、时效中断

第593条

对于仍然存续的公司或者对于某个股东的诉讼时效之中断,对已经退伙的股东并无效力。

第二十五章　两 合 公 司

第一节　定义和形式

一、商事公司

第 594 条

1. 两合公司，是由两人或者数人组成，以公司名义从事贸易、制造业或者其他经营活动的公司；股东中至少有一人对公司承担无限责任，而其他一个或者数个股东则以股金的出资额为最高限额承担有限责任。

2. 承担无限责任的股东，只能是自然人；但承担有限责任的股东，除自然人外，还可以是法人和商事公司。

3. 两合公司的成员，应为公司在商事登记簿中办理登记。

二、非商事公司

第 595 条

非从事商业经营活动的，只有在商事登记簿中办理登记，才能成为两合公司。

三、在商事登记簿中登记

（一）地点和实物出资〔250〕

第 596 条

1. 两合公司，必须在其总部所在地的商事登记簿办理登记。〔251〕

2. ……〔252〕（废除）

3. 股金未以现金或者只是以部分现金支付的，实物出资及其价值应明确宣告并在商事登记簿中登记。

（二）形式要求

第 597 条

1. 为登记或变更登记公司事项，必须由全体股东在商事登记处登记员面前当场签名，或者以书面形式向其呈交合法签名才能办理登记。

2. 代表公司并承担无限责任的股东，应当在商事登记处登记员面前亲自签署公司的签章以及其本人的签名，或者以书面形式向其呈交经认证的公司签章和其个人签名。

第二节　股东之间的关系

一、签约自由参照无限公司的规定

第 598 条

1. 股东之间的关系，首先依据两合公司的合同予

〔250〕 根据 2005 年 12 月 16 日关于《有限责任公司法以及关于股份有限公司法、合作社法、商业登记法和公司名称法适用》的联邦法的第一章第 3 条的新内容修订，自 2008 年 1 月 1 日起生效。

〔251〕 根据 2005 年 12 月 16 日关于《有限责任公司法以及关于股份有限公司法、合作社法、商业登记法和公司名称法适用》的联邦法的第一章第 3 条的新内容修订，自 2008 年 1 月 1 日起生效。

〔252〕 根据 2005 年 12 月 16 日关于《有限责任公司法以及关于股份有限公司法、合作社法、商业登记法和公司名称法适用》的联邦法的第一章第 3 条废除，自 2008 年 1 月 1 日起生效。

以确定。

2. 如两合公司合同无不同之规定，应适用无限公司的规定，但以下条文有不同规定的除外。

二、管理

第 599 条

两合公司，由承担无限责任的一个股东或者数个股东予以管理。

三、有限责任股东的地位

第 600 条

1. 有限责任股东，既无权利也无义务管理公司之业务。

2. 他也不得反对公司正常运营范围内的行政管理行为。

3. 他有权要求获得公司盈利亏损报表、公司资产债务表的副本，并查阅账簿和会计证明文件以审查报表的准确性，或将此审查交给在公司里无利害关系的独立专家进行；如有争议，由法官指定专家。[253]

四、利润和亏损的分担

第 601 条

1. 有限责任股东只承担不超过其股金数额的亏损。

2. 未规定有限责任股东分配盈利和亏损的，该分配由法官自由裁量。

3. 登记的股金款额未全部支付或者减少出资的，利息、利润以及如有酬金，只能计入股金，直至达到登记的股金款额。

---

〔253〕 根据 2011 年 12 月 23 日关于《会计法》的联邦法第 I 节第 3 条的新内容修订，自 2013 年 1 月 1 日起生效（RO 2012 6679；FF 2008 1407）。

第三节　公司与第三人的关系

一、一般情形

第 602 条

公司有权以公司名义获得权利、承担义务、提起诉讼和被提起诉讼。

二、代表

第 603 条

两合公司,由承担无限责任的一个股东或者数个股东予以代表,适用有关无限公司之规定。

三、无限责任股东的责任

第 604 条

公司的债权人在公司解散之前或者向公司追讨债务无果之前,对于承担无限责任的股东,债权人不得因公司的债务而针对股东个人提起诉讼。

四、有限责任股东的责任

(一)为公司交易

第 605 条

进行公司交易的有限责任股东,如没有明确声明其只是以授权代理人或者受任人的身份进行交易的,对善意的第三人而言,该有限责任股东应当如同无限责任股东一样,承担由这些交易产生的全部责任。

(二)未登记

第 606 条

公司在商事登记簿中登记之前进行交易的,对于第三人,有限责任股东应如同无限责任股东,承担在公司登记之前产生的公司债务,但有限责任股东能证明第三人知道其责任有限制的除外。

(三)……

第607条[254]

(废除)

(四)责任的范围

第608条

1. 有限责任股东对于第三人应以其在商事登记簿中登记的股金款额为限承担责任。

2. 有限责任股东自己或者公司,在有限责任股东知晓的情形下,向第三人指明比股金更高的款额的,有限责任股东以其所指明的款额为限承担责任。

3. 债权人可以证明给予实物出资的价值不符合该实物充当股金时的实际价值。

(五)股金款额的减少

第609条

1. 如有限责任股东根据与其他股东订立的协议,或者通过提取款额,减少登记的或者以其他的方式指明的股金款额的,只有当股金的变更在商事登记簿中登记并公布时,才对第三人有对抗效力。

2. 在股金变更公布前产生的公司债务,应当以股金减少前的款额保证。

(六)债权人的诉讼

第610条

1. 在公司存续期间,公司的债权人无权起诉有限责任股东。

2. 如公司解散,只要有限责任股东还未出资或者股金已向其返还的,债权人、清算人或者破产管理人可以要求股金返还到清算或者破产的全部资产中。

(七)利息和利润的支付

第611条

1. 只有在不导致股金减少的范围内,有限责任股

[254] 根据2015年9月25日关于《公司名称法》的联邦法第一章废除,自2016年7月1日起生效(RO 2016 1507;FF 2014 9105)。

东才能提取利息或盈利。

2. 有限责任股东应当返还不当提取的利息或盈利。适用本法第64条之规定。[255]

(八)加入公司

第612条

1. 以有限责任股东的身份加入无限公司或者两合公司的人,对加入之前产生的债务,应当承担不超过其股金款额的责任。

2. 在股东之间对此所作的所有不同约定,对第三人一律无效。

五、股东个人债权人的地位

第613条

1. 承担无限责任的股东或者有限责任股东的个人债权人,无权用公司的资产来支付其债权或者以此来充当其债权的担保。

2. 在强制执行程序中,债权人只对其债务人以股东身份所得的利息、利润和属于其的清算份额以及可能发放给其的酬金主张权利。

六、清偿

第614条

1. 公司的债权人,同时也是有限责任股东个人的债务人,只有当有限责任股东承担无限责任时,公司的债权人才能就有限责任股东提出的清偿请求进行抗辩。

2. 此外,债务清偿适用无限公司之规定。

七、破产

(一)一般规定

第615条

1. 公司的破产不引起股东的破产。

2. 同样地,某个股东的破产也不引起公司的破产。

---

〔255〕 根据2011年12月23日关于《会计法》的联邦法第I节第3条的新内容修订,自2013月1月1日起生效(RO 2012 6679;FF 2008 1407)。

(二)公司的破产

第616条

1. 如公司破产,公司的资产应用于清偿公司的债权人,但不得用于清偿各类股东的个人债权人。

2. 全部或者部分支付的股金,不得归属到公司的破产债权中。

(三)无限责任股东责任份额

第617条

公司的资产不足以清偿公司的债权人的,公司的债权人为了追偿公司所欠债务,有权针对承担无限责任的股东的个人财产主张权利,公司的债权人与这些股东的个人债权人具有同等的权利。

(四)有限责任股东的破产

第618条

如有限责任的股东破产,相对于股东的个人债权人,公司的债权人和公司不享有任何优先权。

第四节　公司解散、清算、诉讼时效

第619条

1. 两合公司的解散、清算、对股东诉讼的时效适用关于无限公司的规定。

2. 两合公司股东被宣告破产的,或者其清算份额被扣押的,关于无限公司股东的规定类推适用。但是两合公司并不因有限责任股东的死亡或者受禁权监护而解散。[256]

---

〔256〕 根据2008年12月19日关于《成人保护、人身权利和亲子关系法》的联邦法附录的第10条的新内容修订,自2013年1月1日起生效(RO 2011 725;FF 2006 6635)。

第二十六章　股份有限公司[257]

第一节　总　　则

一、定义

第 620 条

1. 股份有限公司,是具有公司名称,预先确定其股本[258]并划分成股份,且仅由其资产为其债务承担责任而设立的公司。

2. 股份有限公司的股东只承担公司章程规定的出资,股东个人不承担公司的债务。

3. 股份有限公司也可以为达到非经济性质的目的而设立。

二、最低股本

第 621 条[259]

股本不得低于十万瑞士法郎。

三、股票

(一)种类

第 622 条

1. 股票是记名或者无记名的。同样地,根据 2008

---

[257] 参见本法典末尾该章的最终规定。

[258] 根据 1991 年 10 月 4 日联邦法第二章第 1 条的新用语修订,自 1992 年 7 月 1 日起生效。在本法典所有条款中均考虑到该修改。

[259] 根据 1991 年 10 月 4 日联邦法第一章的新内容修订,自 1992 年 7 月 1 日起生效。

年10月3日关于《中介持有证券》[260]的联邦法规定的中介持有证券形式发行的股票,也可以是记名或者无记名的。[261]

2. 这两种股票可依照公司章程规定的比例并存。

3. 公司章程可以规定记名股票应该或者可以转换成无记名股票,反之亦然。

4. 股票的票面价值不得低于一分瑞士法郎。[262]

5. 股票至少应由一名董事会[263]成员签署。公司可以决定股票即使大量发行也必须至少具有一个董事会成员的亲笔签名。

(二)股票划分和合并

第623条

1. 通过对公司章程的修改,并以公司股本的款额不受变化为条件,公司股东大会有权将股票分割成票面价值更低的股票,或者将股票合并成票面价值更高的股票。

2. 只有经股东的同意,才能将股票合并成票面价值更高的股票。

(三)股票的发行市价

第624条

1. 股票只能按面值或者更高的市价发行,但替代已被取消股票的新增股票的发行不受影响。

2~3……[264](废除)

---

[260] RS 957.1.

[261] 根据2008年10月3日关于《中介持有证券》的联邦法附录第3章的新内容修订,自2010年1月1日起生效。

[262] 根据2000年12月15日的联邦法第一章的新内容修订,自2001年5月1日起生效。

[263] 根据1991年10月4日联邦法第二章第4条的新用语,自1992年7月1日起生效。在本法典所有条款中均考虑到这个修改。

[264] 根据1991年10月4日联邦法的第一章废除。

四、股东

第 625 条〔265〕

股份有限公司可以由一个或者数个自然人、法人或者其他商业公司设立。

五、公司章程

（一）必须规定

第 626 条〔266〕

公司章程必须包含以下内容的规定：

1. 公司名称和公司总部；
2. 公司的宗旨；
3. 投入的股本和出资的款额；
4. 股票的数目、票面价值和种类；
5. 股东大会的召集和股东的表决权；
6. 负责管理和审核的机构；
7. 公司发布公告应遵守的形式。

（二）其他规定

1. 一般情形

第 627 条〔267〕

下列内容的规定只有在列入公司章程的条件下才有效：

1. 规避对公司章程审核的合法规定；
2. 董事的年度分成；
3. 附加利息的分配；
4. 公司存续的期限；
5. 因迟延缴纳出资的违约金；
6. 资本经批准增加和有条件地增加；

---

〔265〕 根据 2005 年 12 月 16 日关于《有限责任公司法以及关于股份有限公司法、合作社法、商业登记法和公司名称法适用》的联邦法第一章第 3 条的新内容修订，自 2008 年 1 月 1 日起生效。

〔266〕 根据 1991 年 10 月 4 日联邦法第一章的新内容修订，自 1992 年 7 月 1 日起生效。

〔267〕 根据 1971 年 6 月 25 日联邦法第__章第一条数字 12 的新内容修订，自 1972 年 1 月 1 日起生效。参见本法典末最终规定和暂行规定第十章。

7. ……[268]（废除）

8. 记名股票转让的限制；

9. 特定种类股票的优惠，以及参股凭证、用益权凭证和特别优先权享有的优惠；

10. 股东的表决权及其被代表权的限制；

11. 股东大会只能以有效多数决定的法律未规定的情形；

12. 将管理委托给一个或者数个管理人或者给第三人的权力；

13. 上述内容之规定超越了法律规定，或者超越了监事会的组成及其职能安排；

14.[269]将以特定形式发行的股票转换成其他形式的股票的可能性，以及在相关规定不同于2008年10月3日关于《中介持有证券》的联邦法之规定的情形下，该股票转换产生之费用的分摊。[270]

2. 以实物出资、财产转让和其他特殊优惠的特殊规定[271]

第628条

1. 股东以实物形式出资的，公司章程必须注明实物出资的内容和其估价、出资人姓名和属于出资人的股份。[272]

2. 公司从一个股东或者其近亲属那里承接或者打算承接资产的，公司章程必须注明承接的物品、转

---

[268] 根据2014年12月12日关于《实施金融行动特别工作组的提议》的联邦法第一章第2条废除，于2012年修订，自2015年7月1日起生效（RO 2015 1389；FF 2014 585）。

[269] 根据2008年10月3日关于《中介持有证券》的联邦法附录第三章增补，自2010年1月1日起生效。

[270] RS 957.1.

[271] 根据1991年10月1日联邦法第一章新内容修订，自1992年7月1日起生效。

[272] RS 221.229.1.

让人的姓名和公司的对价给付。[273]

3. 在公司设立时，为发起人或者其他人规定优惠的，公司章程必须注明受益人的姓名并准确确定这些优惠的范围和价值。

4. 股东大会可以在十年后决定废除公司章程中有关实物出资或者公司承接财产的规定。如公司明确决定放弃承接财产的，公司章程中有关财产承接之规定同样可以被废除。[274][275]

六、公司设立

（一）设立文书

1. 内容

第 629 条[276]

1. 如公司是通过公证形式的文书设立，发起人在该文书中应声明设立股份有限公司、制定公司章程条文并任命公司机构。

2. 发起人在该文书中签发股票并确认：

（1）所有股票被有效认购；

（2）承诺的出资与发行的总价值相符；

（3）按照法定的和公司章程的要求进行了出资。

2. 股票的认购

第 630 条[277]

符合以下认购要求，股票认购才具有效力：

1. 注明股票的数目、票面价值、种类、类别和发行

---

〔273〕　根据更改民法典的 1984 年 10 月 5 日的联邦法第二章第 2 条废除。

〔274〕　根据 2005 年 12 月 16 日关于《有限责任公司法以及关于股份有限公司法、合作社法、商业登记法和公司名称法适用》的联邦法第一章第 3 条增补，自 2008 年 1 月 1 日起生效。

〔275〕　根据 1991 年 10 月 1 日联邦法的第一章增补，自 1992 年 7 月 1 日起生效。

〔276〕　根据 1991 年 10 月 1 日联邦法的第一章新内容修订，自 1992 年 7 月 1 日起生效。

〔277〕　根据 2005 年 12 月 16 日关于《有限责任公司法以及关于股份有限公司法、合作社法、商业登记法和公司名称法适用》联邦法第一章第 3 条的新内容修订，自 2008 年 1 月 1 日起生效。

价格；

2. 无条件履行与发行价值相符的出资义务。

(二)证明文件

第631条〔278〕

1. 商事登记机构的登记员应在公司设立文书中注明每一个证明文件，并确认这些证明文件已向他和公司发起人呈交。

2. 以下内容必须附在公司设立文书中：

(1)公司章程；

(2)公司设立报告；

(3)审核证明书；

(4)以现金出资的提存证明书；

(5)关于以实物出资的合同；

(6)现存财产的承接合同。

(三)出资

1. 最低出资

第632条〔279〕

1. 在公司设立时，股票的认购者必须至少缴纳每股股份票面价值的20%。

2. 在任何情形下，以现金方式进行的出资不得低于五万瑞士法郎。

2. 出资的交付

(1)现金出资

第633条〔280〕

1. 现金出资，必须提存在1934年11月8日关于

---

〔278〕 根据2005年12月16日关于《有限责任公司法以及关于股份有限公司法、合作社法、商业登记法和公司名称法适用》的联邦法第一章第3条的新内容修订，自2008年1月1日起生效。

〔279〕 根据2005年12月16日关于《有限责任公司法以及关于股份有限公司法、合作社法、商业登记法和公司名称法适用》的联邦法第一章第3条的新内容修订，自2008年1月1日起生效。

〔280〕 根据1991年10月4日联邦法第二章第1条的新用语修订，自1992年7月1日起生效。

《银行和储蓄银行》[281]之联邦法规定的机构中,并由公司专用。

2. 只有当公司在商事登记簿中登记后,上述机构才将钱款移交给公司。

(2)以实物出资

第634条[282]

只有在以下情形中,实物出资才能等同于出资价值:

1. 以书面或者公证形式订立的合同中规定的;

2. 自公司在商事登记簿中登记时起,公司即可作为财产所有权人支配这些实物出资,或者对财产具有绝对权利而要求将该权利在不动产登记簿中登记的;

3. 公司设立报告中附有审核证明的。

(3)后续的出资缴纳

第634a条[283]

1. 公司董事会决定后续催缴还未全部缴纳的出资。

2. 出资的后续缴纳可以通过现金、实物或者抵销进行。

3. 出资的审核

(1)公司设立报告

第635条[284]

发起人应当在书面报告中对下述内容进行汇报:

1. 实物出资或受让财产的种类和状况以及对它们进行估价的依据;

2. 债务以及对债务进行抵销的必需条件;

---

[281] RS 952.0.

[282] 根据1991年10月4日联邦法的第一章新内容修订,自1992年7月1日起生效。

[283] 根据1991年10月4日联邦法的第一章增补,自1992年7月1日起生效。

[284] 根据2008年10月3日关于《中介持有证券》的联邦法附录第3章的新内容修订,自2010年1月1日起生效。

3. 赋予发起人或者其他人特殊优惠的理由和依据。

(2) 审核证明

第635a条[285]

公司的设立报告由有资质的审计员审核,并以书面形式证明所设立报告之完整性和准确性。

第636条至第639条[286]

(废除)

七、在商事登记簿中的登记

(一) 公司

第640条[287]

股份有限公司必须在其总部所在地的商事登记簿中办理登记。

(二) 分公司

第641条[288]

分公司必须在其总公司所在地的商事登记簿中办理登记。

(三) 实物出资、财产承接和特殊优惠

第642条[289]

实物出资的内容和转换发行的股票,承接财产的内容和公司的对价给付,以及特殊优惠的内容和价值,都必须在商事登记簿中办理登记。

---

[285] 根据2000年12月15日联邦法第一章的新内容修订,自2001年5月1日起生效。

[286] 根据1991年10月4日联邦法第一章废除。

[287] 根据2005年12月16日关于《有限责任公司法以及关于股份有限公司法、合作社法、商业登记法和公司名称法适用》的联邦法第一章第3条新内容修订,自2008年1月1日起生效。

[288] 根据1991年10月1日联邦法的第一章新内容修订,自1992年7月1日起生效。

[289] 根据1991年10月4日联邦法的第一章新内容修订,自1992年7月1日起生效。

八、法人资格的获得

（一）获得时刻；尚未符合法定条件[290]

第 643 条

1. 只有经过在商事登记簿中登记，公司才获得法人资格。

2. 即使尚未符合法定条件，也可以经过登记获得法人资格。

3. 但是，因在公司设立时违背法律或者公司章程之规定，使得债权人或者股东的利益被严重威胁或者侵犯的，根据债权人或者某个股东的请求，法官可以宣告公司解散。[291]

4. 自在《瑞士商务公报》上公布公司登记时起，最迟应在三个月内提起诉讼，否则诉讼权利灭失。

（二）在公司登记前发行的股票

第 644 条

1. 在公司登记前发行的股票无效；但是因认购股票而产生的义务不因此而受影响。

2. 股票发行者承担所造成的所有损害。

（三）在公司登记前所作的行为

第 645 条

1. 在公司登记前以公司的名义所作的行为，由行为人承担个人责任并相互间负连带责任。

2. 但是，明确以将来成立之公司的名义欠下的债务，并且自公司登记日起三个月内被公司承认的，那么欠下债务的行为人将被免责并由公司单独承

---

[290] 根据 1991 年 10 月 4 日联邦法第一章新内容修订，自 1992 年 7 月 1 日起生效。

[291] 根据 2005 年 12 月 16 日关于《有限责任公司法以及关于股份有限公司法、合作社法、商业登记法和公司名称法适用》的联邦法第一章第 3 条废除，自 2008 年 1 月 1 日起生效。

担债务。

第 646 条[292]

(废除)

九、公司章程的修改

第 647 条[293]

股东大会或者董事会所有关于修改公司章程的决议,必须以公证形式进行且必须在商事登记簿中办理登记。

第 648 条和第 649 条[294]

(废除)

十、股本的增加

(一)通常的增加和经批准的增加

1. 通常的股本增加

第 650 条[295]

1. 股本的增加由股东大会决定,且必须在三个月内由董事会执行。

2. 股东大会的决议必须由公证的形式予以确认,且必须说明以下内容:

(1)股本增加的全部票面金额和为此必须进行的出资款额;

(2)股票的数目、票面价值和种类,以及特定类别股票的优先权;

(3)发行价格或者许可授权董事会确定价格,以及给予新增股票红利之权利的起算日期;

(4)出资性质,或者如以实物出资,实物出资的内

---

[292] 根据 1991 年 10 月 4 日联邦法的第一章废除。

[293] 根据 2005 年 12 月 16 日关于《有限责任公司法以及关于股份有限公司法、合作社法、商业登记法和公司名称法适用》联邦法第一章第 3 条新内容修订,自 2008 年 1 月 1 日起生效。

[294] RS 221.229.1.

[295] 根据 1991 年 10 月 4 日联邦法第一章新内容修订,自 1992 年 7 月 1 日起生效。

容、估价、实物出资人的姓名以及归属于实物出资人的股票；

(5)受让财产的种类、转让人的姓名和公司支付的对价；

(6)特殊优惠的内容和价值以及受益者的姓名；

(7)新增记名股票转让的限制；

(8)优先认购权的取消和限制，以及未行使或者取消的优先认购权的顺序；

(9)根据合同所获得的优先认购权，以及其行使之条件。

3. 如未在三个月内将股本增加在商事登记簿中办理登记，则股东大会决议失效。

2. 经批准的股本增加

(1)章程原则

第 651 条[296]

1. 通过修改公司章程，股东大会可以批准董事会在不超过两年的期限内增加股本。

2. 公司章程向董事会规定增加股本的票面金额。批准增加的股本不得超越在增加之前现存股本的一半。

3. 除有关新增股票的发行价格的说明、出资形式、财产承接和给予红利权利的起算日期外，公司章程还包含股本正常增加所要求的说明。

4. 在批准的限制内，董事会可以增加股本。因此，董事会应当发布必需的规定，按规定已列入股东大会决议的除外。

5. 1934 年 11 月 8 日关于《银行储备》[297] 的法律另

[296] 根据 1991 年 10 月 4 日联邦法第 I 节新内容修订，自 1992 年 7 月 1 日起生效(RO 1992 733；FF 1983 II 757)。

[297] 根据 2011 年 9 月 30 日关于《加强金融界的稳定性》的联邦法附录数字 1 增补，自 2012 年 3 月 1 日起生效(RO 2012 811；FF 2011 4365)。

有规定的除外。[298]

(2)公司章程的相应调整

第 651a 条[299]

1. 在每次股本增加后,董事会对章程批准的股本票面金额进行相应降低。

2. 对于批准的股本增加,在确定的期限届满时,董事会决定取消章程中的相关规定。

3. 共同规定

(1)股票认购

第 652 条[300]

1. 股票,根据公司设立时有效的规定,以特殊的文书(认股书)认购。

2. 认股书必须参考股东大会做出的关于增加股本的决议或者经股东大会批准的关于增加股本的决议以及董事会作出的增加股本的决议。法律要求股票具有招股说明书的,认股书同样必须参考招股说明书。

3. 未确定期限的认股书,自签署时起三个月后丧失其效力。

(2)招股说明书

第 652a 条[301]

1. 新增股票向社会公开募集的,公司应当公告包含以下内容说明的招股说明书:

(1)在商事登记簿中列入的登记内容,但不包含关于被允许代表公司的人员的说明;

(2)股本的现有款额和构成,股票的数目、票面价值和种类,以及赋予特定股票的优先权的说明;

---

[298] 根据 1991 年 10 月 4 日联邦法第 I 节增补,自 1992 年 7 月 1 日起生效(RO 1992 733;FF 1983 II 757)。

[299] 根据 1991 年 10 月 4 日联邦法的第一章增补,自 1992 年 7 月 1 日起生效。

[300] 根据 1991 年 10 月 4 日联邦法的第一章新内容修订,自 1992 年 7 月 1 日起生效。

[301] 根据 1991 年 10 月 4 日联邦法的第一章增补,自 1992 年 7 月 1 日起生效。

(3)公司章程关于批准的或者有条件的股本增加的规定；

(4)收益股凭单的数目及其权利内容；

(5)附有审计报告的最新年度账目和集团账目(德文中为康采恩账册)；如这些账目的结算日期是六个月之前的，则还需中期账目；

(6)在最近五年间或者自公司设立以来所支付的股息；

(7)关于新增股票的发行决议。

2. 如股票募集不限定认股人，则股票募集为公开募集。

3. 公司无审计机构的，董事会应委托具有资质的审计员出具报告，并在招股说明书中披露审计结果。[302]

(3)优先认购权

第652b条[303]

1. 任何股东都有权认购等同于他以前认购份额的新发行股票。

2. 股东大会做出增加股本的决议，只因正当理由才能取消优先认购权。以下原因尤其应当视为正当理由：公司对另一企业全部或者部分的收购，或者股份参股到另一企业中以及雇员的参股。任何股东不得因优先认购权的取消而毫无根据地处于更有利或者更不利的地位。

3. 公司不得以公司章程中关于限制记名股票转让的规定为理由，禁止股东行使股票认购权利。

---

[302] 根据2005年12月16日关于《有限责任公司法以及关于股份有限公司法、合作社法、商业登记法和公司名称法适用》的联邦法第一章第3条增补，自2008年1月1日起生效。

[303] 根据1991年10月4日联邦法第一章新内容修订，自1992年7月1日起生效。

(4)出资的偿付

第652c条[304]

出资的缴纳适用公司设立的有关规定,但法律另有规定的除外。

(5)以本金增加股本

第652d条[305]

1.股本也可以通过转换公司自由支配的本金来增加。

2.股本增加款额已充足的,账目由有资质的审计员制作的审计报告予以证明。如账目的结算日超过六个月,则应提供经审核的中期报表。[306]

(6)股本增加报告

第652e条[307]

董事会在其书面报告中应当汇报如下内容:

1.以实物出资的性质和状况,或者财产的受让及其估价的依据;

2.债务及其清偿的必需条件;

3.公司转换本金的自由支配性;

4.股东大会决议的执行,特别是关于优先认购权的限制或者取消,以及关于未行使的或者未被取消的优先认购权的顺序;

5.给予特定股东或者其他人特殊优惠的理由和依据。

---

[304] 根据1991年10月4日联邦法第二章第1条的新用语修订,自1992年7月1日起生效。

[305] RS 952.0.

[306] 根据2005年12月16日关于《有限责任公司法以及关于股份有限公司法、合作社法、商业登记法和公司名称法适用》的联邦法第一章第3条新内容修订,自2008年1月1日起生效。

[307] 根据1991年10月4日联邦法第二章第1条的新用语,自1992年7月1日起生效。

(7)审核证明

第652f条[308]

1.有资质的审计员核查股本增加报告并以书面形式证明报告的完整性和准确性。[309]

2.如新增股本的出资是以现金提供,股本的增加并非因财产承接而产生,且优先认购权没有被限制和取消,则无需出具审核证明。

(8)章程的修改和确认

第652g条[310]

1.为出具股本增加的报告以及在必要时出具审核证明,董事会决定章程的修改并对下列事项予以确认:

(1)所有的股票被有效认购;

(2)承诺的出资等同于发行股票的总价值;

(3)根据法定的要求、章程的要求或者股东大会的决议而进行的出资。

2.决议和确认必须以公证形式进行。公证员应在公证书中载明有关股本增加的所有文件,并证明它们已被提交董事会。

3.修改的章程、股本增加的报告、审核证明、关于以实物出资的合同、现存财产的受让合同,均附入公证书。

---

[308] 根据1991年10月4日联邦法第二章第1条的新用语,自1992年7月1日起生效。

[309] 根据2005年12月16日关于《有限责任公司法以及关于股份有限公司法、合作社法、商业登记法和公司名称法适用》的联邦法第一章第3条新内容修订,自2008年1月1日起生效。

[310] 根据2000年12月15日联邦法第一章的新内容修订,自2001年5月1日起生效。

(9)在商事登记簿中的登记;登记前发行的股票无效

第652h条[311]

1. 董事会应当在商事登记簿中对公司章程所作的修改和确认办理登记。

2. 在登记中应当附加:

(1)股东大会和董事会决议的公证书及其附件;

(2)经认证与修改后的章程原件相符的复本。

3. 在股本增加办理登记之前发行的股票无效;但认购股票所产生的义务,其有效性不受影响。

(二)有条件的股本增加

1. 原则

第653条[312]

1. 股东大会可以决定对公司的股本进行有条件的增加,根据公司章程,公司或者其集团公司可以成为公司新债券或者类似债券的债权人,公司雇员也可以对新增股票享有认购权(转换权或者选择权)。

2. 在转换权和选择权被行使的期限和范围内,且出资的义务是通过抵销或者现金形式履行的,股本可以自动增加。

3. 1934年11月8日关于《银行可转换资本》[313]的法律规定不在此限。[314]

---

[311] 根据2005年12月16日关于《有限责任公司法以及关于股份有限公司法、合作社法、商业登记法和公司名称法适用》的联邦法第一章第3条新内容修订,自2008年1月1日起生效。

[312] 根据1991年10月4日联邦法第I节增补,自1992年7月1日起生效(RO 1992 733;FF 1983 II 757)。

[313] RS 952.0.

[314] 根据2011年9月30日关于《加强金融界的稳定性》的联邦法附录数字1增补,自2012年3月1日起生效(RO 2012 811;FF 2011 4365)。

2. 股本增加的限制

第 653a 条[315]

1. 股票,如其股本可有条件增加,则其票面金额不得超过现有股本的一半。

2. 已缴纳的出资,必须至少等同于其票面价值。

3. 法定事项

第 653b 条[316]

1. 公司章程必须载明:

(1)有条件增加的股本及其票面价值;

(2)股票的数目、票面价值和种类;

(3)转换权或者选择权的受益人;

(4)现有股东优先认购权的取消;

(5)赋予特定类别股票的优先权;

(6)新增记名股票及其转让之限制。

2. 对于与股票转换权或者选择权相关的债券或者类似的债券,如果未向股东提供对股票的优先认购权,则公司章程还必须载明:

(1)股票转换权或者选择权行使的条件;

(2)股票发行价格计算的基础。

3. 如股票转换权或者选择权的赋予,发生在公司章程关于资本有条件增加的内容在商事登记簿中办理登记之前,则一律无效。

4. 股东的保护

第 653c 条[317]

1. 在股本有条件的增加与股票转换权或者选择权相连的债券或者类似债券发行时,这些债券的认购必须根据股东以前的认购份额比例优先提供给

---

[315] 根据 1991 年 10 月 1 日联邦法第一章新内容修订,自 1992 年 7 月 1 日起生效。

[316] 根据 2005 年 12 月 16 日关于《有限责任公司法以及关于股份有限公司法、合作社法、商业登记法和公司名称法适用》的联邦法第一章第 3 条废除,自 2008 年 1 月 1 日起生效。

[317] 根据 1991 年 10 月 4 日联邦法的第一章增补,自 1992 年 7 月 1 日起生效。

他们。

2. 如有正当理由，该优先权利可以被限制或者取消。

3. 因股本有条件增加而股票优先认购权必须被取消，或者预先认购债券的权利被限制或者取消，那么任何股东不得毫无根据地处于更有利或者更不利之地位。

5. 对股票转换权或者选择权之权利人的保护

第 653d 条〔318〕

1. 拥有允许认购记名股票的股票转换权或者选择权的债权人或者雇员，其权利不受记名股票转让限制的影响，但公司章程和股票招股说明书中已作规定的除外。

2. 只有当股票的转换价格降低，或者以其他方式确保对权利人进行了合理补偿，或者当股东遭受同样损害时，才能通过股本的增加、新转换权或者选择权的发行或者以任何其他方式来影响股票的转换权或者选择权。

6. 股本增加的执行

(1) 权利行使；出资

第 653e 条〔319〕

1. 股票的转换权和选择权的行使，应参照关于资本有条件增加的章程规定的书面声明；法律要求股票具有招股说明书的，该书面声明同样必须参照招股说明书。

2. 以现金或者抵销方式进行的出资，其缴纳必须

〔318〕 根据 2005 年 12 月 16 日关于《有限责任公司法以及关于股份有限公司法、合作社法、商业登记法和公司名称法适用》的联邦法第一章第 3 条新内容修订，自 2008 年 1 月 1 日起生效。

〔319〕 RS 221.229.1.

在 1934 年 11 月 8 日关于《银行和储蓄银行》[320]的联邦法规定的机构中进行。

3. 股东的权利在缴纳出资时产生。

(2) 审核证明

第 653f 条[321]

1. 在每个营业年度终结或者根据董事会要求的更早时间,有资质的审计专家审核新增股票的发行是否符合法律和公司章程;如有股票招股说明书的,还应审核是否符合招股说明书。

2. 审计专家以书面形式出具审核证明。[322]

(3) 公司章程的调整

第 653g 条[323]

1. 在收到审核证明后,董事会以公证的形式确认新发行股票的数目、票面价值、种类,赋予特定类别股票的优先权,以及在营业年度终结或者在审核时的股本状况。董事会对公司章程进行必要的调整。

2. 公证员在公证书中确认审核证明包含所有要求的说明。

(4) 在商事登记簿中的登记

第 653h 条[324]

在营业年度终结结算后三个月内,董事会提交公证书和审核证明,请求在商事登记簿中对公司章程所作的修改办理登记。

---

[320] RS 952.0.

[321] 根据 1991 年 10 月 4 日联邦法的第一章新内容修订,自 1992 年 7 月 1 日起生效。

[322] 根据 2005 年 12 月 16 日关于《有限责任公司法以及关于股份有限公司法、合作社法、商业登记法和公司名称法适用》的联邦法第一章第 3 条新内容修订,自 2008 年 1 月 1 日起生效。

[323] 根据 1991 年 10 月 4 日联邦法的第一章增补,自 1992 年 7 月 1 日起生效。

[324] 根据 1991 年 10 月 4 日联邦法的第一章增补,自 1992 年 7 月 1 日起生效。

7. 对公司章程中有关规定的废止

第 653i 条[325]

1. 经有资质的审计专家在审核报告中确认股票的转换权或者选择权已经灭失，公司章程中关于股本有条件增加的规定必须由董事会废止。

2. 公证员在公证书中确认审核报告包含所有要求的说明。

(三) 优先权之股票

1. 规定[326]

第 654 条

1. 股东大会可以根据公司章程的条款或者公司章程的修改，决定发行优先权股票或者将现有股票转换成优先权股票。

2. 有优先权股票的情形下，只有在受影响的股东举行的特殊大会和全体股东出席的股东大会均批准的情况下，才能发行优先于优先权股票的新增股票。但公司章程另有规定的不在此限。

3. 公司章程中规定了优先权股票，如对优先权的规定进行修改或废止，应同样适用上述之规定。

第 655 条[327]

(废除)

2. 优先股的权利[328]

第 656 条

1. 与普通股票相比，优先股享有由原始章程或者

---

〔325〕 根据 2005 年 12 月 16 日关于《有限责任公司法以及关于股份有限公司法、合作社法、商业登记法和公司名称法适用》的联邦法第一章第 3 条新内容修订，自 2008 年 1 月 1 日起生效。

〔326〕 根据 1991 年 10 月 4 日联邦法的第一章的新内容修订，自 1992 年 7 月 1 日起生效。

〔327〕 根据 1991 年 10 月 1 日联邦法第一章废除。

〔328〕 根据 1991 年 10 月 4 日联邦法第二章第 1 条的新用语修订，自 1992 年 7 月 1 日起生效。

修改后的章程明确赋予的优惠。对于其他方面，则类推适用普通股票之规定。

2. 优惠可扩展到红利，或者还享有额外股息的权利、破产时的清算份额和将来发行新增股票时股票认购的优先权。

十一、参股资本凭证

（一）定义；适用规定

第 656a 条〔329〕

1. 公司章程可以规定将参股资本分成若干份额（参股凭证），这些凭证根据出资来发行；它们载有票面价值，但并不享有表决权。

2. 关于股本、股票和股东的所有规定，适用于参股资本、参股资本凭证和参股人，但法律另有规定的除外。

3. 参股资本凭证必须载明为参股凭证的字样。

（二）参股资本和股本

第 656b 条〔330〕

1. 参股资本的金额不得超过股本的两倍。

2. 关于最低资本和最低出资总额的规定不予适用。

3. 关于公司认购自己股票的权利、一般公积金、违背股东大会的意思而创设特别监督以及在资本丧失时的通知义务，如对这些事项设置限制性规定，则参股资本必须计算到公司股本中。

4. 批准的或者有条件的股本增加和参股资本的增加，总计不得超过现存的股本和参股资本之款额的一半。

---

〔329〕 根据 2005 年 12 月 16 日关于《有限责任公司法以及关于股份有限公司法、合作社法、商业登记法和公司名称法适用》的联邦法第一章第 3 条增补，自 2008 年 1 月 1 日起生效。

〔330〕 根据 1991 年 10 月 4 日联邦法第二章第 1 条的新用语，自 1992 年 7 月 1 日起生效。

5. 参股资本,可通过批准或者有条件的增加形式进行。

(三)参股人的法定地位

1. 一般情形

第656c条〔331〕

1. 如公司章程无另行规定,参股人没有表决权和任何相关的权利。

2. 召开股东大会的权利、参加股东大会的权利、获得信息的权利、查阅公司文件的权利和提出建议的权利,均视为与表决权相关的权利。

3. 公司章程不赋予参股人获得信息的权利、查阅文件的权利或者建议设立特别检查的权利(第697a条及以下条文)。但为了得到上述权利,参股人可以向股东大会提出书面请求。

2. 对股东大会的召开和决议的通知

第656d条〔332〕

1. 应当向参股人通知股东大会的召开、大会议程和建议的内容。

2. 应当在最短期限内将所有股东大会的决议存放在公司总部和商事登记簿中登记的公司分部,以便参股人获得详情。在与参股人的通讯中,应当告知以上详情。

3. 董事会的代表

第656e条〔333〕

公司章程可以规定参股人享有在董事会拥有一个代表的权利。

---

〔331〕 根据1991年10月4日联邦法的第一章增补,自1992年7月1日起生效。

〔332〕 根据2005年12月16日关于《有限责任公司法以及关于股份有限公司法、合作社法、商业登记法和公司名称法适用》联邦法第一章第3条新内容修订,自2008年1月1日起生效。

〔333〕 根据2000年12月15日联邦法第一章的新内容修订,自2001年5月1日起生效。

4. 财产权利

(1) 一般情形

第656f条〔334〕

1. 在公司资产负债表和清算结果产生盈利分配时,以及在新增股票认购时,相对于股东,公司章程不得使参股人处于不利地位。

2. 如有多种类别的股票,参股资本凭证至少与最不优惠的股票种类地位相似。

3. 如修改公司章程的决议或者股东大会其他决议将导致参股人地位不利,只有当这些决议同样影响与参股人地位相似之股东时,才能被批准。

4. 公司章程赋予参股人的特权和公司权利,只有在相关参股人的特别大会和股东大会的均同意的情况下,才可予以取消或者修改,但公司章程另有规定的除外。

(2) 优先认购权

第656g条〔335〕

1. 在参股资本设立时,股东拥有与新增股票发行时同样的优先认购权。

2. 股本和参股资本同时且以同样比例增加的,公司章程可以规定股东只能认购股票,参股人只能认购参股资本凭证。

3. 如参股资本增加或者股本增加,或者其中一种比另外一种增加更多,则认购权必须允许股东和参股人按照其持有的资本比例进行分配。

---

〔334〕 根据2005年12月16日关于《有限责任公司法以及关于股份有限公司法、合作社法、商业登记法和公司名称法适用》的联邦法第一章第3条新内容修订,自2008年1月1日起生效。

〔335〕 根据1991年10月4日联邦法第一章的新内容修订,自1992年7月1日起生效。

十二、受益凭证

第 657 条[336]

1. 对于公司先前的出资人、股东、债权人、雇员或者以类似身份与公司有关联的人员，公司章程可以规定向之发放受益凭证。章程必须注明发放的受益凭证的数目以及赋予的权利内容。

2. 受益凭证只给予公司资产负债结算或者破产清算所产生的部分盈利分配，或者对新股的优先认购权。

3. 受益凭证不得具有票面价值；它不能指定为参股凭证，也不能作为计入公司资产的出资对价而发行。

4. 受益凭证的持有人有权组成团体，关于债券债权人团体的规定可类推适用于该团体。但是，放弃受益凭证的部分或者全部权利的决定，只有当它是由所有流通的受益凭证持有人中大多数人作出时，才对所有的受益凭证持有人发生强制效力。

5. 只有当初始的公司章程作出规定的，才能为公司的发起人发放受益凭证。

第 658 条[337]

（废除）

十三、公司购买自己的股票

（一）限制

第 659 条[338]

1. 只有当公司能自由支配的本金部分等同于必须费用的款额，且当这些股票的整体票面价值不超过股本 10% 时，公司才能购买自己的股票。

---

[336] 根据 1991 年 10 月 4 日联邦法第一章的新内容修订，自 1992 年 7 月 1 日起生效。

[337] 根据 1991 年 10 月 4 日联邦法的第一章废除。

[338] 根据 1991 年 10 月 4 日联邦法第一章的新内容修订，自 1992 年 7 月 1 日起生效。

2. 购买的记名股票具有转让限制的,该限制至多高达20%。公司持有超过股本10%的自己的股票的,通过转让或者减少自己的股票来取消持有,它必须在两年内将该比例降低到10%。

(二)购买自己股票的后果

第659a条[339]

1. 与股票本身关联的表决权和赋予股票的权利被暂停。

2. 按照公司持有自己的股票,公司将一笔等同于股票购买价值的钱款作独立公积金。

(三)由分公司购买的股票

第659b条[340]

1. 公司在分公司中持有多数股票的,分公司对其股票的购买受同样的规定限制,且具有与公司购买自己的股票同样的后果。

2. 公司在持有该公司股票的另一个公司中购买多数股票的,另一个公司持有的该公司的股票视为该公司自己的股票。

3. 由持有多数股票的公司设立独立公积金。

第二节 股东的权利和义务

一、利润分配和财产清算权利

(一)一般情形

第660条[341]

1. 如法律或者公司章程对在股东之间的分配有规定的,则所有股东都有权对公司资产负债结算产

[339] 根据1991年10月1日联邦法的第一章增补,自1992年7月1日起生效(RO 1992 733;FF 1983 II 757)。

[340] 根据1991年10月4日联邦法第一章增补,自1992年7月1日起生效。

[341] 根据1991年10月4日联邦法的第一章的新内容修订,自1992年7月1日起生效。

生的利润按比例获得份额。

2. 在公司解散时，所有股东都有权对公司清算成果按比例获得份额，但公司章程对解散公司的资产使用进行其他安排的除外。

3. 公司章程赋予特定类别股票的优先权除外。

(二)份额计算

第 661 条

利润和清算的份额按照支付股本的比例来计算，但公司章程另有规定的除外。

第 662 条〔342〕

(废除)

第 662a 条〔343〕

(废除)

第 663 条〔344〕

(废除)

第 663a 条和第 663b 条〔345〕

(废除)

---

〔342〕 根据 2011 年 12 月 23 日关于《会计法》的联邦法第一章第 1 条废除，自 2013 年 1 月 1 日起生效。

〔343〕 根据 1991 年 10 月 4 日联邦法第一章的新内容修订，自 1992 年 7 月 1 日起生效。根据 2011 年 12 月 23 日关于《会计法》的联邦法第一章第 1 条废除，自 2013 年 1 月 1 日起生效。

〔344〕 根据 2011 年 12 月 23 日关于《会计法》的联邦法第一章第 1 条废除，自 2013 年 1 月 1 日起生效。

〔345〕 根据 1991 年 10 月 4 日联邦法第一章的新内容修订，自 1992 年 7 月 1 日起生效。根据 2011 年 12 月 23 日关于《会计法》的联邦法第一章第 1 条废除，自 2013 年 1 月 1 日起生效。

二、经营管理报告[346]

(一)对上市公司的附加说明

1. 津贴

第663b条之二[347]

1. 上市公司,应当在资产负债表的附录中说明以下内容:

(1)直接或者间接地向董事会成员发放的所有津贴;

(2)直接或者间接地向董事会全部或者部分委托的公司管理人员(负责人)发放的所有津贴;

(3)直接或者间接地向咨询委员会成员发放的所有津贴;

(4)董事会、理事会和咨询委员会的原成员因曾经从事于公司机构相关联活动而直接或间接向其发放的津贴,或者向其发放的非通常的市场标准的津贴;

(5)直接或者间接地向以上第1项至第4项所述成员的近亲属发放的不符合市场标准的津贴。

2. 津贴主要包含:

(1)酬金、工资、股息和信用证;

(2)提成、对营业额和对其他经营业绩的分享;

(3)实物给付;

(4)参股、转换权和选择权;

(5)离职津贴;

(6)为第三人设立的保证金、保证义务、抵押以及其他担保;

(7)对债权的放弃;

---

[346] 根据2011年12月23日关于《会计法》的联邦法第一章第1条修订,自2013年1月1日起生效。

[347] 根据2005年10月7日关于《给董事会成员和理事会成员发放津贴的透明性》的联邦法的第一章增补,自2007年1月1日起生效(RO 2006 2629;FF 2004 4223)。

(8)为设立或者增加养老给付权利的支出；

(9)为支付附加劳动的全部给付。

3. 同样地，应在公司资产负债表的附录中说明：

(1)当前给予董事会、理事会和咨询委员会成员的所有借款和其他信贷；

(2)当前给予董事会、理事会和咨询委员会原成员的，不符合市场标准的所有借款和其他信贷；

(3)当前给予以上第1项和第2项所述人员的近亲属的不符合市场标准的所有借款和其他信贷。

4. 关于津贴和借贷的说明必须包含：

(1)给予董事会成员的总额，以及给予其中每个人的款额、其姓名和职务说明；

(2)给予理事会成员的总额，以及给予其中报酬最高的成员的款额、其姓名和职务说明；

(3)给予咨询委员会成员的总额，以及给予其中每个人的款额、其姓名和职务说明。

5. 由近亲属获取的津贴和借贷必须分开注明，但无需注明这些人的姓名。对于其他内容，类推适用关于给予董事会、理事会和咨询委员会成员的津贴和借贷必须提供之信息的规定。

2. 参股〔348〕

第663c条〔349〕

1. 上市公司，〔350〕如公司知道或者应当知道的，则应在公司的资产负债表的附录中注明重要股东和其参股情况。

2. 重要股东，是指与表决权协议相关联的，其参股

〔348〕 根据1991年10月4日联邦法第一章修订，自1992年7月1日起生效(RO 1992 733；FF 1983 II 757)。

〔349〕 根据2011年12月23日关于《会计法》的联邦法第I节第1条的新内容修订，自2013年1月1日起生效(RO 2012 6679；FF 2008 1407)。

〔350〕 由联邦议会起草委员会更正(art. 33 LREC；RO 1974 1051)。

超过全部表决权 5% 的股东和股东团体。如公司章程规定了记名股票的百分比的更低限定(第 685d 条第 1 款),则对此最低限定应当履行公布义务。

3. 同样地,必须注明董事会、理事会和咨询委员会每个成员的参股以及转换权和选择权,其中也包含其近亲属的参股以及这些成员的姓名和职务。[351]

第 663d 条至第 663h 条[352]

(废除)

第 664 条至第 665 条[353]

(废除)

第 665a 条[354]

(废除)

第 666 条至第 667 条[355]

(废除)

第 668 条[356]

(废除)

---

〔351〕 根据 2005 年 10 月 7 日关于《向董事会和理事会发放津贴的透明性》的联邦法第一章增补,2007 年 1 月 1 日生效(RO 2006 2629;FF 2004 4223)。

〔352〕 根据 1991 年 10 月 4 日联邦法第一章的新内容修订。根据 2011 年 12 月 23 日关于《会计法》的联邦法第一章第 1 条废除,自 2013 年 1 月 1 日起生效(RO 2012 6679;FF 2008 1407)。

〔353〕 根据 2011 年 12 月 23 日关于《会计法》的联邦法第一章第 1 条废除,自 2013 年 1 月 1 日起生效(RO 2012 6679;FF 2008 1407)。

〔354〕 根据 1991 年 10 月 4 日联邦法第一章的新内容修订。根据 2011 年 12 月 23 日关于《会计法》的联邦法第一章第 1 条废除,自 2013 年 1 月 1 日起生效(RO 2012 6679;FF 2008 1407)。

〔355〕 根据 2011 年 12 月 23 日关于《会计法》的联邦法第一章第 1 条废除,自 2013 年 1 月 1 日起生效(RO 2012 6679;FF 2008 1407)。

〔356〕 根据 1991 年 10 月 4 日的联邦法第一章废除,自 1992 年 7 月 1 日起生效。

第669条〔357〕

（废除）

（二）评估，重新评估〔358〕

第670条〔359〕

1. 因资产负债表出现的亏空，导致公司资本不足股本和法定公积金的一半时，可以对实际价值超过购买价格或者成本价格的不动产或者参股进行重估，至多估价到该实际价值，以便平衡亏空的资产负债表。重估的款额必须作为重估的公积金分别列入资产负债表。

2. 只有当有资质的审计员向股东大会书面证明重估符合法定条件时，才能进行重估。〔360〕

三、公积金

（一）法定公积金

1. 一般公积金

第671条〔361〕

1. 5%的经营利润列入一般公积金，直至一般公积金达到缴纳股本的20%。

2. 即使公积金已达到法定限额，下述成果仍然可以列入公积金：

(1) 在支付股票发行费用后，超过票面价值的股票发行所得，只要未被用于分期还款或者养老保险

---

〔357〕 根据2011年12月23日关于《会计法》的联邦法第一章第1条废除，自2013年1月1日起生效（RO 2012 6679；FF 2008 1407）。

〔358〕 根据2011年12月23日关于《会计法》的联邦法第一章第1条新内容修订，自2013年1月1日起生效（RO 2012 6679；FF 2008 1407）。

〔359〕 根据1991年10月4日联邦法第一章新内容修订，自1992年7月1日起生效。

〔360〕 根据2005年12月16日关于《有限责任公司法、股份公司法、合作社法、工商企业登记和公司名称法的调整》的联邦法第一章第3条的新内容修订，自2008年1月1日起生效。

〔361〕 根据1991年10月4日联邦法第一章新内容修订，自1992年7月1日起生效。

金目的；

(2)缴纳出资后股票被取消的，扣除替代发行新股票所受的损失而剩下的余额；

(3)在支付5%的红利后，作为利润分配的款额的10%。

3. 只要一般公积金不超过股本的一半，则只能被用于弥补亏损或者用于允许企业在亏损经营期间持续下去、避免失业或者减轻失业后果。

4. 上述第2款第3项和第3款的规定，不适用于其主要目的是在其他公司参股的公司(控股公司)。

5.[362] (废除)

6.[363] (废除)

2. 为公司自己股票设立的公积金

第671a条[364]

为公司自己的股票设立的公积金，如这些股票被转让或者取消，可以在其购买价值限度内解除公积金。

3. 重估的公积金

第671b条[365]

重估的公积金，只能通过股本转换、分期偿还或者重估财产的转让来解除。

---

[362] 根据2009年3月20日关于《铁路改革》的法律的第二章第2条废除，自2010年1月1日起生效。

[363] 根据2004年12月17日关于《保险监督》的法律的附录的第二章第1条废除，自2006年1月1日起生效。

[364] 根据1991年10月4日联邦法第一章修订，自1992年7月1日起生效。

[365] 根据1991年10月4日联邦法第一章修订，自1992年7月1日起生效。

(二)公司章程规定的公积金

1. 一般情形

第672条〔366〕

1. 公司章程可以规定,公积金款额可以增加到高于经营利润的5%,并超过法定的应缴纳股本的20%。

2. 公司章程也可以规定其他公积金的设立,并决定这些公积金的用途和使用。

2. 为雇员的养老保险金设立的公积金

第673条〔367〕

公司章程还可以规定特别用于设立和支持公司雇员的养老保险机构的公积金。

(三)红利和公积金之间的关系

第674条〔368〕

1. 根据法律和公司章程,对公积金进行法定的和章程规定的划拨后,才能确定红利。

2. 在下述范围内,股东大会可以决定设立法律和公司章程未作规定的或者超过所要求的公积金:

(1)用于替代所必需的。

(2)为了确保公司的持续繁荣,或者为了所有股东的利益进行恒定的红利分配。

(3)即使公司章程未作任何规定,股东大会仍然可以在资产负债表的盈利上设立公积金,以便设立和支持公司雇员的养老保险机构或者类似的机构。

---

〔366〕 根据1991年10月4日联邦法第一章新内容增补,自1992年7月1日起生效。

〔367〕 根据1991年10月4日联邦法第一章新内容增补,自1992年7月1日起生效。

〔368〕 根据1991年10月4日联邦法第一章新内容增补,自1992年7月1日起生效。

四、红利、添加利息和董事的年度利润分配

（一）红利

第 675 条

1. 不得用股本来支付红利；

2. 红利只能从资产负债表的盈利中和为此设立的公积金中提取。[369]

（二）添加利息

第 676 条

1. 在公司筹备和设立阶段，直至公司正常营业，可以向股东们支付计入营业项目类的借记账户的确定款额的利息；公司章程指明从何时起停止支付利息。

2. 为了扩大经营范围，公司决定发行新股的，可以给这些新增股票规定利息，该利息由营业项目类的借记账户支付；该利息只能支付到明确的日期，且不得晚于新的营业项目开始营业的日期。

（三）董事的年度利润分配

第 677 条[370]

只有当盈利是从资产负债表的盈利中提取的，在法定公积金划拨后，并在 5% 或者由公司章程规定的更高利率的红利分配后，盈利部分才能分配给董事会成员。

五、给付的返还

（一）一般情形

第 678 条[371]

1. 不适当和恶意收取红利、提成、利润的其他盈余份额或者添加利息的股东、董事会成员以及其近亲属，应当返还上述款额。

---

[369] 根据 1991 年 10 月 4 日联邦法第一章新内容增补，自 1992 年 7 月 1 日起生效。

[370] 根据 1991 年 10 月 4 日联邦法第一章新内容增补，自 1992 年 7 月 1 日起生效。

[371] 根据 1991 年 10 月 4 日联邦法第一章新内容增补，自 1992 年 7 月 1 日起生效。

2. 公司对上述人员提供的给付，如与他们提供给公司的对价给付明显不相称且和公司经济状况明显失衡，则应当返还所受领之给付。

3. 公司和股东均有返还请求权；股东请求返还的，应当返还给公司。

4. 返还的义务自收到给付时起5年内有效。

（二）破产中董事的提成

第679条〔372〕

1. 公司破产的，董事会成员必须返还他们在破产开始之前三年内收取的提成，但是能证明提成符合法律和公司章程为提成分配规定之条件，且特别是该提成的分配是依据审慎制作的资产负债表而进行的除外。

2. ……〔373〕（废除）

六、股东的支付

（一）内容

第680条

1. 在股票发行时，为购买其股票，即使通过章程，股东也不得被要求进行超过确定款额的给付。

2. 股东无权要求返还其出资。

（二）催告的后果

1. 法律和章程规定的期限

第681条

1. 未及时缴纳其股份的股东，必须支付延期利息。

2. 董事会〔374〕还可以宣布这些股东失去其认购股票所产生的权利，且已经支付的款项归公司所有，董事会还可以替代被取消的股票而发行新股票。

---

〔372〕 根据2013年6月21日联邦法附录废除，自2014年1月1日起生效（RO 2013 4111；FF 2010 5871）。

〔373〕 根据2013年6月21日联邦法附录废除，自2014年1月1日起生效（RO 2013 4111；FF 2010 5871）。

〔374〕 根据1991年10月4日的联邦法第二章数字3的新含义修订，自1992年7月1日起生效。在本法典全文均考虑到了这个更改。

已发行的股票未返还的，在《瑞士商务公报》上公布其取消。此外，该公告必须使用公司章程规定的形式。

3. 公司章程还可以给予被催告的股东以合同规定的违约处罚。

2. 催告支付

第 682 条

1. 董事会提议宣布迟延支付的股东失去其认购股票权利的，或者要求对迟延支付的股东执行公司章程规定的处罚条款的，必须在《瑞士商务公报》上至少发布三次催告支付，此外催告发布必须使用公司章程规定的形式，给这些股东规定自最后一次催告支付发布起至少一个月的新的期限。股东在新的期限内还是未支付的，董事会才能宣布其权利的丧失和处罚条款的执行。

2. 对于记名股票，应当以挂号件形式向股份登记名册上的股东发出催告通知。在此情形中，新的期限自收到通知时起算。

3. 对于新股东的出资未能补足之款额，被催告的股东应对公司承担支付之义务。

七、股票的发行和转让

(一)无记名股票

第 683 条

1. 无记名股票只有将股款缴纳至其票面价值时，才可以发行。

2. 在此之前发行的股票无效。损害赔偿之诉不受影响。

(二)记名股票

第 684 条[375]

1. 记名股票可以自由转让，但法律或者公司章程

[375] 根据 1991 年 10 月 4 日联邦法第一章新内容增补，自 1992 年 7 月 1 日起生效。

另有规定的除外。

2. 通过法律行为进行的记名股票转让，可以向购买人移交背书的形式进行。

八、股票转让的限制

(一) 法定限制

第 685 条[376]

1. 未缴清股款的记名股票，只有经公司同意才能转让，但是根据夫妻财产制或者在强制执行程序中，以继承、遗产分配形式所获得的股票除外。

2. 只有当购买人的偿付能力受怀疑且公司要求的担保未被提供时，公司才可以拒绝同意转让。

(二) 公司章程对转让的限制

1. 原则

第 685a 条[377]

1. 公司章程可以规定记名股票的转让须取得公司的同意。

2. 该限制对用益权的设立也有效。

3. 公司进入清算程序的，关于记名股票的转让之限制失去其效力。

2. 不上市的记名股票

(1) 拒绝的理由

第 685b 条[378]

1. 公司可以援引章程规定的正当理由拒绝同意股票之转让，或者按照要求转让时股票的实际价值，由公司、其他股东或者第三人收购转让人的股票，以此来拒绝同意股票的转让。

2. 如根据公司的目的或者其经济独立性，足以表明拒绝同意转让是关于股东组成之合理规定，视为正当理由。

---

〔376〕 根据 1991 年 10 月 4 日联邦法第一章新内容修订，自 1992 年 7 月 1 日起生效。

〔377〕 根据 1991 年 10 月 4 日联邦法第一章增补，自 1992 年 7 月 1 日起生效。

〔378〕 根据 1991 年 10 月 4 日联邦法第一章增补，自 1992 年 7 月 1 日起生效。

3. 购买人未明确声明以自己名义为自己购买股票的,公司可以拒绝在股票登记簿中登记其股票。

4. 根据继承、遗产分配、夫妻财产制或者强制执行程序所获得的股票,只有当公司向股票转让人提议以实际价值收购其股票的前提下,才能拒绝同意股票的转让。

5. 购买人可以请求公司总部所在地的法官确定股票的实际价值。公司承担该评估费用。

6. 在得知股票实际价值后的一个月期间,购买人未拒绝收购股票之要约的,要约视为被接受。

7. 关于股票转让的条件,公司章程不得进行更为严格的规定。

(2)效力

第 685c 条[379]

1. 只要未给予股票转让必需的同意,股票的所有权和由股票产生的所有其他权利属于转让人。

2. 根据继承、遗产分配、夫妻财产制或者强制执行程序获得股票的情形下,股票的所有权和财产权立即移转给购买人;只有当公司同意转让时,有关的公司权利才移转给购买人。

3. 公司在收到股票转让请求后的三个月内未拒绝的,或者公司拒绝无正当理由的,视为同意股票转让。

3. 上市的记名股票

(1)拒绝的条件

第 685d 条[380]

1. 关于上市记名股票的购买人,只有当公司章程规定了记名股票购买人成为股东的百分比限制,且该比例限制将被超越时,公司才能拒绝上市记

---

[379] 根据 1991 年 10 月 4 日联邦法第一章增补,自 1992 年 7 月 1 日起生效。

[380] 根据 1991 年 10 月 4 日联邦法第一章增补,自 1992 年 7 月 1 日起生效。

名股票的购买人成为股东。

2. 购买人未按照公司要求明确声明以自己名义为自己购买股票的，公司可以拒绝在股票登记簿中登记其股票。

3. 上市股票[381]是通过继承、遗产分配或者按照夫妻财产制而获得的，股票持有人不得被拒绝成为股东。

(2)通告义务

第685e条[382]

上市记名股票在证券交易所中出卖的，证券交易营业人立即向公司通告转让人姓名和出卖股票的数量。

(3)权利的移转

第685f条[383]

1. 在股票市场中买入的上市记名股票，自转让时起其权利移转给购买人。在股票市场外获得上市记名股票的，自购买人向公司请求确认其为股东时起，权利移转给购买人。

2. 被确认为股东之前，购买人不得行使由股票产生的表决权和依附于表决权的其他权利。购买人所有其他权利的行使不受限制，特别是股票优先认购权。

3. 在权利移转后，还未被确认为股东的购买人，作为无表决权的股东在股票登记簿中登记。其股票在股东大会上不被代表。

4. 购买人被公司非法拒绝承认的情形下，自判决之日起公司应确认其表决权以及依附于表决权的所有其他权利；公司还应当向购买人补偿因拒绝

---

[381] 由联邦议会起草委员会更正(art. 33 LREC;RO 1974 1051)。

[382] 根据1991年10月4日联邦法第一章增补，自1992年7月1日起生效。

[383] 根据1991年10月4日联邦法第一章增补，自1992年7月1日起生效。

承认其为股东而令其遭受的损失，但公司证明自己没有过错的除外。

(4)拒绝的期限

第 685g 条[384]

公司未在二十日内拒绝确认购买人为股东的，则购买人应当被视为股东。

4. 股票登记簿

(1)登记

第 686 条[385]

1. 公司备存股票登记簿，载明记名股票所有权人和用益权人的姓名和住址。公司以在瑞士得以随时查阅的方式备存股票登记簿。[386]

2. 只有依据购买股票所有权或者设立用益权的证明文件，才能将股票登记在股票登记簿中。

3. 公司应当在股票上载明这些备注。

4. 在股票登记簿中登记的人，视为公司的股东或者股票的用益权人。

5. 在股票登记簿中注销记名股票所有权人或者用益权人后，股票登记证明文件必须保存十年。[387]

(2)注销

第 686a 条[388]

如股票登记簿中的登记是按照购买人提供的错误信息进行的，在听取相关人员意见后，公司可以注销股票登记簿中的登记。公司必须立即向股票购

---

[384] 根据 1991 年 10 月 4 日联邦法第一章增补，自 1992 年 7 月 1 日起生效。

[385] 根据 1991 年 10 月 4 日联邦法第一章的新内容修订，自 1992 年 7 月 1 日起生效。

[386] 根据 2014 年 12 月 12 日关于《执行金融特别行动小组的提议》的联邦法第二章第 2 条的新内容修订，于 1992 年修补，自 2015 年 7 月 1 日起生效（RO 2015 1389；FF 2014 585）。

[387] 根据 2014 年 12 月 12 日关于《执行金融特别行动小组的提议》的联邦法第二章第 2 条的新内容修订，于 1992 年修补，自 2015 年 7 月 1 日起生效（RO 2015 1389；FF 2014 585）。

[388] 根据 1991 年 10 月 4 日联邦法第一章修订，自 1992 年 7 月 1 日起生效。

买人通知登记的注销。

5. 未缴清股款的记名股票[389]

第 687 条

1. 自在股票登记簿中登记时起,未缴清股款的购买人必须对公司承担付款责任。

2. 认购人转让其股票,而公司在股票登记簿中对此登记后两年内被宣告破产的,且受让人被宣布丧失股东权利的,公司可以就未缴清的款额而针对认购人起诉。

3. 自购买人在股票登记簿中登记时起,不是股票认购人的转让人,被解除付款的义务。

4. 只要记名股票的股款缴纳还未达到其票面价值的,已缴纳的款额必须在股票上载明。

(三)临时证书

第 688 条

1. 只有当无记名股票的股款缴纳达到其票面价值时,才能为其持有人开具不记名临时证书。在支付前开具的证书无效。损害赔偿的请求权不受影响。

2. 为无记名股票开具记名临时证书的,这些证书的转让只能按照债权转让规定的形式进行;但是,只有向公司通知其转让时,该转让才对公司具有效力。

3. 对于记名股票,临时证书必须是记名的。记名临时证书的转让适用关于记名股票的规定。

---

[389] 根据 1991 年 10 月 4 日联邦法第一章的新内容修订,自 1992 年 7 月 1 日起生效。

九、股东身份固有的公司权利

(一)出席股东大会

1. 原则

第689条[390]

1. 在股东大会上,股东可以行使其权利,特别是有关机构的任命、经营管理报告的批准和有关利润使用的决议的权利。

2. 股东可以自己在股东大会上行使投票权,或者由第三人代表他行使投票权。第三人无须是股东,但公司章程另有规定的除外。

2. 合法性

第689a条[391]

1. 记名股票,在股票登记簿中办理登记时起或者自股东获得书面授权时起,被登记或者被授权的人可以行使该股票相关的公司权利。

2. 无记名股票,只要申报了股票,作为股票持有人,任何人都可以行使该股票相关的公司权利。董事会可以规定发行另一种类型的持有证书。

3. 股东的代表

(1)一般情形

第689b条[392]

1. 任何人以代表的身份行使公司权利的,应当遵守被代表人的指示。

2. 被抵押、被提存或者被借贷的无记名股票之持有人,只有从股东那里收到允许其代表的特别文件时,才能行使公司权利。

---

[390] 根据1991年10月4日联邦法第一章的新内容修订,自1992年7月1日起生效。

[391] 根据1991年10月4日联邦法第一章增补,自1992年7月1日起生效。

[392] 根据1991年10月4日联邦法第一章增补,自1992年7月1日起生效。

(2)由公司机构的成员担任代表

第689c条[393]

如果公司向股东们提议由公司机构的成员或者从属于公司的某人代表股东在股东大会上行使表决权的,则应当指定一个股东们可以授权代表他们的且与公司无利益关联的人。

(3)由股票保存人代表

第689d条[394]

1. 为了行使寄存股票相关的公司权利,在每次股东大会前,股票保存人的代表应当向寄存人请求指示,以便行使股票寄存人的表决权。

2. 寄存人的指示未及时给予的,保存人的代表根据寄存人的一般指示行使其表决权;不存在一般指示的,保存人的代表则采纳董事会的建议。

3. 1934年11月8日关于《银行、储蓄银行以及专业财产人》的联邦法[395]规定的企业视为保存人的代表。

(4)通知

第689e条[396]

1. 担任代表的公司机构成员、独立的代表和保存人的代表,向公司通知他们所代表的股票的数目、种类、票面价值和属性。如没有这些信息,可以按照无权出席股东大会情形相同的条件,撤销股东大会的决议。

2. 大会主席在股东大会上将每种股票代表的上述信息进行通报。尽管有股东提出要求,大会主席却疏于通报这些信息的,任何股东都有权通过起诉公司而对股东大会的决议提出异议。

---

[393] 根据1991年10月4日联邦法第一章增补,自1992年7月1日起生效。

[394] 根据1991年10月4日联邦法第一章增补,自1992年7月1日起生效。

[395] RS 952.0.

[396] 根据1991年10月4日联邦法第一章增补,自1992年7月1日起生效。

4. 数个权利人共有[397]

第 690 条

1. 普通股票为数人所共有的,这些人只能通过共同的代表来行使与其股票相关的权利。

2. 设立有用益权的股票由用益权人代表;如用益权人未合理考虑股票所有权人的利益,用益权人对股票所有权人承担责任。

(二)无权出席股东大会

第 691 条

1. 如放弃股票之目的是规避表决权的限制,从而使其代表在股东大会上可以行使表决权,则这种放弃股票的行为应予禁止。

2. 任何股东都可以向董事会就非法出席股东大会提出抗议,或者要求将其抗议记入股东大会的会议记录。

3. 无权出席股东大会的人员参与作出大会其中一项决议的,即使无任何事先的抗议,每个股东也都可以提起诉讼,但公司能够证明其参与对作出的决议无任何影响的除外。

(三)在股东大会上的表决权

1. 原则

第 692 条

1. 股东按照其拥有的股票之票面价值比例来行使股东大会上的表决权。

2. 即使股东只持有一股股票,每个股东也至少享有一票表决权。但是,公司可以在公司章程中限定赋予多股股票持有人的表决权数目。

3. 在公司重组时,股票票面价值被减低的,可以根据其原始票面价值确定表决权。

2. 具有优先表决权的股票

第 693 条

1. 公司章程可以规定,不考虑股票的票面价值,而

---

[397] 根据 1991 年 10 月 4 日联邦法第一章新内容增补,自 1992 年 7 月 1 日起生效。

按照每个股东所持股数比例来行使表决权,从而使每一股享有一票表决权。

2. 在此情形中,低于公司其他股票票面价值的股票,只能以记名股票来发行,且必须已经全部支付了股款。其他股票的票面价值不得超过具有优先表决权的股票的票面价值的十倍以上。[398]

3. 下述情形,不适用按照股数比例决定表决权:

(1)任命审核机构;

(2)任命负责核查全部或者部分经营管理的专家;

(3)决定特别检查机构;

(4)决定启动责任诉讼。[399]

3. 表决权的产生

第 694 条

根据法律或者公司章程的规定对股票进行支付时起,表决权即产生。

4. 表决权的排除

第 695 条

1. 无论以何种方式对公司的事务进行合作的股东,不得参与表决同意或者拒绝关于董事会免责的决议。

2. ……[400]

(废除)

---

[398] 根据 1991 年 10 月 4 日联邦法第一章新内容修订,自 1992 年 7 月 1 日起生效。

[399] 根据 1991 年 10 月 4 日联邦法第一章新内容修订,自 1992 年 7 月 1 日起生效。

[400] 根据 2005 年 12 月 16 日关于《有限责任公司法以及关于股份有限公司法、合作社法、商业登记法和公司名称法的适用》的联邦法第 I 节第 3 条废除,自 2008 年 1 月 1 日起生效(RO 2007 4791;FF 2002 2949,2004 3745)。

(四)股东的核查权利

1. 经营管理报告的通知

第 696 条[401]

1. 最迟在召开股东年度大会前 20 天,经营管理报告和审计报告必须在公司总部提供给股东们查阅。每个股东都可以要求在最短期限内向其交付这些文件的副本。

2. 对于记名股票持有人,通过书面通知告知其经营管理报告;对于无记名股票持有人,通过《瑞士商务公报》公布进行告知,并应当按照公司章程规定的形式进行公布。

3. 任何股东都可以在股东大会召开后的一年内,要求公司向其交付股东大会核准的经营管理报告和审计报告。

2. 信息咨询和查阅

第 697 条[402]

1. 在股东大会上任何股东都可以向董事会咨询公司业务,向审计机构咨询审计的进行和结果。

2. 信息必须在股东行使权利所必需的范围内提供。如需要保护的商业秘密或者其他公司利益将会受到危害,则可以拒绝提供信息。

3. 只能在股东大会的明确批准下或者董事会的决定下,且只有当商业秘密得到保护时,公司的账目和通讯才能被查阅。

4. 信息咨询或者查阅被拒绝的,法官根据请求进行裁决。[403]

---

[401] 根据 1991 年 10 月 4 日联邦法第一章新内容修订,自 1992 年 7 月 1 日起生效。

[402] 根据 1991 年 10 月 4 日联邦法第一章新内容修订,自 1992 年 7 月 1 日起生效。

[403] 根据 2008 年 12 月 19 日《民事诉讼法典》附录 1 的第二章第 5 条新内容增补,自 2011 年 1 月 1 日起生效。

(五)建议设立专项审查的权利

1. 股东大会的同意

第697a条〔404〕

1. 为了行使其权利所必须的,且已经行使其咨询权或者查阅权后,任何股东都可以在股东大会上建议设立专项审查,以便澄清特定事实。

2. 股东大会同意其建议的,公司或者每个股东都可以在30天的期限内,请求法官任命专项审查员。

2. 股东大会的拒绝

第697b条〔405〕

1. 股东大会对建议未作回应的,持有至少10%股本或者两百万瑞士法郎的票面价值股票的股东,可以在三个月内请求法官任命专项审查员。

2. 如第一款所述之股东可以证实,公司发起人或者机构违背法律或者公司章程之规定的,且因此对公司或者股东造成损害的,则这些股东有权任命专项审查员。

3. 任命

第697c条〔406〕

1. 在听取公司和在股东大会上请求任命专项审查员的股东的意见后,由法官作出裁决。

2. 法官接受请求的,指派一个独立的专家进行审查。在请求的限度内,法官指定审查的内容。

3. 法官也可以将审查授权给数个专家共同进行。

---

〔404〕 根据1991年10月4日联邦法第一章新内容修订,自1992年7月1日起生效。

〔405〕 根据1991年10月4日联邦法第一章新内容修订,自1992年7月1日起生效。

〔406〕 根据1991年10月4日联邦法第一章新内容修订,自1992年7月1日起生效。

4. 实施

第 697d 条[407]

1. 专项审查必须及时进行，且不得对公司业务的运作产生不必要的干扰。

2. 公司发起人、有关机构、受任人、雇员、破产管理人和清算人应当向专项审查员提供重要事实的咨询。如有争议，由法官裁定。

3. 专项审查员应当听取公司关于专项审查结果的意见。

4. 专项审查员具有严守秘密之义务。

5. 报告

第 697e 条[408]

1. 专项审查员应详细汇报其审查结果，同时又要维护商业秘密。他还应当向法官呈交其审查报告。

2. 法官将报告转交给公司，如有必要，公司向法官指出报告中损害商业秘密和公司需要保护的利益的段落；法官决定这些段落是否因此免于接受请求审查的人员的查阅。

3. 法官应当允许公司和请求审查的人员对修改后的报告发表意见并进一步提出问题。

6. 审议和通知

第 697f 条[409]

1. 董事会将审查报告和其意见呈交给下一次股东大会。

2. 任何股东都可以在股东大会后的一年内，向公司要求审查报告和董事会意见之复制件。

---

[407] 根据 1991 年 10 月 4 日联邦法第一章新内容修订，自 1992 年 7 月 1 日起生效。

[408] 根据 1991 年 10 月 4 日联邦法第一章新内容修订，自 1992 年 7 月 1 日起生效。

[409] 根据 1991 年 10 月 4 日联邦法第一章修订，自 1992 年 7 月 1 日起生效。

7. 费用

第 697g 条[410]

1. 法官接受任命专项审查员之请求的,应当指定由公司承担预付和费用。如特殊情形证明合理的,法官可以要求请求审查的人承担全部或者部分费用。

2. 股东大会同意专项审查的,由公司承担审查费用。

第 697h 条[411]

(废除)

十、股东的通知义务

(一)无记名股票的购买通知

第 697i 条[412]

1. 公司证券不上市的,购买其无记名股票的人,应当在一个月的期限内,向公司通知其购买股票之事实、其姓名或公司名称,以及其地址。

2. 股东必须证明他是无记名股票持有人,并以下列证明文件证实:

(1)自然人以包含照片的合法证件,诸如其护照、身份证或驾驶证(这些证件之一的原件或复印件);

(2)瑞士法人进行企业商事登记的摘要;

(3)外国法人在外国进行商事登记的最新摘要所作的认证,或以具有同等价值的文件。

3. 股东应当向公司通知其姓名或公司名称,以及地址的变更。

---

[410] 根据 1991 年 10 月 4 日联邦法第一章修订,自 1992 年 7 月 1 日起生效。

[411] 根据 1991 年 10 月 4 日联邦法第一章修订。根据 2011 年 12 月 23 日关于《会计法》的联邦法第一章第 1 条废除,自 2013 年 1 月 1 日起生效。

[412] 根据 2014 年 12 月 12 日关于《执行金融行动特别小组提议》的联邦法第一章第 2 条修订,于 2012 年修正,自 2015 年 7 月 1 日起生效(RO 2015 1389;FF 2014 585)。

4. 根据2008年10月3日联邦法以中介代持证券形式发行的，[413]其购买不受通知义务的限制。公司指定托管无记名股票的证券受托人，或将无记名股票登记在其股东登记簿的证券受托人。该证券受托人必须在瑞士。

(二)股票经济性权利人的通知

第697j条[414]

1. 单独或联同第三人购买非上市公司股票的人，在购买股票后，如其参股达到或超过公司股本或投票数25%界限的，该自然人(股票经济性权利人)应当在一个月的期限内，向公司通知其姓名和地址。

2. 股东应当向公司通知财产权利人姓名或地址的变更。

3. 根据2008年10月3日联邦法以中介代持证券形式[415]发行的无记名股票，其购买不受通知义务的限制。公司指定托管无记名股票的证券受托人，或将无记名股票登记在其股东名簿的证券受托人。该证券受托人必须在瑞士。

(三)向金融中介机构的通知；该机构承担查询义务

第697k条[416]

1. 股东大会可以规定，无记名股票购买人无需遵守第697i条和第697j条的规定，可以不向公司作出股票购买的通知，但他必须按照1997年10月

---

[413] RS 957.1.

[414] 根据2014年12月12日关于《执行金融行动特别工作小组提议》的联邦法第I节第2条修订，于2012年修正，自2015年7月1日起生效(RO 2015 1389；FF 2014 585)。

[415] RS 957.1.

[416] 根据2014年12月12日关于《执行金融行动特别工作小组提议》的联邦法第一章第2条修订，于2012年修正，自2015年7月1日起生效(RO 2015 1389；FF 2014 585)。

10 日关于《反洗钱》的联邦法，向金融中介机构作出股票购买的通知。[417]

2. 董事会指定金融中介机构，并向股东们通知该机构的身份。

3. 金融中介机构必须随时向公司提供关于无记名股票已进行的购买通知情况以及股票持有确认的情况。

(四)股东登记簿

第 697l 条[418]

1. 公司为已向公司通知股票购买的无记名股票的持有人和股票的经济性权利人建立登记簿。

2. 该无记名股票登记簿记载持有人和股票的经济性权利人的姓名或公司名称以及地址。登记簿记录无记名股票持有人的国籍和出生日期。

3. 根据第 697i 条和第 697j 条规定所作出的购买股票通知的证明文件，在无记名股票持有人和股票的经济性权利人从登记簿中注销后的十年内必须予以保存。

4. 公司根据第 697k 条规定指定金融中介机构的，则由该机构承担建立无记名股票持有人和股票的经济性权利人的登记簿，并承担股票购买通知证明文件的保存义务。

5. 股票购买人的登记簿应当以在瑞士随时可以被查询的方式保存。

---

[417] RS 955.0.

[418] 根据 2014 年 12 月 12 日关于《执行金融行动特别工作小组提议》的联邦法第一章第 2 条修订，于 2012 年修正，自 2015 年 7 月 1 日起生效(RO 2015 1389;FF 2014 585)。

（五）不遵守股票购买通知义务

第 697m 条〔419〕

1. 股东没有遵守股票购买通知义务的，则股东不得行使与其所购买股票相关的公司权利。

2. 只有当股东遵守股票购买通知义务时，他才能主张与其所购买股票相关的财产权。

3. 股东自购买股票时起一个月期限内忽略遵守通知义务的，其财产权灭失。之后股东改正该忽略的，他可以主张自改正日起产生的财产权。

4. 董事会确保，任何违反其股票购买通知义务的股东不得行使与其股票相关的权利。

第三节 公司的机构

一、股东大会

（一）权力

第 698 条

1. 股东大会是公司的最高权力机构。

2. 它具有以下不可转让的权力：〔420〕

（1）制定和修改公司章程；

（2）任命董事会和监事会的成员；

（3）批准年度报告和集团综合账目；〔421〕

（4）批准年度账目和决定资产负债表产生的盈利

---

〔419〕 根据 2014 年 12 月 12 日关于《执行金融行动特别工作小组提议》的联邦法第一章第 2 条修订，于 2012 年修正，自 2015 年 7 月 1 日起生效（RO 2015 1389；FF 2014 585）。

〔420〕 根据 2005 年 12 月 16 日关于《有限责任公司法以及关于股份有限公司法、合作社法、商业登记法和公司名称法的适用》的联邦法第 I 节第 3 条的新内容修订，自 2008 年 1 月 1 日起生效（RO 2007 4791；FF 2002 2949，2004 3745）。

〔421〕 根据 2011 年 12 月 23 日关于《会计法》的联邦法第 I 节第 1 条的新内容修订，自 2013 年 1 月 1 日起生效（RO 2012 6679；FF 2008 1407）。

的使用,特别是确定红利和提成;

(5)董事会成员之解任;

(6)根据法律或者公司章程赋予其决议其他事项的权力。[422]

(二)股东大会的召集会议议程的登记

1. 权利和义务[423]

第 699 条

1. 股东大会由董事会召集,如有必要,由审计员[424]召集。清算人和债券持有人代表同样有权召集股东大会。

2. 每年在营业年度终结后六个月内召开定期股东大会;如有必要,可以召集特别股东大会。

3. 合计至少持有 10% 股本的一个或者数个股东,也可以请求召集股东大会。合计持有一百万瑞士法郎票面价值的股票的股东,可以在股东大会会议议程中登记议题。股东大会召开和在会议议程中的议题登记必须以书面形式进行,注明讨论的议题和相关建议。[425]

4. 董事会未在合理期限内对请求作回应的,根据请求人的要求,法官可以命令召开股东大会。

2. 股东大会召集方式

第 700 条[426]

1. 至少在会议召开日期前的 20 天,根据公司章程

---

[422] 根据 1991 年 10 月 4 日联邦法第 I 节的新内容修订,自 1992 年 7 月 1 日起生效(RO 1992 733;FF 1983 II 757)。

[423] 根据 1991 年 10 月 4 日联邦法第一章新内容修订,自 1992 年 7 月 1 日起生效。

[424] 根据 1991 年 10 月 4 日联邦法第二章第 3 条的新用语,自 1992 年 7 月 1 日起生效。在本法典中已考虑到这个更改。

[425] 根据 1991 年 10 月 4 日联邦法第一章新内容修订,自 1992 年 7 月 1 日起生效。

[426] 根据 1991 年 10 月 4 日联邦法第一章新内容修订,自 1992 年 7 月 1 日起生效。

规定的方式召集股东大会。

2. 在股东大会的召集通知书中，注明会议议程中的议题、董事会的提议和请求召集会议或者在议程中登记议题的股东。

3. 不得对未在会议议程中正式提出的议题作出任何决议，但股东为召集特别股东大会、设立专项审查或者选举审计机构而提出的建议除外。[427]

4. 对会议议程内的提议或者不必进行投票的审议，无需作预先通告。

3. 全体股东出席的会议

第 701 条

1. 全部股票的所有股东或者代表如果无反对意见，无需遵守会议召集规定的形式，可以召开股东大会。

2. 只要前款所述人员出席会议，该大会有权对在股东大会权力范围内的所有事务有效地进行审议和表决。

(三) 预备措施会议记录

第 702 条[428]

1. 董事会采取必需的措施以确认股东的表决权。

2. 确保会议记录的撰写，会议记录应当注明：

(1) 股东、机构的代表、独立的代表和保存人的代表持有的股票的数目、种类、票面价值和属性；

(2) 决议和选举的结果；

(3) 咨询的请求和给予的回复；

(4) 股东请求登记之声明。

3. 股东有权查阅会议记录。

---

[427] 根据 2008 年 12 月 19 日《民事诉讼法典》的附录第二章第 5 条废除，自 2011 年 1 月 1 日起生效。

[428] 根据 2005 年 12 月 16 日关于《有限责任公司法以及关于股份有限公司法、合作社法、商业登记法和公司名称法适用》的联邦法第一章第 3 条新内容修订，自 2008 年 1 月 1 日起生效。

(四)董事会成员参加股东大会

第702a条〔429〕

董事会成员有权参加股东大会,他们也可以提出建议。

(五)决议和选举

1. 一般情形

第703条〔430〕

如法律或者公司章程无不同规定,则根据其所代表的股票占有绝对多数票,股东大会有权作出决议和进行选举。

2. 重大决议

第704条〔431〕

1. 因下列事项而作出的股东大会决议,必须合计获得至少所代表股票的三分之二的表决权以及所代表的票面价值的绝对多数:

(1)对公司目的的修改;

(2)具有优先表决权的股票的增加;

(3)记名股票转让的限制;

(4)股本经批准的增加或者有条件的增加,或根据1934年11月8日关于银行的法律〔432〕第12条而设立公积金;〔433〕

(5)通过提取本金、实物出资或者资产承接,以及

〔429〕 根据2005年12月16日关于《有限责任公司法以及关于股份有限公司法、合作社法、商业登记法和公司名称法适用》的联邦法第一章第3条增补,自2008年1月1日起生效。

〔430〕 根据2005年12月16日关于《有限责任公司法以及关于股份有限公司法、合作社法、商业登记法和公司名称法适用》的联邦法第一章第3条的新内容修订,自2008年1月1日起生效。

〔431〕 根据1991年10月4日联邦法第一节的新内容修订,自1992年7月1日起生效(RO 1992 733;FF 1983 II 757)。

〔432〕 RS 952.0.

〔433〕 根据2011年9月30日关于《加强银行间的稳定性》的联邦法附录数字1的新内容修订,自2012年3月1日起生效(RO 2012 811;FF 2011 4365)。

授予特殊优惠来增加股本；

(6)优先认股权的限制或者撤销；

(7)公司地址的变更；

(8)公司解散。[434]

2. 公司章程对某些特定决议的通过，规定了比法律规定的更高的多数票，那么只有达到章程规定的多数票时，该特定决议才能被通过。

3. 对改变公司目的或者增加具有优先表决权的股票的决议，持反对意见的记名股票的持有人，在该决议在《瑞士商务公报》中公布起算六个月的期限内，公司章程中关于股票转让的限制性规定对其没有约束力。

3. 不记名股票转为记名股票

第 704a 条[435]

股东全体大会可以多数票决定不记名股票转换为记名股票。公司章程不得加重股票转换的条件。

(六)罢免董事会和审计机构的权力[436]

第 705 条

1. 股东大会有权罢免董事会成员和审计员，以及所有授权代理人和代理人。

2. 被罢免人员的有关损害赔偿的诉讼不因此而受影响。

---

[434] 根据 2005 年 12 月 16 日关于《有限责任公司法以及关于股份有限公司法、合作社法、商业登记法和公司名称法适用》的联邦法第 I 节数字 3 的新内容修订，自 2008 年 1 月 1 日起生效(RO 2007 4791；FF 2002 2949，2004 3745)。

[435] 根据 2014 年 12 月 12 日关于《执行金融行动特别工作小组提议》的联邦法第一章第 2 条修订，于 2012 年修正，自 2015 年 7 月 1 日起生效(RO 2015 1389；FF 2014 585)。

[436] 根据 2005 年 12 月 16 日关于《有限责任公司法以及关于股份有限公司法、合作社法、商业登记法和公司名称法适用》的联邦法第一章第 3 条新内容修订，自 2008 年 1 月 1 日起生效。

(七)针对股东大会决议提起诉讼的权利

1. 起诉的资格和理由[437]

第706条

1. 董事会和每个股东都可以对违反法律或者公司章程的股东大会决议提起诉讼;起诉将针对公司进行。

2. 主要地,以下决议可以被撤销:

(1)违反法律或者公司章程,取消或者限制股东的权利;

(2)无正当理由,取消或者限制股东的权利;

(3)公司目的导致股东不平等的待遇或者不合理的损害;

(4)未经所有股东的同意,取消公司的盈利目的。[438]

3. 和4. ……[439](废除)

5. 撤销股东大会决议的判决对全体股东均具有约束力,其中的任一股东都可以引用该判决。

2. 程序

第706a条[440]

1. 未在股东大会之后至迟两个月内提起诉讼,则诉讼权利消灭。

2. 诉讼是由董事会提出的,则应由法官为公司指定代表人。

---

[437] 根据2005年12月16日关于《有限责任公司法以及关于股份有限公司法、合作社法、商业登记法和公司名称法适用》的联邦法第一章第3条新内容修订,自2008年1月1日起生效。

[438] 根据2005年12月16日关于《有限责任公司法以及关于股份有限公司法、合作社法、商业登记法和公司名称法适用》的联邦法第一章第3条增补,自2008年1月1日起生效。

[439] 根据1991年10月4日联邦法的第一章废除。

[440] 根据1991年10月4日联邦法第一章增补,自1992年7月1日起生效。

3. ……[441]（废除）

（八）无效[442]

第706b条[443]

以下的股东大会决议无效：

1. 对参加股东大会的权利、最低表决权、提出诉讼的权利或者其他由法律强制性规定保障的权利予以废止或限制；

2. 关于股东的监督权进行了比法律规定还要严厉的限制性规定。

3. 违背股份有限公司的基本结构或者违反资本保护的规定。

二、董事会[444]

（一）一般情形

1. 被选资格[445]

第707条

1. 公司的董事会由一个或者数个成员组成。[446]

2. ……[447]（废除）

3. 法人或者商业公司是公司成员的，不能享有成

---

[441] 根据2008年12月19日《民事诉讼法典》的附录第二章第5条废除，自2011年1月1日起生效。

[442] 根据2005年12月16日关于《有限责任公司法以及关于股份有限公司法、合作社法、商业登记法和公司名称法适用》的联邦法第一章数字3修订，自2008年1月1日起生效（RO 2007 4791；FF 2002 2949，2004 3745）。

[443] 根据1991年10月4日联邦法第一章的新内容修订，自1992年7月1日起生效。

[444] 根据1991年10月4日联邦法第一章的新内容修订，自1992年7月1日起生效。

[445] 根据1991年10月4日联邦法第一章增补，自1992年7月1日起生效。

[446] 根据2005年12月16日关于《有限责任公司法以及关于股份有限公司法、合作社法、商业登记法和公司名称法适用》的联邦法第一章第3条的新内容修订，自2008年1月1日起生效。

[447] 根据2005年12月16日关于《有限责任公司法以及关于股份有限公司法、合作社法、商业登记法和公司名称法适用》的联邦法第一章第3条废除，自2008年1月1日起生效。

为董事会成员的资格,但是其代表可以代表其享有被选举资格。

第 708 条[448]

(废除)

2. 股东的类别和团体代表[449]

第 709 条[450]

1. 如存在数个类别的股票享有表决权或者财产权,那么公司章程应保证每种股票至少选举一位代表加入董事会。

2. 公司章程可以制定关于保护股东少数人或者特定股东团体的特殊规定。

3. 任职期限[451]

第 710 条[452]

1. 董事会成员的任期为三年,但公司章程另有规定的除外。任职期限最长不得超过六年。

2. 董事会成员可以连任。

---

[448] 根据 2005 年 12 月 16 日关于《有限责任公司法以及关于股份有限公司法、合作社法、商业登记法和公司名称法适用》的联邦法第一章第 3 条废除,自 2008 年 1 月 1 日起生效。

[449] 根据 2005 年 12 月 16 日关于《有限责任公司法以及关于股份有限公司法、合作社法、商业登记法和公司名称法适用》的联邦法第一章第 3 条废除,自 2008 年 1 月 1 日起生效。

[450] 根据 1991 年 10 月 4 日联邦法第一章的新内容修订,自 1992 年 7 月 1 日起生效。

[451] 根据 2005 年 12 月 16 日关于《有限责任公司法以及关于股份有限公司法、合作社法、商业登记法和公司名称法适用》的联邦法第一章第 3 条新内容修订,自 2008 年 1 月 1 日起生效。

[452] 根据 1991 年 10 月 4 日联邦法第一章的新内容修订,自 1992 年 7 月 1 日起生效。

第711条[453]
（废除）

（二）组织

1. 董事长和秘书

第712条[454]
1. 董事会任命其董事长和秘书。秘书不一定是董事会的成员。
2. 如公司章程有规定，董事长可以由股东大会选举产生。

2. 决议

第713条[455]
1. 董事会决议根据多数票作出。董事长具有决定性的一票，但公司章程另有规定的除外。
2. 董事会决议也可以书面批准建议的形式作出，但董事会成员之一要求商讨的除外。
3. 董事会的审议和决议记录保存在由董事长和秘书签名的会议记录中。

3. 无效决议

第714条[456]
董事会决议无效的理由类推适用股东大会决议无效之情形。

4. 召集会议的权利

第715条[457]
董事会的每个成员在说明理由后，都可以要求董

---

[453] 由2005年12月16日关于《有限责任公司法以及关于股份有限公司法、合作社法、商业登记法和公司名称法适用》的联邦法第一章第3条废除，自2008年1月1日起生效。

[454] 根据1991年10月4日联邦法第一章的新内容修订，自1992年7月1日起生效。

[455] 根据1991年10月4日联邦法第一章的新内容修订，自1992年7月1日起生效。

[456] 根据1991年10月4日联邦法第一章的新内容修订，自1992年7月1日起生效。

[457] 根据1991年10月4日联邦法第一章的新内容修订，自1992年7月1日起生效。

事长立即召集董事会会议。

5. 信息咨询和查阅权利

第 715a 条〔458〕

1. 每个董事会成员都有权获得关于公司所有事务的信息。

2. 在会议期间,董事会的每个董事都可以要求其他董事以及负责管理的人员提供有关的信息。

3. 在会议闭会期间,每个董事会成员都可以向负责管理的人员要求提供有关公司经营的信息;经董事长同意,还可以要求提供有关特定事务的信息。

4. 在完成其任务必需的范围内,每个董事会成员都可以要求董事长制作账簿和其他文档。

5. 如董事长拒绝信息咨询、听证和文件查阅的请求,由董事会进行裁决。

6. 董事会规则或者决议如果扩大董事会成员的信息咨询和查阅文件的权利,不在此限。

(三) 职权

1. 一般情形

第 716 条〔459〕

1. 对于所有法律或者公司章程未规定股东大会执行之事务,董事会有权作出决议。

2. 对于公司事务,如未授权进行管理,由董事会管理。

2. 不可转让的职权

第 716a 条〔460〕

1. 董事会在以下领域中具有不可转让和不可剥夺的职权:

(1)行使公司的最高领导权和制定必需的指令;

---

〔458〕 根据 1991 年 10 月 4 日联邦法第一章增补,自 1992 年 7 月 1 日起生效。

〔459〕 根据 1991 年 10 月 4 日联邦法第一章的新内容修订,自 1992 年 7 月 1 日起生效。

〔460〕 根据 1991 年 10 月 4 日联邦法第一章增补,自 1992 年 7 月 1 日起生效。

(2)确定公司的组织；

(3)确定会计和财务检查规则，以及公司管理必需的财政计划；

(4)任命和罢免负责管理和代表的人员；

(5)严密监督负责管理的人员，尤其应确保其遵守法律、公司章程、规则和给予的指令；

(6)制作管理报告[461]、筹备股东大会和执行其决议；

(7)公司负债过多时，向法官作出报告。

2. 董事会可以分派其成员，以单独或者分组的方式，负责准备和执行其决议或者监督特定事务。董事会应确保其成员被充分告知相关事务。

3. 授权管理

第716b条[462]

1. 根据公司的组织规则，公司章程可以允许董事会将全部或者部分的管理授权给其一个或者数个成员，或者授权给第三人。

2. 根据上述规则制定管理的方式，决定必需的岗位，为每个岗位确定职权，特别是管理制作报告的义务。根据具有利害关系的公司股东或者债权人的请求，董事会向其书面告知有关管理的组织。

3. 如管理事务未被授权管理，则由董事会全体的成员予以勤勉管理。

(四)勤勉和忠实的义务

第717条[463]

1. 董事会成员，如同负责管理的第三人，应当以必需的勤勉行使其职权，并忠实地确保公司的利益。

2. 董事会成员必须同等对待处于相同地位的

---

[461] 由联邦议会起草委员会更正(art. 33 LREC；RO 1974 1051)。

[462] 根据1991年10月4日联邦法第一章修订，自1992年7月1日起生效。

[463] 根据1991年10月4日联邦法第一章新内容增补，自1992年7月1日起生效。

股东。

(五)代表

1. 一般情形

第718条〔464〕

1. 对于第三人,董事会代表公司。董事会每个成员都有权代表公司,但公司章程或者组织原则另有规定的除外。

2. 董事会可以将代表的权力托付给其一个或者数个成员(代表)或者托付给第三人(经理)。

3. 董事会必须至少有一个成员具有代表公司的资格。

4. 公司必须能够由居住在瑞士的人员代表。此人必须是董事会的成员或者经理。他必须能够查询股票登记簿和第697l条规定的清单,但是由金融中介机构制作的清单不在此限。〔465〕

2. 代表权的范围和限制

第718a条〔466〕

1. 被授权代表公司的人员,有权以公司的名义,从事公司宗旨范围内的一切行为。

2. 关于代表权利之限制,对于善意第三人无任何效力;但在商事登记簿中对于母公司、分公司的专属代表或公司的共同代表的限制性条款已经办理登记的除外。

---

〔464〕 根据1991年10月4日联邦法第一章的新内容修订,自1992年7月1日起生效。

〔465〕 根据2005年12月16日关于《有限责任公司法以及关于股份有限公司法、合作社法、商业登记法和公司名称法适用》的联邦法第一章第3条增补。根据2014年12月12日关于《执行金融行动特别工作小组提议》的联邦法第一章第2条的新内容修订,并于2012年修正,自2015年7月1日起生效(RO 2015 1389;FF 2014 585)。

〔466〕 根据1991年10月4日联邦法第一章的新内容修订,自1992年7月1日起生效。

3. 公司和其代表之间的合同

第 718b 条[467]

公司与其代表之间订立合同的，该合同必须以书面形式订立。对于公司的给付不超过一千瑞士法郎的日常运作，该要求不予适用。

4. 签名[468]

第 719 条

被允许代表公司的人员在公司名称上加署其个人签名。

5. 登记[469]

第 720 条

董事会应向商事登记处登记员通知有权代表公司的人员之姓名以便进行登记，提供与授予代表权的文件相符的证明副本。被授权代表的人员在登记处登记员面前签名，或者向登记员呈交合法签名。

6. 授权代理人和商务代理人[470]

第 721 条[471]

董事会可以任命授权代理人和其他商务代理人。

---

[467] 根据 1991 年 10 月 4 日联邦法第一章增补。根据 2005 年 12 月 16 日关于《有限责任公司法以及关于股份有限公司法、合作社法、商业登记法和公司名称法适用》的联邦法第一章第 3 条的新内容修订，自 2008 年 1 月 1 日起生效。

[468] 根据 2005 年 12 月 16 日关于《有限责任公司法以及关于股份有限公司法、合作社法、商业登记法和公司名称法适用》的联邦法第一章第 3 条的新内容修订，自 2008 年 1 月 1 日起生效。

[469] 根据 2005 年 12 月 16 日关于《有限责任公司法以及关于股份有限公司法、合作社法、商业登记法和公司名称法适用》的联邦法第一章第 3 条新内容修订，自 2008 年 1 月 1 日起生效。

[470] 根据 1991 年 10 月 4 日联邦法第一章增补。根据 2005 年 12 月 16 日关于《有限责任公司法以及关于股份有限公司法、合作社法、商业登记法和公司名称法适用》的联邦法第一章第 3 条的新内容修订，自 2008 年 1 月 1 日起生效。

[471] 根据 1991 年 10 月 4 日联邦法第一章的新内容修订，自 1992 年 7 月 1 日起生效。

（六）机构的责任

第722条[472]

对于被授权管理公司或者代表公司的人员在管理其事务中的违法行为，应当由公司承担责任。

第723条和第724条[473]

（废除）

（七）资本的丧失或者过度的负债

1.强制性的通报

第725条[474]

1.在上一年度的资产负债表中显示股本和法定公积金不足一半时，董事会立即召集股东大会并向它提出重组措施。

2.有可靠的理由认为公司过度负债的，必须制作中期资产负债表，并呈交给有资质的审计员核查。[475] 该报表的结果表明，在资产按其经营价值和清算价值评估时公司债务无法清偿的，董事会将此向法官通报，但公司的部分债权人在公司资产不充足的范围内，接受其债权排在比公司所有其他债权更低的顺位的除外。

3.公司未设置审计机构的，由有资质的审计员替代负责限制性核查的审计机构，履行通报义务。[476]

---

[472] 根据1991年10月4日联邦法第一章的新内容修订，自1992年7月1日起生效。

[473] 根据1991年10月4日联邦法第一章废除，自1992年7月1日起生效。

[474] 根据1991年10月4日联邦法第一章增补。根据2005年12月16日关于《有限责任公司法以及关于股份有限公司法、合作社法、商业登记法和公司名称法适用》的联邦法第一章第3条的新内容修订，自2008年1月1日起生效。

[475] 由联邦议会起草委员会更正。

[476] 根据2005年12月16日关于《有限责任公司法以及关于股份有限公司法、合作社法、商业登记法和公司名称法适用》的联邦法第一章第3条增补，自2008年1月1日起生效。

2. 破产的开始和推迟

第 725a 条〔477〕

1. 依据通报，法官宣布破产。如果公司的重组显然具有可能性，那么根据董事会或者债权人的请求，法官可以推迟破产；在此情形中，法官应当采取适当的措施以保全公司的资产。

2. 法官有权任命一个财产管理人，并剥夺董事会的处分权，或者将董事会的决议征得财产管理人的同意。法官详细规定财产管理人的职权。

3. 只有在需要对第三人进行保护的情形下，才能对推迟破产予以公布。

（八）免除和停职〔478〕

第 726 条

1. 董事会可以随时罢免其任命的委员会、代表、经理、授权代理人和商务代理人。

2. 董事会也可以随时暂停由股东大会任命的授权代理人和商务代理人的职务，为此董事会必须立即召集股东大会。

3. 被罢免或者停职的人员的损害赔偿请求权，不因此而受影响。

三、审计机构〔479〕

（一）审核义务

1. 常规监督

第 727 条

1. 下列公司应当将其年度账目提供给审计机构进行常规审计，如有集团综合账目，还应当将集团综合账目提供给审计机构进行常规审计：

---

〔477〕 根据 1991 年 10 月 4 日联邦法第一章增补，自 1992 年 7 月 1 日起生效。

〔478〕 根据 1991 年 10 月 4 日联邦法第一章新内容修订，自 1992 年 7 月 1 日起生效。

〔479〕 根据 1991 年 10 月 4 日联邦法第一章增补。根据 2005 年 12 月 16 日关于《有限责任公司法以及关于股份有限公司法、合作社法、商业登记法和公司名称法适用》的联邦法第一章第 3 条的新内容修订，自 2008 年 1 月 1 日起生效。

(1)上市公司,即

a. 拥有上市的参股股票的公司;

b. 为债券借贷的债务人的公司;

c. 资产或营业额在 a 项和 b 项所指的公司集团综合账目中至少占 20% 的公司。

(2)在连续两年的经营过程中,超过以下任何两项的公司:[480]

a. 资产负债表的总值:二千万瑞士法郎;

b. 营业额:四千万瑞士法郎;

c. 雇员:年平均 250 个全日制员工。

(3)有义务制作集团综合账目的公司。

2. 如果合计持有至少 10% 股本的股东提出要求的,也需要对账目进行常规审计。

3. 法律未对年度账目的常规审计提出要求的,可以由公司章程规定或由股东大会决定进行审计。

2. 限定监督

第 727a 条

1. 不符合常规监督条件的,公司将其年度账目提供给审计机构进行限定监督。

2. 年平均不超过 10 个全日制员工的,经全体股东的同意,公司可以放弃限定监督。

3. 董事会可以书面征求股东之同意。董事会规定至少 20 天的答复期,并向股东们说明,如不回复,视为同意。

4. 股东放弃进行限定监督的,该放弃在以后年度同样有效。但是,每个股东最迟在股东大会召开之前 10 天有权要求进行限定监督。股东大会必须为此任命一个审计机构。

---

〔480〕 根据 2011 年 6 月 17 日《审计法》的联邦法第 I 节的新内容修订,自 2012 年 1 月 1 日起生效(RO 2011 5863)。参阅此文末尾修改的暂行规定。

5. 必要时,董事会可以修改公司章程,并请求在商事登记簿中涂销审计机构之登记。

(二)审计机构必须满足的要求

1. 进行常规审计

第 727b 条

1. 上市公司,应当遵守 2005 年 12 月 16 日关于《审计监督》的联邦法[481],选定一家受国家监管的审计公司作为其审计机构。同样地,对于依照法律规定应当由有资质的审计师或者审计专家进行的审计,公司必须委任一家受国家监管的审计公司予以审计。

2. 其他必须进行常规审计的公司,应当遵照 2005 年 12 月 16 日关于《审计监督》的联邦法,选定一个有资质的审计专家作为其审计机构。同样地,对于依照法律规定应当由有资质的审计专家进行的审计,这些公司必须委任一个有资质的审计专家予以审计。

2. 进行限定审计

第 727c 条

必须进行限定审计的公司,应当按照 2005 年 12 月 16 日关于《审计监督》的联邦法,委任一名有资质的审计员作为其审计机构。[482]

(三)常规审计

1. 审计机构的独立性

第 728 条

1. 审计机构必须独立、完全客观地作出其评判。审计机构的独立性不得在事实上和形式上受到限制。

2. 下列情况,审计机构不具有独立性:

(1)隶属于董事会,在公司中担任其他有决定权的

---

[481] RS 221.302.

[482] RS 221.302.

职务,或者与公司有劳务关系;
(2)直接或者间接地持有公司大量股份,或者对公司有重大的债务或者债权;
(3)主持审计的人员与董事会成员、具有决定权职能的其他人员或者重要的股东之间具有密切关系;
(4)因财务管理的合作和其他给付而引发审计机构应当对自身工作进行检查的风险;
(5)接受具有经济依束性的审计任务;
(6)以不符合市场规则的条件订立了合同,或者通过订立的合同审计机构可以获得根据检查结果产生的利益;
(7)接受贵重的馈赠或者特殊优惠。

3. 关于独立性的规定适用于所有参加审计的人员。审计机构是合伙或者是法人的,这些规定同样适用于上级领导或者管理机构的成员以及其他行使决定权的人员。

4. 不参与审计的审计机构的任何雇员,均不得担任接受审计的公司的董事会成员,也不得在该公司中担任其他有决定权的职务。

5. 审计机构、参与审计的人员、上层领导或者管理机构的成员或者其他行使决定权职能的人员的近亲属,如不符合有关独立性的要求,独立性仍应视为没有得到保障。

6. 关于独立性的规定,同样适用于与接受审计的公司或者与审计机构属于同一管理机构的那些公司。

2. 审计机构的职权

(1)审计的内容和范围

第728a条

1. 审计机构审核:

(1)年度账目和集团综合账目(如存在),是否符合法律规定、公司章程规定和所选用的会计准则;

(2)董事会向股东大会提交的利润分配方案是否符合法律和公司章程之规定;

(3)内部审计机制是否存在。

2. 审计机构在执行审计和决定审计范围时,应当对公司的内部审计机制予以考量。

3. 董事会对公司的管理方式,不属于审计机构的审核范围。

(2)审计报告

第728b条

1. 审计机构为董事会制作包含有关账目的制作、内部审计机制、审计的执行情况和审计结果的详细报告。

2. 审计机构应当为股东大会制作概括审计结果的书面报告。该报告应包含以下内容:

(1)对审计结果的意见;

(2)证明审计机构独立性的说明;

(3)关于审计负责人员及其专业资格的说明;

(4)有保留或者无保留地建议批准年度账目、集团综合账目,或者拒绝批准这些账目。

3. 上述两份报告必须由审计负责人员签名。

(3)通报义务

第728c条

1. 审计机构发现存在违反法律、公司章程或者组织规则之情形,应当向董事会提交书面报告。[483]

2. 审计机构发现下列违反法律、公司章程之情形,还应当向股东大会提交报告:

(1)违反法律、公司章程,情节严重的;

(2)在审计机构发出书面警告后,董事会没有采取

---

[483] 由联邦议会的起草委员会更正。

适当措施的。

3. 公司明显过度负债,且董事会疏于向法官通报的,审计机构应当呈报法官。[484]

(四)限定审计(复查)

1. 审计机构的独立性

第 729 条

1. 审计机构必须是独立的,且应当完全客观地作出其评判。审计机构之独立性不得在事实和形式上受到限制。

2. 允许与接受审计的公司之间存在的财务管理合作以及其他给付。如存在应当对自身工作进行审计的风险,审计机构应通过在组织和人员安排上采取适当措施,以保障审计的可靠性。

2. 审计机构的职权

(1)审计的内容和范围

第 729a 条

1. 审计机构应当检查是否存在引发下述情形之事实:

(1)年度账目,不符合法律和公司章程之规定;

(2)董事会向股东大会提出的关于利润使用的建议,不符合法律和公司章程之规定。

2. 审计仅限于举行听证、分析性检查和适当地举行详细核查。

3. 董事会领导公司的方式,不受审计机构的审查。

(2)审计报告

第 729b 条

1. 审计机构向股东大会提交关于审计结论的简要书面报告。报告应包含以下内容:

(1)审计的限定性之说明;

(2)对审计结论的意见;

(3)审计机构独立性之证明,以及如存在与接受审

---

[484] 由联邦议会的起草委员会更正。

计的公司之间的财务管理和合作及其他给付的情形的，对相关情形的说明；

(4)对审计负责人员及其专业资格的说明。

2. 报告必须由审计负责人员签名。

(3)通报义务

第729c条

如公司存在明显过度负债，而董事会没有将此情形报告给法官，则审计机构应当报告给法官。

(五)共同的规定

1. 审计机构的选聘

第730条

1. 审计机构，由股东大会选聘。

2. 一个或者数个自然人、法人和合伙，均可以被选聘为审计机构。

3. 如符合本法要求的条件，公权机构的财务检查机构或者其合作者，可以被选为审计机构。关于独立性的规定应予以类推适用。

4. 审计机构中至少有一位成员必须在瑞士有住所，或在瑞士商事登记簿中有登记的总部或分支机构。

2. 审计机构的任期期限

第730a条

1. 审计机构的任期为一至三个营业年度。在最后一个年度的账目获得批准时，其任期终止。审计机构可以被连续聘任。

2. 常规审计的审计负责人，其任职期限最长为七年。必须在间隔三年以后，才能重新聘任其执行相同的职务。

3. 审计机构辞职的，应向董事会说明理由；董事会应在下一次股东大会上报告辞职之事宜。

4. 股东大会可以随时解聘审计机构，立即生效。

3. 信息和保守秘密

第730b条

1. 董事会向审计机构呈交所有的文件，并告知为完成其审计任务需要的所有信息；根据审计机构的要求，董事会书面向其移交这些信息。

2. 审计机构对其调查到的事实保守秘密，但法律强制披露的除外。在制作报告、义务通报和为股东大会提供信息时，审计机构应当保守公司的商业秘密。

4. 文件的收集和保存

第730c条

1. 审计机构应当书面记录在其审计过程中的所有支付。此外，审计报告和所有重要文件必须保存十年。储存在电子载体上的信息在相同的期限内必须能够查阅。

2. 文件必须保证能够有效地查明相关事项是否遵守了法律的规定。

5. 账目和利润使用的批准

第731条

1. 有义务让审计机构审计其年度账目的公司，以及在存在集团综合账目情形下有义务让审计机构审计其集团综合账目的公司，均必须在股东大会批准年度账目和集团综合账目以及对利润的使用作出决定之前预备好审计报告。

2. 对于常规审计，审计机构必须出席股东大会。大会可以由一致通过的决议免除审计机构出席大会之义务。

3. 审计报告未被呈交的，则批准年度账目和集团综合账目以及有关利润使用的决议，一律无效。如审计机构出席股东大会的规定未被遵守的，这些决议一律可以予以撤销。

6. 特别规定

第731a条

1. 公司章程和股东大会可以更详细地规定审计机构的组织并扩展其职权。

2. 审计机构不得被安排应当由董事会行使的职权

或者被安排使其独立性受威胁的任务。

3. 股东大会可以选聘专家，对全部或部分的管理进行监督。

四、公司机构的缺位[485]

第 731b 条

1. 如果公司不具有规定的全部机构，或者某个机构未按照规定组建的，那么股东、债权人或商事登记处的登记员可以请求法官采取必要的措施。法官主要可以：

(1)给公司规定一个恢复法定状态的期限，否则解散公司；

(2)对于缺位的机构或者专家，作出任命；

(3)宣布公司解散，并根据适用于破产的规定下令进行清算。

2. 法官对缺位的机构或者专家进行任命，应当确定其任期。法官有权强制公司承担费用并向被任命的人员预付费用。

3. 如有正当理由，公司可以请求法官罢免被任命的人员。

第四节　股本的减少

一、减少股本的决议

第 732 条

1. 公司试图减少其股本，且未同时通过足额缴纳的新股本对减少的款额进行代替，则股东大会必须修改其公司章程。

---

[485] 根据 2005 年 12 月 16 日关于《有限责任公司法以及关于股份有限公司法、合作社法、商业登记法和公司名称法适用》的联邦法第一章第 3 条增补，自 2008 年 1 月 1 日起生效。

2. 只有当有资质的审计专家在审计报告中证实，通过减少股本后公司的债权仍可以被足额清偿，在这种情况下，股东大会才能通过减少股本的决议。审计专家必须出席股东大会。[486]

3. 股东大会的决议对审计报告的结果应当予以确认，并必须注明股本减少的方式。[487]

4. 由股本减少可能产生的任何账面盈余，只能专用于减轻资产减值程度。

5. 只有当股本同时被足额缴付的至少十万瑞士法郎的新股本代替，[488]股份有限公司的股本才能被减低至十万瑞士法郎以下。

二、重组、股票销毁

第 732a 条[489]

1. 为了重组，股本被减至零，然后重新增加股本的，相关的股权因股本的减少而灭失。发行的股票必须销毁。

2. 在股本增加的范围内，股东拥有不得被剥夺的优先认购权。

---

〔486〕 根据 2005 年 12 月 16 日关于《有限责任公司法以及关于股份有限公司法、合作社法、商业登记法和公司名称法适用》的联邦法第一章第 3 条的新内容修订，自 2008 年 1 月 1 日起生效。

〔487〕 根据 2005 年 12 月 16 日关于《有限责任公司法以及关于股份有限公司法、合作社法、商业登记法和公司名称法适用》的联邦法第一章第 3 条的新内容修订，自 2008 年 1 月 1 日起生效。

〔488〕 根据 2005 年 12 月 16 日关于《有限责任公司法以及关于股份有限公司法、合作社法、商业登记法和公司名称法适用》的联邦法第一章第 3 条的新内容修订，自 2008 年 1 月 1 日起生效。

〔489〕 根据 2005 年 12 月 16 日关于《有限责任公司法以及关于股份有限公司法、合作社法、商业登记法和公司名称法适用》的联邦法第一章第 3 条增补，自 2008 年 1 月 1 日起生效。

三、对债权人的通报[490]

第 733 条

股东大会决定减少股本的，董事会将决议在《瑞士商务公报》中发布三次，还应当以公司章程规定的形式，由董事会向债权人通告，债权人可以在《瑞士商务公报》中第三次发布决议后的两个月内申报其债权，并要求得到清偿或者担保。

四、股本减少的执行[491]

第 734 条

只有在给予债权人的申报期限届满，且申报债权的债权人得到清偿或者担保后，才能进行股本的减少。只有在以公证书的形式确认本节的规定均得到遵守以后，股本的减少才能办理登记。审计报告应附公证书。[492]

五、资产负债表出现赤字时的股本减少[493]

第 735 条

对于在资产负债表中确认的因亏损造成的负债，公司为了清除负债而减少股本，如公司减少的股本款额不超过负债额，则董事会无需通知债权人，也无需对其债权进行清偿或者提供担保。

---

[490] 根据 2005 年 12 月 16 日关于《有限责任公司法以及关于股份有限公司法、合作社法、商业登记法和公司名称法适用》的联邦法第一章第 3 条的新内容修订，自 2008 年 1 月 1 日起生效。

[491] 根据 2005 年 12 月 16 日关于《有限责任公司法以及关于股份有限公司法、合作社法、商业登记法和公司名称法适用》的联邦法第一章数字 3 修订，自 2008 年 1 月 1 日起生效（RO 2007 4791；FF 2002 2949，2004 3745）。

[492] 根据 2005 年 12 月 16 日关于《有限责任公司法以及关于股份有限公司法、合作社法、商业登记法和公司名称法适用》的联邦法第一章数字 3 修订，自 2008 年 1 月 1 日起生效（RO 2007 4791；FF 2002 2949，2004 3745）。

[493] 根据 2005 年 12 月 16 日关于《有限责任公司法以及关于股份有限公司法、合作社法、商业登记法和公司名称法适用》的联邦法第一章第 3 条的新内容修订，自 2008 年 1 月 1 日起生效。

第五节　公司的解散

一、公司解散的一般情形

（一）原因

第 736 条

公司因以下原因而解散：

1. 根据公司章程的规定；
2. 公证书确认的股东大会的决议；
3. 破产的开始；
4. 合计至少持有 10% 股本的股东，因正当理由要求解散公司的，由法官判决。如不解散公司，法官可以采取其他适合实际情况并为相关人员所接受的措施；[494]
5. 法律规定的其他理由。

（二）商事登记簿中登记

第 737 条[495]

公司的解散，由董事会负责在商事登记簿中办理登记，但破产或司法判决的情形除外。

（三）后果

第 738 条[496]

解散公司的，应当进行清算，但公司合并、分立或者资产转让给公法企业的情形除外。

---

[494] 根据 1991 年 10 月 4 日联邦法第一章的新内容修订，自 1992 年 7 月 1 日起生效。

[495] 根据 1991 年 10 月 4 日联邦法第一章的新内容修订，自 1992 年 7 月 1 日起生效。

[496] 根据 2003 年 10 月 3 日关于合并的联邦法附录第二章的新内容修订，自 2004 年 7 月 1 日起生效。

二、因清算解散

(一)在清算期间的公司权限

第 739 条

1. 只要在股东之间的分配尚未终结，在清算中的公司仍保存其法人资格，并保留公司的名称，但应在其名称上加上“清算中”字样。

2. 在清算期间，公司机构的权利限于进行清算所必需的范围且该权利性质上不属于清算人之权限。

(二)清算人的任命和罢免

1. 任命[497]

第 740 条

1. 清算由董事会负责进行，但公司章程或股东大会任命其他清算人的除外。

2. 即使是由董事会本身负责清算，董事会仍有义务在商事登记簿中对清算人办理登记。

3. 至少应有一个清算人居住在瑞士，并具有代表公司的资格。[498]

4. 公司的解散是基于司法判决的，则由法官任命清算人。[499]

5. 因破产而公司解散的，则根据破产规则，清算由财产管理人进行。公司的机构只有在必须介入的范围内，才保留代表公司的权利。

---

〔497〕 根据 1991 年 10 月 4 日联邦法第一章的新内容修订，自 1992 年 7 月 1 日起生效。

〔498〕 根据 2005 年 12 月 16 日关于《有限责任公司法以及关于股份有限公司法、合作社法、商业登记法和公司名称法的适用》的联邦法第一章第 3 条的新内容修订，自 2008 年 1 月 1 日起生效。

〔499〕 根据 1991 年 10 月 4 日联邦法第一章的新内容修订，自 1992 年 7 月 1 日起生效。

2. 罢免

第 741 条〔500〕

1. 股东大会可以随时罢免其任命的清算人。

2. 根据股东的请求,且因正当理由,法官可以罢免清算人,如有必要,可任命其他的清算人。

(三)清算事项

1. 资产负债表;通知债权人

第 742 条

1. 清算人就任进行清算时,应当制作资产负债表。

2. 债权人被通知公司解散,并被要求申报其债权,那么对于那些在债权人登记簿中已经载明的或以其他方式已知的债权人,清算人应当以特别通告的方式通知;对于那些未知的或不知道其住址的债权人,清算人应当通过在《瑞士商务公报》上发布公告来通知,且应当以公司章程规定的形式进行。

2. 其他义务

第 743 条

1. 清算人应当终止公司的常规业务、根据需要追缴股东尚未清偿的出资、对财产进行变价、履行公司债务,但从资产负债表和对债权人的通知中表明公司已经资不抵债的除外。

2. 公司资不抵债的,清算人应当通知法官,由法官宣布破产。

3. 清算人在清算必需的交易中代表公司;他们可以提起诉讼、进行结算、申请仲裁,甚至在必要时进行新的交易。

4. 清算人还可以通过双方协议来出卖资产,但股东大会另有决议的除外。

---

〔500〕 根据 1991 年 10 月 4 日联邦法第一章的新内容修订,自 1992 年 7 月 1 日起生效。

5. 清算延期的,清算人应当制作中期年度资产负债表。

6. 清算人在履职过程中的违法行为,由公司承担责任。

3. 债权人的保护

第 744 条

1. 已知的债权人疏于申报其债权的,其债权的款额被依法提存。

2. 对公司尚未到期的或有争议的债务,与债务相关之款额同样必须依法提存,但债权人已获得相当的担保,或者资产分配推迟至这些债权确定时予以偿付的除外。

4. 公司资产的分配

第 745 条

1. 在清偿债务后,按照股东出资的比例并考虑到赋予特定类别股票的优先权,被解散公司的剩余资产在股东之间分配,但公司章程另有规定的除外。[501]

2. 在《瑞士商务公报》上第三次发布债权人的通知之日起,只有在一年的期限届满后,公司才能进行资产的分配。

3. 如有资质的审计专家证明债务已经终止,且根据具体情形足以认定第三人的任何利益未受到损害的,公司资产可以在三个月的期限之后进行分配。[502]

---

〔501〕 根据 1991 年 10 月 4 日联邦法第一章的新内容修订,自 1992 年 7 月 1 日起生效。

〔502〕 根据 2005 年 12 月 16 日关于《有限责任公司法以及关于股份有限公司法、合作社法、商业登记法和公司名称法的适用》的联邦法第一章第 3 条的新内容修订,自 2008 年 1 月 1 日起生效。

(四)公司在商事登记簿中注销

第746条

在清算终结后,清算人应当向商事登记机构的登记员通知公司名称的注销。

(五)公司账册的保存

第747条〔503〕

1. 被解散公司的股票登记簿、公司账册、第6971条规定的清单以及相关的证明文件,应当在清算人指定的安全地点保存十年。如清算人不能达成一致意见的,由商事登记处的登记员指定。

2. 被解散公司的股票登记簿,以及第6971条规定的清单,必须以在瑞士随时可以查询的方式保存。

三、没有清算的解散

(一)……

第748条至第750条〔504〕

(废除)

(二)由公法企业的承接

第751条

1. 股份有限公司的资产被联邦政府、州政府或在州的保证下由区或者市镇承接的,经股东大会同意的,可以协议免予清算。

2. 根据公司解散的规定,股东大会宣布公司解散,且该决议在商事登记簿中登记。

3. 自登记时起,公司的资产和债务移转即完成,公司名称必须予以注销。

---

〔503〕 根据2014年12月12日关于《执行金融行动特别工作小组提议》的联邦法第一章第2条的新内容修订,并于2012年修正,自2015年7月1日起生效(RO 2015 1389;FF 2014 585)。

〔504〕 根据2003年10月3日关于合并的联邦法附录的第二章废除,自2004年7月1日起生效。

第六节　责　　任

一、责任

(一)股票招股说明书

第752条〔505〕

在公司创建时,或者在股票、债券或者其他证券发行时,因故意或者过失在股票招股说明书或类似的文件中,发布了不准确的、欺诈性的或者不符合法律要求的信息,那么发布信息或者参与该行为的人,应当对因此给证券的购买人造成的损害承担赔偿责任。

(二)在公司创建行为中

第753条〔506〕

公司发起人、董事会成员和所有在公司创建中合作的人,对于个人和公司对每个股东和债权人在下述情形中造成的损害承担赔偿责任:

1. 在公司章程、公司创建或者增加股本的报告中,因故意或者过失以不准确的或者欺诈的方式说明、隐瞒或掩饰实物出资、资产承接或者赋予股东或其他人的特殊优惠,或以任何其他非法行为使这些措施获得批准;
2. 故意或者过失地依据可能包含不准确说明的证明或者其他文件,在商事登记簿中办理了公司登记;
3. 故意协助接受无偿付能力人进行股票认购。

---

〔505〕　根据1991年10月4日联邦法第一章的新内容修订,自1992年7月1日起生效。

〔506〕　根据1991年10月4日联邦法第一章的新内容修订,自1992年7月1日起生效。

(三)在管理、经营和清算中 **第754条**[507]

1.董事会成员和所有其他进行管理或清算的人员,对其因故意或过失的失职行为对公司、股东或者债权人造成的损害承担赔偿责任。

2.以合法的方式将其职权授予其他机构行使的人,承担由后者造成的损害,但能证明在选择、指示和监督上,自己已经根据具体情形履行了全部注意义务的除外。

(四)在审计中 **第755条**[508]

1.所有负责审核年度账目和集团综合账目、公司设立以及股本增加或减少的人,对公司、股东或者债权人,应当承担因故意或过失的失职行为而给他们造成的损害。

2.审计是由公法人的财务检查或者由其合作人进行的,相关的公法人承担责任。公法人根据公法的规定,有权向参加审计的人员提起诉讼。[509]

二、公司遭受的损失

(一)在破产之外的损害赔偿请求

第756条[510]

1.对于公司遭受的损害,公司和每个股东都有权提出诉讼。股东的赔偿请求只能针对公司遭受的损害。

---

[507] 根据1991年10月4日联邦法第一章的新内容修订,自1992年7月1日起生效。

[508] 根据1991年10月4日联邦法第一章的新内容修订,自1992年7月1日起生效。

[509] 根据2005年12月16日关于《有限责任公司法以及关于股份有限公司法、合作社法、商业登记法和公司名称法的适用》的联邦法第一章第3条增补,自2008年1月1日起生效。

[510] 根据1991年10月4日联邦法第一章的新内容修订,自1992年7月1日起生效。

2. ……[511]（废除）

（二）在破产中的损害赔偿请求

第757条[512]

1. 如果遭受损失的公司破产的，公司的债权人也有权请求偿付公司所遭受的损害。但是，公司股东和债权人的损害赔偿请求权应当先通过破产管理人行使。

2. 破产管理人放弃行使权利的，公司的所有股东或者债权人都可以行使这些权利。根据1889年4月11日关于《债务追偿和破产》[513]的联邦法的规定，公司因此获得偿付的财产，首先用于清偿主张损害赔偿请求的债权人；主张损害赔偿的股东则在其参股范围内参与盈余的分配；在完成对债权人清偿和股东对盈余的分配后，剩余的财产计入公司的破产清算资产。

3. 根据1889年4月11日关于《债务追偿和破产》的联邦法第260条之规定，公司债权的转让不在此限。

（三）被免责的效力

第758条[514]

1. 对于披露的事实，股东大会给予了免责，这种免责对公司、对赞同免责决议的股东或在知道免责决议后购买股票的股东，产生抗辩效力。

2. 对于其他股东，其提起诉讼的权利在给予免责

---

[511] 根据2008年12月19日《民事诉讼法典》的附录1第二章第5条废除，自2011年1月1日起生效。

[512] 根据1991年10月4日联邦法第一章的新内容修订，自1992年7月1日起生效。

[513] RS 281.1.

[514] 根据1991年10月4日联邦法第一章的新内容修订，自1992年7月1日起生效。

后六个月期限届满时消灭。

三、连带责任和追偿

第759条[515]

1. 数人对同一损害承担责任的，根据其过错和具体情形，在个人过错所导致损害的范围内承担责任，但对于损害赔偿请求人，该数人承担连带责任。

2. 对于全部损害，损害赔偿请求人可以对数个责任人提起诉讼，并请求法官在同一诉讼中，确定每个被告人应承担的损害赔偿。

3. 根据所有具体之情形，法官确定数个责任人之间的相互追偿。

四、诉讼时效

第760条

1. 因上述法律规定的责任而提起诉讼，自受害人知晓损害以及责任人之日起，五年内有效，但无论何种情形，自损害事实发生之日起，不得超过十年。

2. 如果违法行为所产生的损害赔偿在刑法中规定了更长的诉讼时效，该刑法规定的诉讼时效适用于民事诉讼。

第761条[516]

（废除）

---

〔515〕 根据1991年10月4日联邦法第一章的新内容修订，自1992年7月1日起生效。

〔516〕 根据2000年3月24日关于管辖权的法律的附录数字5废除。

第七节　公法人的参与

第 762 条

1. 公法人，诸如联邦、州、区或市镇在股份有限公司中具有公共利益的，即使它不是股东，股份有限公司的章程可以授权其在董事会或者审计机构中委派代表。[517]

2. 在类似的公司中，如同公法人以股东的资格参与的混合企业，公法人委派的董事会成员和审计员只能由公法人来免除。

3. 公法人委派的董事会成员和审计员与股东大会选举出的人员具有同样的权利和义务。[518]

4. 公法人承担其委派的董事会成员和审计员对于公司、股东和债权人的责任，但公法人依据联邦法或州法保留追偿的权利。

第八节　不适用本法的公法团体

第 763 条

1. 根据州的特别法创建并由政府主管机构协助管理的公司或者企业，例如银行、保险公司和电力公司，对于其债务，由州承担补充清偿之责任，那么

---

[517] 根据 1991 年 10 月 4 日联邦法第一章的新内容修订，自 1992 年 7 月 1 日起生效。

[518] 根据 1991 年 10 月 4 日联邦法第一章的新内容修订，自 1992 年 7 月 1 日起生效。

即使这些公法团体的资本全部或部分划分为股份并由个人投资，本法关于股份有限公司的规定对其也不予适用。

2. 对于根据州的特别法创建并由政府主管机构协助管理的公司或企业，如果在 1883 年 1 月 1 日之前创建，那么即使州对于其债务不承担补充清偿之责任，本法关于股份有限公司的规定对其也不予适用。

第二十七章　股份两合公司

一、定义

第 764 条

1. 股份两合公司,是指将公司之资本划分为股份,且其中一个或数个股东,以与无限公司的股东相同之资格,用其全部财产为公司之债务承担连带责任的公司。

2. 股份两合公司,适用有关股份有限公司之规定,但另有规定的除外。

3. 如公司资本被划分成若干无股份性质的份额,份额之划分仅仅为了决定数个股东参与公司之程度,则该公司适用两合公司之规定。

二、公司董事

（一）任命和职权

第 765 条

1. 由承担无限责任的股东担任公司的董事。他们具有管理和代表公司的权利,其姓名应当在公司章程中载明。

2. 董事和被允许代表公司的人员的姓名、住址、原籍以及职务必须在商事登记簿中登记。[519]

3. 未经其他董事的同意和对公司章程的修改，承担无限责任的股东不得进行任何变更。

（二）股东大会决议的同意

第 766 条

关于对公司目的的改变、经营范围的扩大或者缩小以及公司超过章程规定的期限之延续，股东大会的决议只有经所有董事同意时才有效。

（三）管理和代表公司权利的撤销

第 767 条

1. 董事管理和代表公司的权利可以被撤销，撤销的条件适用无限公司股东权利撤销之规定。

2. 如管理和代表公司的权利被撤销，则股东对公司在随后产生的债务不再承担无限责任。

三、监事会

（一）任命和权力

第 768 条

1. 所有股份两合公司，必须设立一个负责审计并对其管理进行长久监督的特别机构；公司章程可以赋予其更多的职能。

2. 董事们无权参与监事会的任命。

3. 监事会应当在商事登记簿中办理登记。

（二）责任之诉

第 769 条

1. 监事会有权以公司的名义，要求董事们汇报其管理事务，并依法对其起诉。

2. 董事们犯有欺诈罪的，即使股东大会另有规定，监事会仍然有权对其提起诉讼。

---

〔519〕 根据 2003 年 10 月 3 日关于合并的联邦法附录第二章的新内容修订，自 2004 年 7 月 1 日起生效。根据 2005 年 12 月 16 日关于《有限责任公司法以及关于股份有限公司法、合作社法、商业登记法和公司名称法的适用》的联邦法的第一章第 3 条的新内容修订，自 2008 年 1 月 1 日起生效。

四、公司的解散

第 770 条

1. 公司因承担无限责任的股东的退伙、死亡、丧失行为能力或者破产而终止。

2. 公司解散还适用关于股份有限公司解散的规定;但是,只有当董事会同意时,股东大会才能决定在公司章程确定的期限届满之前解散公司。

3. ……[520](废除)

五、退股

第 771 条

1. 承担无限责任的股东,以与无限公司之股东同样的方式,享有退股的权利。

2. 一个承担无限责任的股东行使退股权利的,其他股东继续经营公司,但公司章程另有规定的除外。

---

[520] 根据 2003 年 10 月 3 日关于合并的联邦法的附录第 2 条废除。

第二十八章　有限责任公司[521]

第一节　一般规定

一、定义

第 772 条

1. 有限责任公司，是由一个或数个自然人或商业公司组成的具有法人资格并拥有一定资本的公司。公司的资本应在公司章程中予以明确，公司的债务仅以公司的资产为限承担清偿责任。

2. 每个股东至少持有一个股份。公司章程可以规定股东承担附加出资或者额外出资的义务。

二、公司的资本

第 773 条

公司的资本不得低于两万瑞士法郎。

三、公司的股份

第 774 条

1. 公司股份的票面价值不得低于 100 瑞士法郎。公司重组时，股份不得被减至低于 1 瑞士法郎的金额。

2. 公司的股份必须最低按照票面价值进行发行。

---

[521] 根据 2005 年 12 月 16 日关于《有限责任公司法以及关于股份有限公司法、合作社法、商业登记法和公司名称法的适用》的联邦法的第一章第 2 条的新内容修订，自 2008 年 1 月 1 日起生效。查阅本法典末此更改的最终规定。

四、受益凭证

第 774a 条

公司章程可以规定受益凭证的发放；股份有限公司有关受益凭证的法律规定类推适用于有限责任公司。

五、股东

第 775 条

有限责任公司可以由一个或数个自然人、法人或者其他的商业公司设立。

六、公司章程

（一）必须记载的内容

第 776 条

公司章程必须包含下述内容：

1. 公司名称和公司总部；
2. 公司的目的；
3. 公司的资本额以及公司股份的数量和票面价值；
4. 公司发布公告必须遵守的形式。

（二）其他规定

第 776a 条

1. 关于下述内容的规定，只有在列入公司章程的情况下才有效：

(1)股东承担附加出资或额外出资义务的原则和方式；

(2)股东或公司对公司股份的优先权、优先购买权或者附条件优先购买权的规则和方式；

(3)对股东的竞业禁止；

(4)为保证履行法律规定或者公司章程规定的义务而设立的违约处罚；

(5)属于特定类别股份（有优先权的公司股份）的优先权；

(6)设立股东对股东大会决议的否决权；

(7)限制股东的表决权和其被代表的权利；

(8)受益凭证；

(9)公司章程规定的公积金；
(10)股东大会超越法定职能而享有的职权；
(11)股东大会批准经理；
(12)股东为法人或商业公司的，如委任自然人管理事务之权利，必须经由股东大会批准的条件；
(13)赋予经理任命总监、授权代理人和商业代理人的权利；
(14)支付给经理的提成；
(15)附加利息的发放；
(16)当公司章程关于监督机构的规定超越法律时，监督机构的组织和职权；
(17)章程规定的退股权的成立，行使退股权的条件和相关补偿；
(18)股东除名的特殊原因；
(19)在法律规定之外的其他公司解散的原因。

2. 关于与法律规定不同的下述内容，只有在列入公司章程的情况下才有效：
(1)关于随后设立具有优先权的新的公司股份的决议；
(2)公司股份的转让；
(3)股东大会的召集；
(4)股东表决权的确定；
(5)在股东大会上作出的决议；
(6)经理作出的决定；
(7)管理和代表；
(8)对经理的竞业禁止。

七、公司的设立

(一)设立文书

第777条

1. 公司应当以公证形式的文书设立，在该设立文书中发起人应当宣布设立有限责任公司、制定公司章程并组建公司机构。

2. 在该文书中发起人认购公司股份并确认：

(1)所有的公司股份均已被有效认购；

(2)股份出资等同于全部发行的价格；

(3)根据法律和公司章程的要求进行了出资；

(4)发起人同意承担公司章程规定的附加出资或者额外出资的义务。

(二)公司股份的认购

第777a条

1. 公司股份的认购应当说明公司股份的数目、票面价值和发行价格才具有法律效力，如有说明其类别的必要，还应当说明其类别。

2. 认购文书必须遵守公司章程关于下述内容的规定：

(1)附加出资的义务；

(2)额外出资的义务；

(3)对股东的竞业禁止；

(4)股东或公司的优先权、优先购买权、附条件优先购买权；

(5)违约处罚。

(三)证明文件

第777b条

1. 公证员在公司设立文书中应当载明每一份证明文件，并证明这些证明文件已经提交给其本人以及公司发起人。

2. 下述文书必须附在公司设立文书中：

(1)公司章程；

(2)设立报告；

(3)核查证明；

(4)现金出资的提存证明；

(5)关于实物出资的合同；

(6)现有资产的承接合同。

(四)出资

第777c条

1. 在公司设立时,必须缴纳充足等同于发行价格的每一份出资。

2. 对于其余部分的出资,股份有限公司关于以下事项的法律规定予以类推适用:

(1)实物出资、财产承接和特别优惠在公司章程中的说明;

(2)在商事登记簿中对实物出资、财产承接和特别优惠的登记;

(3)出资的清偿和核查。

八、商事登记簿的登记

(一)公司

第778条

公司必须在其总部所在地的商事登记簿中办理登记。

(二)分公司

第778a条

分公司必须在其所在地的商事登记簿中办理登记。

九、人格的取得

(一)时间不符合法定条件

第779条

1. 在商事登记簿中登记时,公司取得人格。

2. 即使公司不符合条件,通过登记同样取得法人资格。

3. 因公司在设立时未符合法律或者公司章程规定的条件,债权人或股东的利益受到严重威胁或危害的,根据债权人或股东的请求,法官可以命令解散公司。

4. 在《瑞士商务公报》中公布公司设立后的三个月内未提起诉讼的,诉讼权利消灭。

(二)在登记前实施的行为

第779a条

1. 公司在商事登记簿中办理登记之前,以公司的名义进行交易的人应当承担连带责任。

2. 在商事登记簿中登记起三个月内，如公司继受其义务的，则明确以公司名义设立义务的人被解除其义务；在此情形中，公司单独承担责任。

十、公司章程的修改

第780条

所有关于修改公司章程的股东大会决议，必须采用公证形式并在商事登记簿中办理登记。

十一、公司资本的增加

第781条

1. 股东大会可以决定公司资本的增加。

2. 股东大会的决议由经理执行。

3. 有限责任公司股份的认购和出资的缴纳，适用公司设立之规定。此外，股份有限公司中有关股本增加的法律规定类推适用于有限责任公司的认购凭证，但关于公司股份的公开募集除外。

4. 公司股本的增加在商事登记簿中的登记，必须在股东大会的决议作出后的三个月内进行；否则，决议无效。

5. 另外，对于股份有限公司有关通常增加股本的规定，类推适用于有限责任公司的下列事项：

(1)股东大会决议的形式和内容；

(2)股东的优先认购权；

(3)用公司本金进行公司股本增加；

(4)股本增加报告和核查证明；

(5)公司章程的修改和经理的确认；

(6)在商事登记簿中对股本增加的登记，在登记前发行票证的无效。

十二、公司资本的减少

第782条

1. 股东大会可以决定减少公司资本。

2. 公司资本无论如何不得减至低于两万瑞士法郎的金额。

3. 只有当股东完全履行了由公司章程规定的进行附加出资的义务时，才能为了消除在公司资产负债表中确认的因亏损造成的资本短缺，进行公司资本的减少。

4. 另外，股份有限公司关于股本减少的法律规定类推适用于有限责任公司。

十三、公司购买自己的股份

第 783 条

1. 当公司可以自由支配的资金达到购买本公司股份所必需的数额时，且在其持有的本公司股份的面值总额不能超过本公司股本的 10% 的条件下，公司才能购买自己的股份。

2. 公司股份是因转让限制、股东退股或者股东除名而取得的，该限制至多提升至 35%。公司持有超过其股本 10% 的，它必须在两年内，以转让它自己的股份或者通过减少资本的方式，将其股份减回到股本的 10%。

3. 如需购买的公司股份与附加出资或者额外出资的义务相关联，则必须在购买之前先取消该股份上的附加出资或额外出资之义务。

4. 另外，股份有限公司关于公司购买自己的股份的法律规定类推适用于有限责任公司。

第二节　股东的权利和义务

一、公司的股份

（一）股权证书

第 784 条

1. 公司股份通过股权证书予以确认的，该股权证书只构成证据或者记名有价证券。

2. 确认公司股份的股权证书与公司股份认购文书一样,必须遵守公司章程所规定的权利和义务。

(二)股份的移转

1. 转让

(1)形式

第785条

1. 公司股份的转让和转让公司股份的合同必须采用书面形式。

2. 转让的合同与公司股份认购文书均必须遵守公司章程所规定的权利和义务。

(2)批准要求

第786条

1. 公司股份的转让必须获得股东大会的批准。股东大会有权拒绝批准,且无需说明拒绝的理由。

2. 公司章程可以规定在下列情形下不适用有关批准的规则:

(1)对于转让的批准予以弃权;

(2)明确规定了转让可以被拒绝批准的理由;

(3)规定公司向转让人提议以实际价值承接其公司股份的,可以拒绝批准其转让;

(4)排除公司股份的转让;

(5)对于履行附加出资或者额外出资义务存在争议,且公司要求的保证未被提供的,可以拒绝批准其转让。

3. 公司章程禁止公司股份转让的,或股东大会拒绝批准转让的,如有正当理由,则对退出有限责任公司的权利予以保留。

(3)转让的时间

第787条

1. 公司股份转让必须经股东大会批准的,只有在给予批准后,转让才发生效力。

2. 在收到转让请求后的六个月内股东大会没有拒绝转让的,视为批准其转让。

2. 股份取得的特殊方式

第 788 条

1. 公司股份是根据继承、遗产分配、夫妻财产制或者强制执行程序取得的，公司股份的全部权利和义务移转给取得人，无需股东大会的批准。

2. 为了能够行使其表决权和赋予公司股份的其他权利，取得人仍然必须由股东大会确认为具有表决权的股东。

3. 只有当公司在请求人请求转让时向其提议以实际价值承接其公司股份时，股东大会才能拒绝确认该请求人为具有表决权的股东。以实际价值承接其公司股份的提议，可以为公司本身，为其他股东或者第三人作出。在知道实际价值后一个月的期限内，取得人未拒绝公司受让其股份提议的，视为接受提议。

4. 股东大会未在请求提出后的六个月内拒绝确认他为具有表决权的股东的，视为予以确认。

5. 公司章程可以规定无须承认当然取得表决权的情形。

3. 实际价值的确定

第 789 条

1. 法律或公司章程要求确定公司股份的实际价值的，当事人可以请求法官来确定其实际价值。

2. 诉讼和评估费用的分摊，由法官根据自由裁量权予以确定。

4. 用益权

第 789a 条

1. 公司股份用益权的设立类推适用关于公司股份移转的规定。

2. 公司章程不允许转让公司股份的，则同样不允许设立公司股份用益权。

5. 抵押权

第 789b 条

1. 公司章程可以规定以公司股份设立抵押权须经

股东大会批准。只有存在正当理由股东大会才能拒绝批准。

2. 公司章程不允许转让公司股份的，则同样不允许设立公司股份抵押权。

（三）公司股份的登记簿

第 790 条

1. 公司建立公司股份的登记簿。公司以在瑞士随时可以查阅的方式维持股份的登记簿。[522]

2. 公司股份登记簿必须载明：

（1）股东的姓名和住址；

（2）每个股东持有的公司股份的数量、票面价值和股票类型；

（3）用益权人的姓名和住址；

（4）抵押债权人的姓名和住址。

3. 不允许行使表决权的股东和赋予公司股份其他权利的股东，被确认为无表决权的股东。

4. 每个股东均有权查阅公司股份的登记簿。

5. 相关股东在股票登记簿中被注销后，其股票登记证明文件必须保存十年。[523]

（三）之二公司股份经济权人的通知

第 790a 条[524]

1. 单独或联同第三人，为其他自然人代为购买公司股份的人，在购买股份后，其参股达到或超过公

---

[522] 根据 2014 年 12 月 12 日关于《执行金融行动特别工作小组提议》的联邦法第 I 节第 2 条修订，并于 2012 年修正，自 2015 年 7 月 1 日起生效（RO 2015 1389；FF 2014 585）。

[523] 根据 2014 年 12 月 12 日关于《执行金融行动特别工作小组提议》的联邦法第 I 节第 2 条修订，并于 2012 年修正，自 2015 年 7 月 1 日起生效（RO 2015 1389；FF 2014 585）。

[524] 根据 2014 年 12 月 12 日关于《执行金融行动特别工作小组提议》的联邦法第 I 节第 2 条修订，并于 2012 年修正，自 2015 年 7 月 1 日起生效（RO 2015 1389；FF 2014 585）。

司资本或投票数25%界限的，他必须在一个月的期限内，向公司通知该自然人（经济权人）的姓名和地址。

2. 该股东必须向公司通知该经济权人姓名或地址的任何变更。

3. 公司股份经济权人的通知，适用股份有限公司关于经济权人登记簿的规定（第697l条）以及不遵守股票购买通知义务的后果。

（四）在商事登记簿中的登记

第791条

1. 股东必须在商事登记簿中办理登记，包括其姓名、住址、原籍以及他们持有公司股份的数量、票面价值的说明。

2. 由公司负责办理该登记。

（五）数个权利人共有

第792条

如公司股份为数个权利人所共有，则他们：

1. 共同任命代表他们的人员；他们只能通过代表他们的人员来行使赋予其公司股份的权利；

2. 他们连带承担进行附加出资和额外出资的义务。

二、出资的缴纳

第793条

1. 股东必须缴纳等同于其公司股份发行价格的出资。

2. 已经缴纳的出资不予返还。

三、股东的责任

第794条

公司的债务只能以公司的资产来保证其清偿。

四、附加出资和额外出资

（一）附加出资

1. 原则和金额

第795条

1. 公司章程可以强制股东进行附加出资。

2. 公司章程规定进行附加出资义务的，应当确定关于公司股份的附加出资金额。该金额不得超过该公司股份票面价值的双倍。

3. 股东仅应对其公司股份进行附加出资。

2. 要求支付附加出资

第 795a 条

1. 经理可以要求附加支付。

2. 只有在以下情形中才能要求附加出资：

(1)公司资本和法定公积金的总额不足的；

(2)没有这些附加出资，公司就不能继续谨慎管理公司的事务；

(3)公司因公司章程规定的理由，需要自己的资金；

3. 破产程序开始，未缴纳的附加出资应当缴纳到期。

3. 返还

第 795b 条

仅在公司拥有可以自由处分的自有资本时，已进行的附加出资才能被全部或部分地返还；有资质的审计专家必须以书面形式予以证明。

4. 减少

第 795c 条

1. 只有当公司的资本和法定公积金被足额缴纳时，进行附加出资的章程义务才能被减少或取消。

2. 关于公司资本减少的规定类推适用于附加出资的减少。

5. 附加出资义务的维持

第 795d 条

1. 退出公司的股东在三年内继续承担附加出资的义务，但以下各款的限制除外。根据商事登记簿中的登记确定退出公司的时间。

2. 已退出公司的股东，只有在公司破产时，才进行附加出资。

3. 在公司股份的后继购买人履行出资的范围内，

附加出资的义务被解除。

4. 已退出公司的股东,其附加出资的义务不得被加重。

(二)额外出资

第 796 条

1. 公司章程可以强制股东提供额外出资。

2. 公司章程规定提供额外给付的义务只能服务于公司之目的,其用途旨在保持公司的独立或者股东权的组成。

3. 与股份相关的额外出资之目的和范围,以及根据具体情况被认为重要的其他因素,应当在公司章程中规定。股东大会可以规定更为详细的细则。

4. 未规定任何公平的对价给付,且额外出资用于补偿公司本金需要的,那么根据公司章程进行现金支付或者提供其他遗产性质的给付义务,应当适用关于附加出资义务的有关规定。

(三)后续的增补

第 797 条

在依据公司章程履行附加出资或额外出资的义务后,如果继续进行资本的增补和扩展,必须获得所有相关股东的批准。

五、红利、利息和提成

(一)红利

第 798 条

1. 红利只能在资产负债表产生的盈利和为此目的而设立的公积金中提取。

2. 只有在根据法律和公司章程划拨法定的公积金和公司章程规定的公积金以后,红利才能被确定。

3. 红利根据公司股份的票面价值的比例确定;已进行附加出资的,其金额计入公司股份的票面价值中以确定红利;公司章程可以规定确定红利的其他方法。

(二)利息

第798a条

1. 对已偿付的公司资本和附加出资,不得支付利息。

2. 允许支付添加利息,股份有限公司关于添加利息的法律规定类推适用。

(三)提成

第798b条

公司章程可以规定经理提成的分配,股份有限公司关于提成的法律规定类推适用。

六、优先权股份

第799条

股份有限公司关于优先权股份的法律规定类推适用。

七、给付的返还

第800条

股份有限公司关于给付返还的法律规定类推适用于有限责任公司向股东、经理以及他们的近亲属的给付返还。

八、公积金

第801条[525]

股份有限公司关于公积金的法律规定类推适用。

九、管理报告的呈交

第801a条

1. 管理报告和审计报告,最迟必须在召集股东定期大会时呈交给股东。

2. 经股东大会批准的管理报告,股东可以在股东大会后要求提供。

十、咨询和查阅的权利

第802条

1. 每个股东都有权向经理咨询公司的一切事务。

2. 公司没有审计机构的,每个股东都可以不受限制地查阅账簿和文件。公司具有审计机构的,只有在享有合法利益的范围内,才享有查阅账簿和

---

[525] 根据2011年12月23日关于《会计法》的联邦法第I节数字3的新内容修订,自2013年1月1日起生效(RO 2012 6679;FF 2008 1407)。

文件的权利。

3. 如存在股东将获得的信息用于与公司目的无关并危害公司的风险的，则在必要范围内，经理可以拒绝股东的咨询或者查阅；根据股东的请求，由股东全体大会决定是否给予其咨询或查阅权利。

4. 如股东大会不适当地拒绝咨询或查阅的，则根据股东的请求，应当由法官予以裁决。

十一、忠实义务和竞业禁止

第 803 条

1. 股东应当保守公司的商业秘密。

2. 股东应当避免一切有损于公司利益的行为，尤其是，不得从事旨在使他们获得特别优惠，而可能有损于公司设立目的的管理事务。公司章程可以规定股东与公司之间的竞业禁止。

3. 经所有其他股东的书面批准，股东才能从事违背忠实义务或竞业禁止的活动。公司章程可以规定以股东大会的批准代替所有股东的书面批准。

4. 关于经理的竞业禁止的特别规定除外。

第三节 公司的组织

一、股东大会

(一)职权

第 804 条

1. 股东大会是公司的最高权力机构。

2. 股东大会具有以下不可转让的权力：

(1)修改公司章程；

(2)任命和罢免经理；

(3)任命和罢免审计机构成员和集团综合账目的审计人员；

(4)批准年度报告和集团综合账目;[526]

(5)批准年度账目和确定公司资产负债表中盈利之使用,特别是确定红利和提成;

(6)确定经理的津贴;

(7)给予经理的免责;

(8)批准公司股份的转让,或者确认股份购买人为具有表决权的股东;

(9)公司章程如有规定的,批准设立公司股份的抵押权;

(10)对于公司章程规定的优先权、优先购买权或附条件优先购买权,决定这些权利的行使;

(11)授权经理为公司购买公司自己的股份,或者批准其购买;

(12)根据公司章程,制定关于额外出资义务的规则;

(13)对于经理和股东违背忠实义务或竞业禁止的活动,如公司章程没有规定必须获得所有股东的批准,则由股东大会批准;

(14)如存在正当理由,决定请求法官将股东予以除名;

(15)根据公司章程规定的理由,将股东予以除名;

(16)解散公司;

(17)根据公司章程,经理应提交给股东大会审批的交易;

(18)对法律或者公司章程保留的事项或者经理提交的事项,作出决议。

3. 股东大会任命董事、授权代理人和商务代理人。

---

〔526〕 根据2011年12月23日关于《会计法》的联邦法第I节的新内容修订,自2013年1月1日起生效(RO 2012 6679;FF 2008 1407)。

公司章程也可以将该权授予经理。

(二)股东大会的召集和召开

第805条

1. 股东大会可以由经理召集,如有必要,由审计机构召集。清算人同样有权召集股东大会。

2. 定期股东大会在每个财政年度终结后的六个月内举行。特别股东大会根据公司章程召集,且只要需要可以经常召开。

3. 股东大会至少在大会日期前的20天进行召集。公司章程可以延长该期限或缩短至最少10天。全体股东大会的召集不受影响。

4. 股东大会的决议也可以书面作出,但股东要求商讨的除外。

5. 对于其他事项,股份有限公司关于股东大会的法律规定类推适用于下述内容:

(1)大会的召集;

(2)股东召集大会和提议的权利;

(3)审议的议题;

(4)决议;

(5)全体股东大会;

(6)预备措施;

(7)会议记录;

(8)股东的代表;

(9)无权出席大会。

(三)表决权

1. 确定

第806条

1. 每个股东的表决权根据其持有公司股份的票面价值来确定。每个股东至少持有一票的权利。但是公司章程可以限制多股持有人的表决权的数目。

2. 公司章程可以不按照票面价值来确定表决权，从而每一股给予一票的表决权。在此情形中，票面价值最低的股份必须至少等同于其他股份票面价值的十分之一。

3. 关于下述事项，不适用根据公司股份数目的比例来确定表决权：

(1)任命审计机构的成员；

(2)任命负责核查全部或部分管理的专家；

(3)决定通过提起诉讼追究责任。

2. 禁止投票

第 806a 条

1. 无论以何种方式参与公司管理合作的人员，均不得参与有关给予经理免责的表决。

2. 关于要求公司决定采购自己股份的决议，转让相关股份的股东不得参与表决。

3. 意图进行有违忠实义务或者竞业禁止活动的股东，不得参与相关事项的表决。

3. 用益权

第 806b 条

公司股份设有用益权的，用益权人行使表决权和基于股份的权利。在行使其权利时未合理考虑到股份所有权人的利益的，则用益权人应对所有权人承担责任。

(四)否决权

第 807 条

1. 公司章程可以规定股东对某些股东大会决议的否决权。公司章程必须规定对哪些决议可以行使否决权。

2. 在公司章程规定否决权以后，如对否决权进行增补，必须征得全体股东的批准。

3. 否决权不可转让。

(五)决议

1. 一般情形

第 808 条

股东大会根据所代表的表决权的绝对多数来作出

决议,但法律或者公司章程另有不同规定的除外。

2. 决定票

第 808a 条

股东大会主席具有决定票。公司章程可以作出不同的规定。

3. 重要决议

第 808b 条

1. 对于下列事项,股东大会的决议必须合计获得至少所代表选票的三分之二和有表决权的公司股份的绝对多数:

(1)变更公司设立之目的;

(2)增加具有优先表决权的公司股份;

(3)对公司股份的转让的限制、拒绝或者使其转让更方便;

(4)批准公司股份的转让或者确认购买人为具有表决权的股东;

(5)增加公司资本;

(6)限制或者取消优先认购权;

(7)对违背忠实义务或者竞业禁止的经理和股东的活动予以批准;

(8)如存在正当理由,决定请求法官将股东予以除名;

(9)根据公司章程规定的理由,将股东予以除名;

(10)迁移公司总部;

(11)解散公司。

2. 对于某些决议,在公司章程中可以规定比法律规定更高的多数选票,只有在符合这个更高的多数选票时,决议才能获得通过。

(六)对股东大会决议的异议

第 808c 条

关于对股东大会决议的异议,股份有限公司的有关法律规定予以类推适用。

二、管理和代表

（一）经理的任命和组织

第 809 条

1. 公司由股东进行集体管理。公司章程可以调整不同的管理方式。

2. 只有自然人才能被任命为经理。一个法人或者一家商业公司具有股东资格的，如有需要，可以任命自然人替代它行使该职能。在此情形中，公司章程可以规定该任命事宜必须通过股东大会的批准。

3. 公司有数个经理的，由股东大会确定总经理。

4. 公司有数个经理的，这些经理以多数票的形式作出决议，总经理具有决定性的一票。公司章程可以规定不同的规则。

（二）经理的职权

第 810 条

1. 所有法律或公司章程未分配给股东大会的事务，由经理负责。

2. 经理拥有以下不可转让和剥夺的职权，但后述条款另有规定的除外：

(1)担任公司的最高领导并作出必要的指示；

(2)在法律和公司章程的框架中决定公司的组织；

(3)根据公司管理的需要，制订会计和财务检查的原则，以及财务计划；

(4)对公司部分管理人员进行监督，尤其是保证这些人员遵守法律、公司章程、规则和给予的指示；

(5)制作管理报告（年度账目、年度报告，如有必要，还应包括集团综合账目）；

(6)筹备股东大会并执行其决议；

(7)公司过度负债的，将此情形呈报给法官。

3. 总经理或经理仅一人时具有以下职权：

(1)召集和主持股东大会；

(2)负责向股东通报公司情况;

(3)确保提交必需的申请以便在商事登记簿中办理登记。

(三)股东大会的批准

第 811 条

1. 公司章程可以规定经理:

(1)必须将某些决议呈交股东大会批准;

(2)可以将某些具体问题提交股东大会批准。

2. 不得以股东大会的批准为由限制经理的责任。

(四)勤勉和忠实的义务;竞业禁止

第 812 条

1. 经理及负责管理的第三人应当以必要的勤勉行使其职权,并忠实维护公司的利益。

2. 经理及负责管理的第三人承担与股东同样的忠实义务。

3. 经理及负责管理的第三人不得与公司竞业,但公司章程另有规定或者其他全体股东书面批准的除外。公司章程可以规定经理的竞业活动只需要获得股东大会的批准。

(五)同等对待

第 813 条

经理以及负责管理的第三人应当以同样的方式对待处于相同地位的股东。

(六)代表

第 814 条

1. 每个经理均有权代表公司。

2. 公司章程可以不同的方式确定代表,但必须至少有一个经理具有代表公司的资格。公司章程可以制定具体的规则。

3. 公司必须由居住在瑞士的人员代表,该人员必须是经理或者总监。前述代表人员有权查阅股份登记簿和第 6971 条[527]规定的股份经济性权利人名册。

4. 关于代表权利的范围和限制，以及公司与其代表之间订立的合同，股份有限公司的有关法律规定予以类推适用。

5. 被授权代表公司的人员应当在公司名称之后再加署其个人签名。

6. 代表公司的人员必须在商事登记簿中登记。他们应当在商事登记机构亲自签名，或者向登记机构呈交其合法签名。

（七）经理的罢免；代表权的撤销

第 815 条

1. 股东大会可以随时罢免其任命的经理。

2. 如有正当理由，每个股东均有权请求法官撤销或者限制经理的管理和代表的权利，特别是在经理严重失职或者变得无能力管理公司的情形下。

3. 经理可以随时暂停总监、授权代理人或者商务代理人的职能。

4. 如被暂停职能的人员是由股东大会任命的，则应立即召集股东大会。

5. 被罢免或者暂停职能的人员的损害赔偿请求权，不受影响。

（八）决议的无效

第 816 条

股份有限公司关于股东大会决议无效的理由类推适用于经理的决议。

（九）责任

第 817 条

对被允许管理或者代表公司的人员在管理公司业

---

[527] 根据 2014 年 12 月 12 日关于《执行金融行动特别工作小组提议》的联邦法第一章第 2 条修订，并于 2012 年修正，自 2015 年 7 月 1 日起生效（RO 2015 1389；FF 2014 585）。

务中的违法行为所导致的损害,公司应当承担责任。

三、审计机构

第 818 条

1. 关于股份有限公司的审计机构之法律规定类推适用于有限责任公司。

2. 承担附加出资义务的股东,可以请求对年度账目进行常规审计。

四、公司组织的不健全

第 819 条

股份有限公司关于公司组织不健全的法律规定类推适用于有限责任公司。

五、资本丧失和过度负债

第 820 条

1. 股份有限公司关于公司资本丧失、过度负债、破产开始和推迟的法律规定类推适用于有限责任公司。

2. 如未缴足的附加出资的义务能够及时履行,且公司的重组显然可能的,根据经理或者债权人的请求,法官可以推迟破产程序。

第四节 公司解散和退出公司

一、解散

(一)原因

第 821 条

1. 因下述事由,有限责任公司应当解散:

(1)公司章程规定的公司解散事由出现;

(2)股东大会决定解散公司的;

(3)公司破产开启的;

(4)因法律规定的其他理由。

2. 股东大会决定解散公司的,其决议必须采用公证形式。

3. 如存在正当理由，每个股东都可以请求法官解散公司。对于适宜具体情形并为相关人员所接受的其他方案，法官也可以采纳。主要地，以其实际价值对提出请求解散公司的股东的股份予以补偿。

（二）后果

第 821a 条

1. 股份有限公司关于公司解散后果的法律规定类推适用于有限责任公司。

2. 公司解散必须在商事登记簿中登记。公司依据判决而解散的，法官应当立即通知商事登记机构。公司因其他理由解散的，由公司办理商事登记簿中的登记。

二、股东退出公司

（一）退出

第 822 条

1. 如存在正当理由，股东可以请求法官批准其退出公司。

2. 公司章程可以赋予股东退出公司的权利，并规定退出公司的条件。

（二）联合退出公司

第 822a 条

1. 股东因正当理由提起退出公司的诉讼，或者宣布依照公司章程行使退出公司的权利，经理应当立即将此通知其他股东。

2. 在收到该通知起三个月内，如有其他股东因正当理由提起退出公司的诉讼，或者依照公司章程行使退出公司的权利，那么所有要退出公司的股东必须按照其持有的公司股份的票面价值的比例，得到同等的对待。已进行附加出资的，其金额应当计入其公司股份的票面价值。

（三）股东除名

第 823 条

1. 如存在正当理由，公司可以请求法官将股东除名。

2. 公司章程可以规定，股东大会有权以规定的理由将股东除名。

3. 联合退出公司的规定不适用于除名之情形。

(四)临时措施

第 824 条

在股东退出公司的程序中，根据当事人一方的请求，法官可以决定暂停全部或部分股东的权利和义务。

(五)补偿

1. 权利和款额

第 825 条

1. 退出公司的股东有权得到等同于其公司股份实际价值的补偿。

2. 如根据公司章程的规定行使退出公司的权利，公司章程可以规定按照不同方式进行补偿。

2. 支付

第 825a 条

1. 在下列情形中，股东有权就退出公司事宜请求给予相关的补偿：

(1)公司具有可自由支配的资金；

(2)公司可以转让退出公司的股东的公司股份；

(3)根据相关的规定，公司可以减少其资本。

2. 由有资质的审计专家确认公司可自由处分的资金的金额。如这些资金不足以补偿退出公司的股东，审计专家还要对减少公司资本的可能额度出具意见。

3. 已退出公司的股东，其未被补偿的款额属于无利息且后顺位的债权。在年度管理报告中显示公司具有可自由处分的资金的范围内，该债权可要求偿付。

4. 只要退出公司的股东还未得到全部偿付，则该股东有权要求公司任命审计机构并对年度账目进行常规审计。

三、清算

第 826 条

1. 每个股东都有权根据其公司股份的票面价值按比例得到部分破产清算财产。已进行附加出资的，其金额应当计入其公司股份的票面价值；公司章程可以不同的方式来管理破产清算财产的分配。

2. 股份有限公司关于公司解散之清算的法律规定类推适用于有限责任公司。

第五节　责　　任

第 827 条

股份有限公司关于在公司创建中合作的人员，或者负责公司管理、审计或者清算人员的责任的法律规定，类推适用于有限责任公司。

第二十九章　合　作　社

第一节　合作社的定义和设立

一、债法中的合作社

第 828 条

1. 合作社是由不定数目的自然人或者商业公司组成,以同业公会形式组织,并通过共同的经营,主要以促进或保障其成员确定的经济利益为目标的企业。

2. 禁止设立预先决定资本的合作社。

二、公法中的合作社

第 829 条

以合作为目标的公法社团,适用联邦和州的公法。

三、设立

(一)规定

1. 一般情形

第 830 条

只有在合作社章程拟定并由设立大会通过以后,并在商事登记簿中办理了登记,合作社才成立。

2. 成员的数目

第 831 条

1. 合作社之设立,必须有至少七个成员参加。

2. 如成员少于七人,则股份有限公司关于公司组织不健全的法律规定类推适用。[528]

（二）合作社章程

1. 必要条款

第 832 条

合作社章程必须包含关于下列事项的规定：

1. 合作社名称及其总部；
2. 合作社的目的；
3. 合作社成员应当承担的现金或者其他财产的出资，以及这些出资的性质和价值；
4. 负责管理和监督的机构，以及代表合作社的方式；[529]
5. 合作社发布公告必须遵守的形式。

2. 其他条款

第 833 条

关于下述事项的条款，只有在合作社章程中予以规定时才有效：

1. 以合作社股份的方式建立合作社资本；
2. 实物出资被接受的种类和价格，以及相关的合作社成员；
3. 在合作社设立时受让的财产和因此商定的补偿，以及相关资产的所有权人；
4. 关于合作社成员入社和资格丧失，与法律规定不同的条款；
5. 合作社成员个人的责任和其进行附加出资的义务；
6. 关于合作社的组织、合作社的代表、合作社章程

[528] 根据 2005 年 12 月 16 日关于《有限责任公司法以及关于股份有限公司法、合作社法、商业登记法和公司名称法的适用》的联邦法的第一章第 2 条的新内容修订，自 2008 年 1 月 1 日于生效。

[529] 根据 2005 年 12 月 16 日关于《有限责任公司法以及关于股份有限公司法、合作社法、商业登记法和公司名称法的适用》的联邦法的第一章第 2 条的新内容修订，自 2008 年 1 月 1 日起生效。

的修改和社员大会作出决议的方式，与法律规定不同的条款；

7. 表决权的扩大或限制；

8. 在经营账目和清算中关于盈余的计算及其用途。

（三）设立大会

第 834 条

1. 以书面拟定的合作社章程必须在发起人召集的社员大会上讨论和通过。

2. 如有必要，发起人应当提交关于实物出资和承接财产的书面报告；该报告必须在社员大会上审议。

3. 此外，社员大会任命章程规定的合作社运行所必需的机构。

4. 在商事登记簿办理登记之前，通过签署章程获得社员的资格。

（四）在商事登记簿中的登记

1. 合作社

第 835 条〔530〕

合作社必须在其总部所在地的商事登记簿中办理登记。

2. 合作社分部

第 836 条〔531〕

合作社分部必须在其所在地的商事登记簿中办理登记。

〔530〕 根据 2005 年 12 月 16 日关于《有限责任公司法以及关于股份有限公司法、合作社法、商业登记法和公司名称法的适用》的联邦法的第一章第 2 条的新内容修订，自 2008 年 1 月 1 日起生效。

〔531〕 根据 2005 年 12 月 16 日关于《有限责任公司法以及关于股份有限公司法、合作社法、商业登记法和公司名称法的适用》的联邦法的第一章第 2 条的新内容修订，自 2008 年 1 月 1 日起生效。

3. 社员名录

第 837 条[532]

1. 合作社建立社员名录，载明姓名或公司名称，以及每个社员的地址。合作社必须以在瑞士随时可以查阅的方式维持该名录。

2. 相关社员从名录中注销的，合作社必须在十年内保存其登记证明文件。

(五)合作社法人资格的获得

第 838 条

1. 只有在商事登记簿中办理登记后，合作社才获得法人资格。

2. 在登记前以合作社名义从事的行为，行为人个人承担连带责任。

3. 但是，明确以未来合作社的名义产生的债务，在商事登记簿中登记之日起三个月内由合作社承担的，则引起债务的人将被解除义务，由合作社独立承担义务。

第二节　社员资格的获得

一、一般情形

第 839 条

1. 合作社可以随时接纳新的成员。

2. 章程可以规定接纳新成员的特殊条件，但这不得影响有关合作社社员不限制数量的规定；这些特殊条件不得导致加入合作社的代价过大。

二、入社声明

第 840 条

1. 希望获得社员资格的人必须提交书面声明。

---

[532]　根据 2014 年 12 月 12 日关于《执行金融行动特别工作小组提议》的联邦法第一章第 2 条修订，并于 2012 年修正，自 2015 年 7 月 1 日起生效（RO 2015 1389；FF 2014 585）。

2. 如在合作社的财产责任之外，强加给其成员承担个人责任或附加出资的义务，那么只有当申请加入合作社的申请人明确接受这些义务时，其入社声明才有效。

3. 合作社的理事会宣告新社员的接纳，但章程规定仅需要入社声明，或者需要成员大会决议的除外。

三、涉及保险合同

第 841 条

1. 如社员的资格取决于与合作社订立的保险合同，则因主管机构接受保险申请而获得社员资格。

2. 特许保险合作社与其成员订立的保险合同，如同特许保险合作社与第三人订立保险合同，同样适用 1908 年 4 月 2 日关于《保险合同》[533] 的联邦法。

第三节　社员资格的丧失

一、退社

（一）退社权利的自由行使

第 842 条

1. 只要合作社之解散尚未确定，每个成员均有权退出合作社。

2. 合作社章程可以规定：因退社给合作社造成严重损害或者威胁到合作社之存续的，退社的成员必须支付公平的补偿费。

3. 合作社章程或合同不得永久取消退社的权利，也不得使退社的代价过于高昂。

---

[533] RS 221.229.1.

(二)退社权利的限制

第 843 条

1. 合作社章程或者合同可以规定拒绝退社的权利,但最长不得超过五年。

2. 如存在正当理由,即使在五年的拒绝退社期间内,退社仍然是被允许的。根据行使自由退社权利的条件,赔偿义务不受影响。

(三)退社期限和退社日期

第 844 条

1. 退社的声明只能在营业年度届满时提出,且必须至少提前一年。

2. 章程可以规定更短的退社期限,并允许在营业年度期间退社。

(四)破产和扣押时退社权利的行使

第 845 条

章程为退社的社员保留合作社资产份额的,在合作社破产中,可以由破产管理人行使该社员的退社权;或者其份额应当被扣押的,可以由债务执行机构的执行员,来行使该社员的退社权。

二、除名

第 846 条

1. 章程可以明确规定社员被除名的事由。

2. 此外,如存在正当理由,社员可以随时被宣告除名。

3. 社员除名属于社员大会的权力。章程可以规定理事会有权宣布社员除名,但保留其向社员大会申诉的权利。在三个月的期限内,被除名的社员有权向法院提起诉讼。

4. 根据自由退社权的规定,合作社有权请求被除名社员对合作社支付赔偿金。

三、社员的死亡

第 847 条

1. 社员的资格因死亡而丧失。

2. 但是,章程可以规定社员的继承人有权成为合作社的社员。

3. 章程还可以规定，根据书面请求，社员的继承人或者继承人中的一人，应取代死亡的社员而被确认为合作社社员。

4. 该死亡社员的数位继承人共同继承社员资格的，应当任命在合作社中代表其利益的代表人。

四、职务或工作的丧失或者合同的终止

第 848 条

如社员的资格是与职务或者工作相关的，或者取决于合同的订立，特别是与保险合作社订立的合同，则社员资格因职务、工作的丧失或者合同的终止而丧失。合作社章程另有规定的除外。

五、社员资格的转让

(一)一般情形

第 849 条

1. 合作社的出资转让，且社员资格或者合作社的出资是由有价证券确认的，则有价证券的转让不足以使购买人拥有社员资格，社员资格只能根据符合法律或者章程作出的决议才能享有。

2. 与社员资格相关联的个人权利，只有当购买人被确认为社员时，才转移给购买人。

3. 如社员资格取决于订立的合同，则章程可以规定，社员资格可以通过承接合同进行转让。

(二)不动产或者其经营的转让

第 850 条

1. 根据合作社的章程，社员资格可以与不动产的所有权或不动产的经营相关联。

2. 在此情形下，章程可以规定，不动产转让时或者其经营的承接时，向购买人或者承接人转让合作社社员的资格。

3. 因不动产的转让而转让社员资格的规定，只有当其在不动产登记簿中办理登记时，才能对抗第三人。

六、新社员的退社

第 851 条

社员资格通过继承而被转移或者取得的，则退社的条件适用于新社员。

第四节　社员的权利和义务

一、社员资格的确认

第 852 条

1. 合作社章程可以规定社员资格证书的制定。

2. 该资格证明也可以在合作社出资的出资证明书中注明。

二、合作社出资的证明书

第 853 条

1. 出资是由出资证明书确认的，所有入社的人员必须至少取得一个出资证明书。

2. 在最高份数的限度内，章程可以允许取得多份出资证明。

3. 确认出资的出资证明在开立时应载明社员姓名。但是，这些票证不是有价证券，仅作为出资证据。

三、成员之间的平等

第 854 条

所有社员具有相同的权利和义务，但法律另有规定的除外。

四、社员的权利

（一）表决权

第 855 条

社员通过在社员大会上的投票或者法律允许的通讯方式的投票，来行使其对合作社事务的权利，尤其是促进合作社利益和经营管理的权利。

(二)社员的检查权利

1. 资产负债表的通报

第856条

1. 年度报告、集团综合账目和年度账目以及审计报告,存放在合作社的住所地,以便社员进行查阅;这些文件最迟必须在为批准年度报告、集团综合账目和年度账目而举行的股东大会或者进行通讯表决前十天存放在公司住所地。[534]

2. 章程可以规定向所有社员交付一份经营账目和资产负债表的副本,其费用由合作社承担。

2. 查阅

第857条

1. 成员可以向审计机构反映存在疑问的评估,并要求对此进行必要的解释。[535]

2. 只有根据社员大会的特别批准或理事会的决议,并在商业秘密不受威胁的条件下,社员才能查阅账簿和通讯往来。

3. 法官可以命令合作社,通过经认证的账簿或者通讯之复本,向其社员提供对行使检查权利相关重大事实的信息。提供信息不得损害合作社的利益。

4. 成员的检查权利不得通过章程和合作社机构的决议予以取消或者限制。

---

[534] 根据2011年12月23日关于《会计法》的联邦法第I节的新内容修订,自2013年1月1日起生效(RO 2012 6679;FF 2008 1407)。

[535] 根据2005年12月16日关于《有限责任公司法以及关于股份有限公司法、合作社法、商业登记法和公司名称法的适用》的联邦法的第一章第2条的新内容修订,自2008年1月1日起生效。

(三)对盈余的分享权利

1.……

第858条[536]

(废除)

2.分配原则

第859条

1.经营的盈利全部归入合作社的资产,但章程另有规定的除外。

2.如向社员分配盈余,则应当根据每个社员对合作社组织的利用程度进行分配,但章程有不同规定的除外。

3.如存在确认出资的出资证明书,则根据出资证明享有分配盈余的份额时,不得超过给予无特殊担保的长期借贷的通常利率来进行分配。

3.设立和充实公积金的义务

第860条

1.如盈余用于扩大合作社资产之外的其他用途,则每年至少二十分之一的盈余必须用于公积金的设立。这种公积金的划拨至少应当持续二十年,如存在确认出资的出资证明书的,公积金的划拨应当达到合作社资本的五分之一。

2.章程可以规定划拨更多的公积金。

3.如果公积金未超过合作社现存资产的一半,或者在存在确认出资的出资证明书的情况下,公积金未超过合作社资本的一半,则公积金的划拨只能用于弥补亏损,或者在危机时期,用于帮助达到合作社宗旨之措施。

4.……[537](废除)

---

[536] 根据2001年12月23日关于《会计法》的联邦法第一章废除,自2013年1月1日起生效(RO 2007 4791;FF 2002 2949,2004 3745)。

[537] 根据2004年12月17日关于《保险监督》的联邦法的附录第二节第1条废除,自2006年1月1日起生效。

4. 信用合作社盈余的使用 **第 861 条**

1. 信用合作社可以在其章程中规定与上述条文规定的不同的盈余分配,但它在设立公积金和使用该公积金时,同样应当遵照以上条文的规定。

2. 信用合作社每年必须至少将盈余的十分之一划拨给公积金,直至公积金达到合作社资本的十分之一。

3. 对于超过无特殊担保的长期借贷的通常利率的盈余部分,如果被分配给出资份额持有人,则对于超过以上所述利率的款额同样也应当提取十分之一作为公积金。

5. 养老基金[538] **第 862 条**

1. 章程可以特别规定,为了企业雇员和工人或者合作社社员的福利而设立和维持养老金[539]机构[540]的基金。

2. ~4. ……[541](废除)

6. 其他公积金 **第 863 条**

1. 根据法律和章程,公积金或者其他基金的划拨,首先应当从要分派的盈余中提取。

2. 为了维护企业的持续繁荣,在必要的范围内,社员大会同样可以设立未由法律和章程规定的或者超越法律和章程要求的其他公积金。

3. 即使章程没有规定,为了设立和维持有利于企

---

[538] 根据 1958 年 3 月 21 日联邦法的第一节字母 c 的新用语修改,自 1958 年 7 月 1 日起生效。

[539] 根据 1958 年 3 月 21 日联邦法的第一节字母 c 的新用语修改,自 1958 年 7 月 1 日起生效。

[540] 根据 1958 年 3 月 21 日联邦法的第一节字母 c 的新用语修改,自 1958 年 7 月 1 日起生效。

[541] 根据 1958 年 3 月 21 日联邦法的第一节字母 b 废除。

业雇员、工人和合作社成员的养老金[542]机构[543]或者类似的其他机构,可以采用同样的方式在盈余中提取其他的款额;这些提取应适用章程有关养老金之规定。[544]

(四)对合作社资产的权利

1. 根据合作社章程

第 864 条

1. 退社的社员或者其继承人对公司资产是否拥有请求权以及权利的内容根据合作社章程确定;根据章程确定的请求权,其范围按照退社之日合作社资产负债表确认的财产来计算,公积金不包括在内。

2. 对于退社的社员或者其继承人依章程可以给予全部或者部分的出资补偿,但入社费除外。章程可以规定偿付可以延迟至退社起最多三年。

3. 社员退社补偿可能对合作社造成严重损害或者威胁其存续的,即使章程未规定,合作社仍然可在法律允许的三年期限届满前不予补偿。合作社应得的合理补偿的权利不受影响。

4. 退社的社员或者其继承人的权利,自其有权得到补偿之日起三年内有效。

2. 根据法律

第 865 条

1. 对于退社的社员或者其继承人,如合作社的章程对他们的权利没有作出规定,则他们对合作社的资产不得享有权利。

---

[542] 根据 1958 年 3 月 21 日联邦法的第一节字母 c 的新用语修改,自 1958 年 7 月 1 日起生效。

[543] 根据 1958 年 3 月 21 日联邦法的第一节字母 c 的新用语修改,自 1958 年 7 月 1 日起生效。

[544] 根据 1958 年 3 月 21 日联邦法的第一节字母 c 的新用语修改,自 1958 年 7 月 1 日起生效。

2. 合作社在社员退社或死亡时起的一年内解散，且对盈余进行了分配，则退社的社员或者其继承人享有与合作社解散之时的社员相同的权利。

五、义务

（一）善意

第 866 条

社员应当善意地维护合作社的利益。

（二）给付

第 867 条

1. 社员的出资义务根据合作社章程予以确定。

2. 有义务缴纳出资或者进行其他支付的社员，经挂号信催告后应当在合理的期限内支付。

3. 在第一次催告后未支付的，在第二次催告后的一个月内仍未支付的成员，如挂号信已警告其将丧失合作社社员权利的，则该社员被宣布丧失合作社社员权利。

4. 该权利丧失的宣布不免除社员到期的债务和在其被除名后即将到期的债务，但章程另有规定的除外。

（三）责任

1. 对于合作社

第 868 条

合作社以其资产对其债务承担责任。合作社单独承担债务，但章程另有规定的除外。

2. 对于成员

(1) 无限责任

第 869 条

1. 章程可以规定，在合作社的资产不足以承担责任时，社员可以个人承担无限责任，但特许保险合作社除外。

2. 在上述情形中，只要债权人在合作社破产中遭受损失，社员必须以其全部的财产对公司全部的债务承租连带责任。只有破产管理人才能主张连带责任之请求，直至破产程序终结。

(2)有限责任

第870条

1. 章程可以规定,在合作社的资产不足以承担责任时,社员个人可以在其章程规定的社员出资和份额价值之外对合作社的债务承担清偿责任,但仅以达到规定的金额为限,特许保险合作社除外。

2. 有出资份额的,该责任款额按每个社员出资份额的比例计算。

3. 在破产期间,由破产管理人主张承担责任之请求。

(3)附加出资

第871条

1. 章程可以规定社员进行附加出资来替代社员责任,或者在社员责任之外再规定附加出资,但是附加出资只能用于弥补由资产负债表确认的亏损。

2. 附加出资义务可以是无限的,或者限于确定的金额,或者根据章程规定的份额或者出资份额的比例承担。

3. 如章程没有规定每个社员应当如何承担附加出资义务,则根据出资额的比例进行承担;如果不存在出资的,则按同等比例进行承担。

4. 附加出资可以随时被请求缴纳。在合作社破产的情形中,破产管理人行使请求出资的权利。

5. 此外,附加出资还适用有关追缴出资和宣告权利丧失之规定。

(4)不可接受的限制

第872条

如果合作社章程将责任限制在规定的期间,或特定义务的担保,或某些类别的社员,则这些规定一律无效。

(5)合作社的破产

第873条

1. 对于社员对合作社债务承担个人责任或者承担附加出资义务的合作社,如果发生破产,在制定债权人债务抵偿顺序的同时,破产管理人应当提出并请求每个社员支付其暂时承担的金额或者其附加出资的金额。

2. 未被足额追缴的款额在其他社员之间以相同的比例分担,剩余资产则在最终分配方案完成后返还。社员之间的追诉权利不受影响。

3. 根据1889年4月11日关于《债务追讨和破产》的联邦法[545]的规定,社员对于承担的暂时偿付义务和分配方案,有权提出异议。

4. 联邦委员会的法令决定必须遵循的程序。[546]

(6)责任制度的变更

第874条

1. 关于社员的责任或者其附加出资的义务,只能通过对合作社章程的修改来变更;关于出资证明书的减少或者取消亦同。

2. 此外,股份有限公司关于公司资本减少的规定适用于合作社出资证明书的减少和取消。

3. 社员个人责任或者其附加出资的义务的减轻不适用于在章程之修改发布前产生的债务。

4. 为了补充和加重社员个人责任或者增加附加出资义务而修改合作社章程,自办理登记时起,应当有利于全体债权人。

(7)新合作社社员的责任

第875条

1. 对于由社员对合作社债务承担个人责任或者应进行附加出资的合作社,新社员和其他社员一样应当对在其加入合作社之前产生的债务承担责任。

---

[545] RS 281.1.

[546] 根据2008年3月20日关于《联邦法正式更新》的联邦法第二章第10条的新内容修订,自2008年8月1日起生效。

2. 合作社章程中所有不同的规定或者在社员之间订立合同中的不同的约定,对第三人一律无效。

(8)在社员退社或者公司解散后的责任

第876条

1. 承担有限责任或者无限责任的社员,因其死亡或者任何其他原因,丧失合作社社员资格的,如在商事登记簿中登记退社后的一年内,或者由章程规定的更长期间内,合作社被宣告破产的,则前述退社之社员应当对退社之前产生的债务继续承担责任。

2. 附加出资的义务,在同样的条件下并在同样的期限内应当由上述社员继续履行。

3. 当合作社解散,如在商事登记簿中登记退社后的一年内,或者由章程规定的更长期间内,合作社被宣告破产的,则其社员也须继续承担合作社的债务或者继续履行附加出资之义务。

(9)向商事登记处通告入社和退社

第877条

1. 社员承担无限责任或者有限责任的,或应当履行附加出资义务的,理事会必须在三个月内,向商事登记机构的登记员通告所有的入社和退社信息。

2. 另外,退社或者被除名的成员,以及已死亡成员的继承人,有权直接请求在商事登记簿中登记退社、除名或者死亡。商事登记处的登记员立即将该请求向理事会发出通知。

3. 特许保险合作社没有义务向商事登记机构登记员通告其合作社社员的姓名。

(10)责任诉讼时效

第878条

1. 对于债权人的权利,在破产程序终结后的一年内,如合作社的社员应当承担个人责任,则每位债权人仍然可以主张其债权,但根据法律规定这些权利已经灭失的除外。

2. 同样地,社员之间的追偿权利,在对被请求的债权进行清偿之日起,诉讼时效为一年。

第五节　合作社的机构

一、社员大会

(一)权力

第879条

1. 社员大会是合作社的最高权力机构。

2. 它具有以下不可转让的权力:[547]

(1)批准和修改合作社章程;

(2)任命理事会和审计机构;[548]

(3)批准年度报告和集团综合账目;[549]

(4)免除理事们的责任;

(5)对所有法律或公司章程保留给其的事务作出决议。

(二)通讯投票

第880条

超过三百个成员的合作社,以及其大多数成员本身为合作社的合作社,可以在其章程中规定,社员

---

[547] 根据2005年12月16日关于《有限责任公司法以及关于股份有限公司法、合作社法、商业登记法和公司名称法的适用》的联邦法的第一节的新内容修订,自2008年1月1日起生效(RO 2007 4791;FF 2002 2949,2004 3745)。

[548] 根据2005年12月16日关于《有限责任公司法以及关于股份有限公司法、合作社法、商业登记法和公司名称法的适用》的联邦法的第一节的新内容修订,自2008年1月1日起生效(RO 2007 4791;FF 2002 2949,2004 3745)。

[549] 根据2011年12月23日起《会计法》的联邦法第I节的新内容修订,自2013年1月1日起生效(RO 2012 6679;FF 2008 1407)。

可以通过通讯方式投票行使全部或部分的社员大会的职权。

(三)大会的召集

1. 召集的权利和义务

第881条

1. 社员大会由理事会或者由章程授权的任何其他机构召集,如有必要,由审计机构召集。[550] 清算人和债券持有人代表同样有权召集社员大会。

2. 召集大会的要求,如果由至少十分之一的成员提出,在社员的数目不足三十个的情形下,如由其中至少三人提出,则必须召集成员大会。

3. 在合理期限内,理事会未对召集的请求作出回应的,则根据申请人的请求,法官可以命令召集社员大会。

2. 召集方式

第882条

1. 社员大会根据合作社章程规定的方式召集,但大会的召集至少必须在会议召开日期之前的五日进行。

2. 对于超过三十个社员的合作社,自召集之公告发布时起,即可有效召集社员大会。

3. 会议议程

第883条

1. 召集会议的通知应当注明会议议程,如果议程涉及修改合作社章程的,还应当注明建议修改的基本内容。

2. 不得对未列入议程的内容作出任何决议,但是关于建议召集新的社员大会的除外。

3. 对于建议和不需要表决的商讨事项,无需提前

---

[550] 根据2005年12月16日关于《有限责任公司法以及关于股份有限公司法、合作社法、商业登记法和公司名称法的适用》的联邦法的第一章第3条的新内容修订,自2008年1月1日起生效。

发出通知。

4. 全体社员出席

第 884 条

如所有社员均出席大会,且无反对意见,则可以不遵守召集社员大会的形式要求而作出决议。

(四)表决权

第 885 条

在社员大会上表决或者通过通讯方式表决的,每个成员拥有一票表决权。

(五)社员的代表

第 886 条

1. 在社员大会上,表决权可以委托其他社员代表其行使,但该社员所代表的人数不得超过一名。

2. 超过一千个社员的合作社,可以在其章程中规定,一个社员有权代表至多九个成员。

3. 合作社章程可以允许社员由其具有民事行为能力的家庭成员代表。

(六)表决权的排除

第 887 条

1. 凡是参与合作社经营管理的人员,不得参加关于给予或者拒绝对理事会免责的决议。

2. ……[551](废除)

(七)决议

1. 一般情形

第 888 条

1. 社员大会通过决议和进行选举,根据绝对多数的表决作出,但法律或者合作社章程另有规定的除外。对于通讯方式的表决,适用同样的规则。

2. 解散合作社和修改合作社章程,其决议必须获得三分之二的多数票。但是,合作社章程可以对

---

〔551〕 根据 2005 年 12 月 16 日关于《有限责任公司法以及关于股份有限公司法、合作社法、商业登记法和公司名称法的适用》的联邦法的第一章第 3 条增补,自 2008 年 1 月 1 日起生效。

这些决议适用更严格的规定。[552]

2. 社员义务的增加

第 889 条

1. 对于试图扩展或者加重社员个人责任或者附加出资的义务的决议,必须合计取得所有社员的四分之三的表决权。

2. 社员不同意决议的,可以自决议公布之日起三个月内宣布退社,则这些决议对不赞同决议的成员没有约束力。退社自决议生效日起生效。

3. 在上述情形中,行使退社的权利,不得以给予损害赔偿作为退社的附加条件。

(八)理事会和审计机构的罢免[553]

第 890 条

1. 社员大会可以罢免理事会和审计机构的成员,以及由其任命的授权代理人和商务代理人。[554]

2. 根据至少十分之一的社员的请求,法官可以因正当理由罢免上述人员,尤其是因玩忽职守或者无履行其职权之能力。如有需要,法官可以指定合作社的主管机构替代被罢免的人员,并规定过渡时期所采取的一切措施。

3. 被罢免人员的损害赔偿请求权不受影响。

---

[552] 根据 2003 年 10 月 3 日联邦法的附录第二节的新内容修订,自 2004 年 7 月 1 日起生效。

[553] 根据 2005 年 12 月 16 日关于《有限责任公司法以及关于股份有限公司法、合作社法、商业登记法和公司名称法的适用》的联邦法的第一章修订,自 2008 年 1 月 1 日起生效(RO 2007 4791;FF 2002 2949,2004 3745)。

[554] 根据 2005 年 12 月 16 日关于《有限责任公司法以及关于股份有限公司法、合作社法、商业登记法和公司名称法的适用》的联邦法的第一章第 3 条的新内容修订,自 2008 年 1 月 1 日起生效。

(九)对社员大会的决议进行司法起诉的权利

第891条

1. 社员大会的决议或者以通讯方式的投票作出的决议,如有违反法律或合作社章程之情形,理事会和每个社员都可以对这些决议进行起诉。理事会进行起诉的,法官任命一位合作社的代表。

2. 理事会和社员未在有争议的决议作出后的两个月内进行起诉的,则丧失起诉的权利。

3. 撤销决议的判决对所有的社员都有法律效力,且每个社员都可以援引该判决进行主张。

(十)代表大会

第892条

1. 超过三百个社员的合作社,以及其大多数的社员本身为合作社的合作社,可以在其章程中规定,社员大会的职权全部或部分授予社员代表大会行使。

2. 合作社章程规定代表大会的组成、选举和召集方式。

3. 每个代表拥有一票表决权,但合作社章程另有规定的除外。

4. 对于其他事项,社员大会的有关法律规定适用于代表大会。

(十一)保险合作社的特殊制度

第893条

1. 超过一千个成员的特许保险合作社,根据合作社章程的规定,可以将社员大会全部或部分的职权移转给理事会。

2. 关于附加出资义务的扩展或者加重,合作社的解散、合并、分立和其法定形式的转变,则社员大会的职权不得进行转移。[555]

二、理事会

(一)被选举资格

1. 社员资格

第 894 条

1. 合作社的理事会至少由三人组成,其大多数理事必须是合作社社员。

2. 法人和商业公司不能被任命为理事会的社员,但是其代表可以替代其被选举为理事。

2. ……

第 895 条[556]

(废除)

(二)任职期

第 896 条

1. 理事们的任期至多为四年;如合作社章程无不同规定的,则可以连任。

2. 股份有限公司关于理事会任职期限的规定适用于特许保险合作社。

(三)委员会

第 897 条

合作社章程可以将理事会的部分义务和权利赋予由理事会选举的一个或者数个委员会。

(四)管理和代表

1. 一般情形

第 898 条[557]

1. 合作社章程可以允许社员大会或者理事会将全部或部分的管理和代表赋予一个或数个经理、总

---

[555] 根据 2003 年 10 月 3 日关于合并的联邦法的附录的新内容修订,自 2004 年 7 月 1 日起生效。

[556] 根据 2005 年 12 月 16 日关于《有限责任公司法以及关于股份有限公司法、合作社法、商业登记法和公司名称法的适用》的联邦法的第一章第 3 条废除,自 2008 年 1 月 1 日起生效。

[557] 根据 2005 年 12 月 16 日关于《有限责任公司法以及关于股份有限公司法、合作社法、商业登记法和公司名称法的适用》的联邦法的第一章第 3 条的新内容修订,自 2008 年 1 月 1 日起生效。

监或其他人员,这些人员可以不是合作社的社员。

2. 合作社必须由居住在瑞士的人员代表。该人员必须是理事、经理或者总监。他必须能够根据第837条查阅合作社的社员名录。[558]

2. 权利的范围和限制

第899条

1. 被授权代表合作社的人员,有权以合作社的名义,作出一切与合作社宗旨有关的行为。

2. 对于善意第三人,对代表人权利的限制不具有任何效力;但在商事登记簿中对关于总社或者分社的唯一代表,或者合作社集体代表的条款办理了登记的除外。

3. 对于被授权管理或者代表合作社的人员在合作社业务管理中的违法行为,其责任由合作社承担。

3. 合作社和其代表之间的合同

第899a条[559]

合作社与其代表人之间订立合同,则合同必须以书面形式订立。该要求不适用于日常经营中合作社不超过一千瑞士法郎的支付。

4. 签名[560]

第900条

被授权代表合作社的人员在合作社的名称之后必须再附加其签名。

---

[558] 根据2014年12月12日关于《执行金融行动特别小组提议》的联邦法第二章第2条的新内容修订,并于2012年修正,自2015年7月1日起生效。

[559] 根据2005年12月16日关于《有限责任公司法以及关于股份有限公司法、合作社法、商业登记法和公司名称法的适用》的联邦法的第一章第3条增补,自2008年1月1日起生效。

[560] 根据2005年12月16日关于《有限责任公司法以及关于股份有限公司法、合作社法、商业登记法和公司名称法的适用》的联邦法的第一章第3条的新内容修订,自2008年1月1日起生效。

5. 登记[561]

第 901 条

理事会应当向商事登记机构的登记员通告有权代表合作社的人员姓名，以便办理登记，并提供与授权文件相一致的认证副本。有权代表合作社的人员在登记处登记员面前署上签名或向其呈交合法签名。

（五）义务

1. 一般情形

第 902 条

1. 理事会在合作社业务管理上应当履行一切必需的勤勉之义务，并竭尽全力共同维护合作社的繁荣。

2. 理事会尤其应当履行下列义务：

（1）准备社员大会的审议，并执行其决议；

（2）监督负责合作社管理和代表的人员，以便保证企业符合法律、合作社章程和规则地活动，并经常了解关于合作社业务进展的信息。

3. 理事会负责理事会和社员大会的会议记录，以及必需的账簿和社员名单的正常维持。此外，它还承担经营账目、资产负债表的制作，并根据法律将这些文件提交审计机构核查，以及向商事登记机构通告社员的入社和退社。[562]

2. 无偿债能力或者合作社资本减少的强制性通告

第 903 条

1. 如果合作社出现丧失清偿债务能力的严重理

---

[561] 根据 2005 年 12 月 16 日关于《有限责任公司法以及关于股份有限公司法、合作社法、商业登记法和公司名称法的适用》的联邦法的第一章第 3 条的新内容修订，自 2008 年 1 月 1 日起生效。

[562] 根据 2005 年 12 月 16 日关于《有限责任公司法以及关于股份有限公司法、合作社法、商业登记法和公司名称法的适用》的联邦法的第一章第 3 条的新内容修订，自 2008 年 1 月 1 日起生效。

由,理事会应当立即制作根据市场价格评估的年度中期资产负债表。

2. 前一个年度的资产负债表和此后制作的清算的资产负债表,或者年度中期资产负债表,表明合作社资产不能偿付其债务的,则理事会应当将此向法官通报。法官宣布合作社的破产,但符合破产推迟条件的除外。

3. 对于发行合作社股份的合作社中,如果最新的年度资产负债表表明合作社资本的一半已经丧失,理事会应当立即召集社员大会,并向其通报情况。

4. 章程规定了附加出资义务的合作社,只有当资产负债表确认的亏损未在三个月内被社员的附加出资弥补的,理事会才应当向法官通报。

5. 但是,合作社的重组显然具有可能性,则根据理事会或者债权人的请求,法官可以推迟宣布破产。在此情形中,法官应当采取保全合作社财产的措施,如制作财产清单或者任命财产管理人。

6. 在特许保险合作社中,由保险合同产生的社员的债权,视为普通债权。

(六)款项的返还

第 904 条

1. 如合作社破产,理事们在破产宣告前最后三年内所有以盈利或者以其他名义所提取的款项,如果没有支付合理的对价,且如果资产负债表是谨慎制作的,这些款项就可能不会被提取的情形下,理事们应当向合作社的债权人返还其取得的款项。

2. 根据关于不当得利之规定,不能要求返还的款项无需返还。

3. 由法官斟酌所有情形,予以自由裁量。

(七)暂停和罢免

第905条

1. 理事会可以随时罢免由其任命的委员会、经理、总监，以及所有授权代理人和商业代理人。

2. 同样地，理事会可以随时暂停社员大会任命的授权代理人和商业代理人的职权。

3. 被罢免或被暂停行使其职权的人，其损害赔偿的请求权不受影响。

三、审计机构

(一)一般情形

第906条[563]

1. 股份有限公司关于审计机构的法律规定予以类推适用。

2. 以下社员可以要求审计机构对年度账目进行常规审计：

(1)10%的社员；

(2)合计至少持有10%资本的社员；

(3)承担个人责任或者应当承担附加出资义务的社员。

(二)社员名单的检查

第907条[564]

合作社的社员承担个人责任或者应当进行附加出资的，审计机构应当对社员的名单是否得到正常维护进行核实。合作社无审计机构的，理事会应当指定有资质的审计员检查成员名单。

---

[563] 根据2005年12月16日关于《有限责任公司法以及关于股份有限公司法、合作社法、商业登记法和公司名称法的适用》的联邦法的第一章第3条的新内容修订，自2008年1月1日起生效。

[564] 根据2005年12月16日关于《有限责任公司法以及关于股份有限公司法、合作社法、商业登记法和公司名称法的适用》的联邦法的第一章第3条的新内容修订，自2008年1月1日起生效。

四、合作社机构的不健全 **第 908 条**[565]

股份有限公司有关机构不健全的法律规定类推适用于合作社。

第 909 条至第 910 条[566]

(废除)

第六节 合作社的解散

一、解散原因 **第 911 条**

合作社因下列事由而解散：

1. 根据合作社的章程；
2. 根据社员大会的决议；
3. 由于合作社宣告破产；
4. 根据法律规定的其他正当理由。

二、在商事登记簿中登记 **第 912 条**

理事会负责向商事登记机构通告公司的解散，但合作社破产的情形除外。

三、清算、合作社资产的分配

第 913 条

1. 合作社的清算根据股份有限公司适用的清算规定进行，但下述规定除外。
2. 在全部债务灭失以后，以及如有需要返还出资的，在偿付出资以后，剩余的财产只有在合作社章

---

〔565〕 根据 2005 年 12 月 16 日关于《有限责任公司法以及关于股份有限公司法、合作社法、商业登记法和公司名称法的适用》的联邦法的第一章第 3 条增补，自 2008 年 1 月 1 日起生效。

〔566〕 根据 2005 年 12 月 16 日关于《有限责任公司法以及关于股份有限公司法、合作社法、商业登记法和公司名称法的适用》的联邦法的第一章第 3 条废除，自 2008 年 1 月 1 日起生效。

程允许时，才能在社员之间分配。

3. 在合作社解散之日，对于仍为合作社之社员或者其权利继受人的，将剩余的财产按人均进行分配，但合作社章程另有规定的除外。退社的社员或者其继承人对财产的法定权利，不受影响。

4. 合作社章程对剩余财产的分配未作任何规定的，剩余财产的分配必须用于合作目的或者公用事业。

5. 合作社章程无另行规定的，对剩余财产的分配属于社员大会的职权。

四、……

第 914 条[567]

（废除）

五、由公法人接管

第 915 条

1. 合作社的资产被联邦、州，或者在州保证的区或市镇接管，经社员大会的同意，则通过协议可以不进行清算。

2. 根据解散的规定，由社员大会宣布合作社的解散，并在商事登记簿中对解散之决议办理登记。

3. 自决议登记时起，合作社资产和债务均转让给公法人，合作社的名称必须予以注销。

---

[567] 根据 2003 年 10 月 3 日关于合并的联邦法的附录第二节废除，自 2004 年 7 月 1 日起生效。

第七节 责　　任

一、对合作社的责任

第916条[568]

负责行政、管理、审计或者清算的所有人员,因其故意或者疏忽失职而给合作社造成损害的,应当对合作社承担赔偿责任。

二、对合作社、合作社社员和债权人的责任

第917条

1. 合作社没有清偿能力的,理事会成员和清算人对于因其故意或者疏忽未履行法律规定的职责而给合作社、合作社社员和债权人造成的损害承担赔偿责任。

2. 合作社社员或者债权人因合作社遭受损失而以间接方式遭受的损失,适用股份有限公司的有关规定主张其损害赔偿请求权。

三、连带责任和追偿

第918条

1. 对同一损害承担赔偿的人,应当承担连带责任。

2. 根据每个人的过错程度,法官决定这些人之间的相互追偿。

四、诉讼时效

第919条

1. 上述规定的责任,自受害人知道损害以及责任人之日起,应当在五年内提起诉讼,无论何种情形,自损害事实发生之日,不得超过十年。

2. 因违法行为导致的损害赔偿,如刑法规定了更

---

〔568〕 根据2005年12月16日关于《有限责任公司法以及关于股份有限公司法、合作社法、商业登记法和公司名称法的适用》的联邦法的第一章第3条增补,自2008年1月1日起生效。

长的诉讼时效,则该时效适用于民事诉讼。

五、信用合作社和保险合作社

第920条

关于信用合作社和特许保险合作社,股份有限公司关于责任之规定予以适用。

第八节 合作社联合会

一、条件

第921条

三个以上的合作社可以联合并组建成一个同类型的合作社。

二、组织

(一)代表大会

第922条

1. 代表大会是联合会的最高权力机构,但合作社章程另有规定的除外。

2. 合作社章程确定联合会代表的数目。

3. 每个代表拥有一票表决权,但合作社章程另有规定的除外。

(二)理事会

第923条

理事会由加入联合会的合作社成员组成,但合作社章程另有不同规定的除外。

(三)检查;诉诸法庭

第924条

1. 合作社章程可以赋予联合会的理事会对加入联合会的合作社的经营活动进行检查的权利。

2. 合作社章程可以赋予联合会的理事会对加入联合会的合作社各自作出的决议提起诉讼的权利。

(四)新义务的排除

第925条

加入联合会的合作社成员,不得因此被强制履行法律或者其合作社章程之外的义务。

第九节　公法人的参与

第 926 条

1. 公法人,诸如联邦、州、市或乡镇在合作社中具有公共利益的,合作社的章程可以授权其在管理机构或者审计机构中委派代表的权利。[569]

2. 公法人的代表具有与合作社代表同样的权利和义务。

3. 由公法人委派的行政管理和审计机构的成员,只能由公法人罢免。[570] 公法人对于因其委派的代表而对合作社、社员和债权人所承担的责任,根据联邦或州的法律规定享有追偿的权利。

---

〔569〕 根据 2005 年 12 月 16 日关于《有限责任公司法以及关于股份有限公司法、合作社法、商业登记法和公司名称法的适用》的联邦法的第一章修订,自 2008 年 1 月 1 日起生效(RO 2007 4791;FF 2002 2949,2004 3745)。

〔570〕 根据 2005 年 12 月 16 日关于《有限责任公司法以及关于股份有限公司法、合作社法、商业登记法和公司名称法的适用》的联邦法的第一章修订,自 2008 年 1 月 1 日起生效(RO 2007 4791;FF 2002 2949,2004 3745)。

第四编　商事登记簿、商业名称和商业账簿〔571〕

〔571〕　根据1936年12月18日的联邦法修订，自1937年7月1日起生效（RO 53 185；FF 1928 I 233，1932 I 217）。参见本法典末第二十四章至第三十三章的最终规定和暂行规定。

第三十章　商事登记簿

一、目的和组织

(一)一般情形

第927条

1. 每个州必须设有商事登记簿。

2. 各州按照地区自由设立商事登记簿。

3. 各州任命负责管理登记的机构,以及州负责监督的主管机构。

(二)责任

第928条

1. 商事登记处的登记员和直属的监督主管机构,对因其过错或者由其任命的雇员之过错导致的损害,自行承担责任。

2. ……[572]

3. 对于应当承担责任的公务员没有偿付的损害,州应当对损害承担连带责任。

(三)联邦委员会法令

1. 一般情形[573]

第929条

1. 联邦委员会颁布关于商事登记簿的组织、管理

---

[572] 根据2008年12月19日关于《成人保护、人权和亲子关系权》的联邦法附录废除,自2013年1月1日起生效(RO 2011 725;FF 2006 6635)。

[573] 根据2003年12月19日关于《电子签名》的法律的附录修订,自2005年1月1日起生效(RO 2004 5085;FF 2001 5423)。

和监督,以及其程序、登记申请、证明文件和审查、登记内容、收费和起诉途径的规定。[574]

2. 收费必须与企业的经济重要性成比例。

2. 商事登记簿的信息化管理

第 929a 条[575]

1. 联邦委员会颁布关于商事登记簿的信息化管理和在商事登记主管机构之间信息的电子交换的规定。特别地,它可以对各州规定商事登记簿的信息化管理、以电子形式制作的证明文件的接受、证明文件的电子输入和以电子形式的信息传输。

2. 如有必要,联邦委员会规定向商事登记处以电子化方式提交登记申请和证明文件的条件。它可以颁布关于证明文件保存的规定,并规定各州建立电子形式的商事登记簿的认证摘录。

(四)公开性

第 930 条

商事登记簿应当公开;公开性适用于登记申请和证明文件。

(五)《瑞士商务公报》

第 931 条

1. 在商事登记簿中的登记,应当全文并及时在《瑞士商务公报》中公布,但法律或法令规定发布部分内容或者以摘录方式发布的除外。

2. 同样地,所有根据法律要求进行的公布,均应在《瑞士商务公报》中公布。

2.1 联邦委员会可以其他形式,向公众提供公布在

---

[574] 根据 2005 年 12 月 16 日关于《有限责任公司法以及关于股份有限公司法、合作社法、商业登记法和公司名称法的适用》的联邦法的第一章修订,自 2008 年 1 月 1 日起生效(RO 2007 4791;FF 2002 2949,2004 3745)。

[575] 根据 2003 年 12 月 19 日关于《电子签名》的法律的附录增补,自 2005 年 1 月 1 日起生效(RO 2004 5085;FF 2001 5423)。

《瑞士商务公报》中的信息。[576]

3. 联邦委员会颁布关于《瑞士商务公报》组织结构的规定。

二、登记

(一)申请

第 931a 条[577]

1. 所有法人在商事登记簿中的登记申请，由经营或者管理该法人的上级机构负责。关于公法机构和企业的特别规定除外。

2. 法人的登记申请，必须由经营或者管理该法人的上级机构负责的两名成员签署，或者由被授权代表法人的成员以其个人的签名签署。登记申请必须在商事登记处签署，或者将具有合法签名的登记申请呈交给登记处。

(二)登记效力的起始[578]

第 932 条

1. 在商事登记簿中的登记日期就是登记簿中所注明的日期。

2. 自公布商事登记的《瑞士商务公报》刊号出现的日期之后的营业日起，登记才对第三人有对抗效力。该营业日也是登记公布效力起算期限的起始点。

3. 关于登记对第三人立即生效或者登记标志期限起始点的法律特殊规定不受影响。

---

[576] 根据 2003 年 12 月 19 日关于《电子签名》的法律的附录增补，自 2005 年 1 月 1 日起生效(RO 2004 5085；FF 2001 5423)。

[577] 根据 2005 年 12 月 16 日关于《有限责任公司法以及关于股份有限公司法、合作社法、商业登记法和公司名称法的适用》的联邦法的第一章增补，自 2008 年 1 月 1 日起生效(RO 2007 4791；FF 2002 2949，2004 3745)。

[578] 根据 2005 年 12 月 16 日关于《有限责任公司法以及关于股份有限公司法、合作社法、商业登记法和公司名称法的适用》的联邦法的第一章修订，自 2008 年 1 月 1 日起生效(RO 2007 4791；FF 2002 2949，2004 3745)。

(三)效力[579]

第 933 条

1. 登记对其有对抗效力的第三人,不得以不知晓登记而抗辩。

2. 需要登记的事实未被登记的,只有证明第三人知晓该事实时,才对其有对抗效力。

(四)在商事登记簿中登记

1. 权利和义务

第 934 条[580]

1. 商业的、制造业的或者任何以商业形式从事经营的人,应当在其主要企业所在地的商事登记簿中登记。

2. 以企业名义,从事不受登记限制之经营的人,仍然被允许在其主要企业所在地的商事登记簿中登记。

2. 分公司

第 935 条

1. 企业总公司在瑞士的瑞士分公司,在其总公司所在地登记后,还必须在其所在地登记。

2. 企业总公司在国外的瑞士分公司,应当进行登记;登记如同其总公司所在地在瑞士的方式进行登记,但外国立法免除其登记义务的除外。对于这些分公司,必须任命一位居住在瑞士的代表作为其授权代理人。

3. 执行的法令

第 936 条

联邦委员会颁布的关于在商事登记簿中登记义务之特别规定。

---

[579] 根据 2005 年 12 月 16 日关于《有限责任公司法以及关于股份有限公司法、合作社法、商业登记法和公司名称法的适用》的联邦法的第一章修订,自 2008 年 1 月 1 日起生效(RO 2007 4791;FF 2002 2949,2004 3745)。

[580] 根据 2005 年 12 月 16 日关于《有限责任公司法以及关于股份有限公司法、合作社法、商业登记法和公司名称法的适用》的联邦法的第一章修订,自 2008 年 1 月 1 日起生效(RO 2007 4791;FF 2002 2949,2004 3745)。

4. 企业组织机构代码

第 936a 条[581]

根据 2010 年 6 月 18 日关于《企业组织机构代码》的联邦法，在商事登记簿中登记的个体企业、无限公司、两合公司、股份公司、合作社、协会、基金会、分公司、公法机构，获得企业组织机构代码。[582]

1. 该代码在企业机构整个存续期间保持不变，即使总部迁移、名字或者公司名称变更或者修改的情形也保持不变。

2. 联邦委员会颁布执行规定。它可以规定企业组织机构代码与公司名称一起列入信件、订单和发票。

(五) 变更[583]

第 937 条

对于在商事登记簿中登记的事实进行任何变更，同样必须登记。

(六) 注销

1. 进行注销的义务

第 938 条[584]

在商事登记簿中登记的企业终止存续或者被转让给第三人的，原营业主或者其继承人必须在商事登记簿中办理注销。

---

[581] 根据 2003 年 10 月 3 日关于《合并》的联邦法的附录增补(RO 2004 2617;FF 2000 3995)。根据 2010 年 6 月 18 日关于企业组织机构代码的联邦法附录修订，自 2011 年 1 月 1 日起生效(RO 2010 4989;FF 2009 7093)。

[582] RS 431.03.

[583] 根据 2005 年 12 月 16 日关于《有限责任公司法以及关于股份有限公司法、合作社法、商业登记法和公司名称法的适用》的联邦法的第一章第 3 条的新内容修订，自 2008 年 1 月 1 日起生效。

[584] 根据 2005 年 12 月 16 日关于《有限责任公司法以及关于股份有限公司法、合作社法、商业登记法和公司名称法的适用》的联邦法的第一章第 3 条的新内容修订，自 2008 年 1 月 1 日起生效。

2. 依职权注销

第 938a 条〔585〕

1. 公司不再进行交易且没有可变价的财产，经三次公开催告无果的，登记处登记员可以将公司在商事登记簿中注销。

2. 合伙人、股东或者债权人主张维持登记的，由法官裁决。

3. 联邦委员会规定维持登记的方式。

3. 机构和代表权

第 938b 条〔586〕

1. 作为机构在商事登记簿中登记的代表人员停止行使其职务的，相关的法人应当立即将其从登记簿中注销。

2. 离职人员也可以自己办理商事登记簿中的注销。登记处登记员应当立即向法人通告该注销事宜。

3. 上述规定同样适用于代表权的注销。

（七）商业公司和合作社的破产〔587〕

第 939 条

1. 商业公司或者合作社被宣告破产的，登记处的登记员必须根据破产宣告的正式通告，在登记簿中登记破产导致的公司解散。

2. 取消破产的，登记处的登记员必须根据破产取消的正式通告，在登记簿中注销破产之登记。

---

〔585〕 根据 2005 年 12 月 16 日关于《有限责任公司法以及关于股份有限公司法、合作社法、商业登记法和公司名称法的适用》的联邦法的第一章增补，自 2008 年 1 月 1 日起生效（RO 2007 4791；FF 2002 2949，2004 3745）。

〔586〕 根据 2005 年 12 月 16 日关于《有限责任公司法以及关于股份有限公司法、合作社法、商业登记法和公司名称法的适用》的联邦法的第一章增补，自 2008 年 1 月 1 日起生效（RO 2007 4791；FF 2002 2949，2004 3745）。

〔587〕 根据 2005 年 12 月 16 日关于《有限责任公司法以及关于股份有限公司法、合作社法、商业登记法和公司名称法的适用》的联邦法的第一章修订，自 2008 年 1 月 1 日起生效（RO 2007 4791；FF 2002 2949，2004 3745）。

3. 在破产程序终结后，根据破产宣告的正式通告，公司在登记簿中注销。

（八）商事登记处登记员的义务

1. 检查[588]

第 940 条

1. 商事登记处登记员必须检查是否符合登记的法定条件。

2. 在法人登记时，登记员特别要检查公司章程是否违背强制性的法律规定，公司章程是否包含法律要求的条款。

2. 提醒和依职权登记

第 941 条

商事登记机构的登记员应当提醒利害关系人履行登记之义务，如有必要，登记员应依职权进行登记。

3. 请求法官或者监督主管机构

第 941a 条[589]

1. 如公司法强制规定的组织不健全，登记处登记员请求法官采取必要措施。

2. 如基金会法强制规定的组织不健全，登记处登记员请求监督主管机构采取必要措施。

3. 如协会审计机构的强制规定未被遵守的，登记处登记员请求法官采取必要措施。

---

[588] 根据 2005 年 12 月 16 日关于《有限责任公司法以及关于股份有限公司法、合作社法、商业登记法和公司名称法的适用》的联邦法的第一章修订，自 2008 年 1 月 1 日起生效（RO 2007 4791；FF 2002 2949，2004 3745）。

[589] 根据 2004 年 10 月 8 日关于《基金会法》的联邦法附件数字 1 增补（RO 2005 4545；FF 2003 7425 7463）。根据 2005 年 12 月 16 日关于《有限责任公司法以及关于股份有限公司法、合作社法、商业登记法和公司名称法的适用》的联邦法的第一章修订，自 2008 年 1 月 1 日起生效（RO 2007 4791；FF 2002 2949，2004 3745）。

(九)不遵守规定

1. 承担损害责任[590]

第 942 条

因故意或者疏忽,应当登记而未进行登记的人员承担因此造成损害之责任。

2. 罚款

第 943 条

1. 法律规定相关人员有进行登记的义务而其不履行的,登记处登记员有权对违反义务人员处以 10 至 500 瑞士法郎的罚款。

2. 对于虽经催告仍然不向商事登记处呈交损益报表和资产负债表的股份有限公司的董事,登记处登记员有权对其处以与前款同样的罚款。

[590] 根据 2005 年 12 月 16 日关于《有限责任公司法以及关于股份有限公司法、合作社法、商业登记法和公司名称法的适用》的联邦法的第一章修订,自 2008 年 1 月 1 日起生效(RO 2007 4791;FF 2002 2949,2004 3745)。

第三十一章 商 业 名 称

一、商业名称的构成

(一)一般情形

第 944 条

1. 除法律规定的基本要素外,只要符合事实、不会误导且不损害任何公众利益,任何商业名称都可以包含相关人员的详情、企业性质的说明或者幻想名称。

2. 联邦委员会可以通过法令来确定允许在商业名称中列入国家或者地区名称的范围。

(二)个体企业

1. 企业名称构成基本要素[591]

第 945 条

1. 单独经营企业的人,必须将其姓氏作为企业名称构成的基本要素,可以连带也可以不连带其名。

2. 企业名称包含其他姓氏的,则必须突出营业主的姓氏。[592]

---

[591] 根据 2005 年 12 月 16 日关于《有限责任公司法以及关于股份有限公司法、合作社法、商业登记法和公司名称法的适用》的联邦法的第一章第 3 条的新内容修订,自 2008 年 1 月 1 日起生效。

[592] 根据 2015 年 9 月 25 日关于《企业名称法》的联邦法的第一节新内容增订,自 2016 年 7 月 1 日起生效。

3. 企业名称不得添加可能推测其为商业公司的内容。

2. 登记的商业名称的专用权利

第 946 条

1. 个体企业名称在商事登记簿中登记的，在同一区域，如果该企业负责人的姓与名和已登记的其他企业的名称出现一致的，则该企业的负责人不得使用同样的名称。

2. 在该情形中，应在其姓上加上明显区别于已登记企业名称的增补。

3. 个体企业名称在其他区域被登记的，可以基于不正当竞争的规定而行使权利。

第 947 条和第 948 条[593]

(废除)

第 949 条[594]

(废除)

(三)商业公司和合作社的名称

1. 名称的组成

第 950 条[595]

1. 在遵守商业名称组成的一般规定条件下，商业公司和合作社可以自由组成公司名称。商业名称的组成必须指明其法定形式。

2. 联邦委员会规定商业公司和合作社名称法定形式允许的缩写。

---

[593] 根据 2015 年 9 月 25 日关于《企业名称法》的联邦法的第一节新内容增订，自 2016 年 7 月 1 日起生效。参阅本法典末关于该变更的暂行规定。

[594] 根据 2005 年 12 月 16 日关于《有限责任公司法以及关于股份有限公司法、合作社法、商业登记法和企业名称法的适用》的联邦法的第一章废除，自 2008 年 1 月 1 日起生效（RO 2007 4791；FF 2002 2949，2004 3745）。

[595] 根据 2015 年 9 月 25 日关于《企业名称法》的联邦法的第一节新内容增订，自 2016 年 7 月 1 日起生效。

2. 已登记名称的专用权

第 951 条[596]

商业公司或合作社的商业名称,必须明显区分于所有其他已在瑞士登记的商业公司或者合作社的商业名称。

(四)分公司

第 952 条

1. 分公司的企业名称必须与总公司的相同;如果名称之添加只适用于分公司的,则允许进行特别的添加。

2. 企业的总公司在国外的,分公司的名称还要另外指明总公司的所在地、分公司的所在地以及指明其分公司特性的文字。

(五)……

第 953 条[597]

(废除)

(六)姓氏的变更

第 954 条

商业名称中营业主或某个股东的姓氏被法律或者主管机构的决议变更的,原来的商业名称仍然可以继续使用。

二、使用商业名称和姓氏的义务

第 954a 条[598]

1. 在商事登记簿中登记的商业名称或者姓氏,必须完整、持续地在公司的通信、订单、发票和通讯中使用。

2. 允许附加使用缩写、标志、商业称谓、商标名称

---

[596] 根据 2015 年 9 月 25 日关于《企业名称法》的联邦法的第一节新内容增订,自 2016 年 7 月 1 日起生效。参阅本法典末关于该变更的暂行规定。

[597] 根据 2015 年 9 月 25 日关于《企业名称法》的联邦法的第一节废除,自 2016 年 7 月 1 日起生效。

[598] 根据 2005 年 12 月 16 日关于《有限责任公司法以及关于股份有限公司法、合作社法、商业登记法和公司名称法的适用》的联邦法的第一章增补,自 2008 年 1 月 1 日起生效(RO 2007 4791;FF 2002 2949,2004 3745)。

或者类似标识。

三、官方检查[599]

第955条

登记处登记员必须依职权要求利害关系人遵守关于商业名称构成的规定。

四、对其他联邦法规所作的保留

第955a条[600]

在商业登记簿中登记商业名称,并不解除权利人遵守其他联邦法规的义务,特别是遵守防止商务关系中欺骗的法律规定。

五、商业名称的保护[601]

第956条

1. 自营业主个人、商业公司或者合作社的商业名称在商事登记簿中登记,且在《瑞士商务公报》中公布起,权利人拥有商业名称的专用权。

2. 因商业名称被滥用而受到损害的人,可以请求法官命令停止滥用,且滥用商业名称的人有过错的,遭受损害的人有权请求损害赔偿。

---

[599] 根据2005年12月16日关于《有限责任公司法以及关于股份有限公司法、合作社法、商业登记法和公司名称法的适用》的联邦法的第一章修订,自2008年1月1日起生效(RO 2007 4791;FF 2002 2949,2004 3745)。

[600] 根据2013年6月21日联邦法附录第2条修订,自2017年1月1日起生效。

[601] 根据2013年6月21日联邦法附录第2条的新内容修订,自2017年1月1日起生效。

第三十二章　商业账簿和财务会计报告[602]

第一节　一般规定

一、记账和财务会计报告的义务

第957条

1. 下列主体应该按照本节规定进行记账并进行财务会计报告：

(1)在过去一年经营中实现的营业额超过50万瑞士法郎的个体企业和合伙；

(2)法人。

2. 以下企业只要对其收入、支出以及财产进行记账：

(1)在过去一年经营中实现的营业额低于50万瑞士法郎的个体企业和合伙；

(2)不需要在商业登记簿登记的协会和基金会；

(3)根据《瑞士民法典》第83b条第2款，免予指定审计机构义务的基金会。[603]

3. 记账方面的会计准则类推适用于第二款所指的

[602] 根据2011年12月23日关于《会计法》的联邦法第I节的新内容修订，自2013年1月1日起生效（RO 2012 6679；FF 2008 1407）。

[603] RS 210.

企业。

二、记账

第 957a 条

1. 记账构成账目设立的基础。它记录反映企业财产状况、金融状况和企业经营成果(经济状况)的交易和必要的事实。

2. 记账应当符合会计准则,特别要符合:

(1)对交易和其他根据第 1 款规定必需的内容,进行完整精确系统的记录;

(2)以会计凭证证明每个记录;

(3)清晰度;

(4)与该企业的性质和规模相适宜;

(5)会计记录的可追溯性。

3. 所谓会计凭证,是指所有纸质版的、电子版的或任何同等形式的书面文件,可以核查交易或所记录的内容。

4. 记账应当使用本国货币或对于企业活动最为重要的货币。

5. 记账应当使用国家官方语言的其中一种或英语。它的设制可以是纸质的、电子版的或任何同等的形式。

三、财务会计报告

(一)目的和内容

第 958 条

1. 财务会计报告必须以第三者能够作出明确判断的方式,表明企业经济状况。

2. 财务会计报告在管理报告中展示。后者包含各自独立的年度账目,它们由资产负债表、收益表和附录组成。但适用于大型企业和集团的规定除外。

3. 应当在继会计年度终了六个月内,制作管理报告并提交给具有批准权限的机构或人员。管理性或行政性的最高负责人和企业负责制作财务会计报告的人签署管理报告。

(二)制作财务会计报告的基本规则

1. 经营持续性原则

第958a条

1. 财务会计报告的制作,应以推定企业在可预见的未来将持续经营其业务为依据。

2. 在继制作资产负债表之日后十二个月内,企业考虑全部或部分终止业务,或业务终止不可避免,企业账目应当根据相关部分的清算价值制作。如企业业务终止或减少,应当就其相关的费用设立公积金。

3. 经营持续性原则的例外情形及其对企业经济状况的影响,应在年度账目附录中予以说明。

2. 按时间划分和按收入与支出对应

第958b条

1. 按照时间顺序,将收入和支出相对应记载收入和支出。

2. 商品和服务的销售净收入,或金融投资收入不超过十万法郎的,即以不按照时间顺序,建立收入和支出的核算表。

(三)会计准则

第958c条

1. 记载的会计准则特别要符合以下原则:

(1)清晰度和易于理解;

(2)全面性;

(3)可靠性;

(4)相对重要性;

(5)谨慎;

(6)介绍事实和评估方法的持久性;

(7)禁止在资产与负债之间、收入和支出之间进行抵销。

2. 在资产负债表及附表中所示每个项目的金额由财产清单或其他方式证明。

3. 账目制作在不低于法律所要求的最少内容的前提下,应当考虑其适应公司和分支机构的特殊性。

(四)报账、货币和语言

第 958d 条

1. 资产负债表和收益表可以表格或清单的形式报送,无需单独显示数额为零或很小数额的项目。

2. 在年度账目中,上一年度的数额列于现年度价值内,供回顾时予以参考。

3. 账目用本国货币或对企业业务最重要的货币制作。不用本国货币制作的,必须注明与本国货币等值之金额。在附录中说明使用的汇率并作出必要的阐述。

4. 账目用官方语言之一或英语制作。

四、公布和查阅

第 958e 条

1. 企业满足下列条件之一的,各自独立的年度账目及年度集团综合账目连同审计报告公布在《瑞士商务公报》,或在这些账目和报告批准后的十二个月内,向任何提出请求的人发送并由该申请人负担费用:

(1)基于债务之事由,公司是贷款债务人;

(2)基于公司具有上市的参股。

2. 其他企业必须确保所有具有值得保护利益的债权人查阅管理报告和审计报告的权利。如有争议的,由法官判决。

五、账簿的设立和保存

第 958f 条

1. 账簿、会计凭证、营业报告和审计报告应当保存十年。这个期限自营业年度终结时起算。

2. 保存营业报告和审计报告的纸质的签名副本。

3. 账簿和会计凭证可以纸质的、电子版或任何同等的形式保存,但必须保证与交易以及其他与交易有关的内容得到衔接,且在任何情形下都可查阅。

4. 联邦委员会颁布关于账簿设立和保存的原则以及可供使用的信息媒体方面的规定。

第二节　年度账目

一、资产负债表

(一)资产负债表的目的和其会计账目制作的规定

第959条

1. 资产负债表反映在制作报表时企业的金融状况和资产情况,它包含资产和负债。

2. 资产包括以下元素:企业因之前的经营可以支配的资产,企业期待的更多经济利益流,可以准确估量的价值。资产的任何其他元素均不得列入资产负债表。

3. 流动资产包括现金,以及有可能在继制作资产负债表之日起十二个月期间取得的资金,或企业经营正常循环的资金或以其他方式可能取得的资产。所有其他资产列为固定资产。

4. 负债包括外来资本和股权。

5. 外来资本包括因之前经营产生的负债,这些负债可能产生的更多经济利益流且其价值可以准确估量。

6. 短期外来资本包括在继资产负债表制作之日十二个月内或在经营正常的循环中可能到期的债务,所有其他债务列入长期外来资本。

7. 股权按照企业法定形式展示和构建。

(二)资产负债表至少应包含的内容

第959a条

1. 资产负债表的资产以资金的递减顺序呈现;它至少应包含以下项目,并按照以下结构分门别类地说明:

(1)流动资产:

a. 短期持有的资金和上市的资产;

b. 因产品出售和服务给付产生的债权;

c. 其他短期债权;

d. 存货和尚未收款的给付;

e. 常规性的资产。

(2)固定资产:

a. 金融资本;

b. 参股;

c. 有形不动资产;

d. 无形不动资产;

e. 企业资本或尚未缴足的股本。

2. 资产负债表的债务根据债务到期的先后顺序呈现;它至少应包含以下项目,并按照以下结构分门别类地说明:

(1)短期外来资本:

a. 来自产品出售和服务给付的债务;

b. 附利息的短期债务;

c. 其他短期债务;

d. 常规性的负债。

(2)长期外来资本:

a. 带有利息的长期债务;

b. 其他长期债务;

c. 法定的预支和类似项目。

(3)自有资本：

a. 企业资本或企业设立的资本，如有需要，通过参股权类别划分；

b. 资本的法定公积金；

c. 盈利的法定公积金；

d. 减少股本后，累计盈利或亏损的可选性公积金；

e. 减少股本后，资本的本身股份。

3. 资产负债表或其附录展示其他一些项目，如这些项目对第三者在评估企业资产或其金融状况时是非常重要的，或该做法符合企业经营领域的惯常做法的。

4. 对于直接和间接参股人，对于企业直接或间接持有其股份的公司和机构，其债权和债务，应当分门别类地展示在资产负债表或其附录中。

二、收益表至少应包含的内容

第959b条

1. 收益表反映企业经营业绩。它可以根据费用性质进行分类的方法(根据性质的收益表)，或根据费用的作用进行分类的方法(根据作用的收益表)制作。

2. 根据性质制作的收益表至少包括以下项目，并按照以下结构分门别类地说明：

(1)产品出售和服务提供的纯收入；

(2)成品和半成品的库存变动情况，尚未收款的服务给付的变动情况；

(3)设备费用；

(4)雇员费用；

(5)其他经营费用；

(6)不动产资产项目价值的折旧和调整；

(7)财务费用和财务收入；

(8)经营之外的费用和收益；
(9)特别的、唯一的或经营期外的费用和收益；
(10)直接税务；
(11)经营的盈利或亏损。

3. 根据作用制作的收益表至少包括以下项目，并依照以下结构分门别类地说明：
(1)产品出售和服务给付的纯收益；
(2)产品的采购或生产、服务提供的成本；
(3)管理和销售费用；
(4)财务费用和财务收入；
(5)经营外的费用和收益；
(6)特别的、唯一的或经营期外的费用和收益；
(7)直接税务；
(8)经营的盈利和亏损。

4. 根据作用分配费用的方法制作收益表的，雇员费用以及不动产项目价值的折旧和调整必须在附录中分门别类地说明。

5. 其他项目如对第三者在评估收益时很重要，或符合企业经营领域的惯常做法的，应当在收益表或其附录展示。

三、附录

第959c条

1. 附录对年度账目中给出的信息进行补充和注释。它包含：
(1)关于所适用的会计准则的信息，如并非法定的会计准则；
(2)关于某些资产负债表和收益表的项目的信息，详细构建和注释；
(3)已经使用的资产重置公积金和已经使用的额外隐性公积金的总额，前提是这个总额超过为了取得更好的效果而设立相似的新公积金的总额；

(4)法定的其他信息。

2. 附录还包括以下说明,但如它们直接出现在资产负债表或收益表的除外:

(1)商业名称或称谓、法定形式和总部;

(2)如有需要,证明年度平均全职雇员不超过(按照具体情形)10项、50项或250项声明;

(3)在其中持有重要的直接参股或间接参股的企业名称、法定形式和总部,以及股份和表决权份额;

(4)企业本身和企业在其中参股的其他企业持有的本企业的股本份额;

(5)企业采购和转让本企业的股份,以及这些股份采购或转让的条件;

(6)在继资产负债表制作之日十二个月内,在这些债务既不会过期也不能被放弃的范围内,相当于销售合同的融资租赁交易和其他融资租赁交易产生的债务余额;

(7)对养老金机构的债务;

(8)为第三者设立担保的总额;

(9)用于担保企业债务的资产全额,和以保留所有权形式出卖的资产总额;

(10)可能性不大的经济亏损或是不可能进行准确评估价值的法定或事实上的债务(有条件负债);

(11)赋予经理会或董事会全体人员以及雇员的参股权或认股权的数量和价值;

(12)关于收益表的特别的、唯一的或在经营期外的项目的解释;

(13)在制作资产负债表后发生的重要事件;

(14)在委任届满之前审计机构的辞职及辞职的原因。

3. 因不适用大公司账目设置的管理规定,个体企业和合伙不必设立附录。如资产负债表和收益表至少包含内容的规定要求其他信息,而企业又不设置附录的,可以直接在资产负债表或收益表中提供所要求的信息。

4. 发行债券的企业,应分门别类地注明金额、利率、期限和各项借贷的其他条件。

四、评估

(一)原则

第 960 条

1. 由于其重要性和相似性,通常地,资产和负债的元素应当分别评估,而不合在一起。

2. 评估必须很谨慎,但不得阻碍企业经济状态的可靠评价。

3. 具体迹象显示资产被高估或公积金不充足的,必须核查价值;如有必要时,进行调整。

(二)资产

1. 一般规则

第 960a 条

1. 在第一次做账时,一项资产的价值最多以它的采购成本或其花费成本计价。

2. 在后续评估时,资产不得高于其采购成本或其花费成本的价值。关于特定类别的资产的规定除外。

3. 资产因时间因素和其使用的价值丧失,以折旧的方式做账;因其他原因的价值丧失,以修正价值做账。一般根据在商业中公认的原则计算价值的修正和折旧,它们直接或间接地记入收益表所涉及的资产;禁止记入负债中。

4. 折旧和价值修正可以因资产重置和保障企业的长期繁荣而进行。企业可以同样的理由放弃进行不再合理的折旧或价值修正。

2. 具有可估市价的资产

第 960b 条

1. 在后续评估时,上市的资产或其他在活跃市场上具有可估市价的资产,可以当天的市价或以制作资产负债表之日的市价来估价,即使该市价高于面值或采购价。行使这个权利的企业,以当天的市价或以制作资产负债表之日的市价,来对资产负债表中同一项目的所有资产进行评估。它在附录中说明该项选择。具有可估市价的资产的全部价值分别展示证券和其他资产的价值。

2. 资产是以当天的市价或以制作资产负债表之日的市价来评估的,价值修正可以做在收益表中,以便考虑价格的波动。价值修正会导致低于采购成本的计价的,或以更低的市价计价的,这些价值的修正是不允许的。浮动公积金的总金额必须分别展示在资产负债表中或其附录中。

3. 库存和未收款的服务给付

第 960c 条

1. 在后续的评估中,库存和未收款的服务给付,该价值低于采购成本或花费成本的,以减去在制作资产负债表之日可预测的剩余成本后的市场价计入。

2. 所谓库存,是指原材料,在制作过程中的产品、成品和商品。

4. 不动资产

第 960d 条

1. 不动资产包括为长期使用或持有而购买的资产价值。

2. 所谓长期,是指多于十二个月的期间。

3. 所谓控股,是指长期持有的其他企业的股份,且赋予持有人显著的影响力。持有的股份赋予至少 20% 的投票权的,视为显著的影响力。

(二)债务

第 960e 条

1. 债务以其面值记入。

2. 因已发生的事件，可预计企业在未来的经营中将出现更大经济亏损的，必须在收益表中以所需的合理金额设立预付金。

3. 此外，预付金可以用以下名目列出：

(1)因担保义务产生的正常费用；

(2)有形资产的恢复；

(3)重组；

(4)为保障企业的长期繁荣而采取的措施。

4. 根据具体情形不再合理的预付金，不需要强制解除。

第三节 大公司的财务会计报告

一、管理报告的附加要求

第 961 条

法律要求定期审核的企业具有以下义务：

1. 在年度账目的附录中提供附加信息；

2. 在其年度账目中汇入现金流报表；

3. 制作年度报告。

二、年度账目中的附加说明

第 961a 条

下列各项附加说明，应当在年度账目中记明：

1. 附利息的长期债务的明细，根据其到期时间，即一至五年及五年以上分别记明；

2. 因审计服务的提供和其他服务的提供，支付给审计机构的费用款额。

三、现金流报表

第 961b 条

现金流报表包括分别展示与经营活动、投资活动和费用筹备活动相关的报表。

四、年度报告

第 961c 条

1. 年度报告展示在营业年度结束时，企业的业务和经济状况，如存在的，公司任何集团的业务进展和经济状况；它强调没有在年度账目中展示的内容。

2. 年度报告特别指明以下内容：

(1)年度平均全职雇员；

(2)风险评估的实现；

(3)委托和授权状况；

(4)研究和发展活动；

(5)特别事件；

(6)企业的发展前景。

3. 年度报告不得与年度账目展现的经济状况相矛盾。

五、集团综合账目的简化

第 961d 条

1. 企业本身或掌控它的法人根据公认的标准制作集团综合账目的，则在年度账目的附录中、现金流报表中和年度报告中，企业可以放弃附加说明。

2. 以下人员可以要求根据本节规定制作账目：

(1)合计至少持有 10% 股份的股东；

(2)10% 的合作社成员，或 20% 的协会成员；

(3)个人承担企业债务或有义务进行附加出资的任何股东、成员。

第四节　根据公认的会计标准制作的财务报表

一、总则

第 962 条

1. 除了根据本节规定制作年度账目，以下企业需要根据公认的会计标准制作财务报表：

(1)证券上市的公司,股市交易要求的;
(2)合作社,企业拥有至少 2000 名雇员的;
(3)基金会,法律要求其进行定期审计的。

2. 以下人员还可以要求根据公认的标准制作财务报表:
(1)合计至少持有 20% 股份的股东;
(2)10% 的合作社成员或 20% 的协会成员;
(3)个人承担企业债务或被要求进行附加出资的任何股东或成员。

3. 企业根据公认的标准制作集团综合账目的,则无需再根据公认的标准制作财务报表。

4. 公认标准的选择由高级管理层或理事机构决定,但公司章程、合同、设立文书另有规定的除外,或最高机构指定适用公认的标准的除外。

二、公认的会计标准

第 962a 条

1. 财务报表根据公认的会计标准制作的,报表应指明该标准。

2. 选中的公认标准应当完整地应用于全部的财务报表。

3. 遵守的公认标准由有资质的审计专家审查。财务报表受定期审计。

4. 财务报表根据公认标准制作,在批准年度账目时提交给最高机构,但这些报表不需要任何批准。

5. 联邦委员会规定公认的标准。它可以设置选择或更改标准需要符合的条件。

第五节 集团综合账目

一、定义

第963条

1. 控制一家或多家应该制作账目的企业之法人，则必须在其管理报告中包含它所控制的所有企业的年度综合账目(集团综合账目)。

2. 满足以下条件之一的，该法人视为控制另一个企业：

(1)直接或间接在某企业最高机构内持有多数票；

(2)直接或间接持有某企业理事或董事最高机构的多数成员的任免权；

(3)根据公司章程、公司设立文书、合同或类似的文书，具有支配性影响力。

3. 符合第963b条的公认会计标准，可以识别其账目的被合并的公司。[604]

4. 协会、基金会和合作社可以将制作集团综合账目的义务移转给受其控制的企业，该企业通过持有多数票或其他方式将所有其他企业集合在统一领导下，并证明其实际控制这些企业。

二、义务的免除

第963a条

1. 满足以下条件之一的，法人被免于制作集团综合账目的义务：

(1)在连续两年的经营中，法人和其控制的企业合计不超过以下价值之二项：

a. 资产负债表的全部：两千万瑞士法郎，

---

[604] 根据2013年5月7日的联邦协会编辑委员会的勘误，2013年5月28日公布(RO 2013 1489)。

b. 营业额：四千万瑞士法郎，

c. 雇员：年平均全职雇员 250 名；

(2)法人受控于根据瑞士法或外国法的相同规定制作其集团综合账目且定期审计的企业；

(3)法人根据第 963 条第 4 款，将制作集团综合账目的义务移转给受其控制的企业。

2. 满足以下条件之一的，法人仍应该制作集团综合账目：

(1)为保证对其经济状况可靠的评价所必需的；

(2)合计至少持有 20% 股份的股东，或 10% 的合作社成员，或 10% 的协会成员要求制作的；

(3)任何个人承担企业债务或被要求进行附加出资的股东或协会成员要求制作的；

(4)基金会的监督机构要求制作的。

3. 法人根据第 1 款数字 2 的规定不制作集团综合账目的，应该根据适用于自己的年度账目的规定，通报母公司的集团综合账目。

三、公认的会计标准

第 963b 条

1. 以下企业的集团综合账目，按照公认的会计标准制作：

(1)证券上市的公司，股市交易要求制作的；

(2)至少拥有 2000 名成员的合作社；

(3)基金会，法律要求其定期审计的。

2. 第 962a 条第 1 款至第 3 款和第 5 款的规定类推适用。

3. 其他企业的集团综合账目适用公认的会计标准。在集团综合账目的附录中，企业应当说明所应用的评估规则。不符合所应用的评估原则的，应在附录中说明，并以其他方法展示资产状况、财务状况和集团收益。

4. 在以下情形中，企业应当根据公认的会计标准制作集团综合账目：

（1）合计至少持有 20% 股份的股东，或 10% 的合作社成员，或 20% 的协会成员要求制作的；

（2）任何个人承担企业债务的或被要求进行附加出资的股东或协会成员要求制作的；

（3）基金会的监督机构要求制作的。

第 964 条[605]

（废除）

---

[605] 根据 1999 年 12 月 22 日联邦法第一章废除，自 2002 年 6 月 1 日起生效（RO 2002 949；FF 1999 4753）。

第五编　有价证券[606]

[606]　根据1936年12月18日的联邦法修订，自1937年7月1日起生效(RO 53 185；FF 1928 I 233，1932 I 217)。参见本法典末第二十四章至第三十三章的最终规定和暂行规定。

第三十三章　记名证券、无记名证券和指示证券

第一节　一般规定

一、有价证券的定义

第 965 条

有价证券,是指脱离证券本身就不能行使或者转让权利的一切凭证。

二、有价证券产生的债务

第 966 条

1. 有价证券的债务人,只有在对方交付证券时,才负有支付之义务。

2. 到期即向有价证券的债权人支付,债务人被解除债务。但债务人具有欺诈或者严重疏忽之情形的除外。

三、有价证券的转让

(一)通常形式

第 967 条

1. 移转有价证券的所有权,或者在证券上设定其他物权,均须移转证券之占有。

2. 此外,对于指示证券,应当进行背书;对于记名证券,应当有书面声明,该声明无需附于证券本身。

3. 证券的转让,根据法律或者协议可要求其他人

的参与,尤其是债务人的参与。

(二)背书

1.形式

第968条

1.在所有情形中,背书均应按照汇兑的法律规则进行。

2.完整的背书与证券的交付,构成移转的有效形式。

2.效力

第969条

对于所有可转让的有价证券,背书人的权利通过背书和证券的交付移转给受让人,但是根据证券的内容或者性质推定不可转让的,不在此限。

四、转换

第970条

1.只有征得所有证券权利人和证券义务人的同意,才能有效地将记名证券或者指示证券转换成无记名证券。该同意必须在证券上载明。

2.同样的规则适用于无记名证券转换成记名证券或者指示证券。在后一种情形中,被证券赋予权利和施加义务的人员之一不给予其同意的,转换仍然有效,但仅在作为转换行为人的债权人和其直接的继任人之间产生效力。

五、废除

(一)条件

第971条

1.遗失的有价证券可以由法官废除。

2.证券的废除可以由在证券遗失时或者发现遗失时的证券权利人提出。

(二)程序和效力

第972条

1.即使没有原证券,废除证券获得批准的人可以主张其权利,或者请求制作新的证券。

2.证券废除的程序及其效力,适用各种类别的有价证券之规定。

六、特殊规定

第 973 条

关于不同类别有价证券的特殊规定，尤其是关于汇票、支票和抵押证券的特殊规定，继续保留其适用。

七、集体保存簿、整体证书和非物质化证券

(一)有价证券的集体保存簿

第 973a 条〔607〕

1. 保管人可以一起保存数个寄存人所有的可替代有价证券，但寄存人明确要求单独保存其证券的除外。

2. 寄存人将可替代有价证券交付给保管人，以便在集体保存簿中保存的，寄存人获得该保存的所有相同类型证券的共同所有权的一个份额。该份额根据有价证券票面价值的比例计算，如没有，则根据寄存证券的数目的比例计算。

3. 无需其他寄存人的参与或者同意，任何寄存人可以随时要求保管人交付计入集体保存簿的其应占份额的有价证券。

(二)整体证书

第 973b 条〔608〕

1. 只要发行条件或者章程有规定或者寄存人给予其同意，债务人可以发行整体证书或者用整体证书替代由同一个保管人保存的可替代有价证券。

2. 整体证书，是与它替代的有价证券相同类型的有价证券。整体证书属于替代其各自配额比例的有价证券的共同所有人。第 973a 条第 2 款类推适用于共同所有人的权利。

---

〔607〕 根据 2008 年 10 月 3 日关于《中介持有的证券》的联邦法的附录增补，自 2010 年 1 月 1 日起生效（RO 2009 3577；FF 2006 8817）。

〔608〕 根据 2008 年 10 月 3 日关于《中介持有的证券》的联邦法的附录增补，自 2010 年 1 月 1 日起生效（RO 2009 3577；FF 2006 8817）。

（三）非物质化证券

第 973c 条〔609〕

1. 只要发行条件或者章程有规定或者寄存人给予其同意，债务人可以发行具有与有价证券相同功能的证券（非物质化证券），或者用非物质化证券替代由同一保管人保管的可替代有价证券或者整体证书。

2. 债务人在登记簿中登记发行的非物质化证券的数目和票面价值以及其债权人。该登记簿不公开。

3. 非物质化证券通过在登记簿中登记而产生，且只在该登记存续期间存在。

4. 非物质化证券的转让应当采用书面形式，其质押适用关于债权质押的规定。

第二节　记名证券

一、定义

第 974 条

记名证券，是以特定人的姓名制作的有价证券，它既不是以指示证券发行的有价证券，也不是依据法律声明为指示证券的有价证券。

二、债权人权利的证据

（一）一般规定

第 975 条

1. 债务人仅向持有证券且能够证明以其姓名制作证券的人或者其权利继受人承担支付义务。

2. 如债务人没有获得上述这些证明而进行支付的，对于能够证明其债权人权利的第三人，则债务

---

〔609〕 根据 2008 年 10 月 3 日关于《中介持有的证券》的联邦法的附录增补，自 2010 年 1 月 1 日起生效（RO 2009 3577；FF 2006 8817）。

人仍然有支付义务。

(二)证券的单纯占有作为证明

第976条

如债务人在记名证券上为自己保留了向任何证券持有人支付的权利,即使债务人未向持有人要求债权人资格的证明,如果他向证券持有人进行了善意的支付,则债务人的支付义务将被解除。然而,他没有义务必须向证券持有人支付。

三、作废

第977条

1. 记名证券,根据适用于无记名证券的规定予以作废,但另有规定的除外。

2. 通过减少公开催告的次数或者缩短期间的时限之方式,债务人可以在证券上为自己保留使用更简单的证券作废程序的权利;债权人在公证文书中或者正式法定文书中声明证券和债务灭失的,即使未出示证券,也未废止证券,债务人也可以为自己保留进行有效支付的权利。

第三节 无记名证券

一、定义

第978条

1. 无记名证券,是指根据证券的内容或者形式确认证券持有人为权利人的有价证券。

2. 但是法院或者警局禁止支付的,则债务人不得进行有效支付。

二、债务人的抗辩

(一)一般情形

第979条

1. 只有基于证券形式或内容的无效性而产生的抗辩,以及债务人本人对债权人提起的抗辩,债务人才能对无记名证券之请求进行抗辩。

2. 持有人购买证券而故意损害债务人利益的，债务人可以基于其与证券前持有人的直接关系而提出抗辩。

3. 但债务人不能以将证券投入流通违背其意愿为理由进行抗辩。

(二)无记名证券持有人的利息凭单

第980条

1. 债务人不得以本金已被支付为由对无记名证券利息凭单的持有人进行抗辩。

2. 但是，如在支付本金时，利息凭单未与证券一起交付给债务人的，在偿付本金后才到期的利息凭单款额，债务人有权予以留置直至利息凭单期限届满，但未交付的凭单被作废或者为这些凭单款额提供保证的情形除外。

三、作废

(一)一般情形

1. 申请[610]

第981条

1. 根据权利人的请求，法官有权宣告无记名证券予以作废，如股票、债券、股息凭证、息票、更新息票的存根，但独立息票除外。

2. ……[611] 废除

3. 申请人必须证明他占有证券且已丢失。

4. 持有人仅丢失息票或者息票存根的，只需要提交主证券以支持其作废的请求。

---

[610] 根据2000年3月24日关于《管辖机构》的联邦法的附录修订，自2001年1月1日起生效(RO 2000 2355;FF 1999 2591)。

[611] 根据2000年3月24日关于《管辖机构》的联邦法的附录第5节废除，自2001年1月1日起生效(RO 2000 2355;FF 1999 2591)。

2. 禁止支付

第 982 条

1. 根据申请人的请求,法官可以禁止证券债务人进行支付,否则债务存在双重付款的风险。

2. 对于息票的作废,有关证券利息凭单作废的规定类推适用于在程序中已到期的息票。

3. 催告和限期

第 983 条

法官认为申请人对证券的占有和灭失的声明是可信的,则通过公示来催告未知的证券持有人在规定的期限内提交证券,否则将宣告证券的作废。期限自第一次公告发布起,至少为六个月。

4. 公布形式

第 984 条

1. 提交证券的催告在《瑞士商务公报》上公布三次。

2. 特殊情况下法官可以例外规定其认为有效的其他公告措施。

5. 效力

(1)提交证券

第 985 条

1. 申报遗失的证券被提交的,法官给予申请人一个期限,以便于其提出返还证券之诉。

2. 申请人未在期限届满前提起诉讼的,法官归还证券并解除禁止支付的命令。

(2)未提交证券

第 986 条

1. 证券未在给予的期限内提交的,法官可以宣布证券作废,如有必要,还可以采取其他措施。

2. 无记名证券的作废应当立即在《瑞士商务公报》公布,并采取法官认为有效的其他类似措施。

3. 自无记名证券的作废被宣布起,申请人可以自行承担费用请求向其制发新证券或者向其支付到期的债务。

(二)独立息票的程序

第 987 条

1. 独立息票丢失的,根据权利人的请求,法官可以命令自到期之日起依法提存其金额，如息票已到期的，立即依法提存其金额。

2. 自息票到期之日起三年内，如没有任何权利人出现，法官命令将息票的金额归还给申请人。

（三）银行本票等的程序

第988条

银行本票，以及其他大量发行的见票即付且用于替代货币的有确定金额的无记名证券，不得申请作废。

四、抵押债券

第989条〔612〕

关于无记名抵押债券的特别规定，保留其适用。

第四节　汇票和本票

一、承担能力

第990条

任何有能力承担合同责任的人，可以承担汇票或者本票的责任。

二、汇票

（一）汇票的出票和格式

1. 记载事项

第991条

汇票应当记载以下事项：

1. 票据主文中有汇票字样，并以开立票据所使用的文字说明；

2. 无条件支付一定金额的委托；

3. 付款人（受票人）的姓名；

4. 到期的指示；

5. 付款地；

---

〔612〕　根据2009年12月11日关于《登记和财产权的按揭抵押》的联邦法第二章修订，自2012年1月1日起生效（RO 2011 4637；FF 2007 5015）。

6. 受款人或者其指定人的姓名；
7. 开立汇票的日期和地点；
8. 开立汇票的人(出票人)的签名。

2. 记载事项的欠缺

第 992 条

1. 欠缺前条所载事项的票据，无汇票效力，但下列各款规定的情况除外。
2. 未记载付款日期的汇票，视为见票即付。
3. 无特殊记载的，受票人姓名旁记载的地点视为付款地；同时视为受票人的住所地。
4. 未记载出票地的汇票，出票人姓名旁所载地点视为出票地。

3. 种类

第 993 条

1. 汇票可以出票人自己为受款人开立。
2. 汇票可以出票人自己为付款人开立。
3. 汇票可以为第三人开立。

4. 按地点支付的汇票

第 994 条

汇票可以在第三人的住所地付款，或者在受票人的住所地，或者其他地点付款。

5. 利息承诺

第 995 条

1. 汇票为见票即付或者见票后定期付款的，出票人可以就应付的金额规定附加利息。在其他种类的汇票中，该规定视为无效。
2. 利率应在汇票上载明；未载明的，上述规定视为无效。
3. 如未另行载明日期，利息自出票日起算。

6. 款额的差异

第 996 条

1. 应付金额同时以文字和数字表示的汇票，有差异的，以文字表示的数额为应付金额。
2. 应付金额多次以文字或者数字表示的汇票，有差异的，以较小的数额为应付金额。

7. 无承担责任能力的人的签名

第 997 条

汇票上有无承担责任能力的人签名、伪造的签名、虚拟人的签名、因其他理由不能使签名人或者以其名被代签的人承担义务的签名,其他签名人应负之责仍然有效。

8. 无权代理人的签名

第 998 条

任何无权代理他人签名而在汇票上代签名的人,对汇票自行负责,且如他付款的,即与其声称被代理的人具有同样权利。该规定同样适用于逾越权限的代理人。

9. 出票人的责任

第 999 条

1. 汇票的出票人是承兑和付款的保证人。

2. 出票人可以免除对承兑的保证责任;但任何免除他对付款的保证义务的条款一律无效。

10. 空白汇票

第 1000 条

开立记载不全的汇票,未按原订合约补全的,不得以合约未被遵守为由对抗持票人,但持票人因恶意或者严重过失取得汇票的除外。

(二)背书

1. 转让

第 1001 条

1. 所有汇票,即使未明确为"指示汇票",也可以通过背书方式转让。

2. 出票人在汇票上注有"非指示汇票"的字样或者相同表达的,汇票只能按照普通转让的方式进行转让,并产生普通转让的效力。

3. 背书,得对付款人为之,不论付款人是否已经承兑汇票,均得对出票人或其他任何汇票债务人为之。上述人员可以继续通过背书转让汇票。

2. 条件

第 1002 条

1. 背书必须是无条件的。任何使背书受到限制的条件均视为无效。

2. 部分背书无效。

3. 给持票人的背书视为空白背书。

3. 形式

第 1003 条

1. 背书必须记载于汇票上,或者在其所附的粘单上(附页)。背书必须由背书人签名。

2. 背书可以不指明受益人,或者可以仅由背书人的签名(空白背书)组成。在后一情形中,为使背书有效,签名必须书写在汇票的背面或者所附粘单上。

4. 效力

(1)转让

第 1004 条

1. 背书,移转汇票产生的所有权利。

2. 背书是空白背书的,持票人可以:

(1)以其本人或者以其他人的姓名来填入空白。

(2)再作空白背书,或者再背书给其他人。

(3)不填载空白,不作背书,而将汇票转让给第三人。

(2)担保

第 1005 条

1. 背书人是汇票承兑和付款的担保人,但另有规定的除外。

2. 背书人可以禁止任何再背书;在此情形中,背书人对禁止后再经背书而取得汇票的人,不承担担保责任。

(3)持票人的合法权利

第 1006 条

1. 通过连续的背书证明其权利的汇票占有人视为合法占有人,即使最后的背书是空白背书。在此情形中,被涂销的背书视为无效。空白背书紧接另一背书的,汇票最后背书的签名人,视为通过空白背书取得汇票之人。

2. 任何人不管因何种方式丧失汇票的，对前款所述方式证明其权利的持票人，只有当持票人以恶意取得汇票，或者当他在取得汇票时有严重过错的，才可以剥夺其对汇票的权利。

5. 抗辩

第1007条

因汇票被追索之人，不得基于其与出票人或者前持票人之间的个人关系对持票人进行抗辩，但持票人在取得汇票时明知其行为有损于债务人的情形除外。

6. 委托代理背书

第1008条

1. 如果背书载有"价值在托收中""为托收用""委托代理"的声明，或者其他清晰地表明委托的声明，持票人可以行使汇票的所有权利，但他只能以代理人的身份背书。

2. 在此情形中，汇票的债务人只能基于对背书人的抗辩对抗持票人。

3. 委托代理背书所载明的委托，不因委托人的死亡或者其法律行为能力的丧失而终止。

7. 抵押背书

第1009条

1. 背书载有"保证价值""抵押价值"或者任何其他抵押的声明的，持票人可以行使汇票产生的所有权利，但他所作的背书只能与以代理人资格背书相当。

2. 承担责任人不得基于其与背书人之间的个人关系的抗辩对抗持票人，但持票人在取得汇票时明知其行为有损于债务人的除外。

8. 汇票到期后或者拒绝证书后的背书

第1010条

1. 汇票在到期后的背书与在到期前的背书产生同等效力。但是，因拒付而作成拒绝证书后的背书，或者规定作成拒绝证书的期限届满后的背书，只产生普通转让的效力。

2. 未载明日期的背书，视为在规定作成拒绝证书期限届满前在汇票上所作的背书，但另有证明的除外。

（三）承兑

1. 提示的权利

第 1011 条

在到期前，汇票可以由持票人或者占有汇票的人，在受票人住所，向受票人提示承兑。

2. 提示承兑或者禁止

第 1012 条

1. 在任何汇票中，出票人均可以规定汇票应当提示承兑，并规定或者不规定提示承兑的期限。

2. 出票人可以在汇票中禁止提示承兑，但对于汇票在第三人的地址付款，或者在受票人住所地以外的其他地点付款，或者在开立为见票后定期付款的情形除外。

3. 出票人还可以规定在指定日期前不得提示承兑。

4. 任何背书人均可以规定汇票应当提示承兑，并规定或者不规定提示的期限，但出票人已禁止承兑的除外。

3. 见票后的定期付款的汇票之提示义务

第 1013 条

1. 见票后的定期付款的汇票，必须自出票日起一年内提示承兑。

2. 出票人可以缩短或者延长该期限。

3. 该期限可以由背书人缩短。

4. 第二次提示

第 1014 条

1. 受票人可以要求在第一次提示后的次日作第二次提示。只有当该要求在拒绝证书上注明时，相关当事人才有权将之作为不履行该要求的理由，进行抗辩。

2. 持票人无义务把提示承兑的汇票交给受票人。

5. 承兑形式

第 1015 条

1. 承兑应书写在汇票上。它以“已承兑”或其他相同的词语表示。承兑应由受票人签名，仅有受票人在票面的签名构成承兑。

2. 汇票为见票后定期付款或根据特别规定在某一期限内提示承兑的，应当载明承兑的日期，但持票人要求记载提示承兑日的除外。汇票未载明承兑日期，持票人为保留其对背书人和出票人的追索权，必须在适当时间内作成拒绝证书以证明该项遗漏。

6. 限制承兑

第 1016 条

1. 承兑是无条件的，但受票人可以将承兑限制于应付金额的一部分。

2. 所有其他在承兑时将汇票的主要条件进行更改的，视为拒绝承兑。但是，承兑人还是应当按其承兑条件承担责任。

7. 承兑人和付款地址

第 1017 条

1. 汇票出票人表明以受票人住所地以外之地为付款地，但未表明在第三人的地址付款的，受票人可以在承兑时指明该第三人。未指定的，即视为由承兑人承担在该付款地付款的责任。

2. 汇票在受票人住所地支付的，受票人在其承兑时可以指明该地址与应该付款之地相同。

8. 承兑的效力

(1) 一般情形

第 1018 条

1. 受票人承兑后，则应保证在到期日付款。

2. 受票人到期不付的，即使持票人为出票人，其可以基于汇票对承兑人直接起诉以主张第1045条和第1046条所规定的一切款项。

(2)承兑的涂销

第1019条

1. 在汇票上作出承兑的受票人,在归还汇票时涂销承兑的,视为拒绝承兑。除非另有证明,涂销被视为在归还汇票前所为。

2. 但是,受票人已向持票人或任何在汇票上签名的当事人以书面通知其承兑的,仍按其承兑的条件向上述各当事人负责。

(四)汇票的保证

1. 汇票保证人

第1020条

1. 汇票的全部或部分金额可以通过保证对付款进行保证。

2. 该保证可以由第三人或者甚至由在汇票上签名的当事人作出。

2. 方式

第1021条

1. 保证应在汇票或者粘单上进行记载。

2. 该保证可以由"保证"或其他相同的字样表示;保证由保证人签名。

3. 仅有保证人在票面上的签名视为保证的成立,但受票人或者出票人的签名除外。

4. 保证必须指明为谁提供。如未指明的,保证视为为出票人提供。

3. 效力

第1022条

1. 汇票保证人,应当与被保证的人以同样的方式承担责任。

2. 即使所保证的债务因形式瑕疵之外的任何理由而无效,汇票保证人的保证责任仍然有效。

3. 保证人在对汇票付款后,则对于被保证人和基于汇票对被保证人负有责任的人,他取得汇票之权利。

(五)到期日

1. 一般情形

第 1023 条

1. 汇票可以开立为:

见票即付;

见票后定期付款;

出票后定期付款;

定日支付。

2. 其他到期日的汇票,或者分期付款的汇票,一律无效。

2. 见票即付的汇票

第 1024 条

1. 见票即付的汇票,在提示承兑时付款。它必须在自出票日起一年内提示付款。出票人可以缩短或延长该期限。该期限可以由背书人缩短。

2. 出票人可以规定见票即付的汇票不得在指定日前提示付款。在此情形中,提示付款期限自上述日期起算。

3. 见票后定期付款的汇票

第 1025 条

1. 在见票后定期付款的汇票的到期日,由承兑日或者由拒绝证书作成日决定。

2. 无拒绝证书的,未载明日期的承兑视为由承兑人在提示承兑期限的最后一日作出。

4. 限期的计算

第 1026 条

1. 汇票开立为出票或者见票后一个月或若干个月付款的,该汇票应以付款月的相应日期为到期日。无相应日期的,则该月的最后一日为汇票到期日。

2. 汇票开立为出票或见票后一个半月或若干个月半付款的,首先应计算整月。

3. 汇票的到期日为月初、月中(如一月中、二月中等）或者月末的，应理解为每月的第一日、第十五日或最后一日。

4.“八日”或者“十五日”等词语并非指一星期或两星期，而是实际的八日或十五日。

5.“半月”一语指十五日。

5. 日历不同时的日期计算　**第1027条**

1. 定日付款的汇票，付款地的日历不同于出票地的日历，其到期日视为按照付款地的日历决定。

2. 出票后定期付款的汇票，出票地的日历不同于付款地的日历，出票日应为付款地日历的相应之日，并以此决定到期日。

3. 汇票提示承兑的时间按照前款的规定计算。

4. 汇票已规定或票据之条款表明采用其他规定的，则本条各款规定不予适用。

（六）付款

1. 提示付款　**第1028条**

1. 定日付款或者出票或见票后定期付款的汇票，持票人在付款日或者其后两个营业日之一作付款提示。

2. 向瑞士国家银行认证的票据交易所交付汇票等同于提示付款。[613]

2. 收据；部分付款　**第1029条**

1. 对汇票付款的受票人，可以要求持票人在汇票上注明收讫后交还受票人。

2. 持票人不得拒绝部分付款。

3. 在部分付款的情况下，受票人得要求在汇票上载明该部分付款，并给予其收据。

---

〔613〕　根据2003年10月3日关于《国家银行》的联邦法附录第二章修订，自2004年5月1日起生效（RO 2004 1985；FF 2002 5645）。

3. 提前付款和到期付款

第 1030 条

1. 不得强制汇票的持票人接受在到期日前进行付款。

2. 受票人在到期日前付款,自行承担风险和损害。

3. 在到期日付款,则对汇票债务进行了有效清偿,但有欺诈行为或者严重过错的情形除外。付款人应当对背书连续性进行认定,但对背书人的签名,付款人没有义务对其真伪进行认定。

4. 以外币付款

第 1031 条

1. 所开汇票应付的货币不是付款地的货币的,其应付的金额可以按到期日的价值,以付款地的货币支付。债务人迟延支付的,持票人可以选择汇票金额依照到期日或者付款日的汇率,以付款地的货币支付。

2. 外国货币的价值依付款地的惯例决定,但出票人可以规定按汇票上注明的汇率折算该应付金额。

3. 前两款的规定不适用于出票人已规定必须以某一指定的货币(以外币进行实际支付的条款)支付的情况。

4. 用以表示汇票金额的货币在出票国及付款国为名称相同但价值相异的,应视为以付款地的货币支付。

5. 提存

第 1032 条

汇票未在第 1028 条规定的期限内提示付款的,所有债务人有权将款项提存于主管机构,由持票人承担所有费用、风险和损害。

（七）拒绝承兑和拒绝付款的追索权

1. 持票人的追索

第 1033 条[614]

持票人可以在下述情形中对背书人、出票人以及其他责任人追索：

在到期日未付款的；

在到期日前：

1. 全部拒绝或者部分拒绝承兑的；
2. 在受票人破产时，无论是否作为承兑人，受票人停止付款的，即使未得到判决确认或者未有效扣押其财产；
3. 未承兑的汇票，出票人破产的。

2. 拒绝证书

（1）条件和期限

第 1034 条

1. 拒绝承兑或拒绝付款必须由公证书形式（拒绝承兑证书或拒绝付款证书）证明。

2. 拒绝承兑的拒绝证书应于规定的提示承兑期限内作成。如有第 1014 条第 1 款规定的情形，第一次提示系在该期限的最后一日提示的，拒绝证书还可以于次日作成。

3. 定日付款或者在出票或者见票后定期付款的汇票，其拒绝证书必须在应付款日后两个营业日之一作出。见票即付的汇票，其拒绝证书必须按前款关于作出拒绝承兑的拒绝证书的条件作成。

4. 作成拒绝承兑的拒绝证书后，无需提示付款，也无需作成拒绝付款的拒绝证书。

5. 无论受票人是否是承兑人，受票人停止付款的，或者未有效扣押其财产的，持票人在向受票人提示付款和拒绝证书作成前，不得行使追索权。

---

[614] 在德文版中，此条文包含两款。第 2 款在到期日前开始。

6. 无论受票人是否是承兑人,受票人已宣告破产的,或者未获承兑的汇票出票人已宣告破产的,依据宣告破产之判决,持票人可以行使追索权。

(2)公证员

第 1035 条

拒绝证书必须由有资质的公证员或者公证处制作。

(3)内容说明

第 1036 条

1. 拒绝证书应当载明:

(1)申请制作证书的人,其姓名或商业名称;以及制作证明所针对的人,其姓名或商业名称;

(2)被申请制作证书的人员或者商业名称被催告履行汇票产生的给付而无效,或者人员或者公司下落不明,或者其营业场所或住所没能被发现的说明;

(3)进行上述催告或者催告无结果的地点和日期的说明;

(4)制作拒绝证书人的签名。

2. 部分付款应当在拒绝证书中注明。

3. 向其提示承兑的受票人要求在次日向其进行第二次提示的,该要求载入拒绝证书。

(4)方式

第 1037 条

1. 拒绝证书由单独的文书制作,并附在汇票上。

2. 如拒绝承兑文书是在出示的同一汇票的多个副本,或汇票的正本和复本上制作时,只要将文书附在其中一个副本上或正本上即可。

3. 就文书附在其中一个副本上或正本上的操作必须在其他的副本或复本上注明。

(5)部分承兑

第 1038 条

当承兑限于部分款项,且因此而制作了拒绝承兑文书时,应当将汇票复制一份,并在此复本上写上拒绝承兑文书。

(6)针对多人制作的拒绝证书

第1039条

向数人主张基于汇票的同一给付的,只需作成一份拒绝证书。

(7)拒绝证书的复本

第1040条

1.具有制作拒绝证书资格的公证员或者公证处应当制作复本。

2.该复本应当载明:

(1)应支付的款项;

(2)到期日;

(3)汇票开立地点和日期;

(4)出票人、受票人以及必须向其或者按照其指定进行支付的人或者商业名称;

(5)当与受票人不一致时,被指定进行支付的人员或者商业名称;

(6)被指定需要时必须支付的人员和介入的承兑人。

3.具有制作拒绝证书资格的公证员或者公证处,按时间顺序排列保存复本。

(8)形式瑕疵

第1041条

具有制作拒绝证书资格的公证员或者公证处签署,则拒绝证书是有效的,即使它未根据法律撰写或者其内容说明不够确切。

3.通知

第1042条

1.持票人应在拒绝证书作成日后4个营业日内,将拒绝承兑或者拒绝付款事由通知背书人和出票人。如汇票上有退票时不承担费用的规定,则应在提示日作出前述之通知。每一背书人应在收到通知日后2个营业日内,将收到通知的事由,和前一个通知人姓名及地址，通知其前背书人，依次直至出票人。上述期限自收到前一个通知之日起算。

2. 在根据前款规定通知曾在汇票上签名的人时，也应当在同一期限内通知保证人。

3. 背书人未写明地址，或地址模糊不清的，该通知发给其前背书人即可。

4. 应发出通知的人可以任何方式发出该通知，甚至以仅把汇票退回的方式来通知亦可。

5. 发出通知的人必须证明其在规定期限内发出了通知。在规定期限内把通知信件投递邮寄，应认为已遵守规定期限。

6. 未在上述规定期限内发出通知的人，并不丧失其权利。但其应对因疏忽造成的损失承担赔偿责任，其金额以不超过汇票上的数额为限。

4.《免于制作拒绝证书》的规定

第 1043 条

1. 出票人、背书人或者付款保证人可以在票据上批注“退票时不承担费用”“免作拒绝证书”或者其他等同意义的文字，并签名，以此免除持票人为行使其追索权而必须作成拒绝承兑或者拒绝付款的拒绝证书的责任。

2. 该规定并不免除持票人在规定期限内提示汇票或者发出必要通知的责任。以持票人不遵守期限为由主张权利的人，承担举证责任。

3. 如第一款之批注由出票人注明的，对所有在汇票上签名的人均有效；如由背书人或者保证人注明的，仅对该背书人或者保证人发生效力。持票人忽视出票人所注明的批注，作成拒绝证书的，相关的费用则由持票人承担。如批注由背书人或者保证人注明的，作成拒绝证书的费用，则由所有在汇票上签名的人分担。

5. 汇票责任人的连带保证

第 1044 条

1. 所有出票人、承兑人、背书人或者保证人，对持票人负连带责任。

2. 持票人有权对上述所有人员单独或者集体起诉，无需依照他们承担责任的先后顺序起诉。

3. 在汇票上签名的任何人，如清偿汇票的，与持票人享有同样的权利。

4. 对责任人之一的追索，并不妨碍对其他责任人的追索，即使其他责任人是在被追索的责任人之后被追索。

6. 追索的范围

(1) 持票人的追索

第 1045 条

1. 持票人在行使追索权时可以向被追索的人主张：

(1) 未承兑或者未付款的汇票金额，如汇票上规定有利息的连同利息；

(2) 自到期日起按 6% 利率计算的利息；

(3) 作成拒绝证书及所发通知的费用，以及其他费用；

(4) 至多三百分之一的佣金权利。

2. 在到期日前行使诉权的，汇票金额应扣除贴息。贴息应根据在持票人住所地行使追索之日的官方贴现率（瑞士国家银行利率）计算。

(2) 清偿人的追索

第 1046 条

已清偿汇票的人可以向其保证人主张：

1. 其已付的全部金额；

2. 自支付上述款项之日起按 6% 的利率计算的利息；

3. 所支付的费用；

4. 至多千分之二的佣金权利。

(3)对汇票、拒绝证书和收据的返还请求权

第 1047 条

1. 任何被追索或者可以被追索的义务人进行清偿后,可以要求持票人交出汇票和拒绝证书,以及收据。

2. 任何接受汇票并予清偿的背书人,可以涂销自己的背书及其后背书人的背书。

(4)部分承兑

第 1048 条

在部分承兑后行使追索权的,对汇票的未承兑部分付款的当事人,可以要求把该付款注明在汇票上,并要求取得付款的收据。持票人还必须向其交付该汇票经认证的副本及拒绝证书,以使其以后能行使追索权。

(5)反汇票

第 1049 条

1. 每一有追索权的人,可以另向应承担义务的任一担保人开立在该担保人住所地付款的见票即付的新汇票(反汇票),以便获得赔偿,但另有协议的除外。

2. 除了第 1045 条中规定的金额,反汇票的金额还包括经纪费和印花税。

3. 如反汇票是由持票人开立的,它的款额,则按照原汇票付款地汇往担保人住所地的见票即付汇票的汇率确定。如反汇票是由背书人开立的,它的款项,则按照背书人住所地汇往担保人住所地的见票即付汇票的汇率来确定。

7. 权利丧失

(1)一般情形

第 1050 条

1. 在下述规定的期限届满后,持票人丧失其对背

书人、出票人以及其他责任人的追索权利，但对承兑人除外：

见票即付或者见票后定期付款的汇票的提示期限；

拒绝承兑或者拒绝付款的拒绝证书作成的期限；

已规定退票时不承担费用情形下的提示付款期限。

2. 未在出票人规定的期限内提示承兑的，持票人丧失其因拒绝承兑和拒绝付款而可以行使的追索权，但规定只表明出票人免除其对承兑的保证责任的除外。

3. 背书中载有提示期限之规定的，该规定仅对该背书人有效。

(2)不可抗力

第 1051 条

1. 因不可克服的障碍（任何国家的法律禁令或者其他不可抗力）而导致不能在规定的期限内进行汇票的提示或者作成拒绝证书的，该期限应予以延长。

2 持票人有责任将不可抗力立即通知其背书人，并将通知内容详注于汇票或者粘单上，并加具日期和签名；对于其他情形，则适用第 1042 条的规定。

3. 不可抗力终止，持票人应立即将汇票提示承兑或者提示付款，并在必要时作成拒绝证书。

4. 不可抗力持续至到期后的 30 日以上的，持票人即可以行使追索权，无需作出提示或作成拒绝证书。

5. 汇票为见票即付或者见票后定期付款的，30 日的期限应从持票人向其背书人发出不可抗力通知之日起算，无论该日是否在提示期限届满之前；汇票为见票后定日付款的，上述 30 日的期限应加上汇票规定的见票后的支付期限。

6. 对于持票人、受持票人委托为汇票作出提示或者作出拒绝证书的人，他们的个人原因不构成不可抗力。

(3) 不当得利

第 1052 条

1. 即使出票人和承兑人基于汇票产生的义务，因时效而终止，或者由于持票人不为法律规定的保全汇票权利的行为而消灭，在其不当得利致持票人损害的范围内，仍对持票人负有义务。

2. 不当得利之诉，也可以针对受票人、承兑人和为其开立汇票的个人或者企业而进行。

3. 其义务已消灭的背书人，不得作为被起诉的对象。

(八) 预付款的转让

第 1053 条

1. 如出票人破产的，则针对受票人的关于返还预付款或者偿付已被兑付的款项的民事诉讼之权利，转归于持票人。

2. 出票人在汇票上作出转让其预付款权利之声明的，则该权利转给持票人。

3. 在破产宣告后或者在转让通知后，受票人只能根据汇票向合法的持票人支付。

(九) 承兑或者付款的介入

1. 一般规定

第 1054 条

1. 出票人、背书人或者保证人都可以指定必要时进行承兑或者付款的人员。

2. 根据以下规定条件，为维护任何可能被追索的义务人之利益而介入的人，可以承兑或者支付汇票。

3. 介入者可以是第三人，亦可以是受票人或者除承兑人以外的已对汇票承担责任的人。

4. 介入者应在两个营业日内,向其所维护利益的人发出通知。如未遵守通知发出期限,则由介入者承担因其疏忽造成的损害,但损害赔偿额不得超过汇票上的数额。

2. 承兑的介入

(1)介入承兑的条件;持票人状况

第 1055 条

1. 对于可承兑的汇票,如持票人在汇票到期前开始追索的,则在任何情况下均可以介入承兑。

2. 如已指定必要时在付款地承兑或付款的人,持票人在到期前不得对这些必要时进行承兑或付款的受托人或者其后续签名之人行使追索权,但如持票人已向受托人提示汇票,而后者拒绝,且已制作拒绝证书的除外。

3. 在其他情况下的介入承兑,持票人可以拒绝接受。但如持票人同意接受的,则丧失在到期前对被介入承兑之人及其后续签名之人的追索权。

(2)介入承兑的方式

第 1056 条

介入承兑应当在汇票上指明,由介入者签名,并应注明被介入承兑人的姓名,如无该项记载的,则应视出票人为被介入承兑人。

(3)承兑人的义务;追索权的效力

第 1057 条

1. 介入承兑人对持票人和被介入承兑人的后背书人承担的责任,与被介入承兑人应当承担的责任相同。

2. 尽管承兑被介入,被介入承兑人及其保证人,在支付第 1045 条规定的金额后,仍可以要求持票人交付汇票、拒绝证书以及收据。

3. 付款的介入

(1)条件

第1058条

1. 付款的介入,可以在汇票到期前或到期时,在所有因为持票人启动的追索情形中进行。

2. 付款的介入必须包括被介入人应付的全部金额。

3. 此项付款最迟必须在作成拒绝付款证书的期限的最后一日之次日进行。

(2)持票人的义务

第1059条

1. 如汇票介入承兑人的住所地为付款地,或汇票上载明的预备付款人的住所地为付款地,持票人必须向他们均提示汇票,如需要制作拒绝付款证书,则最迟在作成拒绝证书期限的最后一日之次日作成拒绝付款证书。

2. 如未在规定期限内作成拒绝证书,则指定预备付款人或者被介入承兑人及其所有后手均解除责任。

(3)拒绝的后果

第1060条

拒绝接受介入付款的持票人,将对因介入付款而解除责任的人丧失追索权。

(4)要求交付汇票、拒绝证书和收据的权利

第1061条

1. 介入付款应当由记载在汇票上的收款事实所证明,且必须注明被介入人的姓名。无该项记载的,应视出票人为被介入付款人。

2. 如存在汇票和拒绝证书,应当交付给介入付款人。

(5)持票人权利的转让;数个介入付款人的竞争

第1062条

1. 介入付款人付款后,其取得汇票上向被介入付

款人及被介入付款人的义务人可以主张的一切权利。但介入付款人不得再将汇票背书。

2. 被介入付款人的后背书人因介入付款之事实而免除责任。

3. 有数人介入付款的，介入付款后能解除较多债务的人则享有优先权。明知此情形却违反本规定而介入付款的人，对原本可以解除责任的人丧失追索权。

（十）多份副本和复本

1. 多份副本

（1）拥有成套汇票的权利

第1063条

1. 汇票可以被开立数个相同的副本。

2. 这些副本必须在汇票文字中载明各张的编号，未编号的，它们中的每一张均视为单独的汇票。

3. 未注明为单张汇票的持票人，可以自行承担费用要求交付汇票副本。为此，他必须向其直接前背书人请求；前背书人应当给予其协助，依次向其背书人直至出票人提出请求。背书人应当在多份新开立的汇票副本上再作同样的背书。

（2）汇票多份副本之间的关系

第1064条

1. 就汇票其中一个副本所作的付款，解除多份汇票的责任，即使没有规定此项付款使其他副本失效。但是受票人对未收回而已承兑的汇票的每个副本，应当继续承担责任。

2. 向不同的人转让多份汇票的副本的背书人，以及其后背书人，对未收回的载有其签名的所有的汇票副本承担责任。

（3）承兑之注明

第1065条

1. 对汇票其中一个副本送交承兑的人，必须在其他副本上注明该副本已送交给谁。被送交而占有该副本的人应当将此副本交给另一副本的合法持有人。

2. 该副本的占有人拒绝交出该副本,则另一副本的合法持有人,只有在拒绝证书载明以下事项后,才能行使其追索权:

(1)送交承兑的副本未按其要求向其归还;

(2)未在另一副本上获得承兑或者付款。

2. 复本

(1)形式和效力

第 1066 条

1. 每一汇票持票人,有权制作该汇票的复本。

2. 复本必须精确复制正本内容,并记载正本上的背书和所有其他事项。复本必须注明它的效力范围。

3. 复本可以用与正本同样的方式和相同的效力,进行背书和保证。

(2)正本的交付

第 1067 条

1. 复本必须注明正本汇票的持票人。正本持票人应当将正本交还给复本的合法持票人。

2. 正本持票人拒绝交出正本的,只有在拒绝证书载明汇票正本未按其要求交还后,复本的持票人才能对复本的背书人或者保证人行使追索权。

3. 在其复本制作前进行最后一个背书后,正本带有"此后仅在复本的背书才有效"字样或者其他相同含义的备注的,在正本上再加背书的则无效。

(十一)汇票的更改

第 1068 条

更改汇票内容的,在更改之后的签名人承担更改后条文之责任,在更改以前的签名人承担汇票原有条文之责任。

(十二)诉讼时效

1. 期限

第 1069 条

1. 基于汇票产生的针对承兑人的所有诉讼时效为

三年,自汇票到期日起算。

2. 持票人针对背书人和出票人的诉讼时效为一年,自在有效时间内作成拒绝证书之日起算,或者如有退票时不承担费用之规定的,自汇票到期之日起算。

3. 背书人相互间的和背书人针对出票人的诉讼时效为六个月,自背书人支付汇票之日起算,或者其本人被诉之日起算。

2. 时效中断

(1)原因

第 1070 条

诉讼时效因提起诉讼、申请追偿、诉讼通知或破产而中断。

(2)效力

第 1071 条

1. 时效中断,仅对针对其制作时效中断文书的人,才具有效力。

2. 时效中断的,相同期限的新的诉讼时效开始起算。

(十三)撤销

1. 临时措施

第 1072 条

1. 违背其意愿而丧失汇票的人,可以请求法官发出禁止受票人支付汇票的命令。[615]

2. 在该命令中,法官批准受票人在汇票到期时提存汇票款额,并指定提存的地点。

2. 知晓汇票持票人

第 1073 条

1. 如知晓汇票持票人的,法官为请求人规定合理期限以进行返还之诉。

2. 请求人未在规定的期限内进行诉讼的,则法官

---

[615] 根据 2000 年 3 月 24 日关于《管辖权》的联邦法附录第 5 节的新内容修订,自 2001 年 1 月 1 日起生效。

撤销对受票人的禁止付款命令。

3. 不知晓汇票持票人

(1) 请求人的义务

第 1074 条

1. 如不知晓汇票持票人的,可以请求撤销该汇票。

2. 请求撤销汇票的人必须就违背其意愿而丧失汇票的事实提供可信证据,且必须制作汇票的复印件或者注明汇票的基本内容。

(2) 催告

第 1075 条

在提供前款规定之证据后,法官催告未知的汇票持票人在规定期限内提交汇票,否则将宣布汇票被撤销。

(3) 期限

第 1076 条

1. 提交汇票的期限至少为三个月,至多为一年。

2. 汇票已过期,且三个月内诉讼时效届满的,法官可以制定更短的提交汇票的期限。

3. 对已到期的汇票,期限自第一个催告的公布日起算,而对于还未到期的汇票,期限自汇票到期日起算。

(4) 公告

第 1077 条

1. 提交汇票的催告应当在《瑞士商务公报》中发布三次。

2. 法官可以特别规定其他的他认为有效的发布方式。

4. 效力

(1) 提交汇票

第 1078 条

1. 丢失的汇票被提交的,法官为请求人规定要求汇票返还的诉讼期限。

2. 诉讼未在此期限内提出的,法官将汇票交还给提交人,并对受票人取消禁止付款命令。

(2) 汇票未被提交

第 1079 条

1. 汇票未在限定的期限内提交的,法官可以宣布汇票撤销。

2. 自汇票撤销后，请求人还可以对承兑人提出诉讼。

5. 法官的命令

第 1080 条

1. 在宣布撤销汇票之前，法官可以命令承兑人提存汇票的款额，或者在有足够担保的条件下支付汇票。

2. 担保的款额为善意获得汇票的人提供担保；汇票被撤销的，或者由于其他原因汇票产生的权利灭失的，被担保之款额可以被取走。

(十四) 一般规定

1. 期限

(1) 节假日

第 1081 条

1. 如汇票的付款在星期日或者其他法定节假日[616]到期，则只有在其后的第一个营业日才能被要求付款。同样地，所有关于汇票的其他票据事宜，特别是提示承兑和拒绝证书，只能在营业日办理。

2. 任何票据行为必须在一定期限内完成的，而其最后一天为星期日或者其他法定节假日，其期限则可延长至其届满后第一个营业日。期限中的节假日包括在应计算的期限内。

(2) 期限的计算

第 1082 条

法定的或者合同约定的期限不包括该期限开始之日。

(3) 宽限日的禁止

第 1083 条

宽限日，无论是法律上或者司法上的，均不予适用。

2. 办理汇票事宜的地点

第 1084 条

1. 提示承兑或者提示付款、拒绝证书、对复本的请

〔616〕 对于联邦法律的法定期限以及由主管机构根据联邦法制定的期限，星期六目前被视为法定的假日（1963 年 6 月 21 日关于包含星期六的期限的计算的联邦法第 1 条）。

求以及所有应在确定人员那里办理的事宜,必须在其办公场所办理,如没有办公场所的,在其住所地办理。

2. 办公场所或者住所地应当尽力找到。

3. 但是,通过当地警局或者邮局仍无法找到的,则可以放弃该寻找。

3. 亲笔签名;盲人签名

第1085条

1. 通过汇票所作的声明必须具有声明人的亲笔签名。

2. 亲笔签名不得以任何机械方式进行的签名所代替,也不得以认证的手印或者公证书替代。

3. 盲人的签名必须是合法化的。

(十五)法律的冲突

1. 承担责任的能力

第1086条

1. 承担汇票和本票的责任人的能力,由其所属国家的法律确定。该国法律宣布适用另一国家法律的,则适用另一国家的法律。

2. 根据前款指定的法律,认为无责任能力的人,在其签署票据的所在国法律认为其具有责任能力的,则此人仍应当有效地承担责任。

2. 汇票债务的形式和期限

(1)一般情形

第1087条

1. 汇票和本票承担责任的方式,适用票据开立所在国家的法律。

2. 但是,开立的汇票或者本票之债务,如根据前款的规定是无效的,但是其后续债务符合所在地国家法律的,则前一个债务形式上的瑕疵并不影响后续债务的有效性。

3. 同样,只要该债务的订立符合瑞士法律规定的形式,瑞士公民在国外开立的汇票或者本票之债务，则在瑞士对该国的另一公民是有效的。

(2)行使和维护汇票权利的文书

第1088条

拒绝证书的形式和期限，以及其他为了行使或者维护汇票和本票权利必须制作的文书之形式，适用必须作成拒绝证书或者相关文书的所在地国家的法律。

(3)追索权的行使

第1089条

所有票据签名人行使追索权的期限均适用票据开立地的法律规定。

3. 汇票债务之效力

(1)一般情形

第1090条

1. 汇票承兑人和本票开立人债务的效力，适用票据支付地的法律。

2. 汇票或者本票的其他责任人的签名所产生的效力，适用签署行为发生地的法律。

(2)部分承兑和部分付款

第1091条

对于汇票是否可以部分承兑或者持票人是否应当接受部分付款，适用汇票付款地国家的法律。

(3)付款

第1092条

到期付款，特别是对于到期日和付款日的计算，以及其款额以外币表示的汇票的付款，适用票据付款地国家的法律。

(4)不当得利请求权

第1093条

因不当得利，对受票人、兑付人，或者为其出票的个人或者商家之起诉权利的行使，适用其居住地国家的法律。

(5)债权的转让

第1094条

汇票的持票人是否获得汇票发行产生的债权，适用票据开立地国家的法律。

(6)撤销

第 1095 条

汇票或者本票丢失或者失窃应当采取的措施,适用汇票或者本票的付款地国家的法律。

三、本票

1. 内容说明

第 1096 条

本票包含以下内容:

1. 票据记载中表明本票字样,并以开立票据所使用的文字表示;
2. 无条件支付确定款额的承诺;
3. 付款日期的记载;
4. 付款地的记载;
5. 受款人或者其指定人的姓名;
6. 开立本票的日期和地点的记载;
7. 开立本票的人(出票人)的签名。

2. 内容的欠缺

第 1097 条

1. 欠缺前条所载任何内容的票据,无本票的效力,但下列各款规定的情形除外。

2. 未记载付款日期的本票,视为见票即付。

3. 无特殊记载的,票据的出票地视为支付地,且同时视为出票人的住所地。

4. 未载明出票地的本票,在出票人姓名旁所载地点视为出票地。

3. 参阅汇票的规定

第 1098 条

1. 以下关于汇票的规定,只要与本票的性质不相违背的,则适用于本票:

背书(第 1001 ~ 1010 条);

到期日(第 1023 ~ 1027 条);

付款(第 1028 ~ 1032 条);

拒绝付款的追索权(第 1033 ~ 1047 条,第 1049 ~ 1051 条);

付款的介入(第1054条,第1058~1062条);
复本(第1066~1067条);
更改(第1068条);
诉讼时效(第1069~1071条);
撤销(第1072~1080条);
节假日、期限的计算、宽限日的不适用、与汇票相关文书制作地点以及签名(第1081~1085条)。

2. 汇票关于以下内容的规定也适用于本票:在第三人处或者在受票人住所之外的地点付款(第994条和第1017条)、利息之规定(第995条)、款额的差异(第996条)、在特定条件下签名的后果(第997条)、无权代理人或者逾越权限的代理人的签名的后果(第998条),以及空白汇票(第1000条)。

3. 汇票关于以下内容的规定同样适用于本票:保证(第1020~1022条)。在第1021条最后一款规定的情形中,没有载明被保证人姓名的保证,视为本票的出票人所作。

4. 出票人的责任;本票提示和见票后的付款期限

第1099条

1. 本票的出票人以与汇票的承兑人同样的方式,承担责任。

2. 见票后定期付款的本票,必须在第1013条规定的期限内,向出票人提示见票。见票后付款的期限自出票人在本票上的签署之日起算。出票人拒绝签署见票并加注日期的,必须由拒绝证书(第1015条)证明,拒绝证书的日期即为见票后期限的起算点。

第五节　支　　票

（一）支票的开立和格式

1. 内容说明

第 1100 条

支票包含以下内容：

1. 票据记载中表明支票字样，并以开立票据所使用的文字说明；
2. 无条件支付确定款额的委托；
3. 付款人（受票人）的姓名；
4. 付款地的记载；
5. 开立支票的日期和地点的记载；
6. 开立支票的人（出票人）的签名。

2. 内容的欠缺

第 1101 条

1. 欠缺前条所载任何内容的票据，无支票效力，但下列各款规定的情形除外。

2. 无特殊记载的，受票人姓名旁记载的地点视为付款地；受票人姓名旁所载地点有数个的，则第一个作为支票付款地。

3. 未载付款地以及任何其他说明的，受票人的主营业地为付款地。

4. 未载出票地的支票，出票人姓名旁所载的地点视为出票地。

3. 受票人的指定

第 1102 条

1. 在瑞士支付的支票，只能以银行为受票人。

2. 以其他人为受票人的支票，仅作为转让证书。

4. 预存款

第 1103 条

1. 只有当出票人在受票人处具有可以支配的资金时，并根据明示的或默示的协议，出票人有权以支票支配这些资金时,才能开立支票。如不遵守这些规定,作为支票的票证无效。

2. 出票人只能在受票人处支配其一部分预存款的,受票人应当就该部分预存款进行支付。

3. 在受票人处不拥有预存款而开立支票的出票人,除应赔偿造成的损害外,还必须对支票持票人支付未被支票支付款额的5%。

5. 承兑的禁止

第1104条

支票不得承兑,在支票上记载承兑视为没有记载。

6. 债权人的指定

第1105条

1. 支票可以规定支付给:

确定的人,不论是否记载有指示的明确条款;

确定的人,载有非指示条款或者其他相当的条款;

持票人。

2. 付给确定的人,并有持票人或者相当的条款,视为向持票人支付。

3. 未指明受益人的支票视为向持票人支付。

7. 利息规定

第1106条

支票记载任何关于利息的规定,视为无记载。

8. 付款地点和住所地支票

第1107条

支票可以在第三人的住所地支付,可以在受票人的住所地或者在其他地点支付,但是该第三人必须是银行。

(二)转让

1. 转让

第1108条

1. 规定向确定人付款的支票,不论是否载有指示的明确条款,都可以通过背书的途径转让。

2. 规定向确定人付款的支票,载有非指示或者其他相当的条款,只能按照普通债权的转让方式让与,并具有该种转让方式的效力。

3. 背书甚至可以为出票人或者任何其他人所作,这些人员可以重新为支票背书。

2. 要素

第 1109 条

1. 背书必须是无条件的,任何限制背书的条件,一律无效。

2. 部分背书无效。

3. 受票人的背书同样无效。

4. 给持票人的背书,与空白背书相同。

5. 给受票人的背书,仅视为收据,但受票人有数个营业所,且被背书的营业所和被付款的营业所不同的情形除外。

3. 持票人的合法性

第 1110 条

以连续的背书来确定其所有权的支票的占有人,即使最后的背书是空白背书,也应被视为该支票的合法持票人。涂销的背书视为无效。空白背书后紧接另一背书的,该背书的签名人,应视为以空白背书而取得支票者。

4. 无记名支票

第 1111 条

无记名支票的背书,应适用追索权的规定使背书人承担责任、此外,背书并不使票据转为记名支票。

5. 丧失支票

第 1112 条

无论以何种方式丧失的支票,对于占有支票的持票人(支票是无记名支票,或是其持票人以第 1110 条规定的方式证明其权利的可背书支票),只有当其恶意取得支票时,或者在取得支票时有严重过错时,才应当返还该支票。

6. 在到期后或者在拒绝证书制成后的背书产生的权利

第 1113 条

1. 在作成拒绝证书后或者相同声明后或者在提示

期限届满后的背书,只产生普通债权转让的效力。

2. 未载明日期的背书,视为在作成拒绝证书前或者相同声明前,或者在前款规定的期限届满前在支票上所作,但另有证明的除外。

(三)保证

第 1114 条

1. 可以保证的方式担保支票的全部或部分付款。

2. 该保证可以由受票人以外的第三人,甚至由在支票上签名的人进行。

(四)提示和付款

1. 到期日

第 1115 条

1. 支票应当为见票即付,任何不同的规定无效。

2. 在支票载明的出票日之前进行提示付款的,应当在提示之日付款。

2. 付款提示

第 1116 条

1. 在出票国付款的支票,必须在八天的期限内提示付款。

2. 在付款国以外的国家签发的支票,如出票地与付款地在同一区域的,应于二十日内作付款提示;如出票地与付款地不在同一区域的,应在七十日期限内作付款提示。

3. 因此,在一欧洲国家签发而在沿地中海的国家付款的支票,视为在世界同一区域签发及付款的支票。反之亦然。

4. 上述期限应根据支票上所载的出票日期起算。

3. 日历不同的日期计算

第 1117 条

支票的签发地和付款地两者的日历不同的,其出票日应为付款地日历的相应之日。

4. 向票据交换所提示

第1118条〔617〕

向被瑞士国际银行承认的票据交换所提示支票，即为支票付款提示。

5. 支票止付

(1) 一般情形

第1119条

1. 支票的撤销，只有在提示期限届满后才有效力。

2. 支票未撤销的，即使在提示期限届满后，付款人亦得付款。

3. 出票人提出支票被本人或者被第三人丢失的，可以禁止受票人支付支票。

(2) 死亡、丧失行为能力和破产

第1120条

在支票签发后，出票人的死亡或者丧失行为能力或者破产，都不影响支票的效力。

6. 背书的检查

第1121条

受票人对于可背书的支票进行支付时，承担检查背书连续性的责任，但对背书人的签名，不承担鉴定真伪的责任。

7. 用外币付款

第1122条

1. 所开支票应付的货币，不是付款地的货币的，其应付的款额可以根据提示期限内付款日的价值，以付款国的货币支付。不在提示日付款的，持票人可以要求该支票款额按照提示日或者付款日的汇率，以付款国的货币支付。

2. 外国货币的价值根据付款地的惯例决定，但出票人可以规定按照支票上注明的汇率折算该应付款额。

---

〔617〕 根据2003年10月3日关于《国家银行》的法律的附录第二章第2条的新内容修订，自2004年5月1日起生效。

3. 上述规定不适用于出票人已规定必须以某一指定的货币(规定以外币作实际支付)支付的情况。

4. 用于表示支票款额的货币在出票国和付款国为名称虽同而价值相异的,应视为以付款地的货币支付。

(五)划线支票和转账支票

1. 划线支票

(1)定义

第1123条

1. 支票出票人或者持票人可以在支票上划线,使其发生下述效力。

2. 划线可以在支票的正面划两道平行的横线,划线支票可以是普通的或者是特别的。

3. 在两道横线之间没有任何名称,或者在两道横线之间只载入“银行”一词或者相同词语的,则为普通划线;在两道横线之间有银行的名称的,则为特别划线。

4. 普通划线可以转换为特别划线,但特别划线不得转换为普通划线。

5. 划线的涂销或指定银行的涂销,视为无效。

(2)效力

第1124条

1. 普通划线支票的受票人只能对银行或者受票人的客户支付。

2. 特别划线支票的受票人只能对指定的银行,或者后者为受票人的,只能对其客户支付。但是指定的银行可以委托另一银行收款。

3. 银行只能从其客户之一或者另一银行那里取得划线支票。它不得为其客户或者另一银行外的其他人代收划线支票。

4. 带有数个特别划线支票的受票人,只有在不超过两个划线,且其中之一载明票据交换所收款的情形中,才能支付支票。

5. 不遵守上述规定的受票人或者银行,承担损害赔偿责任,直至支票的款额。

2. 转账支票

(1) 一般情形

第 1125 条

1. 支票出票人或者持票人可以在支票正面横写“转账支付”一词或者相同词语以禁止用现金支付。

2. 在此情形中,受票人只能以转账的方式来结算支票(记入账户、转账或者抵销),转账结算即为付款。

3. “转账支付”一词的涂销,视为无效。

4. 不遵守上述规定的受票人,承担损害赔偿责任,直至支票的款额。

(2) 破产、付款中止和财产扣押情形下持票人的权利

第 1126 条

1. 转账支票的持票人,如遇到受票人破产、中止其付款或者对其财产扣押无效的,仍可以要求受票人以现金支付。如无法进行现金支付,持票人可以行使追索权。

2. 根据 1934 年 11 月 8 日关于《银行和储蓄银行》的联邦法[618]采取措施后,对于不能在受票人处取得其资产的持票人,上述规定同样适用。

(3) 拒绝转账或者抵销时持票人的权利

第 1127 条

如证明受票人拒绝无条件进行支票转账,或者支付地的票据交换所宣布该支票不能消除持票人的债务,转账支票的持票人有权行使其追索权。

---

[618] RS 952.0.

(六)拒绝付款的追索权

1. 持票人的权利

第 1128 条

支票在限期内及时提示而未获付款,而拒绝付款有下列证明的,持票人可以向背书人、出票人及支票上的其他义务人行使追索权:

1. 公证文件(拒绝证书);

2. 受票人在支票上书写载有日期的声明,声明上要列明提示日期;

3. 票据交换所在支票上记载附有日期的声明,声明该支票已于限期内及时提示而未获付款。

2. 拒绝证书;期限

第 1129 条

1. 拒绝证书或者相同的声明应在提示期限内作成。

2. 支票在提示期限的最后一日提示的,拒绝证书或者相同的声明,可以在其后的第一个营业日作成。

3. 追索范围

第 1130 条

持票人在行使追索权时可以对被追索人追索:

1. 未支付的支票款额;

2. 自提示付款之日起按 6% 利率计算的利息;

3. 作成拒绝证书或者相同的声明的费用、发出通知的费用以及其他费用;

4. 至多三百分之一的佣金。

4. 不可抗力

第 1131 条

1. 因不可克服的障碍(任何国家的法律规定或者其他不可抗力事由)而使支票的提示或者作成拒绝证书或者相同的声明,不能在规定的期限内进行的,该期限应予延长。

2. 持票人应当立即将不可抗力的情形向背书人通知,并将通知内容记载在支票或者粘单上,加具日期和签名；对于其他情形，适用第1042条的规定。

3. 不可抗力事由终止后，持票人必须立即将支票提示付款，并在必要时，作成拒绝证书或者相同的声明。

4. 不可抗力事由持续至持票人向背书人发出通知日后十五日以上的，即使该通知是在提示期限届满前进行的，持票人可以行使追索权，无需作出提示或作成拒绝证书或者相同的声明。

5. 持票人或者受持票人委托为支票作出提示或者作成拒绝证书或者相同的声明的人，对于其个人事由，不构成不可抗力。

（七）假支票或伪造支票

第1132条

出票人没有过错的，假支票或者伪造支票而造成的损害由受票人承担；出票人的过错主要指没有足够谨慎保管向其交付的空白支票簿。

（八）支票的多个副本

第1133条

除无记名支票外，任何支票签发于一国而支付于另一国或者同一国的海外部分，或者签发于一国或一国的海外部分而支付于另一国，或者支票签发于一国的海外部分而支付于该国同一海外部分或者不同的海外部分，可以开立多个相同的副本。开立多个支票副本的，票据文字中必须载明各个副本的编号，如没有编号的，则每张支票视为单独的支票。

（九）诉讼时效

第1134条

1. 持票人对背书人、出票人和其他支票上责任人进行追索的诉讼时效为六个月，自提示付款期限届满时起算。

2. 支付支票的不同责任人之间相互追索的诉讼时效为六个月，自责任人支付支票之日或者其本人被诉之日起算。

(十)一般规定

1. 银行的定义

第 1135 条

在本节中,“银行”一词是指 1934 年 11 月 8 日关于《银行和储蓄银行》的联邦法[619]中所指的银行。

2. 期限

(1)节假日

第 1136 条

1. 支票提示和支票拒绝证书只能在营业日办理。

2. 依法规定的支票行为期限的最后一日,特别是提示或者作成拒绝证书或者相同的声明期限的最后一日为星期日或者法定节假日的,[620]其期限可延长至其后第一个营业日。期限中的节假日,应包括在计算的期限内。

(2)期限的计算

第 1137 条

本法规定的期限,不包含该期限开始之日。

(十一)法律的冲突

1. 承担支票义务的能力

第 1138 条

1. 支票受票人行为能力的确定,适用支票付款地国家的法律。

2. 根据该付款地国家的法律,因为受票人无资格而使支票无效的,如其他国家的法律并无前述之规定的,支票签名所产生的义务依然有效。

2. 支票义务的形式和期限

第 1139 条

1. 支票义务的形式,适用支票开立地国家的法律。但是只要遵守支付地国家法律规定的形式,则已

---

[619] RS 952.0.

[620] 对于联邦法律的法定期限以及由主管机构根据联邦法制定的期限,星期六目前被视为法定的假日(1963 年 6 月 21 日关于包含星期六的期限计算的联邦法第 1 条)。

满足要求。

2. 如开立的支票根据前款之规定为无效,但是它们符合其后续债务订立所在地国家法律的,前一个债务形式上的瑕疵并不影响后续债务的有效性。

3. 同样地,只要支票的订立符合瑞士法律规定的形式,瑞士公民在国外订立的支票义务,在瑞士对另一名瑞士公民具有效力。

3. 支票义务的效力

(1)开立地的法律

第 1140 条

支票义务之效力适用支票开立所在国家的法律规定。

(2)付款地的法律

第 1141 条

以下内容适用支票付款地国家的法律规定:

1. 支票是否必须为见票即付或者是否必须为见票后定期付款,以及支票上记载日期迟于实际出票日期时的效力;

2. 支票提示的期限;

3. 支票是否可以承兑、认证、保兑、签证以及支票上备注的效力;

4. 持票人是否可以要求以及是否应当接受部分付款;

5. 支票是否可以被划线,或者是否可以加注"转账支付"的条款或者相同表示,以及前述操作之效力;

6. 持票人是否对预存款有特殊的权利以及何种权利;

7. 出票人是否可以撤销支票或者对支票的付款进行抗辩;

8. 支票丢失或者失窃应采取的措施;

9. 为了维护对背书人、出票人和其他责任人进行追索之权利，是否需要制作拒绝证书或者相同的证明。

(3) 住所地的法律

第 1142 条

针对受票人或者承兑人的不当得利产生的权利，适用其住所地国家的法律规定。

(十二) 汇票法的适用

第 1143 条

1. 汇票法的以下规定适用于支票：

(1) 第 990 条，承担汇票责任的能力；

(2) 第 993 条，出票人为自己和第三人开立的指示汇票；

(3) 第 996 ~ 1000 条，款额表达的差异，无承担责任能力人的签名，无权代理人的签名，出票人的责任和空白汇票；

(4) 第 1003 ~ 1005 条，背书；

(5) 第 1007 条，抗辩；

(6) 第 1008 条，代理背书产生的权利；

(7) 第 1021 ~ 1022 条，保证的方式和效力；

(8) 第 1029 条，要求给付收据和部分付款的权利；

(9) 第 1035 ~ 1037 条和第 1039 ~ 1041 条，拒绝证书；

(10) 第 1042 条，通知；

(11) 第 1043 条，免于制作拒绝证书；

(12) 第 1044 条，责任人的连带保证；

(13) 第 1046 ~ 1047 条，汇票付款的追索，请求交付汇票、拒绝证书和收据的权利；

(14) 第 1052 条，不当得利产生的权利；

(15) 第 1053 条，预付款的移转；

(16) 第 1064 条，数个副本之间的关系；

(17) 第 1068 条，票据更改；

(18)第1070～1071条,诉讼时效的中断;
(19)第1072～1078条和第1079条第1款,撤销;
(20)第1083～1085条,宽限日的不适用、汇票文书制作地和亲笔签名;
(21)第1086条和第1088～1089条,关于责任能力,行使和维护汇票权利之文书和进行追索的法律冲突。

2. 汇票承兑的法律规定不适用于支票。

3. 第1042条第1款,第1043条第1款和第3款和第1047条的规定,在第1128条的数字2和3所指的与拒绝证书等同的声明以替代拒绝文书的情形下,可以补充适用于支票。

(十三)特别立法的保留

第1144条

关于邮政支票的特别规定不受影响。

第六节 具有汇票和其他指示证券效力的类似证券

一、一般情形

(一)条件

第1145条

所有具有指示条款的或者法律声明的有价证券,视为指示证券。

(二)债务人的抗辩

第1146条

1. 指示证券的债务人,只能对证券形式或内容本身的无效,以及针对其与债权人之间个人事由提出抗辩。

2. 持票人明知有损于债务人而取得证券的,债务人可以就与出票人或者前持票人之间的个人关系提出抗辩。

二、具有汇票效力的类似证券

(一)指示证券

1. 一般情形

第1147条

没有被指明为汇票,却被明确开立为指示证券且还必须满足汇票条件的证券,视为汇票。

2. 无需强制提示

第1148条

1. 指示证券无需进行承兑提示。

2. 如指示证券仍然被提示,且承兑被拒绝的,证券持有人不得基于此产生追索权。

3. 承兑的效力

第1149条

1. 指示证券被自愿承兑的,承兑人视为汇票的承兑人。

2. 但是受券人破产、中止其付款或者对其财产扣押无效,持票人不能在付款期限届满前行使其追索权。

3. 同样地,开券人破产的,持票人也不能在付款期限届满前行使其追索权。

4. 汇票追索的不适用

第1150条

1889年4月11日关于《债务追索和破产》的联邦法[621]中对于汇票追索的规定不适用于指示证券。

(二)指示付款之承诺

第1151条

1. 未确定为汇票却被明确开立为指示证券且还满足本票必需条件的证券付款承诺,视为本票。

2. 但是,开立为指示付款承诺的证券,不适用关于介入付款的规定。

3. 1889年4月11日关于《债务追索和破产》的联邦法[622]对于汇票追诉的规定不适用于指示付款

---

[621] RS 281.1.

[622] RS 281.1.

之承诺。

三、其他背书的证券

第 1152 条

1. 出票人保证在确定地点和时间按确定的款额进行现金支付，或者交付确定数量的可替代物品的所有证券，明确开立为指示证券的，都可以通过背书转让。

2. 该种证券以及其他可背书的证券，诸如寄存证明、仓单、装货单，适用汇票法关于背书方式、持票人的合法性、证券撤销和对持票人之返还请求的规定。

3. 有关汇票的追索规定不适用于这些证券。

第七节　代表货物的证券

一、内容

第 1153 条

由货物仓储人或者承运人作为有价证券发行的代表货物的证券，必须具有以下内容：

1. 发行的地点和日期以及发行证券人的签名；

2. 发行人的姓名和住址；

3. 寄存人或者托运人的姓名和住址；

4. 寄存或者托运的货物的说明，连同其质量、数量和可以识别的标记说明；

5. 需支付的薪金和费用，已经预付的款项；

6. 关于货物装卸的当事人的特别协议；

7. 证券副本之数目；

8. 有权处分货物的人名，或者是指示证券还是无记名证券的说明。

二、仓单

第 1154 条

1. 当代表货物的某个证券制作了数个副本，而其中一个副本用于货物抵押的，必须注明该副本的性质（仓单），并包含代表货物证券的其他要素。

2. 应当在其他副本上注明仓单的发行，并记载所有的货物抵押，以及需要支付的款额和到期日。

三、法定形式

第 1155 条

1. 为仓储货物发行的证券，或者作为运输合同标的发行的证券，如未遵守法定形式的，则不构成有价证券；它们仅具有收据或者其他证明文件的效力。

2. 未获主管机构法定许可的仓储人发行的证券，遵守法定形式的，视为有价证券。该证券的发行人将被州主管机构处以直至一千瑞士法郎的罚款。

第三十四章 债　　券

第一节 债券发行必需的说明书

第 1156 条

1. 必须具有说明书，债券才能公开发行或者上市交易。

2. 关于新增股票发行的说明书的规定，类推适用于此。此外，说明书必须说明借贷的详细条件，主要是债券的利息、偿付、特别担保，如存在债权人团体的代表的话，还应说明债权人团体的代表。

3. 债券未按照前款规定制作说明书而发行的，或者说明书的说明不准确，或者违反法律要求，参与债券发行的人，对其故意或者因疏忽导致的损害承担连带责任。

第二节 债券的债权人团体[623]

一、条件

第 1157 条

1. 采取统一募债条件的债券，由在瑞士有住所或者有工商营业所的债务人，在公开认购后直接或者间接发行的，债权人有权组成团体。

2. 发行多种债券的，每种债券的债权人组成不同的团体。

3. 本节规定不适用于联邦、州、市镇、公法团体或机构的债券。

二、债权人团体的代表

（一）任命

第 1158 条

1. 根据借贷条件任命的代表，既代表债权人也代表债务人，但另有规定的除外。

2. 债权人大会可以为债权人团体选举一个或者数个代表。

3. 数个代表被任命的，他们共同行使其权力，但另有规定的除外。

（二）代表的权力

1. 一般规则

第 1159 条

1. 代表拥有法律、募债条件或者债权人大会赋予其的权力。

2. 如需要，债权人代表要求债务人召集债权人大会，在其权限内执行大会决议并代表债权人团体。

3. 只要代表有权行使其权力，则债权人不得单独

---

〔623〕 根据1949年4月1日联邦法第一章修订，自1950年1月1日起生效（RO 1949 I 820 830；FF 1947 III 905）。参见本法典末此章的最终规定（第三十四章第二节）。

主张其权力。

2. 债务人的检查

第 1160 条

1. 只要债务人迟延履行债券合同规定的义务的，债权人团体的代表可以要求债务人提供所有与债权人团体利益相关信息。

2. 债务人是股份有限公司、股份两合公司、有限责任公司或者合作社的，只要公司的审议将影响债权人利益，按照债务人同样的条件，债权人团体的代表可以顾问身份参与公司机构的审议。

3. 债权人团体的代表必须被邀请参加这些审议，并及时被告知所有审议文件。

3. 抵押担保之债券

第 1161 条

1. 因动产质押或者不动产抵押担保的借贷而任命的债务人或者债权人的代表，具有与不动产抵押的授权代理人相同的权利。

2. 此代表应当以最大的谨慎完全公正地维护债权人和债务人以及抵押财产所有权人的利益。

(三) 权力的终止

第 1162 条

1. 债权人大会可以随时撤销或者变更其赋予代表的权力。

2. 对于根据借贷条件任命的代表之权力，经债务人同意，债权人大会的决议可以随时撤销或者变更。

3. 如有正当理由，根据债务人或者债权人的请求，法官可以宣布撤销代表之权力。

4. 代表的权力因某种原因灭失的，根据债权人或者债务人的请求，法官可以采取需要的措施保护债权人或债务人的权利。

(四) 费用

第 1163 条

1. 根据借贷条件任命的代表之费用，由借贷的债务人承担。

2. 由债权人团体选举的代表之费用，从借贷债务人的给付中支付，并根据债权人持有的债券票面价值的比例分担。

三、债权人大会

（一）一般规则

第 1164 条

1. 债权人团体可以在法律限制内采取一切有效措施保护其共同利益，尤其是债务人境况艰难的情形。

2. 债权人团体的决议通过债权人大会作出，且只有当它们符合法律规定的一般或者特别条件时才有效。

3. 如债权人大会有效决议反对，则债权人不得单独行使其权利。

4. 债务人承担召集大会和召开大会产生的费用。

（二）大会的召集

1. 一般规则

第 1165 条

1. 债务人召集债权人大会。

2. 如合计持有至少二十分之一所发行债券资金的债权人或者债权人团体代表，以书面形式说明召集大会的目的和理由，要求召开大会的，债务人应当在二十日内召集大会。

3. 债务人对召集大会之请求不回应的，法官可以允许请求人自行召集债权人大会。当前的总部或者最后一个总部在瑞士的债务人，由其总部所在地的法官管辖。[624]

4. 只有一个或者曾有一个营业所在瑞士的债务

〔624〕 根据 2008 年 12 月 19 日《民事诉讼法典》的附录第一节第 5 条的新内容修订，自 2011 年 1 月 1 日起生效。

人，由其营业所所在地的法院管辖。[625]

2. 延期

第 1166 条

1. 自债权人大会的召集正常发布，到在债务清偿机构进行的程序完全终结，债券债权人延期行使要求清偿债务的权利。

2. 前款之延期不同于 1889 年 4 月 11 日关于《债务追索和破产》的联邦法[626] 的付款中止；没有预先的追偿，不得宣告破产。

3. 在债券债权人延期行使要求清偿债务的权利持续期间，可能被追索行为中断的时效或者时限继续保持中断。

4. 根据债权人的请求，州的债务清偿高等机构有权撤销债务人滥用的延期行使权利。

（三）会议

1. 表决权

第 1167 条

1. 表决权属于债券所有权人或者其代表人；债券带有用益权的，则属于用益权人或者其代表人。但在行使表决权时，用益权人未公平考虑债券所有权人利益的，则应向债券所有权人承担责任。

2. 债务人即为所有权人或者用益权人的债券，不赋予表决权。然而，债务人的债券被抵押的，抵押权人享有表决权。

3. 为债务人设立了抵押权或者留置权的债券的所有权人，具有表决权。

2. 确定债权人的代表

第 1168 条

1. 债权人的代表只能根据书面的授权书行使其权

---

[625] 根据 2008 年 12 月 19 日《民事诉讼法典》的附录第二节第 5 条的新内容修订，自 2011 年 1 月 1 日起生效。

[626] RS 281.1.

利,但是法律产生的权利除外。

2. 债务人不允许代表具有表决权的债权人。

(四)程序规定

第 1169 条

联邦委员会颁布关于债权人大会的召集、大会日程的通知、参与大会的权利证明、大会的主持、决议需要遵守的形式和向相关人员通知大会决议的方式之规定。

四、债权人团体的决议

(一)债权人权利的限制

1. 合法的措施和多数人要求

(1)单一的债权人团体

第 1170 条

1. 为了能够对以下内容作出有效决议,必须得到至少持有可流通债券(上市债券)三分之二的多数债权人的同意:

(1)利息支付最长延期五年,最多可能再延长两个五年期;

(2)在七年期间,至多减免五年利息。

(3)利率减至借贷条件规定的利率的一半,或者由取决于经营成果的利息(浮息)来替代定息,两种情形最长允许十年,至多可能再延长五年;

(4)减少偿债年限,或者增加部分偿付的数目,或者暂时中止这些给付,对分期偿付债务规定的期限最长十年,至多可能再延长五年;

(5)对已到期的借贷,或者在五年期限内将要到期的借贷,或者部分借贷的偿付期,最长中止十年,至多可能再延长五年;

(6)允许提前偿付债券的本金;

(7)给企业支付的新增资金设立优先权的担保、变更借贷的担保、放弃全部或部分的担保;

(8)同意变更关于债权发行量与股本比例限制的

规定；

(9)将全部或部分的债券转换成股票的批准。

2. 上述这些措施可以组合采用。

(2)数个债权人团体

第 1171 条

1. 存在数个债权人团体的，债务人可以同时向他们建议一项或者多项上述法条规定的措施。第一种情形中，只有经所有债权人团体赞成的，建议的措施才有效；第二种情形中，每一措施的有效性取决于其他措施是否被接受。

2. 所有债权人团体中，如至少持有三分之二的可流通债券（上市债券）的代表赞成的，建议才视为被接受；建议还必须由这些债权人团体的多数批准，且每一债权人团体中，建议至少应被持有可流通债券（上市债券）的绝对多数的债权人同意。

(3)多数人的决定

第 1172 条

1. 可流通债券（上市债券）的计算不考虑无表决权的债券。

2. 向债权人大会提交的建议未获得所规定的多数人赞同的，继大会后两个月内，债务人可以向大会主席转交债权人书面的、合法的声明，来补足获得的赞同票数，因而促成作出有效决议。

2. 限制条款

(1)一般规定

第 1173 条

1. 任何债权人不得被债权人团体的决议强迫接受除第 1170 条规定之外的对债权人权利的限制，或者履行未在借贷条件中规定的或者未在交付债券时约定的给付。

2. 未经债务人同意，债权人团体不得增加债权人的权利。

(2)同等对待

第 1174 条

1. 具有强迫性质的决议，必须对团体的所有债权人具有相同的效力，但处于更不利地位的人明确赞成的除外。

2. 只有征得抵押债权人的同意时才能更改他们的顺位，但第1170条第1款第7项之规定除外。

3. 有损于债权人团体其他成员，给予某些债权人的保证或者作出的分配，一律无效。

(3)状况报告和资产负债表

第1175条〔627〕

只有基于大会当日的状况报告，或者定期制作并由审计机构（如有的）认证准确的且至多追溯六个月的资产负债表，债务人才能提交第1170条规定的建议并由债权人大会讨论。

3. 批准

(1)一般规定

第1176条

1. 只有经州的债务清偿高等机构批准，限制债权人权利的决议才有效力。

2. 自作出这些决议之日起一个月内，债务人向该机构提交决议以获得批准。

3. 审议该议题的预定日期应当公布，债务人应当告知债权人可以书面提交其意见或者在审议讨论中口头提出意见。

4. 债务人承担该程序的费用。

(2)条件

第1177条

只有在以下情形中，批准才能被拒绝：

1. 违背债权人大会召集的有关规定和大会决议必须满足的条件的；

---

〔627〕　根据2005年12月16日关于《有限责任公司法以及关于股份有限公司法、合作社法、工商企业登记法和商业名称法的适用》的联邦法第一章第3条的新内容修订，自2008年1月1日起生效。

2. 为解决债务人艰难境况而作出的决议并非必需的；

3. 债权人的共同利益未被充分维护的；

4. 大会的决议是以非法的手段达成的。

(3) 诉讼

第 1178 条

1. 决议违背法律或者根据具体情形足以认定不适宜的，任何债权人都可以在三十天内根据债务追索和破产的程序，请求联邦法院批准其对决议的异议。

2. 同样地，赞同决议的债权人和债务人对拒绝批准决议可以提起诉讼。

(4) 撤销

第 1179 条

1. 债权人大会的决议在后来被确认以非法手段达到的，州的债务清偿最高机构可以根据债权人的请求，全部或者部分撤销批准的决议。

2. 债权人必须在知晓不合法决议之日起六个月内提出撤销请求。

3. 撤销批准违反法律或者与具体情形不适宜的，债务人和任何债权人都可以在三十日内，根据债务追索和破产的程序，向联邦法院提出反对撤销批准的诉讼。同样地，提出请求的债权人可以对拒绝撤销批准提起诉讼。

(二) 其他决议

1. 代表债权人团体的权力

第 1180 条

1. 撤销或者变更授予债权人团体的代表的权力，必须经持有可流通债券(上市债券)半数以上的债权人同意。

2. 授予债权人团体的代表以相同的方式维护债权人在债务人破产中的权利所必需的权力，同样必须经持有可流通债券(上市债券)半数以上的债权人的同意。

2. 其他情形

第 1181 条

1. 不影响债权人的权利也不强加给债权人新的给付的决议,可以由代表的绝对多数票来作出,但法律另有规定或者借贷条件要求更多票数的除外。

2. 在所有情形中,绝对多数的计算,根据大会上代表表决权的债券所显示的资本面值得出。

3. 诉请撤销权

第 1182 条

当决议违反法律或者合同条款的,未赞同第 1180 条和第 1181 条提到的决议的任何债权人,都可以自其知晓不合法决议之日起一个月内,向法官提出撤销决议的请求。

五、特别情形

(一)债务人的破产

第 1183 条

1. 债务人被宣告破产的,破产管理人立即召集债权人大会,大会授予已任命的代表或者将由其任命的代表以相同的方式维护债权人在债务人破产中的权利必需的权力。

2. 如没有作出授予代表必需权力的决议,则每个债权人单独行使其权利。

(二)债务清偿

第 1184 条

1. 在债务清偿的程序中,债权人不得对债务清偿作出任何关于破产人与债权人之间的清偿协议,但通过抵押来担保借贷的情形除外;清偿协议的批准只能适用 1889 年 4 月 11 日关于《债务追索和破产》的联邦法。[628]

2. 对于通过抵押来担保借贷的债权人,在对其权利的限制超过了债务清偿程序的效力的范围时,

---

[628] RS 281.1.

适用债权人团体的规定。

(三)铁路或者航运企业的借贷

第 1185 条

1. 除下述规定外,本节规定适用于铁路或者航运企业。

2. 召集债权人大会的请求,应向联邦法院提出。

3. 联邦法院具有召集债权人大会以及确认、批准和履行其决议的管辖权。

4. 自联邦法院被请求召集债权人大会起,它即有权作出延期执行之命令,该命令具有第 1166 条规定的效力。

六、法定权利

第 1186 条

1. 不得通过借贷条件或者债权人和债务人之间的特别约定,来取消和限制法律赋予债权人团体和其代表的权利。

2. 借贷条件的规定,如果对债权人大会做出借贷决议设置了更为严苛的条件,则对于借贷条件之规定保留其适用。

1911 年 3 月 30 日联邦法的暂行规定

(一)对《瑞士民法典》[629]的终篇进行以下修改:

……[630]

(二)本法自 1912 年 1 月 1 日起生效。

根据 1874 年 6 月 17 日关于《对联邦法律和法令[631]的全民表决》的联邦法的规定,联邦委员会负责公布本法。

---

[629] RS 210.

[630] 修改可在 RO 27 321 查阅。

[631] RS 1 162;RO 1962 827 第 11 条第 3 款;RO 1978 688 第 89 条字母 b。

1962年3月23日修正案的最终规定[632]

一、破产中的优先权

第1条

……[633]

二、不正当竞争

第2条

……[634]

三、暂行规定

第3条

1. 第226f条、第226g条、第226h条、第226i条、第226k条[635]同样适用于在本法生效前订立的分期付款销售。

2. 仅第226k条适用于在本法生效前订立的预付销售,但这些合同必须在一年内适用第227b条向买方返还包括利息和奖金的全部所得,否则无效。

四、生效

第4条

联邦委员会规定本法生效的日期。

2005年12月16日修正案的暂行规定[636]

一、一般规定

第1条

1. 如以下无不同之规定,则《瑞士民法典》的尾编适用于本法。

2. 自其生效起,新法规定适用于现仍存续的公司。

二、新法的适用期限

第2条

1. 在本法生效时,已在商事登记簿中登记,但不符合新法规定的有限责任公司,应当在两年内调整其公司章程和规定。

---

[632] 根据1962年3月23日联邦法第二章增补,自1963年1月1日起生效。

[633] 修改可在RO 1962 1082查阅。

[634] 修改可在RO 1962 1082查阅。

[635] 这些法条当前被废除。

[636] RO 2007 4791;FF 2002 2949,2004 3745.

2. 不符合新法规定的公司章程和规则,继续有效直至其修订到合适的状态,但至多不超过两年。

3. 在本法生效时,已在商事登记簿中登记的有限责任公司,只有在调整适应其规章允许的期限届满时,才适用第 808a 条和第 809 条第 4 款之 2。

4. 在本法生效时,已在商事登记簿中登记的,但其公司名称不符合新法规定的股份有限公司和合作社,必须在两年内修改其公司名称。在此期限届满时,商事登记处登记员依法补充公司名称。

三、出资的缴纳

第 3 条

1. 在本法生效时,已在商事登记簿中登记的有限责任公司,未以全部股份发行价格缴纳的出资,必须在两年内进行缴纳。

2. 只要出资还未全部缴纳,根据 1936 年 12 月 18 日《瑞士债法典》[637] 第 820 条的内容,股东承担公司所有债务,直至公司资本的款额全部缴纳。

四、参股凭证和获息凭证

第 4 条

1. 具有票面价值并列入资产负债表的负债项目,但并不赋予表决权(参股凭证)的有限责任公司的股份,未在两年内被公司资本减少而取消的,两年之后视为具有相同股权的公司股份。该股份被取消的,股权人必须以其实际价值得到补偿。

2. 尽管存在不同的公司章程规定,以所代表的表决权的绝对多数,股东大会仍可以为此作出决议。

3. 在本法生效后,有关获息凭证的规定适用于不列入资产负债表中负债项的有限责任公司的股份,即使这些股份被称为参股凭证。这些股份不能拥有票面价值,必须被指明为获息凭证。票证

[637] RO 53 185.

的资格和公司章程必须在两年内调整适应。

五、公司自有股份

第5条

在本法生效前，有限责任公司已取得公司自有股份的，只要其票面价值超过公司资本的10%，这些股份必须在两年内通过转让或者减少公司资本来取消。

六、履行附加支付的义务

第6条

1. 在本法生效前规定的并超过其关联公司股份的票面价值两倍的附加支付的公司章程义务继续有效，且只有在适用第795c条规定的程序时才能被减少。

2. 对于其他情形，自本法生效时起，适用新规定，特别是对于到期的附加支付。

七、审计机构

第7条

本法关于审计机构的规定，适用于自本法生效时或者生效后开始的经营。

八、表决权

第8条

1. 在本法生效前，已经确定独立于公司股份的票面价值的表决权的有限责任公司，无需为适应第806条的规定而调整。

2. 发行公司新股票的，无论何种情形，均须遵守第806条第2款之2的规定。

九、公司章程要求多数票的调整适应

第9条

有限责任公司仅在其章程中采用通过多数表决票作出股东大会决议的旧法规定的，在两年内公司通过所代表票数的绝对多数，对公司章程规定适用新法规定作出决议。

十、公司重组中公司股票和股份的取消

第10条

在本法生效前，因公司重组而股本或公司资本被减为零，然后立即增加的，以前的股东或合伙人的股权，随着本法的生效而灭失。

十一、已登记的商业名称的专用权利

第11条

在本法生效前，已在商事登记簿中登记的商业名称的专用权，适用1936年12月18日《瑞士债法典》第951条的规定。[638]

2011年6月17日修正案的暂行规定[639]

本修正案的规定适用于本修正案实施时或实施后开始的经营。

2011年12月23日修正案的暂行规定[640]

一、一般规定

第1条

1. 如以下无不同之规定，则《瑞士民法典》[641]的尾编适用于本法。

2. 2011年12月23日修正案自生效起适用于存在的所有公司。

二、商业账目和账簿提交

第2条

1. 第三十二章适用于本修正案生效两年后开始的经营。

2. 在本修正案生效前两个经营年度内的资产负债总表、营业额和年平均全职职工人数，适用关于大

---

[638] RO 53 185.

[639] RO 2011 5863; FF 2008 1407.

[640] RO 2012 6679; FF 2008 1407.

[641] RS 210.

型企业账目的规定。

3. 关于集团综合账目的规定适用于在本修正案生效三年后开始的经营。本修正案生效前的两个经营年度,解除制作集团综合账目的义务。

4. 在首次适用本修正案关于账目提交的相关规定时,企业可以不对之前的营业额进行说明;之后,只需要对前一个经营年度的营业额作出说明。如果企业对之前几年经营的营业额已作说明,则可以不适用账目提交的连续性原则和账目结构的规定。企业必须在附件中阐述这个选择。

2014 年 12 月 12 日修正案的暂行规定[642]

一、一般规定

第 1 条

1. 如以下无不同之规定,则《瑞士民法典》[643]尾编的第 1 条至第 4 条适用于本法。

2. 2014 年 12 月 12 日修正案的规定,自生效起适用于存在的所有公司。

二、公司章程和规则的修改

第 2 条

1. 在 2014 年 12 月 12 日的修正案生效时,已在商事登记簿中登记,但不符合新法规定的,应当在两年内修改其公司章程和规则。

2. 不符合新法规定的公司章程和规则,继续有效直至其得到修改,但至多不超过两年。

三、通知义务

第 3 条

1. 在 2014 年 12 月 12 日的修正案生效时,无记名股票的持有人必须遵守第 697i 条和第 697j 条规

---

[642] RO 2015 1389;FF 2014 585.

[643] RS 210.

定的股票购买的通知义务。

2. 有关财产权灭失的期限(第697m条第3款),在2014年12月12日的修正案生效后六个月内届满。

2015年9月25日修正案的暂行规定[644]

一、一般规定

第1条

1. 如以下无不同之规定,则《瑞士民法典》[645]尾编的第1条至第4条适用于本法。

2. 2015年9月25日修正案的规定,自生效起适用于存在的法人。

二、已登记商业名称的修改

第2条

无限公司、两合公司、股份两合公司在2015年9月25日修正案生效时,已在商事登记簿中登记,但不符合新法规定的,只要是旧法的第947条和第948条不要求作修改的,公司无需改变商业名称,可以继续使用已登记的商业名称。

三、已登记商业名称的专用权

第3条

无限公司、两合公司、股份两合公司,在2015年9月25日修正案生效前,已在商事登记簿中登记的,则适用现行有效法律的第946条和旧法的第951条。

---

[644] RO 2016 1507;FF 2014 9105.

[645] RS 210.

第八章和第八章 bis 的最终规定[646]

第 1 条

1972 年 6 月 30 日关于《防止租赁领域滥用行为的措施制定》的联邦法[647]被废除。

第 2 条至第 4 条

……[648]

第 5 条

1. 防止房屋租赁合同以及住房或经营场所的土地租约解除的规定，适用于在本法生效后解除的所有房屋租赁合同和土地租约。

2. 房屋租赁合同或土地租约是在本法生效前解除的，且租约解除只在本法生效后才生效的，对租约解除提出异议和要求延长租约（第 273 条）的期限，只有在本法生效时才开始起算。

第 6 条

1. 本法适用非强制性全民表决。

2. 联邦委员会确定本法生效的日期。

第十章的最终规定和暂行规定[649]

一、债法典修改 **第 1 条**[650]

二、民法典修改 **第 2 条**[651]

三、保险合同法修改 **第 3 条**[652]

---

[646] 根据 1989 年 12 月 15 日联邦法的第二章增补，自 1990 年 7 月 1 日起生效。

[647] RO 1972 1531，1977 1269，1982 1234，1987 1189.

[648] 对于修改，可以查阅 RO 1990 802。

[649] 根据 1971 年 6 月 25 日联邦法的第二章增补，自 1972 年 1 月 1 日起生效。

[650] 对于修改，可以查阅 RO 1971 1461。

[651] 对于修改，可以查阅 RO 1971 1461。

[652] 对于修改，可以查阅 RO 1971 1461。

四、农业法修改 **第 4 条**[653]

五、劳动法修改 **第 5 条**[654]

六、联邦法规定的废除 **第 6 条**

自本法生效时起,以下法条被废除:

1.《瑞士债法典》第 159 条和第 463 条;

2. 1911 年 6 月 13 日关于《医疗和事故保险》的联邦法第 130 条;[655]

3. 1914 年 6 月 18 日关于《工厂劳动》的联邦法的第 20 条至第 26 条、第 28 条、第 29 条和第 69 条第 2 款和第 5 款;[656]

4. 1940 年 12 月 12 日关于《家庭劳动》的联邦法的第 4 条、第 8 条第 1 款、第 2 款和第 5 款、第 9 条和第 19 条;[657]

5. 1941 年 6 月 13 日关于《商务推销员的雇佣条件》的联邦法;[658]

6. 1949 年 4 月 1 日关于《限制因服军役而解除劳动合同的权利》的联邦法;[659]

7. 1951 年 10 月 3 日关于《促进农业和维持农业人

---

[653] 对于修改,可以查阅 RO 1971 1461。

[654] 对于修改,可以查阅 RO 1971 1461。

[655] RS 8 283;RO 1959 888,1964 961,1968 66,1977 2249 数字 I 611,1978 1836 附录数字 4,1982 196 1676 附录数字 1 2184 法条 114,1990 1091,1991 362 数字 II 412,1992 288 附录数字 37,1995 511;RO 1995 1328 附录数字 1。

[656] RS 821.41.

[657] RS 集 8 231;RO 1951 1239 法条 14 第 2 款,1966 57 法条 68;RO 1983 108 法条 21。

[658] RS 2 768;RO 1966 57 法条 69。

[659] RO 1949 II 1394.

口(农业法)》的联邦法的第96条和第97条;[660]

8.1952年9月25日关于《军人和在民防组织中强制服役的人员失去收入的补贴》的联邦法第32条;[661]

9.1956年9月28日关于《允许扩大劳动集体合同的适用范围》的联邦法的第19条;[662]

10.1962年3月23日关于民防的联邦法第49条;[663]

11.1963年9月20日关于《专业培训》的联邦法第20条第2款和第59条;[664]

12.1964年3月13日关于《工业、手工业和商业(劳动法)劳动》的联邦法的第64条和第72条第2款字母a。[665]

七、旧法系统的法律关系的适应

第7条

1.在本法生效时已存在的劳动合同(个人劳动合同、标准劳动合同和集体劳动合同)必须在一年内适应本法之规定;超过这个期限的,本法适用于所

---

[660] RO 1953 1095,1962 1185 法条14,1967 766,1968 92,1974 763,1975 1088,1977 2249 数字I 921 942 931,1979 2060,1982 1676 附录数字6,1988 640,1989 504 法条33 字母c,1991 362 第二节51 857 附录数字25 2611,19921860 法条75 数字5 1986 法条36 第1款,1993 1410 法条92 数字4 1571 2080 附录数字11,1994 28,1995 1469 法条59 数字3 1837 3517 数字I 2,1996 2588 附录数字2,1997 1187 1190,1998 1822 法条15;RO 2 189 最终、暂时规定第X,法条6 数字7. RO 1998 3033 附录字母c。

[661] RS 834.1。当前的《有关因服役和生育而失去收入的补贴》的联邦法。

[662] RS 221.215.311.

[663] RO 1962 1127,1964 423 法条22 第2款字母b,1968 81 1065 法条35,1969 318 数字III,1971 751,1978 50 570,1985 1649,1990 1882 附录数字7,1992 288 附录数字22,1993 3043 附录数字3;RO 1994 2626 法条71。

[664] RO 1965 325,1968 87,1972 1709,1975 1078 数字III,1977 2249 数字I 331;RO 1979 1687 法条75。

[665] RS 822.11。第64条当前拥有新内容。

有劳动合同。

2. 在本法生效时[666]已存在的雇员养老保险机构必须在 1977 年 1 月 1 日前,遵守第 331a 条、第 331b 条、第 331c 条修改形式的规定,适应调整其公司章程或规则;自 1977 年 1 月 1 日起,这些法条适用于所有养老保险机构。[667]

八、生效

第 8 条

联邦委员会确定本法生效的日期。

第十三章第四节的最终规定[668]

一、过渡体系

第 1 条

1. 第 418d 条第 1 款、第 418f 条第 1 款、第 418k 条第 2 款、第 418o 条、第 418p 条、第 418r 条和第 418s 条,立即适用于在新法生效时已设立的代理合同。

2. 在新法生效时已设立的代理合同必须在两年内适用新法规定。在该期限届满后,新的法律同样适用于在之前设立的代理合同。

3. 在两年期限届满后,本节规定同样适用于在新法生效时从事代理职业的人员已缔结的合同,但另有约定的除外。

二、在破产中的优先权

第 2 条

……[669](废除)

三、生效

第 3 条

联邦委员会确定本法生效的日期。

---

[666] 1972 年 1 月 1 日。

[667] 根据 1976 年 6 月 25 日联邦法的第一章新内容修订,自 1977 年 1 月 1 日起生效。

[668] 根据 1949 年 2 月 4 日联邦法的第二章增补,自 1950 年 1 月 1 日起生效。

[669] 对于修改,可以查阅 RO 1949 I 813。

第二十章的暂行规定[670]

1. 新法适用于所有在本法生效之后提供的保证。

2. 对于新法生效后发生的事实,新法才适用于生效前所提供的保证,且带有以下限制:

(1)新法第 492 条第 3 款、第 496 条第 2 款、第 497 条第 3 款和第 4 款、第 499 条、第 500 条、第 501 条第 4 款、第 507 条第 4 款和第 6 款、第 511 条第 1 款不适用;

(2)关于形式的第 493 条和关于配偶的同意的第 494 条的新法规定,只有涉及对保证变更的情形,才适用依照旧法而缔结的保证;

(3)第 496 条第 1 款适用于新法生效前所提供的保证,只要债务人延迟偿付其债务且催告偿付无效或其无偿付能力周知的,担保不仅可以在追偿债务人之前和不动产抵押实现之前被要求提供,且还可以在其他抵押实现之前被要求提供;

(4)第 505 条第 1 款规定的延误偿付的通知,有自债务人偿付延误时起,债权人有六个月期限以通知保证人,但自本法生效起至少还有三个月的期限,以通知保证人;

(5)第 505 条第 2 款只适用于在本法生效后至少三个月后宣告的破产和暂缓执行的破产债务清偿;

(6)第 509 条第 3 款中所述期限,从新法生效之日起算。

3. 2005 年 3 月 18 日关于海关的法律[671]之第 77

---

[670] 根据 1941 年 12 月 10 日联邦法的第二章增补,自 1942 年 7 月 1 日起生效。

[671] RS 631.0.

条至第80条规定的情形除外。[672]

4. 联邦委员会确定本法生效的日期。

第二十四章至第三十三章的最终规定和暂行规定[673]

一、民法典尾编的适用

第1条

《瑞士民法典》[674]的尾编适用于本法。

二、依旧法设立之公司适用新法

(一)一般情形

第2条

1. 在本法生效时,已在商事登记簿中登记且不符合本法规定的股份有限公司、股份两合公司和合作社,其公司章程应在五年内适用新法要求。

2. 在此期间,只要其章程抵触新法者,仍适用旧法。

3. 期限届满,仍未符合规定的公司,将由商事登记处登记员依法宣告公司解散。

4. 在确定的情形下,联邦委员会可以对保险和信用合作社延长适用旧法之情形。延长适用旧法的请求,自本法生效起三年内向联邦委员会提出。

(二)救济基金[675]

第3条

在本法生效前,股份有限公司、股份两合公司和合作社已经以可识别的方式将资产划拨给设立和支持对于雇员、工人和其成员之救济事务[676]的,它们应在五年内将这些基金适用第673条[677]和第

---

[672] 根据2005年3月18日关于海关的法律的附录的新内容修订,自2007年5月1日起生效。

[673] 根据1936年12月18日的联邦法律增补。

[674] RS 210.

[675] 现为养老保险金。

[676] 现为养老保险金。

[677] 本法条当前有新内容。

862 条[678]的规定。

第 4 条[679]

(废除)

三、关于资产负债表的规定

(一)因经济危机对法律的规避

第 5 条

1. 如特大经济困难之情形要求,联邦委员会可以规定被要求制作资产负债表的个人和公司,有权规避本法典所规定的资产负债表的规定。联邦委员必须公布决议。

2. 该决议适用于资产负债表的制作时,则应在资产负债表中注明该决议。

(二)……

第 6 条[680]

(废除)

四、合作社成员的责任

第 7 条

1. 根据本法对合作社成员的责任进行的修改,不得影响新法生效时现有债权人的权利。

2. 根据至此有效的原《瑞士债法典》第 689 条,[681]其社员对合作社债务承担个人责任的,在五年期间仍适用旧法规定。

3. 在此期间,以绝对多数票,社员大会可以决议全部或部分排除或明确确认个人责任。关于退出合作社的第 889 条第 2 款之规定不适用。

五、商业名称

第 8 条

1. 在本法生效时仍存续的且可能不符合本法规定

---

[678] 本法条当前有新内容。

[679] 根据 2003 年 10 月 3 日关于合并的联邦法的附录废除,自 2004 年 7 月 1 日起生效。

[680] 无内容。

[681] RO 27 321.

的商业名称,可以在新法生效时起两年内无需变更,继续存在。

2. 但是,在此期间进行任何变更的,公司名称必须符合新法规定。

六、有价证券

(一)记名证券

第9条

在新法生效前,作为记名证券开立的储蓄和存款的证明,即使债务人未在这些证券上明确保留未出示证券或未废止证券情况下仍然进行支付的权利,也适用关于证券废除的第977条之规定。

(二)股票

1. 票面价值

第10条

在本法生效前发行的股票可以:

1. 维持低于100瑞士法郎的票面价值;

2. 自本法生效时起三年内,公司资本减少的,减至低于100瑞士法郎的票面价值。

2. 未完全缴足出资的无记名股票

第11条

1. 在本法生效前发行的无记名股票和临时证书,不适用第683条和第688条第1款和第3款。

2. 上述证券的出票人和购买人的权利和义务适用至此有效的旧法规定。

(三)汇票和支票

第12条

在本法生效前开立的汇票和支票,其所有的效力适用旧法。

七、债权人团体

第13条

1918年2月20日关于债券债权人团体的联邦委员会的法令规定,[682]以及联邦委员会的补充

[682] RO 34 231,35 301,36 637 913.

法令,[683]继续适用。

八、……

第 14 条[684]

(废除)

九、关于债务追索和破产法的修改

第 15 条[685]

(废除)

十、与银行法的关系

(一)一般性保留

第 16 条

1934 年 11 月 8 日关于《银行和储蓄银行》的联邦法[686]规定继续保留。

(二)特定规定的修改

第 17 条[687]

(废除)

十一、联邦民法的废除

第 18 条

自本法生效时起,所有联邦民法不同的规定均废止,尤其是 1881 年 6 月 14 日关于《商业公司、有价证券和公司名称》(第 552 ~ 715 条、第 720 ~ 880 条)的联邦债法典第三编。[688]

十二、本法生效

第 19 条

1. 本法自 1937 年 7 月 1 日起生效。

2. 关于债券债权人团体的一节(第 1157 ~ 1182 条)除外,其生效日期将由联邦委员会确定。[689]

3. 联邦委员会确保本法的执行。

---

[683] RO 51 684,53 454,57 1549,58 936,62 1072,63 1343.

[684] 根据 1987 年 12 月 18 日关于国际私法的联邦法的附录数字 I 字母 c 废除。

[685] 对于修改,可以查阅 RO 53 185。

[686] RS 952.0.

[687] 对于修改,可以查阅 RO 53 185。

[688] RO 5 577,11 449;RS 2 776 法条 103 第 1 款;RS 2 3 最后一编法条 60 第 2 款。

[689] 此节根据 1949 年 4 月 1 日的文本生效。对于原文,参阅 RO 53 185。

第二十六章的最终规定[690]

一、民法典的尾编

第1条

《瑞士民法典》[691]的尾编适用于本法。

二、新法的适用

(一)一般情形

第2条

1. 在本法生效时,已在商事登记簿中登记的,且可能不符合本法规定的股份有限公司和股份两合公司,其公司章程应当在五年内适应新法要求。

2. 尽管在《瑞士商务公报》和州的公报中多次发布正式催告,其公司章程仍未在五年内适用有关最低资本、最低偿付款额、参股凭证和股息凭证的规定的公司,根据商事登记处登记员的请求,由法官解散。法官可以给予至多六个月的宽限期。在1985年1月1日前设立的公司,无需适用新法关于最低资本的章程规定。在1985年1月1日其参股资本超过股本双倍的公司,无需适用新法关于法定限制的规定。

3. 与新法不相符的其他公司章程的规定,最长在五年内继续有效,直至其适用新法。

(二)特别规定

1. 参股凭证和股息凭证

第3条

1. 自本法生效时起,第656条、第656b条第2款和第3款、第656c条、第656d条以及第656g条适用于本法生效时已经存在的公司,即使其公司章程或股票发行条件不符合新法。这些法条适用于所有载明票面价值并列入资产负债表中负债项目的

---

[690] 根据1991年10月14日联邦法第三节增补,自1992年7月1日起生效。

[691] RS 210.

参股凭证或股息凭证。

2. 对于第1款所述证券，公司章程必须在五年内记录证券发行条件并适用第656f条，在商事登记簿中进行必要的登记，将在流通中未指明的证券指明为参股凭证。

3. 第1款所述证券之外的证券，即使指明为参股凭证，也适用关于股息凭证的新法规定。该证券必须在五年内按照新法命名，且不得再具有票面价值。公司章程必须根据情况进行修改。但参股凭证的转换除外。

2. 拒绝记名股票所有权人

第4条

对第685d条第1款进行补充，如可能阻碍公司提供由联邦立法要求的有关股东圈组成的证据，公司可以根据章程规定拒绝接纳上市记名股票的购买人。

3. 优先表决权的股票

第5条

适用1936年12月18日关于修订《债法典》[692]的第二十四章至第三十三章的联邦法的最终规定和暂行规定的第10条，维持低于10瑞士法郎面值的优先表决权股票的公司以及其最大股票面值高于最小股票面值十倍的公司，其公司章程无需适用第693条第2款第2句的规定。但是它们不得再发行面值高于最小股票面值的十倍或低于最大股票面值10%的新股票。

4. 有效多数

第6条

仅在其章程中采用通过多数表决票作出特定决议的旧法规定的公司，可以在新法生效后的一年内，以股东大会所代表票数的绝对多数，对公司章程

[692] 见前文关于1936年12月18日关于修订第二十四章至第三十三章的联邦法的最终规定和暂行规定第10条。

规定适用新法规定作出决议。

三、联邦法的修改　**第7条……**[693]

(废除)

四、全民表决　**第8条**

本法由非强制性全民表决。

五、生效　**第9条**

联邦委员会确定本法生效的日期。

第三十四章第二节的最终规定[694]

第1~2条……[695]

(废除)

第3条

1. 依照旧法投票产生的团体决议,在新法体系下继续有效。

2. 在本法生效后投票产生的决议适用新法。

3. 但是,根据旧法作出的团体决议,债务人已经享有与第1170条规定相同的或相当优惠的,适用本规定时,应当公平地考虑此情形。

4. 此外,1936年12月18日关于修订《债法典》的第二十四章至第三十三章的联邦法最终和暂行规定适用于此。

第4条

本法废除所有与其不同的规定,特别是1918年2月20日关于债券债权人团体的联邦委员会法令。[696]

第5条

联邦委员会规定本法生效的日期。

---

[693] 对于修改,可以查阅RO 1992 733。

[694] 根据1949年4月1日联邦法的第二节增补,自1950年1月1日起生效。

[695] 对于修改,可以查阅RO 1949 I 820。

[696] RO 34 231,35 301,36 637 913.

译后记:那片离天堂最近的地方

一

2003年7月博士刚刚毕业,我就很幸运地获得了瑞士比较法研究所2005年度的Van. Calker奖学金,使我有机会远赴瑞士这个美丽的山国游学。瑞士比较法研究所认为我是一位具有高级职称的学者,又带着妻子一起来访学,于是预先就在洛桑城为我租了一套很大的房子。虽然我们感觉房租极为昂贵,但考虑到有奖学金支撑,也就缘杆而上,索性享受起这种奢侈的生活来。

我的住处和办公室都在美丽的莱芒湖(日内瓦湖)边,于是我们就沿着莱芒湖开始了两点一线这种"低调而奢华"的生活。早晨,我们从家里出发一路西行,沿着湖边的道路,一边骑自行车,一边欣赏旖旎的湖光山色。蓝天白云,青山绿水,成群的白天鹅在湖水里漫游。湖边有一家咖啡厅,和咖啡厅相隔大约十米远,就见到一只天鹅在那里静悄悄地孵蛋,而另一只天鹅就在附近守护着,从来没有人去惊扰这对恩爱的情侣。

在湖边骑车大约半个小时,就到达了瑞士比较法研究所。瑞士比较法研究所隶属于瑞士联邦的警察司法部,位于洛桑西郊,紧邻洛桑大学,四周就是草地、麦田和树林,稍走几步就到了湖边。研究所的环境优美,宁静安详。研究所为我和妻子安排了一间独立的办公室,打开办公室的窗户,湖风不断将清新的空气吹进来,窗外的青草地,偶尔会遇到羊群到这里来吃草,挂在羊脖子上的铃铛不时发出清脆的声音,吸引人多看几眼,一只牧羊犬跟随着主人在忠实地履行着自己的职责。研究所为我安排的任务并不重,我除了要为研究所的同事们开设一次学术讲座,并没有其他硬性的研究任务。我每天基本上都是自主安排工作时间,查阅资料、阅读文献、撰写论文,或者和同事们交流。研究所的图书资料很丰富,以德文和法文为主,也有不少英文和中文图书。为了查阅资料,我在一排排书架之间穿梭,有一种在书籍的海洋里漫游的感觉。

研究所的工作轻松而愉快,并没有十分固定的上班和下班时间。我每天大约 9 点赶到办公室,工作到大约 10 点,就和研究所的同事们一起到一间内部咖啡厅里茶叙,大家在这里喝咖啡,品茶,聊天,这既是大家休息的时间,也是相互交流的时间。在研究所的同事中,唐伟玲女士是唯一来自中国的华人,她已经在研究所工作多年,说一口流利的法语。和唐伟玲女士可以用中文聊天,自然轻松了很多。茶叙后,大家还要继续工作一段时间,如果感觉有些疲劳,可以到湖边散步,也可以到附近的树林里转转。Sami 教授有一条名叫"柏乐"(法语名,"漂亮"的意思)的牧羊犬,黑白相间,漂亮又聪明,它竟然能够准确地理解我的眼神、手势和语言。我经常带它散步,甚至把它领进我的办公室,后来它已经把我当成了它的主人,在湖边如影随形地跟着我活蹦乱跳。每天下午大约四点半,我就提前下班,通常我们不是直接回家,而是先在清澈透底的湖水里游个泳,看看天鹅,然后等太阳快落山的时候再打道回府。途经湖边的一个超市,我们每晚都在那里采购新鲜的牛肉、奶酪和水果。瑞士几乎没有工业,环境保护得很好,肉制品和奶制品的质量都是世界一流的。房东为我们提供了烤箱,我充分发挥了它的功能,几乎每晚都要饱餐一顿美味的烤牛肉。

瑞士是个信奉基督教的国家,星期日当然是做礼拜的日子,因此每逢星期日,整个洛桑城几乎是万人空巷,大家都去教堂敬拜上帝,礼拜后往往全家开车去湖边游泳、吃烧烤。我们也就入乡随俗,经常去附近的基督教堂做礼拜,上午在教堂里歌颂赞美创造宇宙万物的神,下午便在神亲手创造的青山绿水中尽情游玩。

在那个美丽的地方,远离电话、手机、微信,完全沉浸在美丽、宁静和安详之中,我的身心体验到了从来没体验过的幸福。几个月的游学生活结束,瑞士给我留下了非常美好的印象。研究所的同事问我对瑞士的印象如何,我脱口而出:"这是离天堂最近的地方!"

二

到瑞士比较法研究所进行访问交流的学者,恐怕很少有人不认识胜雅律教授（Professor Harro von Senger）。胜雅律教授是德国弗赖堡大学第二哲学学院的汉学终生教授，他同时拥有法学和哲学的博士学位，有超强的语言天赋，竟然精通德语、法语、英语、汉语和日语五门语言。当我在研究所访学时，胜雅律教授正在兼任瑞士比较法研究所的中国法律顾问，我和胜雅律先生的交往自然就密切了起来。

我与胜雅律先生初次见面，他就约我们一起吃午饭。远在瑞士，和一个外国人用汉语交谈，而且毫无语言障碍，竟然有一种“他乡遇故知”的感觉。胜雅律先生曾经在台湾大学和北京大学学习过，熟悉中国的传统文化，尤其对中国的《三十六计》颇有研究。我们谈到中国立法制度设计往往比较粗略，胜雅律先生则认为，经过他的研究，他发现对于这种模糊现象，并非因为立法机关的疏忽或者毫不知情，有时候立法机关甚至是在故意采取模糊策略，他认为这是中国立法机关的“策略”或“计谋”。

也许是因为在异国他乡，胜雅律先生的语言天赋不自觉地成为我们夫妻俩共同关注的话题，他的一些表达方式常常令我有点吃惊，也有些忍俊不禁。例如，胜雅律先生带我参观洛桑大学的图书馆，他告诉我可以在图书馆里随便阅读，但不能把书借走，“如果你硬要借走不可的话”，那么就需要办理一个借书证；我和胜雅律先生大约有一个星期没有见面，当我们在研究所里再次碰面的时候，他简洁得体地问我：“近况何如？”；当我在比较法研究所学习期满，即将回国之际，我专门到胜雅律先生的办公室和他道别，他竟然说：“对于你这样有才能的青年，我这么轻易地就放你回国，是不是放虎归山？”

胜雅律先生魁梧高大，温文尔雅，用中国人的“儒雅”来形容当属十分贴切。胜雅律先生还具有德国人的一个特点，就是非常守时。有一次，他借了我的一本中文书，当时他告诉我会在下周三中午 12 点之前还给我。下周三，已经中午 11:50 啦，我和太太停止了手头的工作，准备去吃午饭，但还是不见胜雅律先生来还书。我的太太开始怀疑胜雅律先生是不是把这件事给忘了。凭我的感觉，我认为德国人素来办事严谨，绝对不会轻易食言，于是我坚持在办公室里继续等候。在时钟即将指向 12 点的前两分钟，我果然听到了胜雅律先生轻轻的敲门声。

胜雅律先生的认真也给我留下了深刻的印象。第一次见面的时候，他询问我和太太的名字,当我们告诉他的时候,他拿出一个小本子,认真地记录下来,从此以后的10多年里,他给我写信或者发邮件,从来都没有把我们的名字写错过。相反,在国内,有些朋友都已经相处了多年,还不时地把我的名字写成"余海涌"或"于海勇",这不禁触发我一些小小的感慨。

和胜雅律先生逐渐熟悉起来,我们的谈话内容也就越来越广泛,最后就变成了海阔天空的漫谈。我也不再喊他"胜雅律先生"或"胜雅律教授",而是按照中国的语言习惯,直接称呼他为"胜老师"。那时我已经是具有八年教龄的教师,在中山大学的校园里更多地听到的称呼是"于老师",而胜雅律先生则称呼我为"于海涌同学",让我倍感亲切。

三

按照研究所的安排,我在访学期间要为研究所的同事们开设一个学术讲座。当时中国民法典的第一个草案已经提交全国人大进行了第一次审议,国内对中国民法典的立法正在热议之中,于是我就向瑞士比较法研究所的同事们介绍了中国民法典的立法状况、主要争议和我个人的思考。

在比较研究的过程中,我认为《瑞士民法典》对中国的读者应该深具参考价值,很有翻译的必要,于是我就萌发了和胜雅律教授合作翻译《瑞士民法典》的念头。我的初步想法是:首先由我根据法文版本进行初译,其次再由胜雅律先生根据德文版本进行校正,这样将会更为精准。胜雅律先生听完我的想法,表示了谨慎的支持。他直截了当地说:"我不知道你的法语水平怎么样,你先翻译一段给我看一下,我再决定。"于是我就预先翻译了《瑞士民法典》中的地役权部分,胜雅律先生看了我的译稿,表示基本满意,这样他对我的法语考试就算过关啦,终于答应和我共同翻译《瑞士民法典》。胜雅律教授的支持,给了我很大的信心。

现在回想起来我当时可谓雄心壮志!在决定翻译《瑞士民法典》后,我又和唐伟玲女士商定一起翻译《瑞士债法典》。唐伟玲女士祖籍上海,在瑞士生活多年,法语和英语都很流利,而且做事极为认真,她曾经在日内瓦的联合国欧洲总部工作,专门负责新闻处下属机构的政府官方正式出版物。由于唐伟玲女士和我沟通起来毫无障碍,而且她还就职于瑞士比较法研究所,这更加增添了我对法典翻译的信心。

回国以后,翻译工作的开展并没有我想象的顺利。于昊夫小宝宝的出世,为我的生活增添了无穷的乐趣,也让我这个新爸爸花费了不少精力,尤其是为了顶住职称评定的压力,我不得不服从国内主流的评价体系,而在职称评定中,翻译作品是不被视为研究成果的,这导致我始终无法全身心地投入翻译,最后竟然一直拖到胜雅律先生退休也没能够完成翻译工作,这实在是一件让我遗憾的事情。

高兴的是,我的博士生赵希璇也加入了翻译团队。赵希璇博士既精通法语,又有良好的民商法基础,实属合作翻译的最佳人选。胜雅律先生为了帮助我们完成法典的翻译工作,积极建议瑞士比较法研究所批准赵希璇博士的奖学金申请。赵希璇博士为了完成法典的翻译,专门远赴瑞士,这大大加快了翻译的进程。

《瑞士民法典》的中文译本于2016年6月在法律出版社顺利出版发行,但《瑞士债法典》还在校稿之中。为了加速《瑞士债法典》的翻译进程,2016年7月我利用暑假再次远赴瑞士比较法研究所,以便能够和唐伟玲女士面对面地进行初步的商讨和修订。利用这次访学的机会,我再次见到了瑞士比较法研究所的胜雅律教授、湛蓝的日内瓦湖、神圣的基督教堂……回国以后,我和伟玲姐又马不停蹄地投入后续的修订、一校、二校工作中。长期在电脑前工作,医生警告我的视力已经严重下降,并提醒我注意保护,于是在第三次校对时我便邀请赵希璇博士加入了校对的工作。2018年1月上旬,赵希璇博士在启程赴中国驻加蓬共和国大使馆任职前夕,我们终于顺利完成了《瑞士债法典》最后的校正并定稿。

翻译要实现不同语言之间的转换,达到"信、达、雅"的境界绝非易事,而法律语言更有精准的要求,所以法典的翻译可谓难上加难,一旦出现失误又可能误导读者,也比较容易受到批评。说实话,法典翻译是一个费力不讨好的苦差事。伟玲姐的认真和坚守更是让我不敢有丝毫的偷懒和懈怠。历经初译、一校、二校、三校,在中国民法典编纂正在如火如荼地进行时,《瑞士民法典》和《瑞士债法典》终于全部付梓,我们译者渴望这两部优秀的法典能够为中国民法典的立法提供有益的参考。

历经千辛万苦,心中仍充满感恩!

感恩瑞士比较法研究所的慷慨资助!

感恩胜雅律教授的鼎力相助!

感恩伟玲姐和赵希璇博士的精诚合作,一路同行!

于海涌

2016 年 8 月 1 日于瑞士比较法研究所

2018 年 1 月 18 日补记于广州中山大学

致　　谢

中山大学“中国立法研究”大平台为《瑞士债法典》的出版提供了资助，深表感谢！没有“中国立法研究”大平台的支持，这部法典就不可能如此快速地和读者见面！

特别需要感谢的是我的二哥于松雨和二嫂严新侠！他们在退休以后没有享受清闲的时光，而是远赴广州中山大学，精心照顾我们全家人的生活。不仅如此，每年冬天来临之际，我和妻子还能够将父亲从安徽接到广州，让老人家享受南国温暖的冬天。多年来，没有二哥和二嫂的精心照料，我们家的工作、生活、学习很难如此井然有序地进行。在这七年的时间里，我取得的每一份成绩，背后都有二哥和二嫂辛勤的汗水。手足之情，一言难尽！

在翻译的过程中，除了我、唐伟玲女士和赵希璇博士的齐心努力，我的硕士研究生黄艳芳、黄施羽、黎嘉进、王冰钰、曾思晨五位同学，在我视力严重下降的时候，热情地帮助我进行文稿的整理，并在整理过程中提出了若干有益的建议和意见。“打虎亲兄弟，上阵父子兵”，这部《瑞士债法典》也成为我们师生之谊的宝贵见证！对于他们的热情帮助，在此一并致谢！

图书在版编目(CIP)数据

瑞士债法典 / 于海涌,(瑞士)唐伟玲译. -- 北京:法律出版社, 2018
ISBN 978-7-5197-2408-5

Ⅰ. ①瑞… Ⅱ. ①于… ②唐… Ⅲ. ①债权法-法典-瑞士 Ⅳ. ①D952.23

中国版本图书馆 CIP 数据核字(2018)第139192号

瑞士债法典
RUISHI ZHAIFADIAN

于海涌 [瑞士]唐伟玲 译
赵希璇 校

责任编辑 黄琳佳
装帧设计 贾丹丹

出版 法律出版社
总发行 中国法律图书有限公司
经销 新华书店
印刷 三河市龙大印装有限公司
责任校对 李景美
责任印制 陶 松

编辑统筹 学术·对外出版分社
开本 A5
印张 19.5
字数 525千
版本 2018年6月第1版
印次 2018年6月第1次印刷

法律出版社/北京市丰台区莲花池西里7号(100073)
网址/www.lawpress.com.cn
投稿邮箱/info@lawpress.com.cn
举报维权邮箱/jbwq@lawpress.com.cn
销售热线/010-63939792
咨询电话/010-63939796

中国法律图书有限公司/北京市丰台区莲花池西里7号(100073)
全国各地中法图分、子公司销售电话:
统一销售客服/400-660-6393
第一法律书店/010-63939781/9782 西安分公司/029-85330678 重庆分公司/023-67453036
上海分公司/021-62071639/1636 深圳分公司/0755-83072995

书号:ISBN 978-7-5197-2408-5 **定价**:78.00元
(如有缺页或倒装,中国法律图书有限公司负责退换)